艺术院校
思想政治理论课教学论

Yishu Yuanxiao Sixiang Zhengzhi Lilunke Jiaoxuelun

陈平 ◎ 著

·广州·

版权所有　翻印必究

图书在版编目（CIP）数据

艺术院校思想政治理论课教学论/陈平著. —广州：中山大学出版社，2015.9
ISBN 978-7-306-05431-9

Ⅰ. ①艺…　Ⅱ. ①陈…　Ⅲ. ①思想政治教育—教学研究—艺术学校—高等学校　Ⅳ. ①G641

中国版本图书馆 CIP 数据核字（2015）第 209284 号

出 版 人：	徐　劲
策划编辑：	熊锡源
责任编辑：	熊锡源
封面设计：	曾　斌
责任校对：	林彩云
责任技编：	何雅涛
出版发行：	中山大学出版社
电　　话：	编辑部 020-84111996，84113349，84111997，84110779
	发行部 020-84111998，84111981，84111160
地　　址：	广州市新港西路 135 号
邮　　编：	510275　　传　真：020-84036565
网　　址：	http://www.zsup.com.cn　　E-mail：zdcbs@mail.sysu.edu.cn
印 刷 者：	虎彩印艺股份有限公司
规　　格：	850mm×1168mm　1/32　12.625 印张　343 千字
版次印次：	2015 年 9 月第 1 版　2015 年 9 月第 1 次印刷
定　　价：	39.00 元

如发现本书因印装质量影响阅读，请与出版社发行部联系调换

贴近艺术实际、贴近艺术生活、贴近艺术生

序

思想政治理论课要让学生真心喜爱、终身受益，诚非易事；艺术院校的思想政治理论课要影响学生、改变学生，则更非易事。

"一五"（1953—1957年）计划期间，全国共招收艺术生3700人，即每年只招收740人。到扩招之前的1998年，全国有30所本科艺术院校共招收艺术生6833人，在校生20880人。而到了2012年，全国本、专科艺术院校达79所之多，当年招收艺术生484449人，在校生达1673765人。经历14年的发展，2012年招生数是1998年的70.9倍，在校生人数是1998年的80.16倍。与此同时，2012年全国本、专科年招生数为6888336人，是1998年（1083627人）的6.36倍；在校生人数为23913155人，是1998年（3408764人）的7.02倍。另外，据资料显示，全国2000多所高校中，有700多所高校设立了艺术专业或艺术院系。可见，艺术类高校扩招的速度和规模远远超过其他高校。

艺术生进高校时文化分较低，这是艺术生与非艺术生最大的不同。依据教育部《2007年普通高等学校艺术类专业招生办法》规定：各省级招办划定的艺术类本科录取文化分控制分数线不应低于本省（自治区、直辖市）确定的第二批次普通本科录取控制分数线的60%（即不低于二本线的60%），艺术类高职（专科）录取控制分数线一般不应低于本省（自治区、直辖市）确定的高职（专科）批次最低录取控制分数线的70%。2010年，教育部又将不低于二本线的"60%"提高到"65%"。事实上，"艺术生的文化线比普通院校的文化线低、省线比国家线低、校线比省线低"的"三低"情况依然存在。其次，艺术生与非艺术生的不同还表现在对思想政治理论课的学习态度上。他们一方面文化基础较弱，另一方面从高中开始就不太重视思想政治课的学习，这种来自高中的"惯性"到了大学得到了强化。再次，艺术生与非艺术生的不同还表现在学习氛围和环境方面。在艺术院校，重艺轻德的氛围很浓厚，思想政治理论课被严重边缘化。在这种状态下，艺术生就更不愿、也更不想学习思想政治理论课。

艺术生的人数在总量上虽然远远不及文科生、理科生多，但他们参与社会艺术生活的面广而且程度深，成为社会公众人物乃至明星的几率高，在社会生活中的影响特别大。加之社会艺术生活的不良影响，他们的艺术崇拜也往往变得畸形和扭曲，一些有不良行为（如吸毒、爆炒恶炒、裸露、有偿陪侍等低俗庸俗媚俗行为）的不良艺人甚至成为在校艺术生的模仿对象。这种状况，更加凸显了扩招之后艺术院校思想政治理论课教学的特殊性、艰巨性和重要性。

到 2014 年，设立思想政治教育学科已有 30 年，但对艺术院校思想政治理论教学的研究直到 2005 年才真正开始。1984 年至 2004 年，已发表的有关艺术院校思想政治理论教学的论文只有 21 篇。2005 年开始，发表的论文逐渐增多，达到 14 篇。此后逐年有所增加，但增幅不大，到 2013 年发表的论文也只有 27 篇。这种研究状况，与艺术院校的快速发展、艺术生规模的快速膨胀及艺术院校思想政治理论教育教学需要探讨的问题相比，是远远不够的。

如何针对艺术生这个较为特殊的群体，落实因材施教、"三贴近"、分类指导等教学原则和政策要求，提升教学的针对性实效性，培养德艺双馨艺术人才，成为艺术院校思想政治理论课教师亟需研究的课题。《艺术院校思想政治理论课教学论》一书的出版，可谓正当其时。该书从艺术院校思想政治理论课教学的发展历程、教研成果、教学对象、教学环境、特色方法、合力保障等方面，对艺术院校思想政治理论课教学的特殊性作了系统梳理和创新研究，对艺术生的特征及其思想政治理论素养现状、艺术生成长的内外环境、艺术院校思想政治理论课教学的边缘化等问题作了具体分析和客观描述，运用艺术"四名"教学法、艺术案例教学法、艺术职业法律法规教学法、与艺术实践相结合法、艺术特征考试法、人文素质拓展法、双誉型师资培养法等特色方法，有效地解决了艺术院校思想政治理论课教学的针对性、实效性及德艺双馨艺术人才的培养等问题。借鉴艺术手段，挖掘和运用艺术资源的思想政治教育功能，在艺术鉴赏中开展隐性思想政治理论课教学，是艺术院校思想政治理论课教学的独特优势和特色，也是《艺术院校思想政治理论课教学论》一书的亮点。

《艺术院校思想政治理论课教学论》是系统研究艺术院校思想政治理论课教学特殊性的首创之作，在遵循高校思想政治理论课教学共性的前提下，对艺术院校思想政治理论课的教学个性作了深入的研究和论述，是从艺术院校特殊性出发，研究艺术院校思想政治理论课教学的创新之作，是对高校思想政治理论课研究视域的拓展，为艺术院校思想政治理论课教学提供了有益的经验和启发。

陈金龙
2015 年 7 月

目 录

第一章 发展历程论 …… 1
一、艺术院校的界定 …… 1
（一）独立设置本科艺术学院 …… 1
（二）高职（专科）艺术院校 …… 3
（三）艺术独立学院 …… 4
（四）经国家审定的分校艺术办学点 …… 4
（五）高校下设的二级艺术院系 …… 4
（六）民办艺术院校 …… 6
二、艺术院校发展历程述略 …… 6
（一）新中国第一个五年计划时期的艺术院校 …… 6
（二）扩招前的艺术院校 …… 6
（三）扩招后的艺术院校 …… 7
三、艺术院校思政课教学的共性与个性 …… 17
（一）在高校中艺术院校思政课教学的共性与个性 …… 17
（二）在艺术院校中各艺术院校思政课教学的共性与个性 …… 22

第二章 教研成果论 …… 46
一、艺术院校思政课教学研究的理论依据和政策要求 …… 46
（一）因材施教 …… 46
（二）主体性教育 …… 48
（三）"三贴近" …… 50
（四）分类指导 …… 52

二、艺术院校思想政治理论教育教学研究的现状 …… 54
　　（一）1915—2000 年数据收集 …… 54
　　（二）2001—2013 年数据收集 …… 56
　　（三）数据汇总 …… 57
　　（四）艺术院校思想政治理论教育教学研究的
　　　　特点 …… 58
三、艺术院校思想政治理论教育教学研究热点述略 …… 65
　　（一）关于艺术生个性特点的研究 …… 65
　　（二）关于艺德培养的研究 …… 67
　　（三）关于教育教学实效性的研究 …… 71
　　（四）关于教育教学中问题与对策的研究 …… 74
　　（五）关于将艺术资源和传统文化融于艺术院校
　　　　思想政治理论教育教学的研究 …… 77
　　（六）关于实践教学的研究 …… 79
　　（七）关于教学方法和教学模式的研究 …… 81
　　（八）关于高职、民办艺术院校思想政治理论教育
　　　　教学的研究 …… 85
四、全国艺术院校思想政治理论课教学研究会的成立
　　与推动 …… 87
　　（一）研究会、研讨会的基本情况 …… 87
　　（二）五届教学研讨会催生的理论成果 …… 96

第三章　教学对象论 …… 102
一、艺术生人文素质基础及其学习状况 …… 102
　　（一）不同类别学生人文素质基础及其学习状况
　　　　比较 …… 102
　　（二）音乐类学生人文素质基础及其学习状况 …… 110
二、艺术生思想道德修养状况 …… 112

（一）艺术生艺德修养现状 …………………… 112
　　（二）艺术生艺德修养现状不容乐观的成因 …… 113
　　（三）艺术生职业法律法规修养状况 …………… 115
三、艺术生宗教信仰状况及其热点时事问题知晓情况
　　…………………………………………………… 121
　　（一）关于调查的基本情况 ……………………… 121
　　（二）艺术生宗教信仰状况 ……………………… 122
　　（三）艺术生热点时事问题知晓情况 …………… 124
　　（四）关于宗教信仰的补充调查 ………………… 125
四、艺术实践中艺术生的思想道德问题 …………… 126
　　（一）艺术实践中思想政治教育的缺位 ………… 126
　　（二）艺术实践中艺术生的思想道德问题 ……… 127
五、艺术生的个性特征与育人共性要求的对立统一 … 130
　　（一）人的个性特征与人的社会化 ……………… 130
　　（二）艺术从业者的个性 ………………………… 140
　　（三）艺术生的个性特征与思政课教学要求的对立
　　　　　统一 ……………………………………… 143

第四章　教学环境论 …………………………………… 144
一、重艺轻德不良教育思想探因 …………………… 144
　　（一）重艺轻德是历史因素在今天艺术院校中的
　　　　　继续 ……………………………………… 144
　　（二）重艺轻德是社会上的一些现实因素在艺术
　　　　　院校的映现 ……………………………… 147
　　（三）重艺轻德是艺术院校自身深层次问题的
　　　　　表现 ……………………………………… 148
二、思政课教学边缘化分析 ………………………… 149
　　（一）艺术院校管理层级的特殊性 ……………… 149

（二）思政课教学在艺术院校的地位 …………… 150
　　（三）其他部门及教师对思政课教学的态度 …… 154
　　（四）思政部建设状况述略 …………………… 162
三、思政课教师的课堂挫败感与意欲放弃的情绪波动
　　………………………………………………………… 167
　　（一）学生对思政课及其教师的态度 ………… 167
　　（二）学生对思政课教师课堂教学的评价 …… 170
　　（三）思政课教师的心灵感受 ………………… 171
四、社会不良娱乐倾向及艺人不良行为的负面影响 …… 179
　　（一）娱乐方向的迷失 ………………………… 179
　　（二）偶像的病变 ……………………………… 182
　　（三）崇拜的代价 ……………………………… 191
　　（四）艺术从业者职业道德建设的急迫与进展 … 194

第五章　特色方法论（一） ……………………………… 204
一、艺术院校思想政治理论课教学方法中存在的问题
　　………………………………………………………… 204
二、艺术资源与思想政治教育 ……………………… 207
　　（一）艺术资源及其表现形态 ………………… 207
　　（二）艺术资源的思想政治教育功能 ………… 212
　　（三）用艺术资源和方法开展思想政治教育是
　　　　　党的优良教育传统 ……………………… 224
三、艺术资源与特色教学方法 ……………………… 225
　　（一）艺术资源向思想政治理论教育教学方法的
　　　　　转化 ………………………………………… 225
　　（二）艺术"四名"教学法 …………………… 226
　　（三）艺术案例教学法 ………………………… 237
　　（四）艺术职业法律法规教学法 ……………… 238

（五）与艺术实践相结合法……………………… 240
　　　（六）艺术特征考试法…………………………… 241
　四、教学魅力的拓展……………………………………… 243
　　　（一）人文素质拓展法…………………………… 244
　　　（二）双誉型师资培养法………………………… 245
　　　（三）艺术问题的思想政治教育视角研究法…… 245

第六章　特色方法论（二）……………………………………… 258
　一、歌唱祖国歌曲乐曲赏析运用………………………… 258
　　　（一）《中华人民共和国国歌》………………… 258
　　　（二）《绣红旗》………………………………… 267
　　　（三）《红旗颂》………………………………… 273
　二、歌唱中国共产党歌曲赏析运用……………………… 277
　　　（一）《没有共产党就没有新中国》…………… 277
　　　（二）《唱支山歌给党听》……………………… 281
　三、军民一家亲歌曲赏析运用…………………………… 287
　四、抗日救亡歌曲赏析运用……………………………… 293
　五、歌唱志愿军歌曲赏析运用…………………………… 297
　六、农民爱国捐粮乐曲赏析运用………………………… 302
　七、歌唱改革开放歌曲赏析运用………………………… 308
　八、励志爱国人物故事赏析运用………………………… 316
　　　（一）梅兰芳……………………………………… 316
　　　（二）华彦钧……………………………………… 321

第七章　合力保障论……………………………………………… 326
　一、学校保障的意义……………………………………… 326
　二、学校保障的内涵……………………………………… 328
　　　（一）校级层面…………………………………… 328

（二）职能部门 ·················· 333
　　（三）艺术专业教学院系 ············ 348
三、和力出合力 ····················· 350

附录 1 艺术院校思想政治理论课教学论文年鉴
　　　（1915—2013） ················· 353
附录 2 艺术院校思想政治理论教育论文年鉴
　　　（1915—2013） ················· 362

参考文献 ························· 373
后记 ··························· 386

第一章 发展历程论

一、艺术院校的界定

狭义的艺术院校指独立设置的、专门招收艺术类学生的高等院校,既有本科艺术院校,也有高职(专科)艺术院校、艺术独立学院、经国家审定的分校艺术办学点等。到目前为止,我国只有艺术类学院,尚无艺术类大学。广义的艺术院校除包括狭义的艺术院校外,还包括高校下设的二级艺术院系。

(一)独立设置本科艺术学院

根据《教育部办公厅关于做好2007年普通高等学校艺术类专业招生工作的通知》(教学厅〔2006〕10号)的附件二《独立设置的本科艺术院校名单》,[①] 全国共有独立设置的本科艺术院校31所,如下所示:

1. 音乐学院

共9所,即中央音乐学院、中国音乐学院、上海音乐学院、沈阳音乐学院、天津音乐学院、武汉音乐学院、西安音乐学院、星海音乐学院、四川音乐学院。

2. 美术学院

共9所,即中央美术学院、中国美术学院、天津美术学院、鲁迅美术学院、山东工艺美术学院、湖北美术学院、广州美术学

---

① 教育部办公厅关于做好2007年普通高等学校艺术类专业招生工作的通知[EB/OL].:教育部—信息公开目录—高等教育,2006-12-04。

院、西安美术学院、四川美术学院。

3. 综合艺术学院

共7所，即吉林艺术学院、南京艺术学院、山东艺术学院、广西艺术学院、云南艺术学院、新疆艺术学院、解放军艺术学院。

4. 戏剧戏曲学院

共3所，即中央戏剧学院、中国戏曲学院、上海戏剧学院。

5. 电影学院

共1所，即北京电影学院。

6. 舞蹈学院

共1所，即北京舞蹈学院。

7. 陶瓷学院

共1所，即景德镇陶瓷学院。

在教育部公布的《2011年具有普通高等学历教育招生资格的高等学校名单》[①]中，未纳入独立设置艺术院校之列的本科艺术院校还有5所，即河北美术学院、大连艺术学院、吉林动画学院、河北传媒学院、江西服装学院。

2012年7月3日，浙江音乐学院经浙江省人民政府批准筹建。2013年11月28日经浙江省人民政府专题会议研究决定，杭州师范大学音乐学院成建制划转浙江音乐学院，作为筹建主体基础。该校计划于2015年报请教育部审批，正式建校并招生，它将是一所省属公办全日制本科艺术类院校，隶属浙江省文化厅，业务接受浙江省教育厅的指导。

据以上，至2015年，如果将浙江音乐学院也计算在内，全国共有艺术本科院校将达到37所。

---

① 2011年具有普通高等学历教育招生资格的高等学校名单[N]. 中国教育报，2011-04-29（5）.

（二）高职（专科）艺术院校

根据教育部公布的《2011年具有普通高等学历教育招生资格的高等学校名单》，全国共有高职艺术院校41所，具体如下：

1. 戏曲戏剧职业学院

共2所，即北京戏曲艺术职业学院、山西戏剧职业学院。

2. 美术职业学院

共6所，即天津工艺美术职业学院、辽宁美术职业学院、黑龙江三江美术职业学院、上海工艺美术职业学院、苏州工艺美术职业技术学院、湖南工艺美术职业学院。

3. 艺术职业学院

共17所，即天津艺术职业学院、山西艺术职业学院、科尔沁艺术职业学院、河北省艺术职业学院、黑龙江艺术职业学院、浙江艺术职业学院、安徽艺术职业学院、福建艺术职业学院、江西艺术职业学院、河南艺术职业学院、湖北艺术职业学院、江汉艺术职业学院、湖南艺术职业学院、珠海艺术职业学院、四川艺术职业学院、成都艺术职业学院、昆明艺术职业学院。

4. 广播影视演艺摄影职业学院

共10所，即天津广播影视职业学院、上海电影艺术职业学院、南京视觉艺术职业学院、江南影视艺术职业学院、浙江横店影视职业学院、安徽广播影视职业技术学院、厦门演艺职业学院、泉州花光摄影艺术职业学院、广东亚视演艺职业学院、广西演艺职业学院。

5. 陶瓷职业技术学院

共2所，即德化陶瓷职业技术学院、江西陶瓷工艺美术职业技术学院。

6. 外语艺术职业学院

共1所，即广东省外语艺术职业学院。

7. 文艺职业学院

共1所，即广东文艺职业学院。

8. 艺术设计职业学院

共1所，即北海艺术设计职业学院。

9. 文化艺术职业学院

共1所，即云南文化艺术职业学院。

（三）艺术独立学院

根据教育部公布的《2011年具有普通高等学历教育招生资格的高等学校名单》，全国共有艺术独立学院1所，即北京电影学院现代创意媒体学院。

（四）经国家审定的分校艺术办学点

根据教育部公布的《2011年具有普通高等学历教育招生资格的高等学校名单》，全国共有经国家审定的分校艺术办学点1所，即辽宁文化艺术职工大学。

（五）高校下设的二级艺术院系

高校下设的二级艺术院系有若干，如北京大学艺术学院、清华大学美术学院等。在这里，很容易产生一个错误的认识，即很多人都有可能认为，其他高校下设的二级艺术院系全都是近几年才新设立的杂牌军。事实上，这种认识是错误的。

第一，有的高校下设的二级艺术院系其历史沿革比有的艺术院校的设立还早。如北京大学的艺术学院，据有研究资料称，1922年12月北京大学在"音乐研究会"的基础上就成立了"音乐传习所"，这个"音乐传习所"其实是中国现代最早的高等专业音乐学校，1923年开始招生，当年招收学生44人。1918年创立的北平艺术专科学校（中国现代最早的高等专业美术学校）在1927年曾并入北京大学，当时称美术专门部，1928年改称艺术学院。① 1997年成立北京大学艺术学系，2006年成立北京大学艺术学院。

第二，高校下设的二级艺术院系也并不是近几年在艺术招生热中才匆匆设立的。其实，有的高校下设的二级艺术院系是原有独立艺术院校的并入，有很好的基础，如清华大学的美术学院就是如此。清华大学的美术学院其前身是中央工艺美术学院，创建于1956年，1999年11月20日经教育部批准正式并入清华大学，更名为清华大学美术学院。

第三，高校下设的二级艺术院系规模并不小。清华大学美术学院就有在校生1800多人，跟有的独立艺术学院的规模差不多。

第四，高校下设的二级艺术院系实力并不差。北京大学艺术学院于1999年开始招收艺术学硕士学位研究生，现有三个一级学科硕士点（艺术学理论、戏剧与影视、美术学），一个一级学科博士点（艺术学理论），一个一级学科博士后流动站（艺术学）。清华大学美术学院现有三个一级学科硕士点（艺术学理论、戏剧与影视、美术学），一个一级学科博士点（艺术学理论），一个一级学科博士后流动站（艺术学）。这些硬件，一些独立设置的艺术院校也未必具有，不能像有些人所说的那样，把所有高校下设的二级艺术院系都看成是东拼西凑的杂牌军。

在高校下设的二级艺术院系中，2008年经教育部批准，于2009年起参照独立设置本科艺术院校招生的高校有11所，即清华大学、中国传媒大学、中央民族大学、东华大学、江南大学、北京服装学院、天津工业大学、复旦大学上海视觉艺术学院、浙江传媒学院（仅限播音与主持艺术、广播电视编导、摄影、录音艺术等4个艺术类本科专业）、浙江理工大学（仅限艺术设计1个艺术类本科专业）、内蒙古大学（仅限音乐表演、表演、音

---

① 叶朗. 北京大学艺术教育的传统 [EB/OL].：北京大学艺术学院－学院概况－发展历程，2006－04－15.

乐学等3个具有蒙古族特色的艺术类本科专业)。

（六）民办艺术院校

民办艺术院校，即民办的艺术院校，如北京现代音乐研修学院、南京艺术学院尚美学院、吉林动画学院等。

二、艺术院校发展历程述略

（一）新中国第一个五年计划时期的艺术院校

根据《中华人民共和国发展国民经济的第一个五年计划（1953－1957）》，从1953年开始，全国五年时间内将新招收艺术专业学生3700人（即每年招收740人），占全国新招收学生数的0.7%，1957年艺术学生的在校生规模要达到2900人的目标。①

列表如下：

单位：人

1953—1957年计划招生数	五年内平均每年招生数	艺术生占全国招生的比例	1957年艺术在校生规模目标
3700	740	0.7%	2900

（二）扩招前的艺术院校

在新中国的教育史上，1999年开始扩招，那么扩招前一年，也就是1998年艺术院校的规模如何呢？

---

① 建国以来重要文献选编：第6卷［C］．北京：中央文献出版社，2011：456．

第一章 发展历程论

据教育部官网"统计数据",1998年全国有艺术院校(大学、专门学院)30所,全部为本科院校。[①] 当年30所院校共招生6833人,平均每所院校招生228人;30所院校共有在校生20880人,平均每所院校有在校生696人。[②]

列表如下:

单位:所、人

院校数 (大学、专门学院)	本、专科招生数	平均每校招生	本、专在校生数	平均每校在校生数
30	6833	228	20880	696

(三)扩招后的艺术院校

1. 2011年艺术院校校数

1999年开始扩招,艺术热事实上是全国扩招热中的一个侧面。为对艺术热作一个基本的描述,列表如下:

1998—2012年艺术院校招生情况

单位:所、人

年份	大学、专门学院	专科学校	其中:职业技术学院	总招生	本科	专科
1998年	30	0	0	6833		
1999年	29[③]	0	0	9190[④] 比上年增加2357		

[①] 教育部.1998年普通高等学校校数[EB/OL].:中华人民共和国教育部网-数据统计-1998年教育统计数据-高等教育,2005-05-27.

[②] 教育部.1998年普通高等学校基本情况[EB/OL].:中华人民共和国教育部网-数据统计-1998年教育统计数据-高等教育,2005-05-27.

[③] 教育部.1999年普通高等学校校数(1999)[EB/OL].:中华人民共和国教育部网-数据统计-1999年教育统计数据-高等教育,1999-05-10.

[④] 教育部.1999年普通高等学校基本情况[EB/OL].:中华人民共和国教育部网-数据统计-1999年教育统计数据-高等教育,1999-05-10.

续上表

年份	大学、专门学院	专科学校	其中：职业技术学院	总招生	本科	专科
2000 年	29①	0	0	14451② 比上年增加 5261		
2001 年	29③	0	0	20443④ 比上年增加 5992		
2002 年						
2003 年						
2004 年				236900⑤ 比 2001 年增加 216457	133382	103518
2005 年	29⑥	37	37	295497⑦ 比上年增加 58597	171548	123949

---

① 教育部.2000 年普通高等学校校数 ［EB/OL］.：中华人民共和国教育部网－数据统计－2000 年教育统计数据－高等教育，2000－05－10.
② 教育部.2000 年普通高等学校基本情况 ［EB/OL］.：中华人民共和国教育部网－数据统计－2000 年教育统计数据－高等教育，2000－05－10.
③ 教育部.2001 年普通高等学校校数 ［EB/OL］.：中华人民共和国教育部网－数据统计－2001 年教育统计数据－高等教育，2001－05－10.
④ 教育部.2001 年普通高等学校基本情况 ［EB/OL］.：中华人民共和国教育部网－数据统计－2001 年教育统计数据－高等教育，2001－05－10.
⑤ 教育部.2004 年普通本、专科分学科学生数 ［EB/OL］.：中华人民共和国教育部网－数据统计－2004 年教育统计数据－高等教育，2007－03－15.
⑥ 教育部.2005 年普通高等学校校数 ［EB/OL］.：中华人民共和国教育部网－数据统计－2005 年教育统计数据－高等教育，2007－10－08.
⑦ 教育部.2005 年普通本、专科分学科学生数 ［EB/OL］.：中华人民共和国教育部网－数据统计－2005 年教育统计数据－高等教育，2007－10－09.

续上表

年份	大学、专门学院	专科学校	其中：职业技术学院	总招生	本科	专科
2006年	29①	39	39	323081② 比上年增加27584	185246	137835
2007年	30③	40	40	357667④ 比上年增加34586	217639	140028
2008年	39⑤	41	41	392155⑥ 比上年增加69074	239582	152573
2009年	38⑦	41	41	421803⑧ 比上年增加29648	268475	153328
2010年				451362⑨ 比上年增加29559	294411	156951

---

① 教育部.2006年普通高等学校校数[EB/OL].：中华人民共和国教育部网-数据统计-2006年教育统计数据-高等教育，2007-10-09.

② 教育部.2006年普通本、专科分学科学生数[EB/OL].：中华人民共和国教育部网-数据统计-2006年教育统计数据-高等教育，2007-10-09.

③ 教育部.2007年普通高等学校校数[EB/OL].：中华人民共和国教育部网-数据统计-2007年教育统计数据-高等教育，2009-08-04.

④ 教育部.2007年普通本、专科分学科学生数[EB/OL].：中华人民共和国教育部网-数据统计-2007年教育统计数据-高等教育，2009-08-05.

⑤ 教育部.2008年普通高等学校校数[EB/OL].：中华人民共和国教育部网-数据统计-2008年教育统计数据-高等教育，2009-12-24.

⑥ 教育部.2008年普通本、专科分学科学生数[EB/OL].：中华人民共和国教育部网-数据统计-2008年教育统计数据-高等教育，2009-12-24.

⑦ 教育部.2009年普通高等学校校数[EB/OL].：中华人民共和国教育部网-数据统计-2009年教育统计数据-高等教育，2010-12-30.

⑧ 教育部.2009年普通本、专科分学科学生数[EB/OL].：中华人民共和国教育部网-数据统计-2009年教育统计数据-高等教育，2010-12-30.

⑨ 教育部.2010年普通本、专科分学科学生数[EB/OL].：中华人民共和国教育部网-数据统计-2010年教育统计数据-高等教育，2011-01-17.

续上表

年份	大学、专门学院	专科学校	其中：职业技术学院	总招生	本科	专科
2011年			467721	比上年增加16359	312523①	155198②
2012年			484449	比上年增加16728	337810③	146639④

注：在教育部网站的"统计数据"中，未查到2002年、2003年的与表格中其他年份同质的数据。

从上表可见，艺术院校的招生从1998年至2001年三年间平均每年增加4537人，而2002、2003年两年间的招生人数分别为108228人，72376人，呈现出爆发式增长的特征。之后，每年的增加数虽然有所减少，但仍以几万人的规模继续增加。

为了更直观地表现艺术热的过程，笔者以下图来进行图示。

由于暂未查到2002年、2003年的与表中同质的数据，所以2001年与2004年之间用直线连接。

从此图可见，艺术热的真正起点是2002年。2001年至2004年之间，招生数骤增，增速较快。

从表"1998—2012年艺术院校招生情况"中还可见，在艺术热中，艺术院校的校数也在逐年增加。另据教育部公布的

---

① 教育部.2011年普通本科分学科学生数［EB/OL］.：中华人民共和国教育部网-数据统计-2011年教育统计数据-高等教育，2013-05-29.

② 教育部.2011年普通专科分学科学生数［EB/OL］.：中华人民共和国教育部网-数据统计-2011年教育统计数据-高等教育，2013-05-29.

③ 教育部.2012年普通本科分学科学生数［EB/OL］.：中华人民共和国教育部网-数据统计-2012年教育统计数据-高等教育，2013-08-30.

④ 教育部.2012年普通专科分学科学生数［EB/OL］.：中华人民共和国教育部网-数据统计-2012年教育统计数据-高等教育，2013-08-30.

《2011年具有普通高等学历教育招生资格的高等学校名单》得知,到2011年为止我国内地有普通本科艺术院校36所、高职艺术院校41所、艺术独立学院1所、经国家审定的分校艺术办学点1个,本、专科艺术院校共达79所。

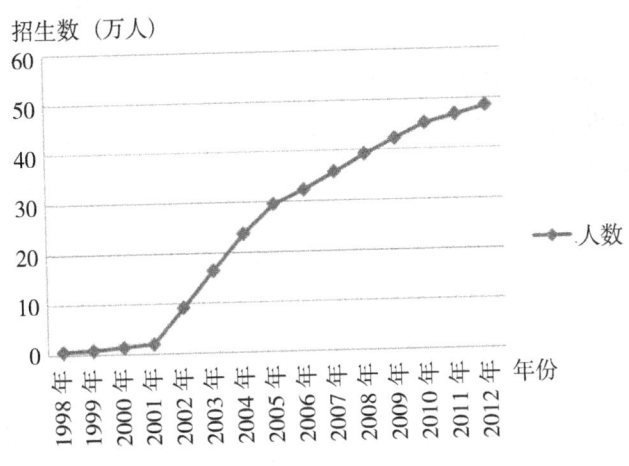

图1 1998—2012年全国艺术院校年招生数

列表如下:

单位:所

普通本科艺术院校	高职艺术院校	艺术独立学院	经国家审定的分校艺术办学点	总计
36	41	1	1	79

2011年艺术院校的学校数(79所)已是1998年(30所)的2.63倍。如果将其他高校下设的二级艺术院系也算进来,那么就远不止2.63倍了。

另据资料,全国2000多所高校中有700多所高校建立了艺术类专业与院系,其中包括综合类院校、师范类与理工科院校。截至2007年,全国普通高校艺术类在校生达113万余人。①

2013年5月26日,由中国网主办的中国好教育——2013艺术教育高峰论坛在北京大学英杰交流中心举行,中国艺术人才网程小强总编辑在论坛上发布并解读了《2013艺术教育行业分析报告》,据该报告称,从2002年至2013年间,全国设置艺术类专业的高校从597所增加至1679所,艺术类考生人数从3.2万增加至近100万,十年间,艺术类高校增加1082所,艺术类考生增加近97万人,增长30多倍。

2. 省级行政区划艺术院校数及招生数测算

以广东省2011年音乐与舞蹈类学生的招生为例,根据各院校招生简章公布的招生数,经初步不完全统计,其招生规模大致如下:

单位:人

院校名称	招生专业	招生数	总计
星海音乐学院	音乐学、作曲、钢琴等14个专业	974	974
星海音乐学院继续教育学院	音乐学、音乐表演、舞蹈学	500	500
华南师范大学音乐学院	音乐表演(非师范)	40	170
	音乐学(师范)	90	
	舞蹈学(师范)	40	
华南理工大学艺术学院	音乐表演	70	105
	舞蹈学	35	

---

① 姜乃强,纪秀君. 艺术教育:进口爆棚,出口冷清?[N]. 中国教育报,2012-05-24(3).

续上表

院校名称	招生专业	招生数	总计
广州大学音乐舞蹈学院	播音与主持	50	110
	音乐学（含声乐、器乐、钢琴）	30	
	舞蹈编导（舞蹈编导、舞蹈教师教育）	30	
华南农业大学艺术学院	音乐学	30	30
广东商学院艺术学院	音乐（文科）	80	80
湛江师范学院艺术学院	音乐表演	40	165
	音乐学	90	
	舞蹈学	35	
肇庆学院音乐学院	音乐表演（舞蹈）	40	405
	音乐表演（本科）	45	
	音乐学（本科、师范）	270	
	艺术教育（本科）	50	
深圳大学师范学院（表演）	音乐表演	50	50
广东海洋大学中歌艺术学院	舞蹈表演（本科）	120	710
	舞蹈编导（本科）		
	舞蹈教育（本科）		
	通俗舞蹈（本科）		
	声乐（本科）	120	
	音乐教育（本科）		
	器乐（本科）		

续上表

院校名称	招生专业	招生数	总计
广东海洋大学中歌艺术学院	艺术模特	40	
	影视表演	80	
	节目主持		
	表演（专科）	70	
	音乐学（专科）	140	
	舞蹈编排（专科）	140	
暨南大学（艺术特长生）	音乐表演	15	20
	作曲与电脑音乐制作	5	
广东外语外贸大学艺术学院	音乐表演（声乐）	34	68
	音乐表演（钢琴）	4	
	播音与主持艺术	30	
中山大学（艺术特长生）	声乐、舞蹈、管弦乐、民乐、话剧表演（含主持人）、书画等	50	50
广东外语艺术职业学院	音乐教育	90	250
	文化事业管理	40	
	表演艺术（计算机音乐）	30	
	表演艺术（音乐表演）	60	
	舞蹈表演	30	
茂名学院艺术系	音乐学（本科）	45	130
	音乐表演（本科）	45	
	音乐教育（专科）	40	
嘉应学院音乐学院	音乐学	40	70
	舞蹈学	30	

续上表

院校名称	招生专业	招生数	总计
韩山师范学院音乐系	音乐学（本科）	105	135
	音乐教育（专科）	30	
广东亚视演艺职业学院	影视表演	200	820
	播音主持、编导	150	
	音乐表演（钢琴、声乐）	190	
	舞蹈表演	80	
	摄影摄像技术（影视摄影方向）	50	
	摄影摄像技术（灯光设计方向）	50	
	电视节目制作	60	
	电视节目制作（音响录音技术方向）	40	
韶关大学音乐学院	音乐教育（专科）	60	60
韶关学院音乐学院	音乐学（本科）	281	441
	音乐教育（专科）	100	
	音乐表演（专科）	60	
东莞理工学院城市学院文学与艺术系	音乐表演（本科）	100	210
	舞蹈表演（本科）	75	
	音乐表演（专科）	35	
惠州学院音乐系	音乐学（师范、音乐教育）	70	180
	音乐表演（师范）	70	
	音乐教育（专科，师范）	40	
广东文艺职业学院	舞蹈表演	40	180
	流行音乐表演	60	
	广播电视编导	50	
	节目与主持艺术	30	
总计			5913

可见，就广东省一年的音乐类招生规模而言，约在6000人左右。美术类学生每年的招生规模与此相当，大约也在6000人左右。大概地估计，广东省一年艺术生的招生规模在1.2万人左右，以此类推，全国内地31个省级行政区一年招收的艺术生约在37.2万人，高校在校生的规模应在150万人左右。

3. 全国艺术生实际招生数及在校生规模发展情况

在教育扩招的情况下，每所学校每年的实际招生数往往会突破事先在招生简章上公布的招生计划数，那么实际招生的情况究竟如何呢？见下表：

单位：人

年份	招生数			在校生数		
1998年	艺术院校（大学、专门学院）		总计	艺术院校（大学、专门学院）		总计
	6833 A①		6833	20880 A		20880
2012年	艺术本科	艺术专科	总计	艺术本科	艺术专科	总计
	337810 B②	146639 C③	484449（为1998年的70.9倍）	1215535 B	458232 C	1673767（为1998年的80.16倍）
1998年	全国本科	全国专科	总计	全国本科	全国专科	总计
	767107 A	316520 A	1083627	2611259 A	797505 A	3408764

---

① 教育部.1998年普通高等学校基本情况［EB/OL］.：中华人民共和国教育部网-数据统计-1998年教育统计数据-高等教育，2005-05-27.
② 教育部.2012年普通本科分学科学生数［EB/OL］.：中华人民共和国教育部网-数据统计-2012年教育统计数据-高等教育，2013-08-30.
③ 教育部.2012年普通专科分学科学生数［EB/OL］.：中华人民共和国教育部网-数据统计-2012年教育统计数据-高等教育，2013-08-30.

续上表

年份	招生数			在校生数		
	全国本科	全国专科	总计	全国本科	全国专科	总计
2012年	3740574 B	3147762 C	6888336（为1998年的6.36倍）	14270888 B	9642267 C	23913155（为1998年的7.02倍）

从上表可见，2012年艺术院校本科实际招生337810人，在校生人数达1215535人；专科实际招生146639人，在校生人数达458232人，总计本专科在校生人数达1673765人。与1998年相比，2012年招生数是1998年（6833人）的70.9倍，在校生数是1998年（20880人）的80.16倍。

而与此同时，1998年全国本专科年招生数为1083627人，在校生人数为3408764人；2012年全国本专科年招生数为6888336人，在校生人数为23913155人，年招生数只是1998年的6.36倍，在校生人数只是1998年的7.02倍。

可见，艺术类高校扩招的规模远远大于其他高校，艺术院校已成为全国高考招生中不同于文科类、理科类的一个很大的类别，艺术生在全国高校的在校生中也已成为一个不同于文科类、理科类学生的一个很大的学生群体。

在这种状态下，研究艺术类这个特殊的群体、这个特殊的教学对象，不仅十分必要，而且还十分迫切。

三、艺术院校思政课教学的共性与个性

（一）在高校中艺术院校思课教学的共性与个性

艺术院校思想政治理论课教学的共性个性问题，是在艺术院校的发展历程中产生和出现的。如果艺术生的规模太少，也就不

足以讨论艺术院校思想政治理论课教学的共性与个性的问题；而如果艺术生的规模已经足够大，大到年招生数已达484449人、在校生数已达1673767人的规模时，我们仍然忽视对艺术院校思想政治理论课教学共性与个性问题的研究，那么我们艺术院校的思想政治理论课教学就必然失去针对性和实效性。

在高校这个类中，艺术院校的思想政治理论课教学既具有高校思想政治理论课教学的共性，与非艺术类院校相比也具有很不同的个性。

1. 在高校中艺术院校思政课教学的共性

从共性来看，艺术院校的思想政治理论课教学与所有高校的思想政治理论课教学的相同之处，主要表现在以下三个方面：

（1）教学目标、要求的同一性

2004年，中共中央、国务院颁发《关于进一步加强和改进大学生思想政治教育的意见》（中发〔2004〕16号）（以下简称《意见》），这是一个针对我国内地所有高校的纲领性的、规范性的文件。《意见》就进一步加强和改进大学生思想政治教育的意义、目标、指导思想、原则等方面做出了共同的规定：

第一，《意见》指出：加强和改进大学生思想政治教育，提高大学生的思想政治素质，把他们培养成中国特色社会主义事业的建设者和接班人，对于全面实施科教兴国和人才强国战略，确保我国在激烈的国际竞争中始终立于不败之地，确保实现全面建设小康社会、加快推进社会主义现代化的宏伟目标，确保中国特色社会主义事业兴旺发达、后继有人，具有重大而深远的战略意义。[1]

第二，《意见》指出，加强和改进大学生思想政治教育的指导思想是：坚持以马克思列宁主义、毛泽东思想、邓小平理论和

---

[1] 教育部社会科学司．普通高校思想政治理论课文献选编（1949 - 2008）[C]．北京：中国人民大学出版社，2008：202．

"三个代表"重要思想为指导,全面落实党的教育方针,紧密结合全面建设小康社会的实际,以理想信念教育为核心,以爱国主义教育为重点,以思想道德建设为基础,以大学生全面发展为目标,解放思想、实事求是、与时俱进,坚持以人为本,贴近实际、贴近生活、贴近学生,努力提高思想政治教育的针对性、实效性和吸引力、感染力,培养德智体美全面发展的社会主义合格建设者和可靠接班人。①

第三,《意见》指出,加强和改进大学生思想政治教育的基本原则是:一是坚持教书与育人相结合。学校教育要坚持育人为本、德育为先,把人才培养作为根本任务,把思想政治教育摆在首要位置。二是坚持教育与自我教育相结合。既要充分发挥学校教师、党团组织的教育引导作用,又要充分调动大学生的积极性和主动性,引导他们自我教育、自我管理、自我服务。三是坚持政治理论教育与社会实践相结合。既重视课堂教育,又注重引导大学生深入社会、了解社会、服务社会。四是坚持解决思想问题与解决实际问题相结合。既讲道理又办实事,既以理服人又以情感人,增强思想政治教育的实际效果。五是坚持教育与管理相结合。把思想政治教育融于学校管理之中,建立长效工作机制,使自律与他律、激励与约束有机地结合起来,有效地引导大学生的思想和行为。六是坚持继承优良传统与改进创新相结合。在继承党的思想政治工作优良传统的基础上,积极探索新形势下大学生思想政治教育的新途径、新办法,努力体现时代性,把握规律性,富于创造性,增强实效性。②

第四,《意见》指出,高等学校思想政治理论课是大学生思

---

① 教育部社会科学司. 普通高校思想政治理论课文献选编(1949-2008)[C]. 北京:中国人民大学出版社,2008:203.
② 教育部社会科学司. 普通高校思想政治理论课文献选编(1949-2008)[C]. 北京:中国人民大学出版社,2008:203.

想政治教育的主渠道。思想政治理论课是大学生的必修课，是帮助大学生树立正确世界观、人生观、价值观的重要途径，体现了社会主义大学的本质要求。要按照充分体现当代马克思主义最新成果的要求，全面加强思想政治理论课的学科建设、课程建设、教材建设和教师队伍建设，进一步推动邓小平理论和"三个代表"重要思想进教材、进课堂、进大学生头脑的工作。要联系改革开放和社会主义现代化建设的实际，联系大学生的思想实际，把传授知识与思想教育结合起来，把系统教学与专题教育结合起来，把理论武装与实践育人结合起来，切实改革教学内容，改进教学方法，改善教学手段。①

以上关于大学生思想政治教育的意义、目标、原则等方面的规定，适用于全国内地所有高校，艺术院校的大学生思想政治理论的教育教学也必须遵守。

（2）课程设置、课时的同一性

2005年《中共中央宣传部、教育部关于进一步加强和改进高等学校思想政治理论课的意见》及《〈中共中央宣传部、教育部关于进一步加强和改进高等学校思想政治理论课的意见〉实施方案》指出，四年制本科的课程设置为5门必修课，即《马克思主义基本原理概论》（3学分）、《毛泽东思想、邓小平理论和"三个代表"重要思想概论》（现已更名为《毛泽东思想和中国特色社会主义理论体系概论》，6学分）、《中国近现代史纲要》（2学分）、《思想道德修养与法律基础》（3学分）、《形势与政策》（2学分）②

专科课程设置3门必修课，即《毛泽东思想、邓小平理论

---

① 教育部社会科学司.普通高校思想政治理论课文献选编（1949-2008）[C].北京：中国人民大学出版社，2008：204.

② 教育部社会科学司.普通高校思想政治理论课文献选编（1949-2008）[C].北京：中国人民大学出版社，2008：219.

和"三个代表"重要思想概论》(4学分)、《思想道德修养与法律基础》(3学分)、《形势与政策》(1学分)。①

民办高等学校和中外合作高等学校的课程设置，按照以上规定执行。

以上关于大学生思想政治理论课教学课程、课时的规定，适用于全国内地所有高校，艺术院校的大学生思想政治理论课的教学也必须遵守。

(3) 教学内容、教材的同一性

2005年《中共中央宣传部、教育部关于进一步加强和改进高等学校思想政治理论课的意见》、《〈中共中央宣传部、教育部关于进一步加强和改进高等学校思想政治理论课的意见〉实施方案》指出，本科、专科必修课程的基本内容是：

《马克思主义基本原理概论》着重讲授马克思主义的世界观和方法论，帮助学生从整体上把握马克思主义，正确认识人类社会发展的基本规律。

《毛泽东思想和中国特色社会主义理论体系概论》着重讲授中国共产党把马克思主义基本原理与中国实际相结合的历史进程，充分反映马克思主义中国化的三大理论成果，帮助学生系统掌握毛泽东思想、邓小平理论和"三个代表"重要思想基本原理，坚定在党的领导下走中国特色社会主义道路的理想信念。

《中国近现代史纲要》主要讲授中国近代以来抵御外来侵略、争取民族独立、推翻反动统治、实现人民解放的历史，帮助学生了解国史、国情，深刻领会历史和人民是怎样选择了马克思主义，选择了中国共产党，选择了社会主义道路。

《思想道德修养与法律基础》主要进行社会主义道德教育和法制教育，帮助学生增强社会主义法制观念，提高思想道德素

---

① 教育部社会科学司. 普通高校思想政治理论课文献选编（1949－2008）[C]. 北京：中国人民大学出版社，2008：219.

质，解决成长成才过程中遇到的实际问题。①

关于教材，以上文件指出：高等学校思想政治理论课教学大纲和教材编写纳入马克思主义理论研究和建设工程，作为重大项目集中全国教学科研力量组织编写，中宣部、教育部联合成立高等学校思想政治理论课教材编写领导小组。组建由多方面专家组成的高等学校思想政治理论课教材编审委员会。按课程组建教学大纲和教材编写组，编写组实行首席专家负责制。按照定向申报，择优遴选，集中编写的方式，编写教学大纲和一套试用教材。经教材编审委员会审议后上报审定。

以上关于大学生思想政治理论教学的教学内容和教材编写方面的规定，适用于全国内地所有高校，艺术院校的大学生思想政治理论课的教学也必须遵守。

2. 在高校中艺术院校思政课教学的个性

与其他高校相比，艺术院校的思想政治理论课教学又具有独特的个性，这种个性表现在教学对象不同、教学环境不同、教学特色资源不同、教学方法不同等方面，在以后的章节中将对这些不同作详细的阐述。

（二）在艺术院校中各艺术院校思政课教学的共性与个性

1. 艺术生文化分低是所有艺术院校思政课教学所面临的最普遍的共性

（1）2010年以前

艺术院校在招生时，本科艺术院校文化分最低录取控制线比第二批次普通本科录取控制线低40%，艺术类高职（专科）文化分最低录取控制线比其他高职（专科）录取控制线低30%，

---

① 教育部社会科学司. 普通高校思想政治理论课文献选编（1949－2008）[C]. 北京：中国人民大学出版社，2008：219.

学生的文化分普遍比较低，这是所有艺术院校的共性。

2006年11月，教育部办公厅下发《关于做好2007年普通高等学校艺术类专业招生工作的通知》（教学厅〔2006〕10号），该通知中的"附件1"为《2007年普通高等学校艺术类专业招生办法》。该办法规定：独立设置的本科艺术院校可自行划定本校艺术类本科专业分数线和文化考试录取控制分数线，并须在本校网站上公布，录取前报生源所在省级招生办备案。独立设置的本科艺术院校的艺术类专科专业及其他高校所有艺术类专业拟录取的考生，其文化成绩必须达到生源所在省级招办划定的相应录取控制分数线。

可见，独立设置的本科艺术院校有自行划定专业线和文化线的权力。那么，独立设置的本科艺术院校文化分自主划线权的跨度究竟有多大、底线在哪里、是否可以任意低呢？据上述同样文件即《2007年普通高等学校艺术类专业招生办法》的规定：各省级招办划定的艺术类本科录取文化分控制分数线不应低于本省（自治区、直辖市）确定的第二批次普通本科录取控制分数线的60%（即不低于普通本科二本线的60%），艺术类高职（专科）录取控制分数线一般不应低于本省（自治区、直辖市）确定的高职（专科）批次最低录取控制分数线的70%。可以说，"不低于普通本科二本线的60%"就是独立设置本科艺术院校文化分自主划线的参考底线。这条底线已经充分考虑到了艺术生招生的特殊性，即在对艺术生提出艺术专业水平方面要求的同时，适度降低对其文化的要求。如果独立设置本科艺术院校的文化分底线比这条参考底线还低，这就必然会造成两个方面的不公平：一是艺考生与非艺考生之间的不公平，一是独立设置本科艺术院校的艺考生与非独立设置本科艺术院校的艺考生之间的不公平。

那么，各省是否会遵守教育部的上述规定，严格为各层次艺术生的录取划定符合教育部要求的文化分最低录取控制线呢？是否会突破底线、低分录取呢？为阐明教育部的规定及其各省对教育部的规定的执行情况，下面举一例来加以阐述。

[例证1]

关于公布甲省2008年普通高校招生录取最低控制分数线的通知
×招〔2008〕14号

各地级以上市招生委员会，各高等学校：

经省招生委员会研究批准，2008年甲省普通高校招生各批次录取最低控制分数线如下：

一、**第一批本科院校**（含执行本批次最低控制分数线的提前批本科院校及外语专业）

文科类：总分570分。

理科类：总分564分。

体育类：文化科总分366分，体育术科84分。

美术类：文化科总分330分，美术术科240分。

音乐类：文化科总分337分，音乐术科70分。

二、**第二批本科院校**

A线（含执行本批次最低控制分数线的提前批本科院校及外语专业）

文科类：总分524分。

理科类：总分510分。

体育类：文化科总分295分，体育术科80分。

美术类：文化科总分282分，美术术科225分。

音乐类：文化科总分267分，音乐术科60分。

B线

文科类：总分494分。

理科类：总分488分。

体育类：文化科总分293分，体育术科80分。

美术类：文化科总分265分，美术术科215分。

音乐类：文化科总分265分，音乐术科59分。

三、第三批专科院校

（一）A线（含执行本批次最低控制分数线的提前批专科院校及外语专业）

文科类：总分455分。

理科类：总分447分。

体育类：文化科总分265分，体育术科75分。

美术类：文化科总分228分，美术术科203分。

音乐类：文化科总分233分，音乐术科50分。

B线

文科类：总分382分。

理科类：总分364分。

体育类：文化科总分250分，体育术科73分。

美术类：文化科总分200分，美术术科175分。

音乐类：文化科总分200分，音乐术科45分。

（二）第三批市属专科学校（含体育、美术、音乐）面向本市招生的录取最低控制分数线，可由各市招生委员会根据本市院校招生计划及生源情况提出，并报省招生委员会审批。

四、高等院校招收中等职业学校毕业生的录取最低控制分数线： 文化科总分250分，并取得甲省中等职业技术教育专业技能课程考试合格证书或军级以上证书。

二〇〇八年六月二十七日

从该《通知》可见，该省的文科类普通本科二本A线为524分，按教育部"不低于普通本科二本线的60%"的规定，参加第一批录取的音乐类本科文化最低控制线应为314.4分，实际划线为337分，在教育部规定的最低控制线以上。

参加第二批普通本科A线录取的，文科类的文化分最低控制分为 524 分，按教育部"不低于普通本科二本线的 60%"的规定，同批次音乐类本科文化最低控制线应为 314.4 分，而实际划线则为 267 分，比教育部规定的最低分（314.4 分）少 47.4 分，在教育部规定的最低控制线以下。

参加第二批普通本科 B 线录取的，文科类的文化分最低控制分为 494 分，按教育部"不低于普通本科二本线的 60%"的规定，同批次音乐类本科文化最低控制线应为 296.4 分，而实际划线则为 265 分，比教育部规定的最低分（296.4 分）少 31.4 分，在教育部规定的最低控制线以下。

参加第三批文科类专科 A 线录取的，文科类的文化分最低控制分为 455 分，按教育部"不低于 70%"的规定，同层次音乐类专科应为 318.5 分，而实际划线则为 233 分，比教育部的最低分（318.5 分）少 85.5 分，在教育部规定的最低控制线以下。

参加第三批文科类专科 B 线录取的，文科类的文化分最低控制分为 382 分，按教育部"不低于 70%"的规定，同层次音乐类专科应为 267.4 分，而实际划线则为 200 分，比教育部的最低分（267.4 分）少 67.4 分，在教育部规定的最低控制线以下。

从以上可见，在该省的五个批次的文化分划线中，有四个批次的文化分最低控制分在教育部最低控制线以下。进而可见，艺术类招生其文化分划线比同批次的其他院校的文化线低 30%～40%，而且省线低于国家线、在教育部规定的最低控制线线下运行的情况较为严重。艺术生文化分低、教学起点低、教学难，成为所有艺术院校思政课教学所面临的最普遍的共性。那么，这一情况在 2010 年及其以后是否有所改变呢？

（2）2010 年及其以后

艺术生文化录取分较低的情况，遭到了学界、社会人士、民众、特别是非艺术考生家长的强烈不满和诟病，这种诟病集中表现在以下三个方面：第一，教育部划定的艺术类文化录取最低控制线过低，比同批次的其他院校低了 30%甚至 40%；第二，教育部划定的文化分最低控制线本来就很低了,而各省又进一步突破了这个教育部划定的本来就已经很低的控制线,而且情况严重。此二者严重影响了教育公平,为低分进大学大开了方便之门。第三,大量低分进艺术院校的学生学习不佳,严重影响了培养质量,进一步引发了学界、社会人士、民众及用人单位的吐槽和批评。

此一情况也引起了教育部的关注。为改变这一情况,2009年12月,教育部下发《关于做好2010年普通高等学校艺术类专业招生工作的通知》(教学司〔2009〕34号),在该通知的附件即《2010年普通高等学校艺术类专业招生办法》中指出:"各省级招办划定的艺术类本科录取控制分数线不应低于本省(区、市)确定的第二批次普通本科录取控制分数线的65%。"这就是说,将原来的"60%"提高到了"65%"。面对这一新要求,各省执行的情况又怎样呢?我们举例来说明。

[例证2]

甲省各批次录取艺术生时的文化分最低控制线
关于公布甲省2012年普通高校招生录取最低控制分数线的通知
甲招〔2012〕14号

各地级以上市及××区招生委员会,各高等学校:

经省招生委员会研究决定,2012年甲省普通高校招生各批次录取最低控制分数线如下:

一、第一批本科院校(含执行本批次最低控制分数线的提前批本科院校)

文科类:总分589分。

理科类:总分585分。

体育类:文化科总分424分,体育术科240分。

美术类:文化科总分360分,美术术科240分。

音乐类：文化科总分360分，音乐术科240分。

二、第二批本科院校

A线（含执行本批次最低控制分数线的提前批本科院校）

文科类：总分545分。

理科类：总分523分。

体育类：文化科总分348分，体育术科200分。

美术类：文化科总分340分，美术术科223分。

音乐类：文化科总分324分，音乐术科217分。

B线

文科类：总分502分。

理科类：总分484分。

体育类：文化科总分343分，体育术科198分。

美术类：文化科总分328分，美术术科210分。

音乐类：文化科总分307分，音乐术科210分。

三、第三批专科院校

A线（含执行本批次最低控制分数线的提前批专科院校）

文科类：总分445分。

理科类：总分400分。

体育类：文化科总分316分，体育术科190分。

美术类：文化科总分280分，美术术科195分。

音乐类：文化科总分290分，音乐术科190分。

B线

文科类：总分300分。

理科类：总分300分。

体育类：文化科总分293分，体育术科186分。

美术类：文化科总分260分，美术术科180分。

音乐类：文化科总分270分，音乐术科170分。

四、高等院校招收中等职业学校毕业生

文化科总分220分，并取得甲省中等职业技术教育专业技能

课程考试合格证书。

五、高职院校招收退役士兵

文化课总分 160 分。

六、各类院校招收少数民族聚居地区少数民族考生

（一）第一批本科院校预科生：

文科类：总分 549 分，理科类：总分 545 分。

（二）××技术师范学院（民族班，本科）：

文科类：总分 502 分，理科类：总分 484 分。

（三）第二批本科 A 类院校预科生：

文科类：总分 465 分，理科类：总分 443 分。

（四）××技术师范学院（民族班，专科）：

文科类：总分 420 分，理科类：总分 375 分。

七、其他预科班

（一）华侨大学"三侨一台"本科预科班

文科类：总分 569 分，理科类：总分 565 分。

（二）第二批本科 A 类院校边防军人子女预科班：

文科类：总分 465 分，理科类：总分 443 分。

（三）第二批本科 B 类院校边防军人子女预科班：

文科类：总分 422 分，理科类：总分 404 分。

甲省教育考试院办公室

二〇一二年六月二十六

从该通知可见，该省的文科类普通本科二本 A 线为 545 分，按教育部"不低于普通本科二本线的 65%"的规定，参加第一批录取的音乐类本科文化最低控制线应为 354.25 分，实际划线为 360 分，在教育部规定的最低控制线以上。

参加第二批普通本科 A 线录取的，文科类的文化分最低控制分为 545 分，按教育部"不低于普通本科二本线的 65%"的规定，同层次音乐类本科文化最低控制线应为 354.25 分，而实际划线为 324 分，比教育部规定的最低分（354.25 分）少 30.25 分，在教育部规定的最低控制线以下。

参加第二批普通本科 B 线录取的，文科类的文化分最低控制分为 502 分，按教育部"不低于普通本科二本线的 65%"的规定，同层次音乐类本科文化最低控制线应为 326.3 分，而实际划线则为 307 分，比教育部规定的最低分（326.3 分）少 19.3 分，在教育部规定的最低控制线以下。

参加第三批文科类专科 A 线录取的，文科类的文化分最低控制分为 445 分，按教育部"不低于 70%"的规定，同层次音乐类专科应为 311.5 分，而实际划线则为 290 分，比教育部的最低分（311.5 分）少 21.5 分，在教育部规定的最低控制线以下。

参加第三批文科类专科 B 线录取的，文科类的文化分最低控制分为 300 分，按教育部"不低于 70%"的规定，同层次音乐类专科应为 210 分，实际划线为 270 分，在教育部规定的最低控制线以上。

可见，在该省五个批次的划线中，仍然有三个批次的划线没有执行教育部的新规定。进而可见，在教育部的新规定出台后，各省在教育部的最低控制线下运行的情况并没有得到什么改变。

各省的情况是这样，那么各独立设置本科艺术院校的录取情况又怎样呢？是否会将所在省的省线作为参考底线呢？是否会突破所在省的底线低分录取呢？我们以该省为例，再举例来说明。

[例证 3] 在甲省的独立设置本科艺术院校录取各专业学生时的文化分最低控制线

根据《关于下达 2012 年甲省普通高等艺术院校（专业）单独考试录取最低控制分数线的通知》（甲招办普〔2012〕38 号）文件中的"附件 1"得知，参加甲省提前批次录取的××独立设置的艺术院校 2012 年文化分的最低实际控制分数为：

第一章 发展历程论

层次	学校名称	类别	专业名称	文化分
第一批本科		音乐类	音乐学（应用音乐学）	420
			音乐学（理论音乐学）	
			音乐学（社会音乐管理）	360
			音乐学（乐器工艺）	340
			作曲与作曲技术理论（作曲）	340
			作曲与作曲技术理论（视唱练耳）	340
			作曲与作曲技术理论（影视音乐创作）	340
			录音艺术（电子音乐制作）	340
			音乐表演（现代器乐表演）	310
			音乐表演（美声唱法）	324
			音乐表演（民族唱法）	324
			音乐表演（钢琴演奏）	324
			音乐表演（管弦乐）	310
			音乐表演（民乐）	310
			音乐表演（流行音乐演唱）	324
			音乐表演（电子键盘演奏）	310
			舞蹈学（舞蹈表演与教育）	210
			舞蹈学（舞蹈与音乐）	240

该独立设置本科艺术院校参加甲省第一批次本科录取，但只有两个专业参照了第一批录取省线（即360分），有9个专业参照的是二本A线（即324分），有4个专业参照的是二本B线（即307分），有两个专业在专科B线（即270分）以下，最低文化分为210分，比专科A线（290分）还少80分。

可见，校线比省线又低了很多，而且情况非常糟糕，教育部

2010年的新规定并没有得到严格执行。

我们再以另一个省为例,来看看在2010年教育部新规定出台后,该省的情况会怎样呢?

[例证4]乙省各批次录取艺术生时的文化分最低控制线

省招委关于乙省2011年普通高校招生录取控制分数线的通知
乙招委〔2011〕6号

各市、州、县(市、区)招生委员会,各普通高等学校:

经乙省高等学校招生委员会研究,乙省2011年普通高校招生各批次录取控制分数线已经确定,现通知如下:

一、理工、文史类

1. 第一批本科:理工571分,文史547分;
2. 第二批本科:理工517分,文史507分;
3. 第三批本科:理工410分,文史430分;
4. 第四批高职高专(一):理工348分,文史388分;
5. 第四批高职高专(二):理工235分,文史235分。

二、艺术类

1. 艺术本科(一)和艺术本科(二):文化330分;
2. 艺术本科(三):文化280分;
3. 艺术高职高专:文化200分。

三、体育类

1. 本科:文化380分,专业素质测试350分;
2. 高职高专:文化200分,专业素质测试330分。

四、招收参加高职统考的中职毕业生的院校

1. 本科:460分;
2. 高职高专(一):405分;
3. 高职高专(二):200分;

4. 试行统一技能操作考试、文化单独命题的机械类专业：技能考试D等以上，文化50分。

五、高水平运动员

本科：理工517分、文史507（专业测试成绩特别优秀的考生理工336分、文史330分）。

六、艺术特长生

本科文化成绩执行招生院校所在批次录取控制分数线。

二〇一一年六月二十五日

从该通知可见，乙省的文史类普通本科第二批文化分录取控制线为507分，按教育部"不低于普通本科二本线的65%"的规定，参加第一批、第二批录取的音乐类本科文化最低控制线应为329.55分，实际划线则330分，几乎刚刚踏在教育部规定的最低控制线上。

参加第三批普通本科录取的，文史类的文化分最低控制分为430分，按教育部"不低于普通本科二本线的65%"的规定，同批次音乐类本科文化最低控制线应为279.5分，实际划线为280分，也几乎刚刚踏在教育部规定的最低控制线上。

参加第四批文科类高职高专（一）录取的，文史类的文化分最低控制分为388分，按教育部"不低于70%"的规定，同层次音乐类专科应为271.6分，而实际划线为200分。参加第四批文科类高职高专（二）录取的，文史类的文化分最低控制分为235分，按教育部"不低于70%"的规定，同层次音乐类专科应为164.5分，而实际划线为200分。但该省确定的艺术类高职高专最低文化分控制线并没有这样区分，而是统统确定为200分。可见，第四批艺术类高职高专（一）的文化线在教育部规定的最低控制线以下，第四批艺术类高职高专（二）的文化线在教育部规定的最低控制线以上。

可见，即使是在教育部2010年新规定出台后，乙省也存在个别录取批次省线低于国家线的情况。

乙省的独立设置本科艺术院校实际录取的情况怎样呢？是否会将所在省的省线作为参考底线呢？是否会突破所在省的底线低分录取呢？让我们再来举例说明。

[例证5] 在乙省的独立设置本科艺术院校录取各专业学生时的文化分最低控制线

2011年××音乐学院本科录取文化控制线

经××音乐学院招生委员会讨论通过，并报乙省教育厅招生委员会办公室批准，××院2011年普通本科各专业方向文化投档资格线如下：

层次	学校名称	类别	专业名称	文化分
第一批本科		音乐类	音乐学（理论）	350
			音乐学（音乐教育）	320
			音乐学（艺术管理）	430
			音乐学（乐器工艺）	340
			音乐学（钢琴调律）	280
			作曲与作曲技术理论（视唱练耳、指挥）	285
			录音艺术（音乐音响导演）	285
			录音艺术（音乐编制与制作）	285
			音乐表演［演唱、通俗声乐演唱与编导、中国乐器演奏、西洋管弦（打击）乐器演奏、键盘乐器演奏、钢琴演奏与编导、通俗乐器演奏与编导］	230
			表演（舞蹈表演与教育）	230

××音乐学院招生办公室

该独立设置本科艺术院校参加乙省第一批次本科录取，但只有3个专业参照了第一批、第二批本科省线（即330分），有5个专业参照的是第三批本科省线（即280分），有两个专业参照的是第四批高职高专（二）省线（即200分），没有参照应有的第四批高职高专（一）省线（即271.6分），最低分为230分。

可见，即使是在2010年教育部新规定出台后，在乙省校线低于省线的情况也存在。

当然，从学校发展的全局来看，吸引生源、维持必要的办学规模、从经济的角度考虑学校的生存和发展等，也是各独立设置本科艺术院校不得不考虑的问题。尤其是，自2008年高考生源达到顶峰（1050万人）后，便开始逐年下降，2013年高考报名人数已下降到912万人，这一情况给全国各高校都带来了生源压力，艺术院校也同样如此。2010年及其后兴起的北大联盟、清华联盟、卓越联盟、京派联盟等，对优秀生源的抢夺更是加剧了各高校的生源危机感。因此，在这种生源危机的大背景下，艺术院校录取时文化分省线低于国家线、校线低于省线情况的出现，也有一定的必然性和合理性，从某种角度看，这种情况也是可以理解的，但不管怎样，它毕竟带来了低分录取的问题。

（3）2014年的重申

由以上可见，在教育部政策的层面上，艺术院校在录取学生时，其文化分比普通高校的二本线低35%或40%。不仅如此，各省在给艺术院校的文化线划线时又低于教育部的要求，而有的艺术院校的录取标准又低于省线的标准，这样就出现了连续三次降低的情况，即"三低"（艺术院校比普通高校低、省线比国家线低、校线比省线低）。文化分数线低并且在最低控制线线下录取已是不争的事实，这也是所有艺术院校的共性。

为解决这一问题，做好2014年的艺术院校招生工作，2013年10月教育部下发《关于做好2014年普通高等学校艺术类专业

招生工作的通知》(教学司〔2013〕13号),①《通知》指出了以下三点:

第一,逐步提高艺术类专业文化成绩要求。各省级招生考试机构、高等学校要在当前本地(校)划定的文化成绩录取标准基础上,立足高等艺术专业教育和学生长远发展,分类逐步提高有关专业文化成绩要求。

第二,严格限定按艺术类招生的专业。对于授予艺术学学士学位的艺术教育、服装设计与工程、风景园林、文化产业管理等4个非艺术学门类专业,有关高校若有专业要求,须在招生简章中明确告知考生应参加的专业考试科类及录取要求(省级统考涉及的专业,学校不再单独组织校考),高考文化成绩要求不得低于本校非艺术类专业所在批次最低控制分数线。其他非艺术类专业不得按艺术类专业招生考试办法招生。

第三,其他工作要求继续按照《2010年普通高等学校艺术类专业招生办法》(教学司〔2009〕34号文件附件1)执行。这就再次重申了教育部2010年确定的"各省级招办划定的艺术类本科录取控制分数线不应低于本省(区、市)确定的第二批次普通本科录取控制分数线的65%"的文化分录取原则。

教育部的重申是否得到了严格的贯彻执行呢?我们再举例来说明。

---

① 关于做好2014年普通高等学校艺术类专业招生工作的通知[EB/OL]. 国家教育信息网-艺术高考-艺考政策,2013-10-25.

[例证6] 甲省各批次录取艺术生时的文化分最低控制线

关于公布甲省2014年普通高校招生录取最低控制分数线的通知
甲招〔2014〕16号

各地级以上市及××区招生委员会，各高等学校：

经省招生委员会研究决定，2014年甲省普通高校招生各批次录取最低控制分数线如下：

一、**第一批本科院校**（含执行本批次最低控制分数线的提前批本科院校）

文科类：总分579分。

理科类：总分560分。

体育类：文化科总分407分，体育术科240分。

美术类：文化科总分350分，美术术科236分。

音乐类：文化科总分350分，音乐术科231分。

二、**第二批本科院校**

A线（含执行本批次最低控制分数线的提前批本科院校）

文科类：总分534分。

理科类：总分504分。

体育类：文化科总分328分，体育术科200分。

美术类：文化科总分340分，美术术科226分。

音乐类：文化科总分335分，音乐术科208分。

B线

文科类：总分483分。

理科类：总分465分。

体育类：文化科总分315分，体育术科198分。

美术类：文化科总分330分，美术术科215分。

音乐类：文化科总分320分，音乐术科203分。

三、**第三批专科院校**

A线（含执行本批次最低控制分数线的提前批专科院校）

文科类：总分 425 分。

理科类：总分 400 分。

体育类：文化科总分 290 分，体育术科 183 分。

美术类：文化科总分 290 分，美术术科 200 分。

音乐类：文化科总分 290 分，音乐术科 183 分。

B 线

文科类：总分 290 分。

理科类：总分 280 分。

体育类：文化科总分 270 分，体育术科 178 分。

美术类：文化科总分 260 分，美术术科 175 分。

音乐类：文化科总分 260 分，音乐术科 160 分。

甲省招生委员会
2014 年 6 月 25 日

从该通知可见，甲省的文科类普通本科二本 A 线为 534 分，按教育部"不低于普通本科二本线的 65%"的规定，参加第一批录取的音乐类本科文化最低控制线应为 347.1 分，实际划线则 350 分，在教育部规定的最低控制线以上。

参加第二批普通本科 A 线录取的，文科类的文化分最低控制分为 534 分，按教育部"不低于普通本科二本线的 65%"的规定，同层次音乐类本科文化最低控制线应为 347.1 分，而实际划线为 335 分，比教育部规定的最低分（347.1 分）少 12.1 分，在教育部规定的最低控制线以下。

参加第二批普通本科 B 线录取的，文科类的文化分最低控制分为 483 分，按教育部"不低于普通本科二本线的 65%"的规定，同层次音乐类本科文化最低控制线应为 313.95 分，实际划线为 320 分，在教育部规定的最低控制线以上。

参加第三批文科类专科 A 线录取的，文科类的文化分最低控制分为 425 分，按教育部"不低于 70%"的规定，同层次音乐类专科应为297.5分，而实际划线为290分，比教育部的最低分（297.5分）少7.5分，在教育部规定的最低控制线以下。

参加第三批文科类专科B线录取的，文科类的文化分最低控制分为290分，按教育部"不低于70%"的规定，同层次音乐类专科应为203分，实际划线为260分，在教育部规定的最低控制线以上。

可见，在教育部重申的情况下，甲省的省线依然有两个批次的文化分控制线低于教育部的标准。

甲省独立设置本科艺术院校的录取情况怎样呢？是否会将所在省的省线作为参考底线呢？是否会突破所在省的底线低分录取呢？让我们再来举例说明。

[例证7] 在甲省的独立设置本科艺术院校录取各专业学生时的文化分最低控制线

《关于公布2014年××学院本科招生录取最低控制分数线的通告》
××院招〔2014〕53号

附件1：《××学院2014年本科录取最低控制分数线》

专业名称	系别	专业（方向）	本省考生文化线
音乐学	音乐学系	理论音乐学	425
		应用音乐学	
	音乐教育系	音乐教育：声钢	408
			350
		音乐教育：器乐	487
			350
	艺术管理系	社会音乐管理	350
		艺术管理	文534
			理504
	乐器工艺系	钢琴调修/提琴制作	350

续上表

专业名称	系别	专业（方向）	本省考生文化线
作曲与作曲技术理论	作曲系	作曲	350
		视唱练耳	
录音艺术	现代音乐系	影视音乐创作	350
		电子音乐创作	
音乐表演	钢琴系	钢琴演奏	320
	声乐系	美声唱法	320
	民族声乐系	民族唱法	320
	流行音乐系	流行音乐演唱	320
		电子键盘演奏	
	指挥专业	指挥（乐队、合唱）	320
舞蹈学	舞蹈系	舞蹈表演与教育	260
		舞蹈与音乐	290
音乐表演	管弦系	长笛	320
		单簧管	
		长号	
		其他乐器	
	民乐系	民族乐器演奏	
	现代器乐	现代器乐演奏	

该独立设置本科艺术院校参加甲省第一批次本科录取，有11个专业参照了第一批录取省线（即350分），有6个专业参照的是二本B线（即320分），有1个专业参照的是专科A线（即290分），有1个参照执行的是专科B线（即260分），最低文化分为260分，比专科A线（290分）还少30分。

可见，即使在教育部 2014 年重申后，校线比省线低很多的情况虽然有了较大的改变，但仍未得到根本性的改变。

我们再以另一个省为例，来看看教育部 2014 年重申后的情况。

[例证8] 乙省各批次录取艺术生时的文化分最低控制线

省招委关于 2014 年普通高校招生录取控制分数线的通知
乙招委〔2014〕6 号

各普通高校，各市、州、县招生委员会：

经乙省高等学校招生委员会研究，乙省 2014 年普通高校招生各批次录取控制分数线已经确定，现通知如下：

一、理工、文史类

1. 第一批本科：理工 533 分，文史 535 分；
2. 第二批本科：理工 471 分，文史 482 分；
3. 第三批本科：理工 380 分，文史 417 分；
4. 第四批高职高专（一）：理工 295 分，文史 325 分；
5. 第四批高职高专（二）：理工 180 分，文史 180 分。

二、艺术类

1. 艺术本科（一）和艺术本科（二）：播音与主持艺术专业、广播电视编导专业文化 340 分，其他专业文化 313 分。

2. 艺术本科（三）

美术类：文化 270 分，专业 187 分；

播音与主持艺术专业、广播电视编导专业：文化 302 分，专业 190 分；

音乐学、音乐表演、舞蹈类、表演类、摄影：文化 240 分，专业 190 分。

自行组织校考发放艺术合格证的院校，各专业（类别）文化成绩录取控制分数线对应执行上述各专业（类别）的文化分数线。

3. 艺术高职高专

美术类：文化 150 分，专业 160 分；

非美术类：文化 150 分，专业 110 分。

三、体育类

1. 本科：文化 335 分，专业素质测试 350 分；

2. 高职高专：文化 150 分，专业素质测试 300 分。

四、招收参加高职统考的中职毕业生

1. 本科：445 分；

2. 高职高专（一）：305 分；

3. 高职高专（二）：150 分。

五、招收参加技能高考的中职毕业生

1. 本科

机械类、建筑类、旅游类、会计类和护理专业：文化综合 165 分，专业技能 160 分；

电子类：文化综合 175 分，专业技能 160 分；

计算机类：文化综合 170 分，专业技能 160 分。

2. 高职高专

文化综合 50 分，专业技能 D 等及以上。

六、高水平运动员

本科：理工 471 分、文史 482 分（专业测试成绩特别优秀的考生理工 306 分、文史 313 分）。

七、艺术特长生

本科文化成绩执行招生院校所在批次录取控制分数线。

乙省高等学校招生委员会
2014 年 6 月 23 日

从该通知可见，乙省的文史类普通本科第二批文化分录取控

制线为 482 分，按教育部"不低于普通本科二本线的 65%"的规定，参加第一批、第二批录取的音乐类本科文化最低控制线应为 313.3 分，实际划线则 313 分，比教育部规定的最低控制线低 0.3 分。

参加第三批普通本科录取的，文史类的文化分最低控制分为 417 分，按教育部"不低于普通本科二本线的 65%"的规定，同批次音乐类本科文化最低控制线应为 271.05 分，实际划线美术类为 270 分，比教育部规定的最低控制线低 1.5 分；播音与主持艺术专业、广播电视编导专业为 302 分，在教育部规定的最低控制线以上；音乐学、音乐表演、舞蹈类、表演类、摄影等专业为 240 分，比国家线低了 31.05 分，在教育部规定的最低控制线以下。

参加第四批文科类高职高专（一）录取的，文史类的文化分最低控制分为 325 分，按教育部"不低于 70%"的规定，同层次音乐类专科应为 227.5 分；参加第四批文科类高职高（二）专录取的，文史类的文化分最低控制分为 180 分，按教育部"不低于 70%"的规定，同层次音乐类专科应为 126 分。但乙省确定的艺术类高职高专最低文化分控制线并没有这样区分，而是统统确定为 150 分。其中，第四批艺术类高职高专（一）的文化线在教育部规定的最低控制线以下，第四批艺术类高职高专（二）的文化线在教育部规定的最低控制线以上。

可见，即使是在 2014 年教育部的重申后，乙省存在的省线低于国家线的情况并没有得到较大的改观。

乙省的独立设置本科艺术院校实际录取的情况怎样呢？是否会将所在省的省线作为参考底线呢？是否会突破所在省的底线低分录取呢？让我们再来举例说明：

[例证9] 在乙省的独立设置本科艺术院校录取各专业学生时的文化分最低控制线

××音乐学院关于2014年普通本科文化课投档资格线的公告

经××音乐学院招生委员会讨论通过，并报乙省教育厅招生委员会办公室批准，我院2014年普通本科各专业方向文化投档资格线如下：

1. 音乐教育专业方向325分；
2. 音乐学理论专业方向365分；
3. 艺术管理专业方向417分；
4. 钢琴调律专业方向295分；
5. 作曲与作曲技术理论（含指挥）专业方向295分；
6. 录音艺术专业（音乐音响导演方向、音乐编辑与制作方向）295分；
7. 演唱（美声、民族声乐）、通俗声乐演唱与编导方向（通俗声乐、美声兼报通俗、民族兼报通俗）260分；
8. 中国乐器演奏、西洋管弦（打击）乐器演奏、钢琴演奏、键盘乐器演奏与编导、通俗乐器演奏与编导专业方向225分；
9. 舞蹈表演与教育专业方向215分。

××音乐学院
二〇一四年七月七日

该独立设置本科艺术院校参加乙省第一批次本科录取，但只有8个专业参照了省线的规定（即240分以上），有7个专业在省线（即240分）以下，最低分为215分，比省线低了25分。

可见，即使是在2014年教育部的重申后，在乙省，校线低于省线的情况依然存在而且较为严重。

2. 各艺术院校思政课教学的个性

根据 2006 年 11 月《教育部办公厅关于做好 2007 年普通高等学校艺术类专业招生工作的通知》（教学厅〔2006〕10 号）的"附件 1"即《2007 年普通高等学校艺术类专业招生办法》文件规定，艺术院校自身又有戏剧、戏曲、美术、音乐、电影、舞蹈、陶瓷、工艺美术、综合艺术等不同类别的差异，在 31 所独立设置的本科艺术院校中，戏剧院校 2 所、戏曲院校 1 所，美术院校 9 所，音乐院校 9 所，电影院校 1 所，舞蹈院校 1 所，工艺美术院校 1 所，综合艺术院校 7 所。也由此可见，在独立设置的本科艺术院校中，虽然以音乐、美术及综合艺术院校为主，但也还存在音乐、美术、戏剧、戏曲、电影、舞蹈、陶瓷等各种各样的差别。

就专业而言，音乐类有声乐、钢琴、民乐、调律、录音、作曲、音乐学、管弦乐、音乐教育、艺术管理等。

戏剧类有表演、戏剧影视导演、戏剧影视文学、摄影、录音、舞台艺术、戏剧影视美术设计、服装与服饰设计、视觉传达设计等。

美术类有绘画、素描、色彩、水粉、雕塑、国画、油画、动画、工艺、美术学、艺术设计、广告设计、环艺设计、装潢设计等。

舞蹈类有古典舞、爵士舞、民族舞、民间舞、现代舞、芭蕾舞、国标舞、拉丁舞、街舞、舞蹈编导等。

影视类有戏剧影视文学、戏剧影视导演、影视摄影与制作、表演、录音艺术、戏剧影视美术设计、电影学、文化产业管理（电影电视管理）、摄影、动画等。

参照艺术类招生的传媒类有播音与主持艺术、新闻采编、广播电视编导、照明艺术专业等。

因此，就这些不同类别的艺术院校及不同专业而言，艺术院校的思政课教学又各有各的特殊性。

第二章　教研成果论

一、艺术院校思政课教学研究的理论依据和政策要求

（一）因材施教

因材施教是依据不同的教学对象来确定不同的教学目标、教学内容、教学进度、教学方法等教学要素的一种教学理念和教学原则。因材施教，源远流长。孔子的因材施教成了一种教学范式，分三步：第一步，了解学生个体；第二步，确定适应学生个体的教学内容和教学目标；第三步，选择适应学生个体的教学方法。了解学生个体是前提，确定适应学生个体的教学内容和教学目标是重点，选择适应学生个体的教学方法是关键。孔子对自己的学生十分了解，例如，面对高柴、曾参、颛孙师（子张）、仲由四位学生，他的评价是：高柴愚笨，曾参迟钝，颛孙师往往失之偏颇，仲由刚猛有余。① 面对仲由、端木赐、冉求三位学生，他的评价是：仲由做事果断，端木赐事理通达，冉求多才多艺。② 学生子贡曾经问孔子："子张与子夏两个人谁贤能？"孔子说："子张过头了，子夏则没有赶上。"③ 针对学生各方面的不

---

①　许嘉璐等.文白对照十三经（下）·论语·先进［M］.广州：广东教育出版社，1995：49.
②　许嘉璐等.文白对照十三经（下）·论语·先进［M］.广州：广东教育出版社，1995：23.
③　许嘉璐等.文白对照十三经（下）·论语·先进［M］.广州：广东教育出版社，1995：49.

同，孔子曾说，在德行方面，出众的就要数颜渊、闵子骞、冉伯牛、仲弓几个学生了；在言语方面，出众的就要数宰我、子贡了；在政事方面，出众的就要数冉有、季路了；在文学方面，出众的就要数子游、子夏了。① 孔子对学生的了解之深，由此可见一斑。

学生子路曾经问孔子："听到一种好的主张，就要去做吗？"孔子说："有父兄在，怎么能听到了就去做呢？"学生冉有问孔子："听到一种好的主张，就要去做吗？"孔子说："是的，听到一种好的主张，就要去做。"学生公西华说："子路问，听到一种好的主张，就要去做吗？你说有父兄在；冉有也问，听到一种好的主张，就要去做吗？你说是的，听到一种好的主张，就要去做。我就闹不明白了，这是为什么呢，请你解释。"孔子说："冉有做事退缩不前，所以我鼓励他临事果断。但子路却逞强好胜，所以我就劝他遇事多听取别人意见，要谨慎一点。"② 子路、冉有问了同样的问题，但孔子却因人而异给了两种不同的回答。问同而答异，这就是今天我们所知的因材施教的典型。

孟子对因材施教解释是："君子之所以教者五：有如时雨化之者，有成德者，有达财（才）者，有答问者，有私淑艾者。此五者，君子之所以教也。"③ 大意是：君子教育的方式有五种，有像及时雨那样化育万物的，有成全品德的，有培养才能的，有解答疑问的，还有以流风余韵让后人自觉仿效的。这五种便是君子教育的方式。

《礼记·学记》对因材施教的解释是："学者有四失，教者必知之。人之学也，或失则多，或失则寡，或失则易，或失则

---

① 许嘉璐等. 文白对照十三经（下）·论语·先进 [M]. 广州：广东教育出版社，1995：47.

② 许嘉璐等. 文白对照十三经（下）·论语·先进 [M]. 广州：广东教育出版社，1995：50.

③ 许嘉璐等. 文白对照十三经（下）孟子·尽心上 [M]. 广州：广东教育出版社，1995：86.

止。此四者，心之莫同也。知其心，然后能救其失也。教也者，长善而救其失者也。"① 意思是说：学习的人会犯四种过失，做老师的一定要知道。人在学习的时候，有的一味贪多，有的不肯多读书，有的见异思迁，有的浅尝辄止。这四种情况的产生，是人心不同的缘故。做老师的一定要先了解学生的心理，然后才能加以补救。所谓教育，就是培养、发扬学生的优点而挽救他们的过失。

东汉末年著名教育家郑玄也对因材施教做了精辟的解释，他在《礼心正义》卷三十六中指出：失于多谓才少者，失于寡谓才多者，失于易谓好问不识者，失于止谓好思不问者。救其失者，多与易则抑之，寡与止则进之。不教长者、才者以小，教幼者、钝者以大也。

南宋教育家朱熹对因材施教的解释就更清楚了，他在《小学辑说》中指出：小学之事，知之浅而行之小者也；大学之道，知之多而行之大者也；在《朱子大全·读书之要》中指出：君子教人有序，先传小者近者，而后教以大者远者，人同有理会得处……用那理会得的推之于那理会不得的，自浅以至于深，自近以至于远；在《小学辑说》中指出：是则学之大小所以不同，特以少长所习之异宜，而有高下、深浅、先后、缓急之殊。

(二) 主体性教育

主体性教育是一种以学生为主体来设计教学（教学内容、教学方法等），在教学过程中充分调动和发挥学生的学习主动性、积极性并以学生学习主动性、积极性增进的程度为教学效果好坏的判断标准的一种教学理念、教学方法和教学原则。如果说传统教育在于教师向学生灌输了多少知识，那么主体性教育则在于学生自己学到了多少知识以及学习愿望被激活的程度。

---

① 许嘉璐等. 文白对照十三经（上）礼记·学记 [M]. 广州：广东教育出版社，1995：164.

第二章 教研成果论

在中国，关于主体性教育的研究热潮从20世纪80年代开始，其后逐步升温，90年代后进入高潮。1996年12月第一届"全国主体性教育理论与实践学术研究会"在天津举行，全国6个省市的一些师范院校、教育科研机构、教育行政部门和部分小学的50余名代表参加了会议。从成因来看，这股研究热潮的形成基于四个方面的原因：一是对当时填鸭式教育时弊的反思，这是最直接的原因；二是对教育规律的重新认识和遵从；三是哲学、文学对主体的研究，时代呼唤主体的人，进而呼唤主体性教育；四是国外关于主体性教育研究所产生的强烈影响。[①]

在我国关于主体性教育的研究热潮中，有人仍提出了"教师一主体说"的观点，即认为教师是主体，这种思想可以看成是填鸭式教育思想的最后的最顽固的抗争。还有人提出了"师生双主体说"的观点，即认为师生都是主体，这种思想可以看成是填鸭式教育思想的温柔的折中的表达。在"师生双主体说"的研究中，有人还提出了"主体间性"等一些类似的研究概念。但是说到底，这两种思想（"教师一主体说"、"师生双主体说"）都是不愿意放弃教师君临一切的地位、对课堂上学生对教师绝对服从的感觉留恋不舍等心理诉求的外在表达。当然，从主体性教育的内在逻辑结构的严谨架构来看，"教师一主体说"、"师生双主体说"的提出和强调也还是有益的。但问题是，主体性教育的提出，是针对当时填鸭式教育的严重的不良的教育后果而言的，就是要克服填鸭式教育教师君临一切、唯我独尊、严重忽视学生主体的时弊，而不是为了强调教师是主体。所以，从当时的社会和教育背景而言，主体性教育主要是指学生主体性教育。学生主体性教育，是以往教育理论研究的弱项甚至是空白，是教育理念亟须要完成的一个大转变。事实上，只有把精力放在

[①] 陈平. 中国主体性教育思想和方法史［M］. 长沙：湖南人民出版社，2004：6－7.

学生主体的研究上，研究如何依据学生主体的不同来设计教学，研究如何充分激发学生主体的学习愿望，才是最有意义的。

《国家中长期教育改革和发展规划纲要（2010—2020年)》指出：要以学生为主体，以教师为主导，充分发挥学生的主动性，把促进学生健康成长作为学校一切工作的出发点和落脚点，关心每个学生，促进每个学生主动地、生动活泼地发展。

（三）"三贴近"

2004年中共中央、国务院颁发《关于进一步加强和改进大学生思想政治教育的意见》（中发〔2004〕16号）（以下简称《意见》）首次提出了完整的"三贴近"的指导思想。该《意见》在阐述加强和改进大学生思想政治教育的指导思想时指出，要"坚持以人为本，贴近实际、贴近生活、贴近学生，努力提高思想政治教育的针对性、实效性和吸引力、感染力"。[①]对这一指导思想的理解，可以从以下几个角度入手：

1."三贴近"与以人为本紧密联系在一起，是在以人为本理念成为教育主导理念的背景下而提出来的

中国历史上的人本思想非常丰富，强调"天地万物，唯人为贵"。春秋时期齐国名相管仲就早已明确提出了"以人为本"的思想，《管子·霸言》指出：夫霸王之所始也，以人为本。本理则国固，本乱则国危。《孟子·尽心下》又说："诸侯之宝三：土地，人民，政事。"[②]

通过中国学术期刊网（CNKI），以"以人为本"为篇名、搜索年限为1915—1980年，共搜得文章0篇。同样以"以人为

[①] 教育部社会科学司. 普通高校思想政治理论课文献选编（1949-2008）[C]. 北京：中国人民大学出版社，2008：203.

[②] 许嘉璐等. 文白对照十三经（下）孟子·尽心下 [M]. 广州：广东教育出版社，1995：92.

本"为篇名、搜索年限为1980—1990年,共搜得文章9篇,其中将"以人为本"作为一种哲学思潮来研究的有2篇,作为一种管理思想(尤其是企业管理思想)来研究的有4篇,作为一种教育思想来研究的有1篇(《高校思想教育工作要"以人为本"》,1988年)。同样以"以人为本"为篇名、搜索年限为1991—2000年,共搜得文章1369篇。可见,20世纪90年代,关于"以人为本"的研究已经形成了一股热潮。

"以人为本"是马克思主义所追求的价值目标,《共产党宣言》指出:"代替那存在着阶级和阶级对立的资产阶级旧社会的,将是这样一个联合体,在那里,每个人的自由发展是一切人的自由发展的条件。"① 2003年中国共产党第十六届中央委员会第三次全体会议通过的《中共中央关于完善社会主义市场经济体制若干问题的决定》首次提出科学发展观,将"以人为本"作为科学发展观的核心并提升为执政理念,指出:"坚持以人为本,树立全面、协调、可持续的发展观,促进经济社会和人的全面发展。"《国家中长期教育改革和发展规划纲要(2010—2020年)》指出:把育人为本作为教育工作的根本要求。

2. 只有"三贴近",才能有利于提高思想政治教育的针对性、实效性和吸引力、感染力

不贴近实际,思想政治教育的理论就会成为空中楼阁,就会成为高谈阔论,就会过时;而相反,贴近实际,理论就会与时俱进,就会有生命力,就会解释甚至解决现实问题,就会有说服力。不贴近生活,思想政治教育的理论就会远离生活体验和生活需要,就必然会成为无用的"屠龙术";而相反,贴近生活,理论就会有生活体验基础,就会成为生活的指南。不贴近学生,思想政治教育就会不了解学生,就会盲目;而相反,贴近学生,思

---

① 中共中央马克思恩格斯列宁斯大林著作编译局. 马克思恩格斯选集:第1卷[M]. 北京:人民出版社,1972:273.

想政治教育就会了解学生，就会对症下药。

3. "三贴近"是以往"联系实际"的思想的升华和具体化

"三贴近"的思想不是无根无由、从天而降、拔地而起的，而是对以往"联系实际"思想的升华和具体化。在以往的思想政治教育中，"联系实际"被一贯强调和多次重申，但问题是并没有解决好如何"联系实际"。"三贴近"除包括"贴近实际"外，还将"贴近生活"、"贴近学生"纳入自己的概念之内，其实是拓展和丰富了"联系实际"的内涵，即联系社会实际、联系生活实际、联系学生实际。

4. 在艺术院校，"三贴近"就是贴近艺术院校实际、贴近艺术生活、贴近艺术生

艺术院校的思想政治理论教育与非艺术院校的思想政治理论教育相比，既有共性，也有差异。同样，艺术生活与非艺术生活、艺术生与非艺术生，也都是既有共性，也有差异的。要提高艺术院校思想政治理论教育的针对性、实效性和吸引力、感染力，就必须贴近艺术院校实际、贴近艺术生活、贴近艺术生。

（四）分类指导

1. 分层教学

1998年《中共中央宣传部、教育部关于印发〈关于普通高等学校"两课"课程设置的规定及其实施工作的意见〉的通知》（教社科〔1998〕6号）在设置"两课"课程时，明确地体现了教学的层次性（专科、本科、硕士研究生、博士研究生等），不同层次的课程门数和课时数是不一样的，例如：

二年制专科的马克思主义理论课设置为：《马克思主义哲学原理》（36学时）、《邓小平理论概论》（64学时）。三年制专科的马克思主义理论课设置为：《马克思主义哲学原理》（50学时）、《毛泽东思想概论》（40学时）、《邓小平理论概论》（60学时）。二年制和三年制专科的思想品德课设置为《思想道德修养》(40学时)、《法律基础》(28学时)。

本科的马克思主义理论课设置为:《马克思主义哲学原理》(54学时)、《马克思主义政治经济学原理》(理工类40学时,文科类36学时)、《毛泽东思想概论》(理工类36学时,文科类54学时)、《邓小平理论概论》(70学时)、《当代世界经济与政治》(文科类开设,36学时)。本科的思想品德课设置为:《思想道德修养》(51学时)、《法律基础》(34学时)。

在明确分层教学思想的同时,虽然该通知还未明确提出"分类指导"的概念,但也已经有了"分类指导"的初步意识,指出:"职业道德"课,除师范、医学等一些特殊专业要作为专业基础课纳入教学计划外,其他专业可作为选修课或作为"思想道德修养"课的一部分安排教学。有关院校政治理论专业和财经类、政法类专业,可根据本"意见"的规定,与专业基础课统筹考虑,在覆盖"两课"教学基本要求的前提下,确定本校此类专业的课程设置。教育部将推荐若干指导性课程方案,供参照执行。①

2. 分层教学和分类指导

2005年《中共中央宣传部、教育部关于进一步加强和改进高等学校思想政治理论课的意见》(教社政〔2005〕5号)在设置思想政治理论课的课程时,继续坚持了"分层教学"的思想,指出:中宣部、教育部要在本科学生思想政治理论课课程体系基础上,进一步研究确定专科层次和硕士生、博士生层次的思想政治理论课课程设置。② 但是,在此"意见"中,"分类指导"的思想暂时未得到更进一步的深化。

在同年随后的《〈中共中央宣传部、教育部关于进一步加强

---

① 教育部社会科学司. 普通高校思想政治理论课文献选编(1949—2008)[C]. 北京:中国人民大学出版社,2008:183.
② 教育部社会科学司. 普通高校思想政治理论课文献选编(1949—2008)[C]. 北京:中国人民大学出版社,2008:215.

和改进高等学校思想政治理论课的意见〉实施方案》中，除了坚持"分层教学"的思想，区分专科、本科、民办高校、成人高校、硕士研究生、博士研究生等不同层次外，"分类指导"的思想也在此时被明确地提出来了。该方案指出："要尊重教育教学规律，充分考虑本科、专科教学的特点和内容要求，充分考虑新课程设置方案与师资队伍、原有课程的衔接，从当前实际出发，着眼于教学秩序的稳定，按照整体推进、分类指导、先试点、后推广，突出重点、逐步过渡的原则，积极稳妥地做好实施工作。"①

《国家中长期教育改革和发展规划纲要（2010—2020年）》指出：建立高校分类体系，实行分类管理，注重因材施教，关注学生不同特点和个性差异，发展每一个学生的优势潜能，推进分层教学。

从以上可见，分类指导、分层教学的思想越来越受到重视并成为国家教育政策的重要思想和内容，从而也就为艺术院校思想政治理论课教学研究的开展提供了政策依据，并提出了要求。

二、艺术院校思想政治理论教育教学研究的现状

由于思想政治理论课曾有马列课、德育课、思想品德课、"两课"等不同称谓，同时由于"教育"与"教学"之间既有区别又有联系，为了尽可能地避免数据的遗漏和遗失，所以将采用马列课、德育课、思想品德课等不同称谓以及"教育"与"教学"两条线进行搜索。

（一）1915—2000年数据收集

1. 以"艺术院校马列课教学"为文章篇名搜索

通过中国学术期刊网（CNKI），以"艺术院校马列课教学"

---

① 教育部社会科学司. 普通高校思想政治理论课文献选编（1949—2008）[C]. 北京：中国人民大学出版社，2008：219.

为篇名、搜索年限为1915—2000年，共搜得文章1篇。

通过中国学术期刊网（CNKI），以"音乐院校马列课教学"为篇名、搜索年限为1915—2000年，共搜得文章0篇。

通过中国学术期刊网（CNKI），以"美术院校马列课教学"为篇名、搜索年限为1915—2000年，共搜得文章0篇。

2. 以"艺术院校思想品德课教学"为文章篇名搜索

通过中国学术期刊网（CNKI），以"艺术院校思想品德课教学"为篇名、搜索年限为1915—2000年，共搜得文章1篇。

通过中国学术期刊网（CNKI），以"音乐院校思想品德课教学"为篇名、搜索年限为1915—2000年，共搜得文章0篇。

通过中国学术期刊网（CNKI），以"美术院校思想品德课教学"为篇名、搜索年限为1915—2000年，共搜得文章0篇。

3. 以"艺术院校德育课教学"为文章篇名搜索

通过中国学术期刊网（CNKI），以"艺术院校德育课教学"为篇名、搜索年限为1915—2000年，共搜得文章0篇。

通过中国学术期刊网（CNKI），以"音乐院校德育课教学"为篇名、搜索年限为1915—2000年，共搜得文章0篇。

通过中国学术期刊网（CNKI），以"美术院校德育课教学"为篇名、搜索年限为1915—2000年，共搜得文章0篇。

4. 以"艺术院校德育教育"为文章篇名搜索

通过中国学术期刊网（CNKI），以"艺术院校德育教育"为篇名、搜索年限为1915—2000年，共搜得文章0篇。

通过中国学术期刊网（CNKI），以"音乐院校德育教育"为篇名、搜索年限为1915—2000年，共搜得文章0篇。

通过中国学术期刊网（CNKI），以"美术院校德育教育"为篇名、搜索年限为1915—2000年，共搜得文章0篇。

5. 以"艺术院校两课教学"为文章篇名搜索

通过中国学术期刊网（CNKI），以"艺术院校两课教学"为篇名、搜索年限为1915—2000年，共搜得文章0篇。

通过中国学术期刊网（CNKI），以"音乐院校两课教学"为篇名、搜索年限为1915—2000年，共搜得文章0篇。

通过中国学术期刊网（CNKI），以"美术院校两课教学"为篇名、搜索年限为1915—2000年，共搜得文章0篇。

6. 以"艺术院校思想政治教育"为文章篇名搜索

通过中国学术期刊网（CNKI），以"艺术院校思想政治教育"为篇名、搜索年限为1915—2000年，共搜得文章1篇。

通过中国学术期刊网（CNKI），以"音乐院校思想政治教育"为篇名、搜索年限为1915—2000年，共搜得文章0篇。

通过中国学术期刊网（CNKI），以"美术院校思想政治教育"为篇名、搜索年限为1915—2000年，共搜得文章0篇。

7. 以"艺术院校思想政治教学"为文章篇名搜索

通过中国学术期刊网（CNKI），以"艺术院校思想政治教学"为篇名、搜索年限为1915—2000年，共搜得文章0篇。

通过中国学术期刊网（CNKI），以"音乐院校思想政治教学"为篇名、搜索年限为1915—2000年，共搜得文章0篇。

通过中国学术期刊网（CNKI），以"美术院校思想政治教学"为篇名、搜索年限为1915—2000年，共搜得文章0篇。

（二）2001—2013年数据收集

1. 以"艺术院校思想政治教育"为文章篇名搜索

通过中国学术期刊网（CNKI），以"艺术院校思想政治教育"为篇名、搜索年限为2001—2013年，共搜得文章68篇。

通过中国学术期刊网（CNKI），以"音乐院校思想政治教育"为篇名、搜索年限为2001—2013年，共搜得文章3篇。

通过中国学术期刊网（CNKI），以"美术院校思想政治教育"为篇名、搜索年限为2001—2013年，共搜得文章1篇。

2. 以"艺术院校思想政治教学"为文章篇名搜索

通过中国学术期刊网（CNKI），以"艺术院校思想政治教学"为篇名、搜索年限为 2001—2013 年，共搜得文章 36 篇。

通过中国学术期刊网（CNKI），以"音乐院校思想政治教学"为篇名、搜索年限为 2001—2013 年，共搜得文章 2 篇。

通过中国学术期刊网（CNKI），以"美术院校思想政治教学"为篇名、搜索年限为 2001—2013 年，共搜得文章 3 篇。

在上述搜索中，肯定还会有遗漏，所以需要以其他搜索方式来补充，如通过 CNKI 查阅某篇文章，点击某篇文章后，就会得到"参考文献、相似文献、同行关注文献、相关作者文献、相关机构文献、文献分类导航"等条目，在这些条目中，又会得到一些数据。

（三）数据汇总

将上述搜索的结果和采用其他搜索方法所搜到的结果汇总在一起，时间到 2015 年 1 月 26 日为止，共得到关于艺术院校思想政治教育研究的论文、著作共 133 篇（部），关于艺术院校思想政治理论教学研究的论文共 100 篇，可列表如下：

单位：篇（部）

起止年限	艺术院校思想政治教育文章、著作	艺术院校思想政治理论教学文章、著作
1915—1984	0	0
1985	1	0
1986—1987	0	0
1988	1	1
1989	0	0
1990	0	1
1991—1993	0	0

续上表

起止年限	艺术院校思想政治教育文章、著作	艺术院校思想政治理论教学文章、著作
1994	0	1
1995—1999	0	0
2000	1	0
2001	0	0
2002	2	3
2003	3	1
2004	6	0
2005	12	2
2006	6	0
2007	6	3
2008	4	7
2009	18	6
2010	17	13
2011	10	13
2012	29	32
2013	17	17
总计	133	100

（四）艺术院校思想政治理论教育教学研究的特点

1. 从时间和数量上来看

（1）无声无息（1915—1984年）。通过中国学术期刊网（CNKI）检索，检索时间范围为1915—1984年，尚未检索到关于思想政治理论教学或教育的文章。

(2) 声音微弱（1985—1994 年）。1985—1994 年，十年间有了零星的研究。共检索到一本著作、四篇文章。

这本著作为《艺术院校学生思想教育概论》（李行楚，能源出版社，1985），似乎是目前能够检索到的研究艺术院校思想政治教育的第一本著作。

四篇文章是《音乐院校马克思主义理论课教学方法探索——改革传统讲授方法实行"网络式"教学》（王俊英，《音乐学习与研究》，1988/3）、《新形势下高等艺术院校思想政治教育的目标与要求》（李健葆、王良钧，《齐鲁艺苑》，1988/4）、《浅谈音乐院校哲学课教学》（魏鹏程，《星海音乐学院学报》，1990/1）、《少而精——艺术院校马列理论课和思想品德课教学改革的历史性选择》（李汉民，《星海音乐学院学报》，1994/Z2）。可见，1985—1994 年，无论是关于艺术院校思想政治理论教学的研究，还是关于艺术院校思想政治教育的研究，其声音都是微乎其微的。

(3) 再度沉默（1995—1999 年）。在 1995—1999 年五年的时间里，没有检索到一篇关于艺术院校思想政治教育和思想政治理论教学的文章。

(4) 小起热潮（2000—2005 年）。2000—2005 年关于艺术院校思想政治教育和思想政治理论教学的研究，共有文章 30 篇。2005 年出现了一个小热潮，当年有 14 篇文章，首次突破个位数，这 14 篇文章分别是：

梁淮平. 艺术院校思想政治理论课实效性初探［J］. 南京艺术学院学报（美术与设计版），2005（01）.

吴晓春. 激发大学生理论学习的兴趣，提高艺术院校思想政治理论课教学的实效性［J］. 思想理论教育导刊，2005（06）.

韩克祥. 浅谈艺术院校学生思想政治教育体系建设［J］. 南京艺术学院学报（美术与设计版），2005（01）.

彭红. 把握艺术院校大学生特点做好思想政治教育工作

[J]. 北京教育（高教版），2005（Z1）.

黄晓白. 艺术院校思想政治工作存在的问题及对策 [J]. 南京艺术学院学报（美术与设计版），2005（01）.

闵光辉，王顺洪，蒋小中. 艺术专业大学生思想政治教育的思考 [J]. 西南交通大学学报（社会科学版），2005（01）.

管斌. 试论艺术院校加强学生艺德建设的理论与实践 [J]. 南京艺术学院学报（美术与设计版），2005（02）.

陈勇. 加强和改进艺术院校大学生思想政治教育的对策思考 [J]. 西南农业大学学报（社会科学版），2005（02）.

张有平. 当前艺术类大学生思想政治状况调查与分析 [J]. 泰安教育学院学报岱宗学刊，2005（03）.

胡云霞，张利民. 对艺术院校学生思想道德素质教育的思考 [J]. 四川戏剧，2005（03）.

李建华. 做好高校艺术类大学生思想政治工作的思考 [J]. 兵团教育学院学报，2005（03）.

方仪. 艺术院校研究生思想政治教育亟待加强 [J]. 学校党建与思想教育，2005（04）.

王长恩. 艺术类大学生思想道德素质状况解析——以江苏高校为例 [J]. 南京师大学报（社会科学版），2005（06）.

延凤宇. 关于艺术院校思想政治工作的思考 [J]. 社会科学论坛，2005（11）.

但遗憾的是，此小小研究热潮，尚未引起学界足够的关注，2006年只有此类文章6篇，分别为：

李瑜. 艺术类大学生思想特点和教育管理对策分析 [J]. 湖南行政学院学报，2006（01）.

吴保华. 论加强艺术院校学生思想道德建设的有效途径 [J]. 新疆艺术学院学报，2006（02）.

杨珍妮. 建立艺术院校大学生思想政治教育工作长效机制探析 [J]. 美术学报，2006（03）.

杨洁. 浅谈艺术院校学生思想政治教育创新［J］. 思想政治教育研究, 2006（06）.

赵国英. 高等艺术院校大学生思想道德教育的研究［J］. 文教资料, 2006（32）.

周园, 田玲. 试论新时期艺术院校学生思想政治教育的挑战与对策［J］. 科技资讯, 2006（34）.

2007年只有此类文章9篇, 分别为:

黄晓白. 热爱真知　倾注真情　领悟真谛——浅谈艺术院校实施思想政治理论课新课程方案［J］. 思想教育研究, 2007（04）.

王含光. 艺术院校"思政课"实践教学的特点［J］. 艺海, 2007（05）.

孙春波. 在艺术的琴弦上演奏"两课"教学改革之歌——艺术院校"两课"教学新模式的构建与实践［J］. 现代教育论丛, 2007（12）.

杜明书, 卢矜, 葛茂林. 论提高艺术院校德育有效性的方法和途径［J］. 中南民族大学学报（人文社会科学版）, 2007（S1）.

魏晓亮. 关于加强艺术院校思想政治工作的思考［J］. 科教文汇（上旬刊）, 2007（03）.

王亚婷, 高有宏. 对艺术类学生思想政治教育的几点思考［J］. 新西部（下半月）, 2007（09）.

管斌. 论艺术院校学生的艺德教育［D］. 南京师范大学, 2007.

曾志东. 当前高校艺术类学生的道德困惑及对策研究［D］. 湖南师范大学, 2007.

徐海军. 艺术专业学生特点及思想政治教育工作对策［D］. 东北师范大学, 2007.

1999年, 我国的高等教育已经扩招, 艺术院校也在其中。到2006年, 艺术生本专科的年招生数已达323081人、在校生数已达975489人[①],这种研究状态与扩招后的艺术院校思想政治理论课教学所面临的困境是极其不相适应的。

(5) 逐渐升温(2008年至今)。2008年以后,掀起了学界至今仍在持续的新的小热潮,2008年有论文11篇,再次上升到了十位数;2009年有文章24篇,2010年有文章30篇,2011年有文章23篇,2012年有文章61篇,2013年有文章34篇。说是"新的小热潮",是因为这样的研究数量和研究深度与扩招后艺术院校思想政治理论课教学所面临的和所要解决问题相比,是极其不够的。这股新的小热潮的兴起与艺术生的规模越来越大、在思想政治理论课教学中所遇到的问题和所暴露的问题越来越多是紧密联系在一起的。

2. 从研究内容看

(1) 关于思想政治理论教学研究的特点

第一,研究视角和切入点非常丰富,从多个角度进行了研究。列表如下:

单位:篇(部)

序号	研究视角和切入点	文章数量
1	网络式教学	1
2	教学实效性	16
3	艺术化教学	1
4	情感教学	2
5	结合艺术生的个性特征开展因材施教	3
6	借鉴传统文化开展教学	3
7	运用艺术资源进行教学	4

---

① 教育部. 2006年普通本专科分学科学生数 [EB/OL].:中华人民共和国教育部网-数据统计-2006年教育统计数据-高等教育,2007-10-09.

续上表

序号	研究视角和切入点	文章数量
8	教学中的问题与对策	9
9	教学瓶颈	4
10	实践教学	11
11	案例教学	3
12	艺德培养	2
13	教学方法、教学模式、教学改革	8
14	双主体互动	1
15	高职、民办艺术院校思想政治理论课教学	4
16	艺术院校研究生思想政治理论课教学	2
17	教学创新	4
18	演唱式体验教学	1
19	体验教学	1
20	教学评价	1
21	通识教育	1
22	其他	

从上表可见，研究视角和切入点多达十几二十个。

第二，针对性很强，形成了多个相对比较集中的研究热点。这些研究热点如：教学实效性，实践教学，教学方法、教学模式，教学中的问题与对策，教学瓶颈，教学创新，借鉴传统文化开展教学，案例教学，艺德培养，运用艺术资源进行教学，艺术化教学，情感教学，等等。

（2）关于思想政治教育研究的特点

第一，研究视角和切入点非常丰富，从多个角度进行了研究。列表如下：

单位：篇

序号	研究视角和切入点	文章数量
1	思想政治教育概论	1
2	思想政治教育目标和要求	1
3	思想政治教育体系建设	3
4	思想政治教育原则	1
5	思想政治教育方法	4
6	思想政治教育特点	2
7	思想政治教育着力点	1
8	思想政治教育模式	1
9	思想政治教育创新	4
10	思想政治教育的特点	2
11	思想政治教育科学发展	2
12	思想政治教育长效机制的构建	1
13	云端新网络、动漫文化运用	2
14	教育实效性	5
15	情感教育、美学维度	2
16	用"十八大"精神、先进文化、核心价值观进行教育	4
17	运用艺术资源、红色资源、传统文化进行教育	3
18	现状、问题、挑战与对策	14
19	结合艺术院校、艺术生的个性特点开展教育	11
20	人文关怀、通识教育	3
21	艺德教育	11
22	思想道德素质培养	14
23	体验式教育	1

续上表

序号	研究视角和切入点	文章数量
24	高职艺术院校思想政治理论教育	7
25	研究生思想政治教育	2
26	其他	

从上表可见，研究视角和切入点达20多个。

第二，针对性很强，形成了多个相对比较集中的研究热点。这些研究热点如：现状、问题、挑战与对策；结合艺术生的个性特点开展教育；思想道德素质培养；教育实效性；艺德教育；教育创新；高职艺术院校思想政治理论教育；用"十八大"精神、先进文化、核心价值观进行教育；运用艺术资源、红色资源、传统文化进行教育；人文关怀、通识教育；运用云端新网络、动漫文化开展教育；情感教育、美学维度等。

三、艺术院校思想政治理论教育教学研究热点述略

（一）关于艺术生个性特点的研究

1. 艺术生个性特点的界定

艺术生的个性特点，一是指与非艺术生相比的、在艺术生身上所体现出来的、非艺术生不具有的特质和特点；二是指很多艺术生或者所有艺术生都共同具有的特质和特点。这里所要谈到的"艺术生的特点"，是从与思想政治教育教学相关的特定角度来观察的，而非其他角度。

2. 关于艺术生个性特点研究的论文

（1）关于思想政治理论课教学与艺术生个性特点的研究

在上述通过中国学术期刊网（CNKI）所检索到的1915—2013年的文章中，从思想政治理论课教学的角度，直接以"艺

术生的个性特点"为研究内容的论文有 2 篇，分别为：

梁淮平. 针对艺术院校学生特点提高"两课"教学质量[J]. 南京医科大学学报（社会科学版），2002（04）.

陈平. 从音乐院校学生实际出发创新思想政治理论课教学[J]. 湖南科技学院学报，2009（02）.

（2）关于思想政治教育与艺术生个性特点的研究

从思想政治教育的角度，直接以"艺术生的个性特点"为研究内容的论文有 13 篇，分别为：

官汉蒙，苏山. 针对艺术院校特点做好思想政治工作[J]. 学校党建与思想教育，2002（23）.

邓文清. 把握艺术院校学生特点做好思想政治工作[J]. 学校党建与思想教育，2003（10）.

刘丹，许洪范，李伟. 艺术类专业学生思想特点和教育管理对策分析[J]. 长沙铁道学院学报（社会科学版），2004（01）.

计有勤，陈自豪. 把握高职美术生思想特点，加强思想道德教育[J]. 十堰职业技术学院学报，2004（02）.

彭红. 把握艺术院校大学生特点做好思想政治教育工作[J]. 北京教育（高教版），2005（Z1）.

李瑜. 艺术类大学生思想特点和教育管理对策分析[J]. 湖南行政学院学报，2006（01）.

徐海军. 艺术专业学生特点及思想政治教育工作对策[D]. 东北师范大学，2007.

徐平华，袁汪洋. 从普遍性到特殊性——试论高等艺术院校思想政治教育的原则方法[J]. 湖北第二师范学院学报，2009（03）.

谭钊，王丽荣. 刍议艺术院校学生个性特点与德育模式建构[J]. 福建论坛，2009（06）.

黄琴. 把握艺术院校大学生特点做好思想政治教育工作[J]. 当代教育论坛（教学研究），2010（09）.

曲嘉. 新时期高师院校音乐专业学生特点及思想政治教育路径探究［J］. 焦作大学学报，2012（02）.

王莹. 高等艺术院校学生群体特点及思政工作对策研究［A］. 见：巴图，邓军. 在艺术中升华的理论——全国艺术院校思想政治理论课教学研讨会论文集［C］. 北京：文化艺术出版社，2012.

刘运山. "90后"艺术类大学生的思想行为特点与思想政治教育［J］. 教书育人，2013（06）.

从以上可见，关于艺术院校艺术生的个性特点与思想政治理论教育教学的研究自2002年开始至今已成为一个研究热点，这是最早的研究点之一，分别从艺术生的特点与"两课"教学质量的提升、音乐院校的学生实际与思想政治理论课的教学创新、艺术生的特点与思想政治教育的对策、艺术生的特点与思想政治教育的原则方法、艺术生的特点与德育模式的构建、艺术生的特点与思想政治教育的路径等角度进行了研究，而且研究成果十分丰富。

（二）关于艺德培养的研究

1. 艺德的界定

狭义的艺德，仅指艺术从业者的道德，是公民道德在艺术从业者身上的具体化；广义的艺德即艺术从业者的思想品德，包括道德品质、法律素质、人文素养、敬业态度、技艺水平等方面，表现为一种德才兼备的人格魅力，道德品质好、遵纪守法、有人文涵养、爱岗敬业、技艺水平高等等，都是在社会公众面前获得良好艺德公众形象和人格尊严的重要条件。①

艺德教育是思想政治教育与艺术教育的最佳结合点之一。艺

---

① 陈平，陈泽黎. 艺德资源的梳理及其在艺术院校大学生艺德培养中的运用［J］. 思想理论教育导刊，2013（10）：110.

术教育不仅要教给学生艺术技巧,也要教给学生从业道德,德艺双馨是艺术领域人才培养的最高境界,德和艺是艺术人才培养不可或缺的两个重要方面。在戏曲领域,中国戏曲学院继承艺教和德教的优秀传统,提出了"艺保戏,德保人"的教育原则。在从古到今的民间艺术生活中,也有"只卖艺不卖身"的行业规矩。而思想政治教育的目标之一,就是要引导受教育者培养良好的道德素质、树立崇高的道德目标、追求高尚的道德境界。可见,二者殊途而同归,这就为思想政治教育与艺术教育的有机结合提供了最佳的结合点和肥沃的土壤。

2. 关于艺德培养研究的论文

(1) 关于思想政治理论课教学与艺德培养的研究

在上述通过中国学术期刊网(CNKI)所检索到的1915—2013年的文章中,从思想政治理论课教学的角度,直接以"艺术院校大学生艺德教育"为研究内容的论文有3篇,分别为:

陈平. 以艺德教育为先导,提升学生的艺德修养[J]. 星海音乐学院学报,2011(04).

陈平. 艺术院校思政课教学培养德艺双馨人才的思路[J]. 湖南科技学院学报,2011(10).

陈平,陈泽黎. 艺德资源的梳理及其在艺术院校大学生艺德培养中的运用[J]. 思想理论教育导刊,2013(10).

(2) 关于思想政治教育与艺德培养的研究

从思想政治教育的角度,直接以"艺术院校大学生艺德教育"为研究内容的论文有29篇,分别为:

李开沛. 试析艺术类大学生思想道德素质及其培养[J]. 吉首大学学报(社会科学版),2000(02).

黄艳梅,张劲松,李纳璺. 艺术类大学生思想道德存在问题及教育策略[J]. 桂林电子工业学院学报,2002(02).

张小敏. 艺术院校学生思想现状与德育对策[J]. 浙江教育学院学报,2004(03).

管斌. 试论艺术院校加强学生艺德建设的理论与实践［J］. 南京艺术学院学报（美术与设计版），2005（02）.

胡云霞，张利民. 对艺术院校学生思想道德素质教育的思考［J］. 四川戏剧，2005（03）.

王长恩. 艺术类大学生思想道德素质状况解析——以江苏高校为例［J］. 南京师大学报（社会科学版），2005（06）.

吴保华. 论加强艺术院校学生思想道德建设的有效途径［J］. 新疆艺术学院学报，2006（02）.

赵国英. 高等艺术院校大学生思想道德教育的研究［J］. 文教资料，2006（32）.

杜明书，卢矜，葛茂林. 论提高艺术院校德育有效性的方法和途径［J］. 中南民族大学学报（人文社会科学版），2007（S1）.

管斌. 论艺术院校学生的艺德教育［D］. 南京师范大学，2007.

曾志东. 当前高校艺术类学生的道德困惑及对策研究［D］. 湖南师范大学，2007.

李齐建. 传统艺德对艺术院校学生德育工作的意义和作用［J］. 山西煤炭管理干部学院学报，2009（02）.

梁静. 艺术类大学生思想道德困境及德育对策探究［J］. 大连教育学院学报，2009（02）.

侯旻翡，谭钊. 论析艺术类大学生思想道德素质现状与培养路径［J］. 社科纵横，2009（03）.

谭钊，王丽荣. 刍议艺术院校学生个性特点与德育模式建构［J］. 福建论坛，2009（06）.

李勃. 高校艺术生艺德教育的实施路径探析［J］. 艺术教育，2009（07）.

谭钊、王丽荣. 论美善融通视域的艺术院校德育策略［J］. 社科纵横，2009（08）.

章立新. 论如何提高艺术院校大学生思想道德修养［J］. 世纪桥，2009（13）.

管斌. 艺术院校学生艺德养成探析［J］. 江苏社会科学，2010（S1）：

冯云. 吉林艺术学院大学生艺德现状初探［J］. 吉林教育，2010（34）.

管斌. 以"课"育德：艺术院校学生实施艺德教育的主体路径［J］. 艺术百家，2011（06）.

于冬梅. 艺术院校学生艺德教育路径探索［D］. 东北师范大学，2011.

钱晓萍. 红色经典影视在艺术类大学生艺德提升中的时代价值［J］. 当代电影，2012（04）.

刘美红. 艺术院校大学生道德社会化的现状及对策［J］. 艺术科学，2012（06）.

杨辉. 高职院校艺术专业学生德育现状及对策研究［D］. 江西农业大学硕士论文，2012.

杨希. 我国艺术类大学生德育方法的有效性探析［D］. 首都经济贸易大学，2012.

吴倩. 高等美术院校大学生思想道德教育研究［D］. 西南大学，2012.

朱晓昕. 高校艺术设计专业学生思想道德状况及改善对策研究［D］. 辽宁师范大学，2012.

王含光. 谈艺术院校学生艺德的培养［J］. 艺海，2013（03）.

从以上可见，关于艺术院校思想政治理论教育教学与艺术生艺德培养的研究自 2000 年开始至今已成为一个研究热点，这是最早的研究点之一，分别从艺术生思想道德素质、思想道德状况、艺德建设理论、方法与途径、困惑与对策、艺术生的特点、红色经典的运用、艺德资源的运用等角度进行了研究，而且研究成果十分丰富。

（三）关于教育教学实效性的研究

1. 实效性的界定

教育教学的实效性，即教育教学的实际效果。思想政治教育教学的实效性，即思想政治教育教学目标的实现程度，亦即受教育者的思想政治素养的提升程度。关于思政治理论教育教学实效性问题的提出，源远流长、由来已久。1949年12月，时任教育部副部长的钱俊瑞在第一次全国教育工作会议上的总结报告中提出：政治思想教育，"课程以少而精为原则"。[①] 1955年时任国家高等教育部副部长的刘子载在高等工业学校、综合大学校院长座谈会上发言时说："几年来高等学校政治理论教育是有成绩的，政治理论教师是积极努力的，但由于缺乏经验，教学质量和教学效果一般说来还是不高的。"[②] 1992年，邓小平在南行讲话中指出："学马列要精。要管用的。"[③] 这实际上是提出了实效性评价的一个核心原则即"管用"。1998年，中共中央宣传部、教育部下发《关于印发〈关于普通高等学校"两课"课程设置的规定及其实施工作的意见〉的通知》，该通知指出，要"进一步提高'两课'教学水平和教学效果"。[④] 2004年，中共中央、国务院颁发《关于进一步加强和改进大学生思想政治教育的意见》，明确指出，要"努力提高思想政治教育的针对性、实效性"。[⑤] 在目前能检索到的文章中，关于艺术院校思想政治理论

---

① 教育部社会科学司. 普通高校思想政治理论课文献选编（1949—2008）[C]. 北京：中国人民大学出版社，2008：4.

② 教育部社会科学司. 普通高校思想政治理论课文献选编（1949—2008）[C]. 北京：中国人民大学出版社，2008：21.

③ 邓小平文选（3）[M]. 人民出版社，1993：382.

④ 教育部社会科学司. 普通高校思想政治理论课文献选编（1949—2008）[C]. 北京：中国人民大学出版社，2008：182.

⑤ 教育部社会科学司. 普通高校思想政治理论课文献选编（1949—2008）[C]. 北京：中国人民大学出版社，2008：203.

"教学实效性"研究的第一篇文章,是 2005 年发表在《南京艺术学院学报(美术与设计版)》第 1 期的《艺术院校思想政治理论课实效性初探》一文;而关于艺术院校思想政治理论"教育实效性"研究的第一篇文章,是 2009 年发表在《新疆艺术学院学报》第 3 期的《高等艺术院校学生思想政治理论教育实效性探析》一文。

2. 关于实效性研究的论文

(1)关于思想政治理论课教学实效性的研究

在上述通过中国学术期刊网(CNKI)所检索到的 1915—2013 年的文章中,从思想政治理论课教学的角度,直接以"艺术院校思想政治理论课教学实效性"为研究内容的论文有 17 篇,分别为:

梁淮平. 艺术院校思想政治理论课实效性初探[J]. 南京艺术学院学报(美术与设计版),2005(01).

吴晓春. 激发大学生理论学习的兴趣,提高艺术院校思想政治理论课教学的实效性[J]. 思想理论教育导刊,2005(06).

杜明书. 增强艺术院校思想政治理论课教学实效性的几点思考[J]. 时代文学(双月上半月),008(02).

黄立本. 增强高校思想政治理论课实效性的策略浅论[J]. 学校党建与思想教育(上半月),2008(04).

李雪静. 提高艺术院校思想政治理论课教学实效性的思考[J]. 思想理论教育导刊,2008(07).

王志强. 浅析如何提高艺术院校"两课"教学的实效性[J]. 消费导刊,2009(16).

石羽. 艺术院校思想政治理论课实效性研究[D]. 四川师范大学,2010.

阿牛曲哈莫. 对提高艺术院校思想政治理论课教学实效性的思考[J]. 教育探索,2011(12).

方德芬. 增强艺术院校思想政治理论课针对性和实效性的思

考[J]. 科技资讯, 2011 (22).

宋玉静. 艺术类院校思想政治理论课教学实效性研究[J]. 辽宁教育行政学院学报, 2012 (02).

徐慧, 何婧文. 依托艺术资源, 提高思政课教学的实效性[J]. 西南民族大学学报 (社会科学版), 2012 (S2).

姜元杰, 黄昆明. 初探如何提高艺术类高校"两课"教学效果[J]. 黑河学刊, 2012 (03).

孟繁菊, 苏久青, 徐欢, 蒋爽. 影响艺术院校政治课效果的原因及对策[J]. 理论界, 2012 (06).

沈宝莲. 实现艺术院校思想政治理论课从教材体系向教学体系的转化——提高艺术类大学生德育实效性的必然选择[A]. 见: 巴图, 邓军. 在艺术中升华的理论——全国艺术院校思想政治理论课教学研讨会论文集[C]. 北京: 文化艺术出版社, 2012.

李松吉. 艺术学院思想政治理论课教学实效性的探索[A]. 见: 巴图, 邓军. 在艺术中升华的理论——全国艺术院校思想政治理论课教学研讨会论文集[C]. 北京: 文化艺术出版社, 2012.

蒋兰, 张凯波. 浅谈艺术类院校思想政治课程教学方式实效性策略[J]. 才智, 2013 (11).

梁建明. 艺术院校思想政治理论课教学实效性略探[J]. 学校党建与思想教育, 2013 (27).

(2) 关于思想政治教育实效性的研究

从思想政治教育的角度, 直接以"艺术院校思想政治理论课教育实效性"为研究内容的论文有7篇, 分别为:

杜明书, 卢矜, 葛茂林. 论提高艺术院校德育有效性的方法和途径[J]. 中南民族大学学报 (人文社会科学版), 2007 (S1).

樊文平. 高等艺术院校学生思想政治理论教育实效性探析

[J]．新疆艺术学院学报，2009（03）．

李雪蓉．增强艺术院校思想政治教育实效性的思考与实践[J]．中国校外教育，2009（S5）．

李蓉．高职院校艺术类大学生思想政治教育实效性研究[J]．长江大学学报（社会科学版），2012（02）．

沈宝莲．构建全方位的德育模式——增强艺术类大学生德育时效性的有效选择［A］．见：巴图，邓军．在艺术中升华的理论——全国艺术院校思想政治理论课教学研讨会论文集［C］．北京：文化艺术出版社，2012．

杨希．我国艺术类大学生德育方法的有效性探析［D］．首都经济贸易大学，2012．

蒙莉．关于提高艺术院校思想政治教育实效性的思考［J］．经济与社会发展，2013（05）．

从以上可见，关于艺术院校思想政治教育教学实效性的研究自2005年开始至今已成为一个研究热点，这是一个较早的研究点，分别从实效性初探、激发学生的学习兴趣、依托艺术资源、影响实效性的原因、从教学体系向教材体系的转化、方法与途径、全方位德育模式的构建等角度进行了研究，而且研究成果十分丰富。

（四）关于教育教学中问题与对策的研究

1．问题与对策的界定

问题与对策指在艺术院校思想政治理论教育教学过程中所遇到的、具有艺术院校个性特色的问题及其解决的办法。

2．关于问题与对策的研究论文

（1）关于思想政治理论课教学中问题的研究

在上述通过中国学术期刊网（CNKI）所检索到的1915—2013年的文章中，从思想政治理论课教学的角度，直接以"艺术院校思想政治理论课教学问题与对策"为研究内容的论文有12篇，分别为：

李卉．对艺术类大学生思想政治理论课吸引力不足的思考［J］．职业与教育，2010（5）．

章立新．艺术类院校思想政治理论课教学现状及对策思考［J］．教育与职业，2010（26）．

王志强．艺术院校思想政治理论课教学存在的问题及对策研究［D］．山东师范大学，2010．

梁维科．浅谈艺术院校思想政治理论课教学的现实困境与改革尝试［J］．长春理工大学学报，2011（06）．

张新岩．论艺术院校思想政治理论课教学的现状及对策［J］．吉林省教育学院学报（学科版），2011（09）．

孟繁菊．制约高等艺术院校思想政治理论课教学效果的"瓶颈"表现［J］．辽宁经济，2011（10）．

蒋爽．制约艺术院校思想政治理论课教学"瓶颈"的原因分析及对策研究［J］．白城师范学院学报，2012（01）．

苏久青．高等艺术院校思想政治理论课教学瓶颈分析［J］．长春师范学院学报，2012（02）．

徐欢．高等艺术类院校思想政治理论课教学瓶颈产生原因分析［J］．赤峰学院学报（自然科学版），2012（04）．

杨艳春．论艺术院校思想政治理论课教学现状与对策［J］．现代营销（学苑版），2012（10）．

余佳莹．艺术院校思想政治课教学中问题及对策探析［J］．学理论，2013（27）．

郭彪，彭双印．艺术院校学生隐性逃课特征、原因及对策分析［J］．中国电力教育，2013（35）．

（2）关于思想政治教育中问题的研究

从思想政治教育的角度，直接以"艺术院校思想政治理论课教育问题与对策"为研究内容的论文有18篇，分别为：

黄艳梅，张劲松，李纳璺．艺术类大学生思想道德存在问题及教育策略［J］．桂林电子工业学院学报，2002（02）．

陈勇. 加强和改进艺术院校大学生思想政治教育的对策思考[J]. 西南农业大学学报（社会科学版），2005（02）.

黄晓白. 艺术院校思想政治工作存在的问题及对策[J]. 南京艺术学院学报（美术与设计版），2005（01）.

周园，田玲. 试论新时期艺术院校学生思想政治教育的挑战与对策[J]. 科技资讯，2006（34）.

曾志东. 当前高校艺术类学生的道德困惑及对策研究[D]. 湖南师范大学，2007.

周艳. 艺术高职院校学生思想政治教育管理问题和对策[J]. 企业家天地下半月刊（理论版），2008（06）.

梁静. 艺术类大学生思想道德困境及德育对策探究[J]. 大连教育学院学报，2009（02）.

张威. 新形势下艺术院校大学生思想政治教育的对策研究[J]. 中国电力教育，2009（05）.

谭钊，王丽荣. 论美善融通视域的艺术院校德育策略[J]. 社科纵横，2009（08）.

葛婷. 高师艺术院校学生思想政治教育的管理对策[J]. 中国校外教育，2009（12）.

郑楠. 艺术院校思想政治教育工作面临的挑战及思路对策[J]. 新西部，2010（01）.

中国戏曲学院课题组. 艺术院校大学生思想政治教育的"五化"对策研究[J]. 北京教育（高教），2010（09）.

郑海燕. 艺术院校学生思想政治教育对策研究[D]. 河北师范大学，2010.

宋玉静. 艺术院校学生思想政治教育面临的挑战与对策[J]. 沈阳农业大学学报（社会科学版），2011（01）.

井昊. 谈谈当前戏曲院校大学生思想政治教育的困境与解决方法[A]. 见：巴图，邓军. 在艺术中升华的理论——全国艺术院校思想政治理论课教学研讨会论文集[C]. 北京：文化艺术出版社，2012．

杨辉．高职院校艺术专业学生德育现状及对策研究［D］．江西农业大学硕士论文，2012．

朱晓昕．高校艺术设计专业学生思想道德状况及改善对策研究［D］．辽宁师范大学，2012．

从以上可见，关于艺术院校思想政治教育教学问题与对策的研究自2002年开始至今已成为一个研究热点，这是最早的研究点之一，分别从艺术生思想道德存在的问题与教育策略、课堂吸引力不足、教学现状、教育教学困境、教学瓶颈、学生逃课、艺术生的道德困惑等角度进行了研究，而且研究成果十分丰富。

（五）关于将艺术资源和传统文化融于艺术院校思想政治理论教育教学的研究

1．艺术资源和传统文化的界定

从思想政治教育教学的角度看，艺术资源指与艺术相关的、以多种形式存在的、能够用于思想政治理论教育教学的各种素材。传统文化指中华历史上积淀下来的、优秀的、以物质的或精神的形式存在的、世代传承的文明成果。笔者把"将艺术资源和传统文化融于艺术院校思想政治理论教育教学"的研究简称为"融入"研究。

2．关于"融入"研究的论文

（1）关于思想政治理论课教学中的"融入"研究

在上述通过中国学术期刊网（CNKI）所检索到的1915—2013年的文章中，从思想政治理论课教学的角度，直接以"融入"研究为研究内容的论文有10篇，分别为：

徐平华，袁汪洋．传承与创新——对借鉴中华传统文化创新艺术院校思政教学的探索［J］．美术学报，2009（04）．

吴继金，贾向红．美术院校思想政治理论课教学中运用美术资源初探［J］．湖北美术学院学报，2010（01）．

徐平华，周国琴. 传承中华传统文化，创新美术院校思想政治理论课教学［J］. 长沙铁道学院学报（社会科学版），2010（02）.

徐平华，周国琴. 中华传统文化与美术院校思想政治理论课教学［J］. 思想政治教育研究，2010（06）.

梁建明. 建设富有艺术院校特色的思想政治理论课的探索与实践［J］. 北京教育（德育），2011（01）.

徐慧，何婧文. 依托艺术资源，提高思政课教学的实效性［J］. 西南民族大学学报（社会科学版），2012（S2）.

梁建明. 以创新精神建设具有戏曲特色的思想政治理论课［A］. 见：巴图，邓军. 在艺术中升华的理论——全国艺术院校思想政治理论课教学研讨会论文集［C］. 北京：文化艺术出版社，2012.

奚爱民. 切近学生，联通艺术，构筑有特色、富实效的思政课教学平台——上海音乐学院思政课建设综述［A］. 见：巴图，邓军. 在艺术中升华的理论——全国艺术院校思想政治理论课教学研讨会论文集［C］. 北京：文化艺术出版社，2012.

奚爱茗，包立峰. "声情"并茂，寓教于"乐"："红歌"唱响思政课—上海音乐学院思想政治理论课"演唱式体验教学"改革初探［A］. 见：巴图，邓军. 在艺术中升华的理论——全国艺术院校思想政治理论课教学研讨会论文集［C］. 北京：文化艺术出版社，2012.

陈平，陈泽黎. 艺德资源的梳理及其在艺术院校大学生艺德培养中的运用［J］. 思想理论教育导刊，2013（10）.

（2）关于思想政治教育中的"融入"研究

从思想政治教育的角度，直接以"融入"研究为研究内容的论文有6篇，分别为：

李齐建. 传统艺德对艺术院校学生德育工作的意义和作用［J］. 山西煤炭管理干部学院学报，2009（02）.

徐平华. 传统文化与艺术院校思想政治教育关系探析 [J]. 牡丹江大学学报, 2010 (05).

钱晓萍. 红色经典影视在艺术类大学生艺德提升中的时代价值 [J]. 当代电影, 2012 (04).

何婧文. 依托文化资源促进艺术院校思想政治教育发展 [A]. 见：巴图, 邓军. 在艺术中升华的理论——全国艺术院校思想政治理论课教学研讨会论文集 [C]. 北京：文化艺术出版社, 2012.

李建军, 陈平, 刘美红. 论中国近现代音乐资源在高校思想政治教育中的运用 [J]. 广东第二师范学院学报, 2013 (04).

黄建国. 红色剧目在艺术院校思想政治教育中的运用探析——以湖南艺术职业学院为例 [J]. 艺海, 2013 (12).

从以上可见，"融入"研究自 2009 年开始至今已成为一个研究热点，分别从传统文化、美术资源、传统艺德、红色经典影视、中国近现代音乐资源、红色剧目等资源的运用的角度进行了研究，而且研究成果十分丰富。

（六）关于实践教学的研究

1. 实践教学的界定

思想政治理论课的实践教学，大致有三种类型：一是体验类实践教学，即以理论和观点为指导，在实践中体验、认同这一理论和观点；二是验证类实践教学，即以理论和观点为指导，在实践中验证这一理论和观点；三是创新类实践教学，即以理论和观点为指导，在实践中提出新的理论、观点。最常见的实践教学形式有：观看影像资料、参加主题活动、实地参观、实地调研、见习实习、撰写命题调研论文等。

2. 关于实践教学的研究论文和著作

（1）关于思想政治理论课教学中实践教学的研究

在上述通过中国学术期刊网（CNKI）所检索到的1915—

2013年的文章中，从思想政治理论课教学的角度，直接以"实践教学"为研究内容的论文、著作有10篇，分别为：

王含光. 艺术院校"思政课"实践教学的特点［J］. 艺海，2007（05）.

王占霞. 艺术院校思想政治理论课实践教学运作模式探析［J］. 学校党建与思想教育，2010（29）.

聂晓，李春艳. 浅论艺术类高职高专院校思想政治课实践教学体系的构建［J］. 商业文化（上半月），2011（09）.

邓军，施涛. 艺术院校思想政治理论课教学实践教学研究［M］. 广西人民出版社，2011.

阿牛曲哈莫. 对艺术院校思想政治理论课实践教学运行模式的探讨［J］. 四川省干部函授学院学报，2012（02）.

章燕. 艺术院校思想政治理论课实践教学初探［J］. 经济与社会发展，2012（10）.

石红霞.《思想道德修养与法律基础》课实践教学形式研究——广西艺术学院为例［A］. 见：巴图，邓军. 在艺术中升华的理论——全国艺术院校思想政治理论课教学研讨会论文集［C］. 北京：文化艺术出版社，2012.

张德琴. 艺术类院校开展思想政治理论课实践教学的探讨［J］. 思想理论教育导刊，2013（04）.

张津波. 高等艺术院校《思想道德修养与法律基础》课实践教学改革与探讨［J］. 安康学院学报，2013（10）.

施涛. 艺术类院校思想政治理论课实践教学指南［M］. 广西人民出版社，2013.

（2）关于思想政治教育中实践教育的研究

在上述通过中国学术期刊网（CNKI）所检索到的1915—2013年的文章中，从思想政治教育的角度，直接以"实践教育"为研究内容的论文、著作有0篇。

从以上可见，关于"实践教学"的研究自2007年至今已成为一个研究热点,分别从实践教学的特点、模式、体系、形式等角度进行了研究,研究成果十分丰富。

(七) 关于教学方法和教学模式的研究

1. 教学方法和教学模式的界定

方法即解决问题的思路、流程和手段,教学方法就是解决教学问题的思路、流程和手段。模式即比较成熟的、稳定的方法体系,教学模式就是比较成熟的、稳定的教学方法体系。

2. 关于教学方法和教学模式研究的论文

(1) 关于思想政治理论课教学方法、模式的研究

在上述通过中国学术期刊网(CNKI)所检索到的 1915—2013 年的文章中,从思想政治理论课教学的角度,直接以"教学方法和教学模式"为研究内容的论文有 21 篇,分别为:

王俊英. 音乐院校马克思主义理论课教学方法探索——改革传统讲授方法实行"网络式"教学 [J]. 音乐学习与研究,1988 (03).

李汉民. 少而精——艺术院校马列理论课和思想品德课教学改革的历史性选择 [J]. 星海音乐学院学报,1994 (Z2).

孙春波. 在艺术的琴弦上演奏"两课"教学改革之歌——艺术院校"两课"教学新模式的构建与实践 [J]. 现代教育论丛,2007 (12).

孟繁菊,李大海. 高等艺术院校思想政治理论课艺术化教学探究 [J]. 沈阳农业大学学报(社会科学版),2008 (06).

蒙莉,雷金星. 艺术院校思想政治理论课情感教学探析 [J]. 科教文汇(中旬刊),2008 (08).

蒙莉. 关于艺术院校思想政治理论课情感教学的几点思考 [J]. 鸡西大学学报,2009 (02).

陈文豪. 音乐院校思想政治理论课案例教学研究 [J]. 忻州师范学院学报,2010 (06).

李道霞. 构筑艺术院校思政课魅力课堂的方法初探［J］. 文教资料，2011（28）.

陈文豪. 音乐院校思政课案例教学理论与方法研究［J］. 学理论，2011（03）.

孙利霞. 艺术院校思想政治理论课教学方法的应用与反思［J］. 西南民族大学学报（人文社会科学版），2012（S2）.

孙利霞. 艺术院校思想政治理论课教学方法的应用与反思［J］. 西南民族大学学报（人文社会科学版），2012（S2）.

苏海生. 艺术院校思想政治理论课教学的激趣艺术［J］. 学理论，2012（14）.

周国琴，徐平华. 艺术院校思想政治理论课"一体两翼"教学模式探析［J］. 学校党建与思想教育，2012（22）.

王预震. 关于改进艺术院校思想政治理论课教学方法的几点思考［A］. 见：巴图，邓军. 在艺术中升华的理论——全国艺术院校思想政治理论课教学研讨会论文集［C］. 北京：文化艺术出版社，2012.

李松吉. 艺术院校思政课教学改革的实践与思考［A］. 见：巴图，邓军. 在艺术中升华的理论——全国艺术院校思想政治理论课教学研讨会论文集［C］. 北京：文化艺术出版社，2012.

蓝少丹. 艺术院校思政课和谐课堂氛围的营造［A］. 见：巴图，邓军. 在艺术中升华的理论——全国艺术院校思想政治理论课教学研讨会论文集［C］. 北京：文化艺术出版社，2012.

冯凤举. 艺术院校思想政治理论课体验式教学实践与探索［A］. 见：巴图，邓军. 在艺术中升华的理论——全国艺术院校思想政治理论课教学研讨会论文集［C］. 北京：文化艺术出版社，2012.

奚爱茗，包立峰. "声情"并茂，寓教于"乐"："红歌"唱响思政课——上海音乐学院思想政治理论课"演唱式体验教学"改革初探［A］. 见：巴图，邓军. 在艺术中升华的理论

——全国艺术院校思想政治理论课教学研讨会论文集［C］.北京：文化艺术出版社，2012.

赵晖.艺术院校思想政治理论课教学方法研究［J］.湖北科技学院学报，2013（07）.

王预震.浅析艺术院校思想政治理论课教学方法存在的问题及对策［J］.新课程（中旬），2013（12）.

（2）关于思想政治教育方法、模式的研究

从思想政治教育的角度，直接以"教育方法和教育模式"为研究内容的论文有20篇，分别为：

杜明书，卢矜，葛茂林.论提高艺术院校德育有效性的方法和途径［J］.中南民族大学学报（人文社会科学版），2007（S1）.

陆庆军.新时期高校艺术类专业学生思想教育与管理模式研究［D］.华东师范大学，2008.

徐平华，袁汪洋.从普遍性到特殊性——试论高等艺术院校思想政治教育的原则方法［J］.湖北第二师范学院学报，2009（03）.

杨晓光.高职院校艺术类学生的思想政治教育方法探析［J］.科教文汇（下旬刊），2009（03）.

谭钊，王丽荣.刍议艺术院校学生个性特点与德育模式建构［J］.福建论坛，2009（06）.

李勃.高校艺术生艺德教育的实施路径探析［J］.艺术教育，2009（07）.

中国戏曲学院课题组.艺术院校大学生思想政治教育的"五化"对策研究［J］.北京教育（高教），2010（09）.

阴菲菲.试论高等学校思想政治教育的美学维度——以高等艺术院校为中心［J］.学理论，2010（32）.

薛晓君.对当前艺术类院校思想政治教育的创新途径和方法研究［J］.科技探索，2011（03）.

管斌. 以"课"育德：艺术院校学生实施艺德教育的主体路径［J］. 艺术百家, 2011（06）.

于冬梅. 艺术院校学生艺德教育路径探索［D］. 东北师范大学, 2011.

曲嘉. 新时期高师院校音乐专业学生特点及思想政治教育路径探究［J］. 焦作大学学报, 2012（02）.

李科锋. 高职院校艺术类学生思想政治教育模式探索［J］. 湘潮（下半月）, 2012（06）.

孙佳宁. 浅谈艺术类院校思想政治教育工作现状及方法创新［J］. 改革与开放, 2012（14）.

井昊. 谈谈当前戏曲院校大学生思想政治教育的困境与解决方法［A］. 见：巴图, 邓军. 在艺术中升华的理论——全国艺术院校思想政治理论课教学研讨会论文集［C］. 北京：文化艺术出版社, 2012.

孙彧倩. 构建高校艺术专业学生思想政治教育方法模式研究［D］. 辽宁师范大学, 2012.

秦记洪. 高等艺术院校大学生体验式思想政治教育发展理路研究［J］. 广西社会科学, 2013（08）.

陈慧君. 优化高职艺术类院校思想政治理论教育的路径思考［J］. 文艺生活（艺术中国）, 2013（09）.

黄建国. 红色剧目在艺术院校思想政治教育中的运用探析——以湖南艺术职业学院为例［J］. 艺海, 2013（12）.

董璐. 论新形势下高校艺术类学生思想政治教育方法的创新［J］. 时代教育, 2013（17）.

从以上可见，关于艺术院校思想政治教育教学"方法和模式"的研究自1988年开始至今已成为一个研究热点，这是最早的研究点，分别从"网络式"教学、少而精、艺术化、情感教学、案例教学、激趣艺术、课堂氛围、体验式教学、美学维度、红色剧目的运用等角度进行了研究，而且研究成果十分丰富。

（八）关于高职、民办艺术院校思想政治理论教育教学的研究

1. 高职（专科）、民办艺术院校的界定

高职（专科）艺术院校即高等职业专科艺术院校（参见本书第 3 页关于"高职（专科）艺术院校"的介绍）。民办艺术院校即民间自办的艺术院校（参见本书第 6 页的相关介绍）。

2. 关于高职、民办艺术院校思想政治理论教学教育的研究论文

（1）关于高职、民办艺术院校思想政治理论课教学的研究

在上述通过中国学术期刊网（CNKI）所检索到的 1915—2013 年的文章中，从思想政治理论课教学的角度，直接以"高职艺术院校"为研究内容的论文有 5 篇，分别为：

王含光. 艺术职业院校"思政课"实践教学的教学设计探索 [J]. 艺海，2009（04）.

陈伟. 关于艺术类高职院校思想政治课教学改革的一些思考 [J]. 科技信息，2010（21）.

刘丹，梁保明. 民办艺术类高职院校思想政治理论课教学的思考 [J]. 柳州职业技术学院学报，2011（06）.

聂晓，李春艳. 浅论艺术类高职高专院校思想政治课实践教学体系的构建 [J]. 商业文化（上半月），2011（09）.

张重艳，柳俪葳. 民办艺术类院校思想政治理论课程教学改革研究——以《中国近现代史纲要》为例 [J]. 河北青年管理干部学院学报，2013（06）.

（2）关于高职、民办艺术院校思想政治教育的研究

从思想政治教育的角度，直接以"高职艺术院校"为研究内容的论文有 12 篇，分别为：

计有勤，陈自豪. 把握高职美术生思想特点，加强思想道德教育 [J]. 十堰职业技术学院学报，2004（02）.

周艳. 艺术高职院校学生思想政治教育管理问题和对策[J]. 企业家天地下半月刊（理论版），2008（06）.

杨晓光. 高职院校艺术类学生的思想政治教育方法探析[J]. 科教文汇（下旬刊），2009（03）.

陈诗淼. 对高职艺术设计专业学生思想政治工作的几点认识[J]. 当代教育论坛（管理版），2010（03）.

聂席宾. 高等艺术职业院校思想政治教育工作探索[J]. 科教导刊（上旬刊），2010（09）.

王剑红. 高职院校艺术专业学生思想政治教育科学发展的思考[J]. 教育与职业，2011（06）.

李蓉. 高职院校艺术类大学生思想政治教育实效性研究[J]. 长江大学学报（社会科学版），2012（02）.

李科锋. 高职院校艺术类学生思想政治教育模式探索[J]. 湘潮（下半月），2012（06）.

杨昕，秦丹. 高职院校艺术类大学生思想政治教育的思考[J]. 旅游纵览（下半月），2012（12）.

杨辉. 高职院校艺术专业学生德育现状及对策研究[D]. 江西农业大学硕士论文，2012.

陈慧君. 优化高职艺术类院校思想政治理论教育的路径思考[J]. 文艺生活（艺术中国），2013（09）.

黄建国. 红色剧目在艺术院校思想政治教育中的运用探析——以湖南艺术职业学院为例[J]. 艺海，2013（12）.

从以上可见，关于高职、民办艺术院校思想政治理论教育教学的研究自2004年开始至今已成为一个研究热点，这也是较早的研究点之一，分别从高职艺术生思想特点、问题对策、方法、实效性、教育模式、红色剧目的运用等角度进行了研究，而且研究成果十分丰富。

以上关于这些热点问题的研究，不仅抓住了艺术院校思想政治理论课教育教学的核心问题，而且还由此产生了许多可资借鉴的优秀研究成果，为艺术院校思想政治理论课教育教学的深度发展奠定了丰厚的前期基础。

四、全国艺术院校思想政治理论课教学研究会的成立与推动

（一）研究会、研讨会的基本情况

1. 研究会及第一届研讨会

特别值得指出的是，在这股新的小的研究热潮中，"全国艺术院校思想政治理论课教学研究会"的成立起到了推波助澜的作用，立下了汗马功劳。"全国艺术院校思想政治理论课教学研究会"于2010年10月，在正在中国戏曲学院召开的第一届全国艺术院校思想政治理论课教学研讨会的会议中成立，主旨在于研究艺术院校思想政治理论课教学的特殊性、实效性及其在学生全面发展和德艺双馨艺术人才培养过程中的地位和作用，交流艺术院校思想政治理论课的教学经验和体会。会员单位由全国独立设置的艺术院校及部分非艺术院校下设的二级艺术院系组成，由中国戏曲学院副院长巴图教授担任会长，中国戏曲学院基础教育部梁建明主任担任秘书长。

根据研究会章程，教学研讨会每年举办一届。第一届教学研讨会于2010年10月15—16日在中国戏曲学院举行，会议的主题为"全国艺术院校马克思主义中国化暨思想政治理论课教学研讨会"，共有29所艺术院校、50多名代表参加了会议。事实上，从第一届全国艺术院校思想政治理论课教学研讨会的召开开始，关于艺术院校的思想政治理论课教学的研究，就已经结束了以往靠个人单打独斗的历史，开始有了自己的团队；在全国艺术院校思想政治理论课教学研究会这个平台上，在诸多艺术院校热情的合作、交流中，大家互促互进，开启了新的局面。

2. 第二届研讨会

第二届教学研讨会于 2011 年 10 月 26—27 日在广西艺术学院举行。开幕式由广西艺术学院党委副书记、纪委书记邓军主持，广西壮族自治区教育厅副厅长杨伟嘉，全国艺术院校思想政治理论课教学研究会理事长、中国戏曲学院副院长巴图，广西艺术学院党委书记潘晔，北京舞蹈学院纪委书记彭红，广州美术学院党委副书记凌靖波，吉林艺术学院党委副书记韩春雨，星海音乐学院党委副书记黄俊强，广西艺术学院副院长李绍忠、黄志豪，广西艺术学院党委副书记赵焕春等艺术院校领导和自治区教学督导组的专家以及来自全国 22 所艺术院校思政课教学单位的 60 多名代表参加了研讨会开幕式。潘晔书记首先代表广西艺术学院致辞。杨伟嘉副厅长在致辞中介绍了广西教育事业发展建设情况和广西高校思想政治理论课建设情况。全国艺术院校思想政治理论课教学研究会理事长、中国戏曲学院副院长巴图致辞，广西师范学院马克思主义学院院长曾令辉教授代表广西兄弟院校致辞。

开幕式后，五所艺术院校的领导结合自己学院思政课的教学情况进行了主旨发言。会上，来自全国艺术院校的专家学者围绕如何增强艺术院校思想政治理论课教学的针对性和实效性，如何根据艺术院校的实际开展思想政治理论课实践教学以及各艺术院校执行教育部《高等学校思想政治理论课建设标准（暂行）》（教社科〔2011〕1 号）的经验体会等方面开展了研讨。研讨会还邀请中山大学教育学院王仕民教授和广西师范大学林春逸教授举行了专题报告会。与会代表观摩了广西艺术学院独具匠心的思政实践教学成果"精彩一课"——《我们的旗帜高高飘扬》。

经过与会代表的充分酝酿讨论，中国戏曲学院副院长巴图当选为第二届全国艺术院校思想政治理论课教学研究会会长，梁建明当选为秘书长。巴图会长向副会长、理事单位代表和理事颁发了聘书。巴图会长在闭幕式上作总结发言时指出：艺术院校专业特色鲜明，学生思维活跃，思想政治理论课教师授课要与学生个性特征、专业特点紧密结合，不断丰富课堂教学内容，使艺术院校思想政治理论课成为教学有特色、有激情、学生喜爱的课程。同时，巴图会长还对学会的发展以及艺术院校的思政课建设提出了努力的方向和目标。广西艺术学院赵焕春副书记进行了闭幕致辞。研讨会在热烈的气氛中胜利闭幕。

3. 第三届教学研讨会

第三届教学研讨会于 2012 年 5 月 13—16 日在山东工艺美术学院举行。开幕式由山东工艺美术学院党委副书记杨新力主持，中共山东省委高校工委副书记黄琦、宣教处处长刘欣堂，全国艺术院校思想政治理论课教学研究会会长、中国戏曲学院副院长巴图，全国艺术院校思想政治理论课教学研究会副会长、广西艺术学院党委副书记、纪委书记邓军，全国艺术院校思想政治理论课教学研究会副会长、星海音乐学院党委副书记黄俊强，以及山东工艺美术学院党委书记于茂阳、院长潘鲁生、副院长苗登宇、院长助理兼办公室主任王立果等同志出席了开幕式。来自全国 18 所艺术院校的 50 余位专家和教师代表以及新华社山东分社、中国教育报、大众日报、山东卫视、山东教育电视台、齐鲁晚报、济南日报等媒体参加了研讨会。

于茂阳在开幕致辞中指出：从新形势下改革与建设的角度，从教学针对性、实效性及其艺术类专业学生思想特征等方面，对艺术院校的思政课进行探讨，将有利于丰富艺术院校思政课教育教学的形式，有利于推动艺术院校思政课教育教学质量的不断提升，有利于德智体美全面发展优秀艺术人才的培养。

巴图在致辞中简要介绍了全国艺术院校思想政治理论课教学研究会的宗旨和主要工作。研究会依托全国艺术院校的资源，通过开展学术交流、出版论文、申报课题等工作，促进艺术院校思政课教学工作的提升。

黄琦代表山东省委高校工委简要介绍了山东高校的情况和高校德育工作取得的成绩和经验。从 20 世纪末开始，在山东省高校精心组织实施了文明校园、德育工作、大学文化建设三大工程；组织举办了高校领导干部论坛、大学校长德育论坛、高校辅导员工作论坛；大力推进了辅导员队伍、德育工作研究基地和思想教育活动品牌三大建设；扎实推进了全省高校师德建设；扎实推进了高校思想政治理论课建设。

4. 第四届教学研讨会

第四届教学研讨会于2013年10月18—19日在中国戏曲学院举行。开幕式由全国艺术院校思想政治理论课教学研究会会长、中国戏曲学院副院长巴图主持，出席开幕式的领导有教育部社科司教学处处长陈矛、中国戏曲学院党委书记张凡、党委副书记李世英，中国音乐学院党委副书记韩立萍，北京舞蹈学院纪委书记彭红等。来自全国近30所艺术院校的60余名代表参加了会议。

中国戏曲学院党委副书记李世英在致辞中指出：中国戏曲学院深入贯彻落实习近平总书记在全国宣传思想工作会议上的讲话精神，坚持贯彻执行党的教育方针，在党委统一领导下，把思想政治理论课教学当作一件重要工作来抓，齐心协力，分工合作，重视学生思想政治素质的提高，"学戏先学做人"，育人为本，德育为先，为社会培养了万余名各类艺术人才。在做好"三个落实""三个结合"的基础上，思想政治理论课教学不断探索艺术性与思想性的结合、课堂教学与艺术实践的结合以及思想政治理论课教师、学生工作队伍与专业课教师队伍的共同作用。结合中国戏曲学院的特点，深入挖掘中国传统文化艺术中蕴含的妙趣横生的艺术观赏价值、雕塑灵魂的传统道德教育价值、耳濡目染的道德渗透价值，提升了大学生的人文知识和艺术审美素养，推进了大学生思想政治教育工作的深入开展。

教育部社科司教学处处长陈矛在讲话中指出，高校要从四个方面努力加强思想政治理论课建设：高校各级领导干部要重视思想政治理论课建设工作、完善教学组织机构、提高教师队伍的素质、强化马克思主义理论学科建设。陈矛处长介绍了社科司加强思想政治理论课建设的措施：一是制定完善思政课建设标准，修订研究生、专科生思政课的课程标准；二是加强马克思主义学科建设，促进思政课教材体系向教学体系的转化；三是加强教师队伍建设，实施《2013—2017年高校思想政治理论课教师培养计划》，进一步提高教师素质和水平；四是教育教学方法的改革和创新，启动高校思政课教学方法改革计划推广项目。她指出：全国艺术院校思想政治理论课教学研究会在这方面走在了前面，各院校结合自身的特色，总结出了一些有益的经验，形成了艺术院校思政课教学的新方式。

19日上午，大会举行了闭幕仪式。教学研究会为新增补的理事单位和理事颁发了证书。解放军艺术学院、中国美术学院、新疆艺术学院、四川美术学院、渤海大学成为新的理事单位。全国艺术院校思想政治理论课教学研究会副会长、广西艺术学院党委书记邓军教授代表研究会做了总结讲话，他指出：本次研讨会主题好、组织好、平台好、效果好，达到了相互学习、相互促进的目的。他还谈了对研究会今后工作的设想：一是提高思政课教学实效性方面，首先要找准立德树人的教育目标和方向，着眼于机制建设；提高思政课教师的能力和魅力，着眼于抓好队伍建设；寻找提高实效性的突破路径，着眼于提高课堂教学效果；抓好实践教学，着眼于培养学生的担当精神和创新精神，打造思政课的品牌和特色。二是关于研究会的发展方面，各院校应进一步加深对研究会的认识，围绕促进思政课建设与发展这一主线推进研究会工作创新。把握好研究会的发展方向，强化各院校积极参与意识，夯实发展的基础；进一步打造平台，例如建设好研究会网络平台、设立专题论坛和校长高峰论坛、开展教学比赛、论文出版等；各院校应加强交流合作，进一步总结经验，推动研究会的发展。

5. 第五届教学研讨会

第五届教学研讨会于2014年11月20—21日在星海音乐学院举行。会议由星海音乐学院党委副书记黄俊强主持，文化部文化科技司司长于平、广东省教育工委副书记、广东省教育厅党组副书记景李虎、全国高校思政课教学指导委员会委员李小鲁、广东省教育厅思政处处长袁本新、《思想理论教育导刊》负责同志等出席了会议。于平司长在会上讲话并做了《习近平在文艺工作座谈会上的重要讲话》学习辅导报告，景李虎副书记以《论德育及其德育方法》为题作了讲话，李小鲁教授作了《论思想政治教育者的职业态度》学术报告。来自全国 27 所本科艺术院校的 9 名院领导、74 名思政课教师参加了研讨会，会议收到论文 63 篇。与会者围绕"以核心价值观为指导，提升艺术院校思政课教学的针对性实效性"的主题，以辅导报告、领导讲话、学术报告、校领导高峰论坛、论文交流等形式开展了广泛、深入的讨论和交流。

围绕中共中央办公厅《关于培育和践行社会主义核心价值观的意见》、教育部《完善中华优秀传统文化教育指导纲要》、习近平在 2014 年文艺工作座谈会上的重要讲话等文件和讲话精神的贯彻落实，与会代表见仁见智，开展了广泛的讨论。星海音乐学院的李建军书记说道："在艺术院校，培育和践行社会主义核心价值观就是要培养德艺双馨的艺术人才，而思政课教学则是培养德艺双馨艺术人才的重中之重。但当前社会艺术领域中的一些不良现象给艺术院校的大学生带来了负面影响，给思政课教学和德艺双馨艺术人才的培养带来了挑战，增加了思政课教学艰巨性、复杂性。"

较多的与会者认为，在新形势下艺术院校的思政课教学和德艺双馨艺术人才的培养要从两个大的方面着手：一方面要从自身着手，从自身努力，艺术院校的思政课教学要敢于和善于突破在艺术院校中存在的重艺轻德的边缘化的困境，不自暴自弃，理直气壮地落实党中央、国务院、宣传部、教育部等部门关于进一步加强和改进大学生思想政治教育的有关精神和要求，践行和培育社会主义核心价值观，加强自身建设，加强教学建设，多出成果，积极、有效地开展大学生思想政治的教育教学工作。另一方面，要面向社会，不要关起门来搞思政课教学和德艺双馨人才的培养工作，要从艺术职业的特殊性和艺术生的特点出发，抓住"艺术职业和艺术生活"这个德艺双馨艺术人才培养与社会需求相结合的结合点，由此出发，用2012年中国文联九届二次全委会通过的"文艺界核心价值观"、《中国文艺工作者职业道德公约》以及艺术教育中自身所蕴含的传统艺德教育资源、现实生活中正反典型艺术案例等公约和资源来开展思政课教学和德艺双馨人才的培养工作，使之既能贴近社会实际，贴近艺术职业和艺术生活，更容易为艺术生所接受，又能更好地收到实效。

艺术院校思政课教学方法改革和针对性、实效性的提升是本次研讨会的又一个热点。与会代表从艺术生的个性特征、因材施教的现实基础和实现路径、寓教于艺在课堂教学中的运用、传统美学与艺术院校思政课教学的融合、红色艺德教育传统的打造、艺术作品教学法的探析、实践教学、实效性等角度开展了讨论。景李虎副书记认为："德育教育内容很正确、很精辟，但教育方法有欠缺、太粗放，要设法找到增强学校德育工作科学性、针对性、实效性的方法和途径。"

研讨会，与会者取得了以下共识：

第一，对艺术院校的实际和艺术生特点的把握，是艺术院校思政课教学教改，提升教学针对性、实效性的基础和前提。有与会者指出：根据教育部《2010年普通高等学校艺术类专业招生办法》的规定，艺术类本科的文化分最低录取线不应低于本省（自治区、直辖市）确定的第二批次普通本科的文化分最低录取线的65%，艺术类高职（专科）的文化分最低录取线一般不应低于本省（自治区、直辖市）确定的高职（专科）批次的文化分最低录取线的70%，但是事实上，"艺术生的文化线比普通院校的文化线低、省线比国家线低、校线比省线低"的"三低"的情况依然严重。与此同时，在艺术院校，重艺轻德的惯性依然强大，思政课教学边缘化的情况也时有出现。在这种状态下，艺术院校的思政课教学就只有从这个最大的实际出发，才能有效地提升针对性和实效性。

第二，把握艺术教育与思想政治教育的共通性，架设好二者相互融通的桥梁，是艺术院校思政课教学教改，提升教学针对性、实效性的重要切入点。自古至今，艺术教育与思想政治理论教育就具有共通性的传统，不要人为地将艺术教育与思想政治理论教育对立起来，从而给思想政治理论教育与艺术教育的融通设置障碍。早在2000多年前《乐记》就已经论述了音乐与伦理、音乐与教化、音乐与政治的一致性和同质性，指出："乐者，通伦理者也"；"乐也者，圣人之所乐也，而可以善民心"；"生民之道，乐为大焉"；"治世之音安以乐，其政和；乱世之音怨以怒，其政乖；亡国之音哀以思，其民困。声音之道，与政通"。《孝经》说："移风易俗，莫善于乐。"在近现代，艺术教育与思想政治理论教育的这种共通性传统依然被继承。苏霍姆林斯基说：对于艺术，特别是音乐，道德是其灵魂，是其存在的意义；音乐教育并不是音乐家的教育，而首先是人的教育。巴尔扎克说：艺术乃德行的宝库。罗斯金说：艺术的基础存在于道德的人格。柯尼利亚说：诚实是艺术的最大要素。有学者把艺术教育与思想政治教育的共通性归纳为三个方面：一是教育根本目标的一致性，二者都是教育，都要育人，都要育好人；二是教学素材的共享性，艺术教育的素材可用作思想政治教育的载体，思想政治教育的内容也为艺术创作提供内涵；三是知识能力的互补性，没有良好的思想政治素质就不会有歌曲《春天的故事》的产生，没有良好的艺术素质思想政治教育也难以寓教于乐、动人感人。

第三，充分挖掘和运用艺术资源、红色资源开展思政课教学，是艺术院校思政课教学创新的特色和优势所在。艺术院校对艺术资源、红色资源的拥有和把握是其他院校难以比拟的。艺术资源、红色资源既承载了社会主义核心价值观的内涵，又是中华优秀传统文化的重要组成部分。有专家指出：运用艺术资源来开展思想政治教育是我党的优秀教育传统之一。充分挖掘和运用与思想政治教育密切相关的艺术名人、名作、名言、艺术案例、艺术法律法规等艺术资源开展思政课教学，有利于克服在思政课教学中普遍存在的诸多问题，如：生硬性有余、生动性不足；说教性过重、说服性欠佳；讲解力旺盛，感染力不够；手段单一，丰富性有限；平铺直叙，艺术性缺乏；等。进而将"强硬灌输的显性思想政治教育"变成"寓教于艺的隐性思想政治教育"。

2014年，思想政治教育学科设立已30周年。会议总结梳理了新中国成立以来艺术院校思想政治理论教育教学的发展历程。有专家指出：艺术院校思政课教学的共性与个性的问题是在艺术院校的发展历程中产生和存在的。依据《中华人民共和国发展国民经济的第一个五年计划（1953—1957）》，从1953年开始，全国五年内新招收艺术专业学生3700人，占全国新招收学生数的0.7%，1957年艺术生的在校生规模要达到2900人的目标。而目前，全国内地已有本科艺术院校36所，高职（专科）艺术院校41所，其他高校的艺术院系若干所。据教育部的统计数据，2012年全国内地艺术生本专科招生数已达484449人，在校生规模已达1673767人。当艺术生的规模已经达到如此之大时，如果我们还忽视艺术院校思政课教学的共性与个性问题，那么，我们在艺术院校的思政课教学就必然失去针对性和实效性。虽然思想政治教育学科设立已有30年，但对艺术院校思想政治理论教育教学的研究是直到2005年才真正开始的，1984年至2004年的20年间发表的论文只有21篇，2005年起发表的论文才开始多起来，当年发表的论文有14篇。这一研究虽然起步较晚，但发展较快，2012年当年发表的论文已达61篇。但不管怎样，这一研究与艺术院校的快速发展、艺术生规模的快速膨胀及艺术院校思想政治理论教育教学存在的问题和不足相比，又是远远不够的，亟须加强。

与会代表还就网络媒体视域下艺术院校的思政课教学、毛泽东同志的戏曲观、20世纪30年代党对上海文艺领导权的掌握等话题开展了讨论和交流。

目前为止，已经连续召开了五届"全国艺术院校思想政治理论课教学研讨会"，这五届研讨会在艺术院校思想政治理论课教学研究的"新的小热潮"中，起了非常重要、非常及时的推动作用。

（二）五届教学研讨会催生的理论成果

2012年4月，由巴图、邓军任主编，梁建明、施涛、吉蓓任副主编的《在艺术中升华的理论——全国艺术院校思想政治理论课教学研讨会论文集》一书出版，该书汇编了第一届全国艺术院校思想政治理论课教学研讨会和第二届全国艺术院校思想政治理论课教学研讨会的与会论文。

1. 第一届全国艺术院校思想政治理论课教学研讨会论文

在《在艺术中升华的理论——全国艺术院校思想政治理论课教学研讨会论文集》一书中，第一届研讨会论文涉及艺术院校思想政治理论课教育教学的文章有12篇，分别为：

梁建明. 以创新精神建设具有戏曲特色的思想政治理论课.

王预震. 关于改进艺术院校思想政治理论课教学方法的几点思考.

奚爱民. 切近学生，联通艺术，构筑有特色、富实效的思政课教学平台——上海音乐学院思政课建设综述.

李松吉. 艺术院校思政课教学改革的实践与思考.

周丽娟. 因材施教，以学生为本是搞好艺术院校《中国近现代史纲要》课教学的前提和捷径.

井昊. 谈谈当前戏曲院校大学生思想政治教育的困境与解决方法.

吴小莲. 论科学发展观与艺术人才培养.

宋玉静. 注重人文关怀和心理疏导——艺术院校思想政治教育的新视角.

王莹. 高等艺术院校学生群体特点及思政工作对策研究.

沈宝莲. 构建全方位的德育模式——增强艺术类大学生德育时效性的有效选择.

曹芳. 论艺术类大学生德育工作的新视角.

刘忠心. 对艺术院校通识教育几个问题的思考.

2. 第二届全国艺术院校思想政治理论课教学研讨会论文

在《在艺术中升华的理论——全国艺术院校思想政治理论课教学研讨会论文集》一书中，第二届研讨会论文涉及艺术院校思想政治理论课教育教学的文章有13篇，分别为：

陈平. 不同专业学生学习思政课的人文基础与学习效果之差异比较.

梁建明. 实践教学在艺术院校思想政治理论课教学中的作用.

沈宝莲. 实现艺术院校思想政治理论课从教材体系向教学体系的转化——提高艺术类大学生德育实效性的必然选择.

李松吉. 艺术学院思想政治理论课教学实效性的探索.

蓝少丹. 艺术院校思政课和谐课堂氛围的营造.

冯凤举. 艺术院校思想政治理论课体验式教学实践与探索.

奚爱茗, 包立峰. "声情"并茂, 寓教于"乐": "红歌"唱响思政课——上海音乐学院思想政治理论课"演唱式体验教学"改革初探.

杨武. 浅谈艺术院校思想政治理论课教学的评价原则.

刘达丽. 艺术院校中的通识教育——以《中国近现代史纲要》课教学为例.

石红霞.《思想道德修养与法律基础》课实践教学形式研究——以广西艺术学院为例.

潘伟. 浅议网络背景下艺术院校思想政治教育的新发展.

张德琴. 发挥思想政治理论课在艺术院校大学生心理健康教育中的作用.

何婧文. 依托文化资源促进艺术院校思想政治教育发展.

3. 第三届全国艺术院校思想政治理论课教学研讨会论文

2014年11月,由巴图、杨新力任主编,梁建明、吉蓓任副主编的《理论与艺术的交融——全国艺术院校思想政治理论课教学研讨会论文集(二)》一书出版。该书汇编了第三届全国艺术院校思想政治理论课教学研讨会和第四届全国艺术院校思想政治理论课教学研讨会的与会论文。

在《理论与艺术的交融——全国艺术院校思想政治理论课教学研讨会论文集(二)》一书中,第三届研讨会论文涉及艺术院校思想政治理论课教育教学的文章有6篇,分别为:

梁维科. 艺术院校思想政治理论课实践教学改革的若干思考——以山东工艺美术学院为例.

猛繁菊,徐欢. 针对艺术院校学生特点发掘实效性实践教学方法.

张焱. 新媒体时代艺术院校思想政治理论课情感教学模式实证研究.

陈文豪. 音乐院校思政课案例教学理论与实践.

谢拓. 艺术院校思想政治理论课教学要从学生的实际出发——以"原理"课第一章教学为例.

叶中锋. 用艺术点燃思想的火花.

4. 第四届全国艺术院校思想政治理论课教学研讨会论文

在《理论与艺术的交融——全国艺术院校思想政治理论课教学研讨会论文集(二)》一书中,第四届研讨会论文涉及艺术院校思想政治理论课教育教学的文章有20篇,分别为:

沈宝莲. 创新艺术院校思想政治理论课教育教学的几点思考.

南东风,李石. 在政治教育助推下走好艺术人生之路——对搞好艺术院校思想政治理论课教学的几点思考.

李雪静．艺术专业大学生思想政治教育工作的思考.

宫月丽．艺术院校的思政之道——艺术院校思想政治教育改革的前提性体验与反思.

王莹．立足高等艺术院校自身特点提高思想政治理论课育人实效.

王进．浅谈艺术类高校思政课的教学改革与创新.

杨筱寂．提高艺术专业思想政治理论课教学实效的思路分析.

郑唯．关于增强高等艺术院校思想政治理论课教学实效性的若干思考——以《毛泽东思想和中国特色社会主义理论体系概论》的教学为例.

王琦．增强艺术院校思想政治理论课教学实效性的途径探析——以《思想道德修养与法律基础》课为例.

韩晶磊．艺术类院校思想政治教育现状分析与对策研究.

张晓晨．增强艺术院校思想政治理论课教学实效性的思考.

李国和．艺术院校大学生思想政治教育实效性探究.

张红玲．"艺工融合"理念引领下的思想政治理论课因材施教的探讨——以北京服装学院为例.

梁建明．艺术院校建设思政课精品课程的思考.

红帆．提高艺术修养面对艺术学生——浅谈艺术院校"两课"教师的教学与科研问题.

潘伟．有的放矢开展艺术院校网络思想政治教育.

周丽娟．《中国近现代史纲要》课教学体系建设的探索——以中国戏曲学院为例.

宋小甜．群众路线在艺术类高校思想政治理论课中的应用.

姜泓．专业艺术院校思政课实践教学的探索与思考.

牛序茜．论艺术专业思想政治课实践教学发挥学生主体作用的优势.

5. 第五届全国艺术院校思想政治理论课教学研讨会论文

2014 年 10 月，由黄俊强任主编、陈平任副主编的《梦之乐——第五届全国艺术院校思想政治理论课教学研讨会论文集》一书出版。该书汇编了第五届全国艺术院校思想政治理论课教学研讨会的与会论文。在该书中，涉及艺术院校思想政治理论课教育教学的文章有 35 篇，分别为：

南东风，李石．结合艺术教育特点创新开展"四点"教学——推动习主席系列重要讲话精神"三进入"．

尚丽亭．论社会主义核心价值体系引领当代艺术院校大学生思想政治教育的机制．

宁萍．对艺术院校大学生社会主义核心价值观教育的几点思考．

王军．"三个自信"视域下思想政治理论课教学重点探析．

梁建明．打造富有艺术院校特点的思政课人才培养模式．

谢宝利，史晓眉，王凤侠，肖剑．浅析"寓教于乐"在音乐院校思想政治理论课课堂教学中的运用．

程亚鹏．浅谈艺术院校大学生个性特征以及思政课教学探索．

谢宝利，史晓眉，王凤侠．"期待视野"下艺术院校的思政课教学．

吴爱邦．高等艺术院校《思想道德修养与法律基础》教学方法改革探析．

郑红芳，陈勇．艺术院校思想政治理论课开放式教学研究．

刘宁，李松吉．浅析如何增强高等艺术院校思想政治理论课的吸引力．

袁汪洋．论艺术院校思想政治理论课因材施教的现实基础、理论依托和实践路径．

吴小莲．美术院校思想政治理论课教学提问策略探究．

陈敏．艺术院校思想政治理论课教学现状及其对策研究．

吕学峰．高等艺术院校《马克思主义基本原理概论》教学特征刍议．

张有平. 艺术院校思想政治理论课教学现状及思考.

曹骏扬. 试论传统美学与艺术院校思政课教学的融合.

桑新梅. 艺术院校《中国近现代史纲要》教学探索——以上海戏剧学院为例.

刘美红. 打造艺术院校红色艺德教育传统的现实意义及有效路径.

凌靖波，徐平华. 思想政治理论课"艺术作品教学法"探析.

李发铨，刘柏清. 浅议音乐学院专业课教育的思想政治教育功能.

周艳敏. 新媒体环境下艺术类大学生思想政治理论课教学改革与创新.

李洪杰. MOOC（慕课）风暴——艺术院校思想政治理论课教师要增强创新意识.

蒙莉. 关于提高艺术院校思想政治教育实效性的几点思考.

吉蓓. 增强艺术院校思想政治理论课教学实效性应在内容和方法上下功夫.

武晓立. 高等艺术院校大学生法制教育的实效性探究.

许珍芳. 影响艺术院校"概论"课教学实效性的因素及对策.

李国和. 浅谈艺术类大学生思想政治教育实效性.

李岫. 加强艺术院校思想政治理论课教学时效初探.

孟繁菊，徐欢. 艺术院校思想政治理论课实践教学探究.

吴晓春，王德兵. 对新时期我国高等美术院校实践教育的几点思考.

潘伟. 内尔·诺丁斯关心教育理论对艺术院校思想政治教育的启示.

鲁旭蓉. 关于艺术院校思想政治教育的几点反思.

陈平. 艺术院校思想政治理论课教学论文年鉴.

陈平. 艺术院校思想政治理论教育论文年鉴.

第三章 教学对象论

一、艺术生人文素质基础及其学习状况

（一）不同类别学生人文素质基础及其学习状况比较①

2008年，《基于不同专业学生的思想政治理论课因材施教方法与路径研究》获广东省高等学校思想政治教育课题立项，该课题研究由笔者主持，共有星海音乐学院、华南理工大学、深圳大学、广州美术学院、广州体育学院五所院校参与。这五所院校分别代表了音乐类、理科类、文科类、美术类、体育类等不同类别的大学生。课题组在这五所大学本科的四个年级中共抽样1700名学生，进行了人文素质基础和学习状况大型对比调查研究，调查的结果如下：

1. 学习效果的差异情况

第一，哲学与道德知识。共设计了7道测试题，从总体上看，对同一测试内容，文科类学生答题的正确率为55.95%，理科类学生为49.67%，音体美类学生为43.78%（其中音乐类学生为41.29%，体育类学生为37.31%，美术类学生为52.75%），最高文科类与最低体育类相差18.64%，近两成，差距较大。这说明，在哲学与道德知识的掌握方面，文科类学生最好。另有其中的第20题（"塞翁失马，焉知祸乎"反映的哲学

---

① 陈平.不同专业学生学习思想政治理论课的人文基础与学习效果之差异比较[A].见：巴图，邓军.在艺术中升华的理论[C].北京：文化艺术出版社，2012：235.

原理是_____），文科类学生答题的正确率为 33.33%，理科类学生为 16.90%，音体美类学生为 10.49%（其中音乐类学生为 0.0%，体育类学生为 7.7%，美术类学生为 23.77%）。第 21 题（"合抱之木，生于毫末；九层之台，起于垒土"反映的主要哲学原理是_____），文科类学生答题的正确率为 69.17%，理科类学生为 27.7%，音体美类学生为 11.69%（其中音乐类学生为 0.0%，体育类学生为 6.8%，美术类学生为 28.27%）。这说明，音乐院校学生的哲学知识很缺乏，其次是体育类学生。

第二，史学知识。共设计了 7 道测试题，从总体上看，文科类学生答题的正确率为 59.76%，理科类学生为 64.14%，音体美类学生为 47.74%（其中音乐类学生为 47.51%，体育类学生为 47.06%，美术类学生为 48.65%），最高理科类与最低体育类相差 17.08%，近两成，差距较大。这说明，在史学知识的掌握方面，理科类学生最好。

第三，经济学知识。共设计了 4 道测试题，从总体上看，文科类学生答题的正确率为 47.7%，理科类学生为 56.53%，音体美类学生为 33.06%（其中音乐类学生为 16.49%，体育类学生为 40.67%，美术类学生为 42.01%），最高理科类与最低音乐类相差 40.04%，四成，差距很大。这说明，在经济学知识的掌握方面，理科类学生最好。另有其中的第 29 题（商品具有使用价值和价值二因素，商品的二因素是由_____决定的），文科类学生的答题正确率为 4.17%，理科类学生为 9.20%，音乐类学生为 0.02%。以上两点说明，音乐类学生的经济学知识相当缺乏。

第四，政治与法律知识。共设计了 6 道测试题，从总体上看，文科类学生答题的正确率为 78.89%，理科类学生为 84.35%，音体美类学生为 58.4%（其中音乐类学生为 51.43%，体育类学生为 59.28%，美术类学生为 64.49%），最高理科类与最低音乐类相差 32.92%，三成多，差距很大。这说明，在政治与法律知识的掌握方面，理科类学生最好。另有其中第 37 题（中华人民共和国的政体是：＿＿＿＿＿＿），文科类学生答题的正确率为 53.33%，理科类学生为 70.5%，美术学院学生为 0.0%。

第五，审美与逻辑知识。共设计了 4 道测试题，从总体上看，文科类学生答题的正确率为 65.21%，理科类学生为 64.7%，音体美类学生为 57.87%（其中音乐类学生为 65.68%，体育类学生为 51.47%，美术类学生为 56.45%），最高音乐类与最低体育类相差 14.21%，一成半，差距不大。这说明，在审美与逻辑知识的掌握方面，音乐类学生最好。

以上关于五大块知识学习效果的调查还说明，已不能再用对待中学生的"文科学生比理科学生的人文知识基础要好些"的思维惯性来看待大学生对思想政治理论课的学习了，理科类学生学习思想政治理论课的效果好过文科类学生，相比较而言，理科类学生的史学知识、经济学知识、政治与法律知识掌握得较好。

2. 学习效果差异的成因

第一，学习兴趣。对学校开设的人文社科课程很感兴趣的，文科类学生有 25.0%，理科类学生有 22.6%，音体美类学生有 20.27%（其中音乐类学生有 15.38%，体育类学生有 31.5%，美术类学生有 13.93%），可见，体育类学生对人文社科课程很感兴趣的最多，其次是文科类学生，而美术类学生对人文社科课程很感兴趣的最少。对人文社科课程不感兴趣的，文科类学生有 6.7%，理科类学生有 11.3%，音体美类学生有 11.34%（其中音乐类学生有 14.20%，体育类学生有 6.3%，美术类学生有 13.52%），可见，音乐类学生对人文社科课程不感兴趣的最多，其次是美术类学生，而体育类学生对人文社科课程不感兴趣的最少。

第二，学习态度。认为人文素质对个人的成长成才与立足社会很有用的，文科类学生有 77.81%，理科类学生有 79.8%，音体美类学生有70.84%（其中音乐类学生有78.11%，体育类学生有54.5%，美术类学生有79.91%），可见，美术类学生认为人文素质对个人的成长成才与立足社会很有用的最多，其次是理科类学生，而体育类学生认为人文素质对个人的成长成才与立足社会很有用的最少。可见，美术类学生虽然认为人文素质对个人的成长成才与立足社会很有用，但却不感兴趣；理科类学生更多地从学习思想政治理论课"有用"的角度来对待思想政治理论课的学习。

第三，人文社科知识的来源。认为自我的人文社科知识主要来源于课堂听课、课后阅读教材、复习考试等课程学习环节的，文科类学生有64.16%，理科类学生有33.1%，音体美类学生有46.14%（其中音乐类学生有44.08%，体育类学生有51.3%，美术类学生有43.03%），可见，文科类学生的人文社科知识主要来源于课堂听课、课后阅读教材、复习考试等课程学习环节，而理科类学生则较少如此。这说明，对于文科类学生而言，课堂教学对于学生人文社科知识的获取来说非常重要。

认为自我的人文社科知识主要来源于自我的上网、读报、听广播等课外阅读环节的，文科类学生有35.84%，理科类学生有66.9%，音体美类学生有52.39%（其中音乐类学生有53.55%，体育类学生有48.7%，美术类学生有54.91%），可见，理科类学生的人文社科知识主要来源于自我的上网、读报、听广播等课外阅读环节，而文科类学生则较少如此。这说明对于理科类学生、音体美类学生而言，他们更多地喜欢或善于通过自我的上网、读报、听广播等课外阅读环节来获取人文社科知识，他们可能比文科类学生更喜欢"泡网"或"泡网"的次数更多、时间更长。这同时也说明，对于理科类学生、音体美类学生而言，加强网络教学已越来越重要了。

第四，学习时间。文科类学生用于学习人文社科知识的时间占一周内学习总时间的1/6，理科类学生占1/6.5，音体美类学生占 1/6.75，可见，文科类学生用于学习人文社科知识的时间最多，而音体美类学生则最少。

第五，思维特征。更喜欢或者更偏向于形象思维的，文科类学生有 40.0%，理科类学生有 22.3%，音体美类学生有 22.99%（其中音乐类学生有 23.37%，体育类学生有 20.6%，美术类学生有 25.0%），可见，文科类学生更喜欢或者更偏向于形象思维的最多，而体育类学生则最少。

更喜欢或者更偏向于抽象思维的，文科类学生有 15.0%，理科类学生有 28.7%，音体美类学生有 24.14%（其中音乐类学生有 18.93%，体育类学生有 28.1%，美术类学生有 25.4%），可见，理科类学生更喜欢或者更偏向于抽象思维的最多，而文科类学生则最少。

更喜欢或者更偏向于形象思维与抽象思维二者平衡发展的，文科类学生有 45.0%，理科类学生有 49.1%，音体美类学生有 52.12%（其中音乐类学生有 57.1%，体育类学生有 51.3%，美术类学生有 47.95%），可见，音乐类学生更喜欢或者更偏向于二者平衡发展的最多，而文科类学生则最少。这反映了音乐类学生追求抽象思维，弥补自身抽象思维不足的愿望。

第六，对学习难易度的感受。感觉太深奥、很难学的，文科类学生有 12.5%，理科类学生有 14.5%，音体美类学生有 13.95%（其中音乐类学生有 15.68%，体育类学生有 14.7%，美术类学生有 11.48%），可见，音乐类学生感觉太深奥、很难学的最多，其次是体育类学生，而美术类学生感觉如此的则最少。

感觉有点难，不太易学的，文科类学生有 50.0%，理科类学生有 35.4%，音体美类学生有 45.3%（其中音乐类学生有 48.82%，体育类学生有 54.3%，美术类学生有 32.78%），可见，体育类学生感觉有点难，不太易学的最多，其次是文科类学生，而美术类学生感觉如此的则最少。

感觉难度适中的，文科类学生有 37.5%，理科类学生有 50.2%，音体美类学生有 39.45%（其中音乐类学生有 34.91%，体育类学生有 31.0%，美术类学生有 52.45%），可见，美术类学生感觉难度适中的最多，其次是理科类学生，而体育类学生感觉如此的则最少。

第七，对教师是否把思想政治理论课与学生所学的专业知识联系起来进行教学的感受。感觉老师经常把思想政治理论课与学生所学的专业知识联系起来进行教学的，文科类学生有 18.33%，理科类学生有 9.8%，音体美类学生有 16.43%（其中音乐类学生有 22.19%，体育类学生有 14.0%，美术类学生有 13.11%），可见，音乐类学生感觉老师经常把思想政治理论课与学生所学的专业知识联系起来进行教学的最多，其次是文科类学生，而理科类学生感觉如此的则最少。

感觉老师有时把思想政治理论课与学生所学的专业知识联系起来进行教学的，文科类学生有 63.33%，理科类学生有 49.5%，音体美类学生有 59.77%（其中音乐类学生有 63.02%，体育类学生有 66.7%，美术类学生有 49.59%），可见，体育类学生感觉老师有时把思想政治理论课与学生所学的专业知识联系起来进行教学的最多，其次是文科类学生，而理科类学生感觉如此的则最少。

感觉老师几乎没有把思想政治理论课与学生所学的专业知识联系起来进行教学的，文科类学生有 16.66%，理科类学生有 40.7%，音体美类学生有 22.92%（其中音乐类学生有 14.20%，体育类学生有 19.3%，美术类学生有 35.26%），可见，理科类学生感觉老师几乎没有把思想政治理论课与学生所学的专业知识联系起来进行教学的最多，其次是美术类学生，而音乐院校学生感觉如此的则最少。

第八，对教师是否使用与学生所学专业相关的人或事进行案例教学的感受。感觉到教师经常使用与学生所学专业相关的人或事进行案例教学的，文科类学生有 18.33%，理科类学生有 13.8%，音体美类学生有 18.95%（其中音乐类学生有 19.82%，体育类学生有 22.7%，美术类学生有 14.34%），可见，体育类学生感觉教师经常使用与学生所学专业相关的人或事进行案例教学的最多，其次是音乐类学生，而理科类学生感觉如此的则最少。

感觉老师有时使用与学生所学专业相关的人或事进行案例教学的，文科类学生有 52.51%，理科类学生有 44.8%，音体美类学生有 55.86%（其中音乐类学生有 60.05%，体育类学生有 60.8%，美术类学生有 46.72%），可见，体育类学生感觉老师有时使用与学生所学专业相关的人或事进行案例教学的最多，其次是音乐类学生，而理科类学生感觉如此的则最少。

感觉老师几乎没有使用与学生所学专业相关的人或事进行案例教学的，文科类学生有 29.16%，理科类学生有 41.4%，音体美类学生有 22.87%（其中音乐类学生有 16.27%，体育类学生有 16.5%，美术类学生有 38.84%），可见，理科类学生感觉老师几乎没有使用与学生所学专业相关的人或事进行案例教学的最多，其次是美术类学生，而音乐类学生、体育类学生感觉如此的则最少。

第九，对考试内容与学生所学专业有无关系的感受。感觉到考试内容与学生所学专业毫无关系的，文科类学生有 21.66%，理科类学生有 47.2%，音体美类学生有 26.41%（其中音乐类学生有 21.3%，体育类学生有 23.9%，美术类学生有 34.02%），可见，理科类学生感觉考试内容与学生所学专业毫无关系的最多，其次是美术类学生，而音乐类学生感觉如此的则最少。

感觉考试内容与学生所学专业有时有点关系的，文科类学生有 78.34%，理科类学生有 52.8%，音体美类学生有 69.47%（其中音乐类学生有 74.53%，体育类学生有 76.1%，美术类学生有 57.79%），可见，文科类学生感觉考试内容与学生所学专业有时有点关系的最多，其次是体育类学生，而理科类学生感觉如此的则最少。

第十，对社会实践与学生所学专业有无关系的感受。感觉社会实践与学生所学专业毫无关系的，文科类学生有21.66%，理科类学生有27.0%，音体美类学生有18.97%（其中音乐类学生有10.65%，体育类学生有23.3%，美术类学生有22.95%），可见，理科类学生感觉社会实践与学生所学专业毫无关系的最多，其次是体育类学生，而音乐院校学生感觉如此的则最少。

感觉社会实践与学生所学专业有时有点关系的，文科类学生有78.34%，理科类学生有73.0%，音体美类学生有77.5%（其中音乐类学生有84.91%，体育类学生有76.7%，美术类学生有70.9%），可见，音乐类学生感觉社会实践与学生所学专业有时有点关系的最多，其次是文科类学生，而美术类学生感觉如此的则最少。

3. 四个需要特别分析的问题

问题一：为什么在史学知识、经济学知识、政治与法律知识三个方面，理科类学生掌握最好？通过调查本身的材料和事后的走访调查得知，这一情况，一是与他们"学了之后很有用"的学习态度有关，二是与他们"实验式的思维"有关，他们对待人文社科知识的学习就像对待做实验一样，学习一步，掌握一步，一步一个脚印。

问题二：为什么体育类学生对学习人文社科知识很感兴趣的人最多，但认为人文素质对个人的成长成才与立足社会很有用的人却最少？这说明体育类学生对人文社科知识的学习更偏重于兴趣性的认知，而不是是否有意义的价值认知，这同时也说明，体育类学生不太用实用主义的态度来对待人文社科知识的学习。同时，体育类学生感觉老师有时把思想政治理论课与学生所学的专业知识联系起来进行教学的最多，感觉教师经常使用与学生所学专业相关的人或事进行案例教学的最多，这可能也是体育类学生对学习人文社科知识很感兴趣的人最多的重要原因。

问题三：为什么理科类学生、音乐类学生、美术类学生认为人文素质对个人的成长成才与立足社会很有用的人是最多的，但对人文社科课程感兴趣人却不是最多的？这或许是因为他们更多的是迫于"无奈"而学，或者是因为他们更多的是用实用主义的态度来对待人文社科知识的学习的原因。

问题四：为什么文科类学生感觉学习思想政治理论课有点难，不太易学的比较多？通过事后的走访调查得知，这与教师的教学难易度有关。文科类思想政治理论课教学的难度一般都大于其他类专业的教学难度，教师除讲授课本知识之外，往往还讲到了课外，加进和拓展了大量的课外知识，乃至一些学术性的研究材料。

（二）音乐类学生人文素质基础及其学习状况

2012年，笔者在某艺术院校本科的四个年级中，开展了人文常识积累状况的大型问卷调查，共抽样320人，涉及该艺术院校13个专业的学生。"人文常识"测试试卷共有100道题，涵盖了政治、哲学、史学、经济学、文学、逻辑、音乐、审美、地理、体育、农谚等常识，由思想政治理论课教学部、学生处共同组织被抽样学生参加测试，两小时内完成问卷。测试结果是：平均及格率为39.58%，即不到四成。

在本次测试中，出现了一些非常可笑的答案，令人难以言说，例如：

第三题："四书五经"所称的"四书"是：＿＿＿＿＿＿、＿＿＿＿＿＿、＿＿＿＿＿＿、＿＿＿＿＿＿。其中，答案有"女书"、"礼书"、"经书"、"兵书"等。

第四题：《三字经》开篇的第一句是：＿＿＿＿＿＿＿＿。其中，答案有"色即是空，空即是色"。

第九题："千里之行，始于足下"反映的主要哲学原理是＿

_____。其中，答案有"坚持就是胜利"。

第十三题：遵义会议当时主要是纠正_____同志的错误路线。其中，答案有"蒋介石"、"刘明"、"陈独秀"、"毛泽东"、"博古"、"邓小平"、"江青"、"刘少奇"等。

第十四题："GDP"指数的含义是_____。其中，答案有"人均收入占全国国家总收入比例"、"空气污染量"、"人民生活幸福指数"、"全球卫星定位"、"地方消费水平"等。

第十六题："春节"是中国的传统佳节，具体的时间是农历____月____日。其中，答案有"12月1日"。

第十七题：在中国的传统佳节中，有一个专门为尊敬老人而设立的节日，这个节日的名称是_____，具体时间是农历____月____日。其中，答案有"老人节"、"端午节"、"5月3日"等。

第二十一题："谁知盘中餐，粒粒皆辛苦"一语出自唐代著名诗人_____笔下。其中，答案有"曹植"、"礼拜"等。

第二十六题："莘莘学子"中的"莘莘"二字的意思是：_____。其中，答案有"勤奋"、"有才能的"、"有希望的"、"一种香料"、"茂盛的"等。

第二十九题：对自己母亲的哥哥的称谓是：_____。其中，答案有"伯伯"、"姨夫"等。

第三十三题："巧妇难为无米之炊"反映的主要哲学原理是_____。其中，答案有"最根本的东西都没有，一切都是浮云，将军不打没准备的战"。

第五十二题：中国的国球是_____。其中，答案有"足球"、"气球"等。

至此，我想已足矣，不必再一一列举。

二、艺术生思想道德修养状况

（一）艺术生艺德修养现状

如前所述，艺德即艺术从业者的思想品德，包括思想理念、价值追求、道德品质、法律素质、人文素养、敬业态度等方面。2012年笔者承担了广东省高等学校人文社科研究项目《文化强省视域下广东省艺术院校大学生艺德提升研究》的研究工作，同年12月至2013年3月，笔者对广东省艺术院校大学生艺德教育与修养状况进行了大型调查，共发放问卷1069份，回收有效问卷1009份，调查样本涵盖了在广东省的独立设置本科艺术院校、其他院校下设的二级艺术院系及高职高专艺术院校共13所，涉及独立设置本科音乐院校的各专业、独立设置本科美术院校的各专业及其他院校的舞蹈、播音与主持、服装表演与形象等35个专业。

调查发现：绝大多数学生对艺德修养的认知水平与德艺双馨人才培养目标的要求相适应。一是能够正确认识艺德修养的重要性，97.13%的学生认为艺德修养"非常重要"或"重要"。二是能够正确认识德艺关系，72.35%的学生认为德艺并重。三是能够正确把握艺德修养的内涵。在关于艺德修养内涵的备选项中，"有社会责任感"选项的认同率最高，占80.57%；"敬业爱业，精益求精"第二，占72.84%；"不假唱、假奏，不剽袭他人的艺术成果"第三，占69.57%；"遵纪守法"第四，占62.14%；"爱国爱民"第五，占56.79%；"不涉黄、不涉毒"第六，占55.60%；"注重婚姻家庭伦理道德"第七，占54.61%。可见，这样的选择反映了大部分艺术生对艺德修养内涵的正确把握，这种成就应该归功于艺术院校一直以来对艺德教育的重视和努力。

与此同时，对艺德修养不正确的认知及违法违规行为也存在：一是 1.29% 的学生认为艺德修养不太重要，1.59% 的学生对艺德修养持无所谓的态度，3.87% 的学生认为艺重于德；二是 19.43% 的学生未把"有社会责任感"列为艺德修养的重要内容，37.86% 的学生未把"遵纪守法"列为艺德修养的重要内容，43.21% 的学生未把"爱国爱民"列为艺德修养的重要内容；三是调查发现，艺术生中打架者占 2.78%，陪夜者占 1.39%，吸毒者占 0.79%，偷盗者占 0.59%，其他违法行为者（如赌博）占 4.46%；四是近年来在艺术生身上一些不良及恶性案例多发，如某艺术院校的学生故意杀人案、一些知名艺术院校学生甚至是研究生参与其中的"天上人间"案、某大学艺术学院的裸模拍照 500 元一次案、新中国的假唱第一案等。

可见，艺术院校大学生艺德修养的现状不容乐观，与德艺双馨人才培养目标的要求仍有较大差距。

（二）艺术生艺德修养现状不容乐观的成因

据调查知，造成以上不容乐观现状的原因，主要来自于四个方面：

1. 艺术生的人文基础及道德认知存在一些不足和偏颇

以 2008 年广东省招生录取为例，第一批本科院校文科类文化分最低录取控制线为 570 分，而与文科类同一考卷的音乐类本科第一批最低录取控制线则为 337 分，比前者相差四成；美术类本科第一批的录取控制线为 330 分，比前者相差四成多。可见，与文科类学生相比较，艺术生的文化基础较弱。艺术生不仅文化基础较弱，而且他们进入大学后学习艺德修养类课程的态度也比其他大学要差一些，进而学习效果也要差一些。据对同一人文素质测试问卷的对比调查发现，普通院校学生的答题正确率为 72%，普通院校的二级音乐艺术院系为 52.4%，专业音乐院校为 51.2%，呈现出明显的递减趋势。①

2. 重艺轻德的不良施教思想和方法至今依然严重存在

学生对艺术院校艺德教育的现状感到不满意，认为"学校不太重视艺德教育，并且没有进行严格的、系统的艺德教育"的学生占到 32.61%；认为"由于扩招的原因，艺术院校的学生规模迅速扩大，学校在艺德教育方面心有余而力不足，导致艺德教育效果不佳"的学生占到 38.45%；认为"学校重视艺德教育，并且也进行了严格的、系统的艺德教育"的学生只有 26.96%；47.37% 的学生迫切希望学校"重视艺德教育，加大教育力度，给学生以严格、系统的教育"。另外，73.84% 的学生迫切希望学校"改进艺德教育方法，不要一味说教，要灵活多样，吸引学生"；33.70% 的学生认为，"思想政治理论课的教学没有针对艺术院校学生的特点来进行，艺德教育太抽象，没有体现艺术特色"。

3. 社会上艺术从业者的种种不良表现，既令大学生不满意，又对大学生影响巨大

社会艺术从业者出现以下种种不良表现，如：商业意识、金钱意识、广告意识太浓；重金钱，轻艺术；以绯闻、炒作等方式博出位，以求出名；以暴露自己身体的某些敏感部位博出位，以求出名；急躁加浮躁，急于一夜成名；接受潜规则而献身的人多；性丑闻多；涉毒人员多；等等。对这些种种不良表现，大学生感到不满意和不太满意的占 89.49%。从导致艺术院校大学生不符合艺德修养要求行为发生的诱因来看，从主到次依次排序是：愿为金钱而牺牲艺术的，占 26.36%；受社会上艺人影响的，占 25.17%；只是想满足一时刺激而已的，占 18.14%；愿为艺术而献身的，占 8.03%。另外，70.07% 的同学认为低俗娱

---

① 陈平. 艺术院校思想政治理论课教学培养德艺双馨人才的思路 [J]. 湖南科技学院学报，2011（10）：84.

乐泛滥，对以博取收视率为主要目的的低俗娱乐应加以限制，但与此同时又有78.10%的同学是愿意或者认可参加低俗娱乐节目的。社会上艺术从业者的种种不良表现已成为艺术生健康成长的一块心病，既令他们感到痛心和失望，又令他们难以抵挡诱惑并趋而从之。

4. 走艺术之路上大学文化要求低、急于成名成星等不良教育思想影响严重

不少艺术生是被家长送上艺术之路的，理由是："既然学不好文化，那就去学点艺术吧！"事实上家长是降低了对孩子的文化要求，因此这些孩子来到艺术院校后，很多都不是真正的艺术热爱者和艺德追求者。另外，家长送一个孩子上艺术院校其经济付出比上普通院校要多出三四倍甚至更多，因此许多家长也急于求成、急求回报，忽视对孩子在文化和品德方面的要求，而且比一般的家长更加溺爱、放纵孩子。

（三）艺术生职业法律法规修养状况

1. 艺术院校职业法律法规教育考沿

开展法制教育，弘扬法治精神，是建设法治国家的必然之举。艺术院校大学生的职业法律法规素质如何，直接关系到未来整个艺术从业者队伍的素质及其整个行业在法治国家建设过程中的地位和作用。

艺术院校对大学生进行艺术职业法律法规教育的历史沿革，只能在高校对大学生进行法律常识教育的过程中才能得以考究。我国对大学生进行法律常识教育的历史可以追溯到1986年在高校首开的《法律基础》课。该课程的开设是落实国家第一个五年普法任务的重要举措之一。1985年6月中共中央宣传部、司法部制定了《关于向全体公民基本普及法律常识的五年规划》，该规划确定的普法的基本内容是"宪法、刑法、刑事诉讼法、民事诉讼法（试行）、婚姻法、继承法、经济合同法、兵役法、治安管理处罚条例以及其他与广大公民有密切关系的法律常识"。1985年11月第六届全国人大常委会第十三次会议通过了《关于在公民中普及法律常识的决议》，该决议指出："普及法律常识的重点对象，是各级干部和青少年"，"学校是普及法律常识的重要阵地。大学、中学、小学以及其他各级各类学校，都要设置法制教育的课程"。由此，1986年《法律基础》课在高校应运而生。

另一方面，"一五"普法也提出了"不同职业的公民应有不同的要求"的普法要求，注重了普法对象的差异性和由此而决定的普法内容的差异性。"三五"普法提出："实行分类指导。各级普法主管机关和业务主管部门要针对不同地区、部门、行业和不同对象的特点，确定目标，提出任务，选择方法。""四五"普法提出："各部门、各行业要结合自身工作职能和特点，重点学好与本部门、本行业相关的法律法规。""六五"普法提出："坚持分类指导，注重实效。根据不同地区、不同行业和不同对象的特点，确定法制宣传教育的重点内容，采取切实可行的方法，增强工作的针对性和实效性。"可见，结合职业特征、分类指导开展普法教育，是从"一五"普法到"六五"普法的共同要求。那么，这一要求在高校贯彻得如何呢？

1998年，中宣部、教育部颁布《关于普通高等学校"两课"课程设置的规定及其实施工作的意见》，根据该意见的规定，高校本科专业《法律基础》课的教学时数为34学时（周课时为2节），专科为28学时，内容包括法学基础理论、邓小平民主与法制理论、宪法、行政法、民法、经济法、刑法、诉讼法等。2005年，中宣部、教育部颁发《〈关于进一步加强和改进高等学校思想政治理论课的意见〉实施方案》，该方案自颁发之日起执行至今。根据该方案的规定，将《思想道德修养》课与《法律基础》课合并为一门课即《思想道德修养与法律基础》课，本、专科专业教学的学分和学时均为3学分、54学时（周课时为3节），其中法律部分的教学内容在《思想道德修养与法律基础》

课整体中约占 1/3 多,即第五章的第三节"公共生活中的法律规范"、第六章的第一节"职业活动中的道德与法律"、第七章"增强法律意识弘扬法律精神"、第八章"了解法律制度自觉遵守法律"。由此可见,高校对大学生进行的普法教育是未分门别类的、未凸显职业特征的、大一统的法律常识的教育,而非分门别类的、凸现职业特征的职业法律法规教育,"分类指导"的要求被高校所忽视。而且时至今日,这一要求仍未引起高校应有的关注和重视。艺术院校的情况与此类同。

2. 不良教育的后果与教育教学改革的依据

无职业特征的、大一统的法律法规教育给艺术院校的大学生带来了不良的教育后果。在笔者前面已述的 2012 年 12 月至 2013 年 3 月的大型调查中发现:

第一,艺术院校学生法律常识的修养现状不容乐观,认知错误的程度、违法违纪的程度不轻。艺术院校的大学生中有 3.77% 的人有过"陪社会人员吃饭、喝酒,收取金钱、财物或其他报酬"的行为;有 2.97% 的人有过"陪社会人员唱卡拉 OK,收取金钱、财物或其他报酬"的行为;有 1.39% 的人有过"陪社会人员过夜,收取金钱、财物或其他报酬"的行为;有 0.79% 的人有过"吸毒"的行为;有 2.78% 的人有过"打架"的行为;有 0.59% 的人有过"偷盗"的行为;有 4.46% 的人有过"其他违法行为(如赌博等)"。又据笔者的另一项调查表明,有 7.87% 同学竟然认为"各种有偿性的陪唱、陪舞、陪酒、陪聊等活动及类似活动"都属于正常的艺术实践。还据调查得知,造成艺术院校大学生对法律常识课的学习不感兴趣、学习效果不佳现状的重要原因是教学没有渗透和体现艺术职业法律法规特征,学生不喜欢。

第二,艺术院校学生系统的、专门的职业法律法规的修养现状更不容乐观。笔者在调查中发现:知道《营业性演出管理条例》《文化部涉外文化艺术表演及展览管理规定》等艺术职业法律法规的学生不到 10%；知道我国假唱第一案的学生也不到 10%。2009 年 9 月 19 日晚，我国出现了假唱第一案，当时四川永艺演出有限公司在成都双流国际网球中心举办"黄圣依个人演唱会"，四川省文化厅和双流县文体局执法人员在对该演唱会进行监管时发现，演员方某某演唱的《单身舞步》、殷某某演唱的《火》和《情醉人间》涉嫌假唱。经四川省文化厅调查取证，认定了上述两名演员假唱欺骗观众的违法事实成立。方某某和殷某某是刚刚从某艺术院校毕业的学生，在面对双流县文化体育和新闻出版局依据《营业性演出管理条例》第四十七条之规定对他们各自的假唱行为分别做出 5 万元的行政处罚时，他们只是感到惊讶、委屈和懊悔，根本不知道有《营业性演出管理条例》，也不知道自己的行为已经构成违法，他们只是把自己的行为看作是在做啦啦队员。① 这一案例，充分说明了艺术院校大学生职业法律法规修养的缺失程度。

另外，违法案例、恶性案例多发，也从另一个侧面印证了不良的教育后果。2010 年 4 月，在北京发生了"天上人间"案，该案是公安部门在对娱乐场所卖淫嫖娼等违法行为进行打击的过程中发现的。在该案中，警方发现在"天上人间"夜总会从事有偿陪侍服务的人员都有大专以上学历，不少有研究生学历背景，她们分别来自一些比较有名的艺术类院校。② 又，2010 年 4 月，还发生了某艺术学院的在校大学生药家鑫故意杀人案，在该案中，案犯在驾车撞伤人后，因担心受害人纠缠，于是从其背包中抽出随身携带的小刀向受伤人连刺了八刀，至受伤人当场死亡，随后逃逸。后经法院审理，以故意杀人罪判处其死刑并剥夺

---

① 颜婧. 全国"假唱第一案"尘埃落定 [N]. 四川日报, 2010 - 04 - 02 (12).

② 甘浩, 刘洋, 李超. 35 家娱乐场所被停业 [N]. 新京报, 2010 - 05 - 14 (A12).

政治权利终身。据网上说,在此案中还有药家鑫的同门师妹力挺药家鑫,并说:"我要是他(指药家鑫)我也捅……是受害人(指被药家鑫用刀捅死的女工张妙)当时不要脸来记车牌。"① 从药家鑫及其师妹身上所反映出的法律意识的淡薄程度及法律知识的贫乏程度,令人震惊。

不良的教育后果,将艺术院校开展凸现职业特征的法律法规教育的迫切需要摆在了艺术院校教育者的面前。艺术院校开展凸现职业特征的法律法规教育的依据有三:

首先,是改变上述学生不良修养现状的迫切需要,这是最直接的原因。这种现状不利于学生的健康成长,不利于法制社会的建设。

其次,是落实"分类指导"普法精神、改变不良施教现状、促进学生全面发展的迫切需要,这是政策要求。一方面,结合职业特征、分类指导开展普法教育是从"一五"普法到"六五"普法一以贯之的精神,这一要求,贯穿于全国各职业的普法教育之中,而从艺术院校来看,这一要求就表现为要开展凸现艺术职业特征的法律法规教育。然而时至今日,这一要求仍未引起艺术院校的足够重视,无艺术职业特征的法律法规教育,学生不欢迎。只有通过开展凸现职业特征的法律法规教育,才能激发学生学习职业法律法规的兴趣,进而激发学生学习法律法规常识的兴趣,施教理念和方法亟须改变。另一方面,《国家中长期教育改革和发展规划纲要(2010—2020年)》指出:要把促进人的全面发展、适应社会需要作为衡量教育质量的根本标准。实践表明,由于艺术生要花大量时间去练习专业,因而他们全面发展的问题比其他院校要突出得多,要使他们成为有较好法律素养的艺术学习者和未来的从业者,任务迫切而又艰巨。

再次,是遵循教育规律,把握教育对象,开展因材施教的迫

---

① 戎国强. 李颖错了,法律错不得 [N]. 钱江晚报, 2011 - 04 - 04 (A16).

切需要。艺术生个性鲜明，但规则意识较弱；许多"地下"职业场所鱼龙混杂，吸毒、卖淫、斗殴等案件高发，有的艺术生也乐在其中；一夜成名、一夜暴富的"神话"，常令艺术生心向往之，甚至刻意求之；潜规则、露体博位、恶意炒作，既令艺术生觉得其低俗、扭曲，又令艺术生美丑难辨、难以抵挡其诱惑；存在于营利性演出中的牺牲主流价值观而采取情色、低级等手段以迎合观众的行为以及假唱假奏、剽窃演出他人作品、跨境入境非法演出、偷税漏税等违法行为，也时常令艺术生盲从而且跃跃欲试。可见，这些因素决定了艺术生这块"材"与其他材很大的不同，违规违法的机会风险比其他大学生要高得多，程度也更严重，这一点，也已被其他人的研究成果所证明。以吸毒为例，据2004年第三届北京青少年禁毒教育研讨会的信息，吸毒人群扩大，大学生中90%来自艺术院校。[①]

在我国现行的法律体系中，系列的、成文的、已几乎自成体系的艺术职业法律法规，为艺术院校开展凸现职业特征的法律法规教育提供了明确的教育内容。这些艺术职业法律法规都有明确的、严格的约束对象，即艺术从业者；对艺术从业者的行为及其内容（演出资格、演出内容、创作、版权、复制、演艺经纪、涉外演出等）是否合法有明确的法律界定；对艺术从业者的违法行为有明确的刑罚或处罚措施。对这些系列的、成文的艺术职业法律法规的学习和掌握具有系统性、专业性。以音乐艺术从业规范为例，现行的职业法律法规有：《文化部涉外文化艺术表演及展览管理规定》、《营业性演出管理条例》、《营业性演出管理条例实施细则》、《从事涉外非商业性文化艺术表演及展览活动机构的资格核准》、《音像制品批发、零售、出租管理办法》、《文化部关于外国艺术表演人员来华营业演出申报管理问题的通

---

① 方芳，杜丁. 北京吸毒人群扩大 大学生中90%来自艺术院校 [N]. 北京娱乐信报，2004 - 12 - 08.

知》、《文化部关于直属艺术表演团体创作演出新剧（节）目实行审查备案制度的通知》、《中华人民共和国著作权法》（有关艺术创作、表演、法律责任等相关规定）、《中华人民共和国著作权法实施条例》（有关艺术创作、表演、法律责任等相关规定）、《中华人民共和国广告法》（与艺术从业者相关的条款）、《广告管理条例施行细则》（与艺术从业者相关的条款）、《广播电视广告播出管理办法》（与艺术从业者相关的条款）等等。

艺术院校大学生有了解和掌握法律法规知识，尤其是职业法律法规知识的迫切愿望，这为艺术院校开展凸显职业特征的法律法规教育提供了现实基础。在调查中发现：有62.14%的学生认为"遵纪守法"是艺德修养的重要内容；有69.57%的学生认为"不假唱、假奏，不剽窃他人的艺术成果"是艺德修养的重要内容；有55.60%的学生认为"不涉黄、不涉毒"是艺德修养的重要内容；有69.74%的学生认为"遵纪守法"是艺术家的必备素质；有98.41%的学生想知道《营业性演出管理条例》《营业性演出管理条例实施细则》等职业法律法规的具体内容。显然，一旦把法律法规知识的学习与艺德修养和艺术职业法律法规的学习联系在一起，学生的学习热情就会极大地提高。

三、艺术生宗教信仰状况及其热点时事问题知晓情况

（一）关于调查的基本情况

2009年9月17日，在笔者的主持下，××音乐学院思想政治理论课教学部、学生处联合就学生的宗教信仰问题及其热点时事的知晓情况，在××音乐学院进行了随机抽样无记名问卷调查，调查样本涉及作曲系、音乐学系、现代音乐系、管弦系、钢琴系、流行音乐系、民乐系、声乐系、音乐教育系、艺术管理系、舞蹈系、乐器工艺系共12个系本科四个年级的学生，共发

放调查问卷 384 份，回收有效问卷 351 份。

1. 参与调查的男女生比例

从调查统计的情况来看，参与本次调查的男女生比例为：

男：160 人，占调查人数的 45.59%；

女：191 人，占调查人数的 54.41%。

2. 参与调查的党员非党员比例

中共党员：13 人，占调查人数的 3.7%；

预备党员：17 人，占调查人数的 4.83%；

团员：247 人，占调查人数的 70.37%；

群众：38 人，占调查人数的 10.83%；

未填写此项者：36 人，占调查人数的 10.26%。

3. 参与调查的学生干部非学生干部比例

院学生干部：19 人，占调查人数的 5.41%；

系学生干部：56 人，占调查人数的 15.95%；

班学生干部：32 人，占调查人数的 9.12%；

群众：208 人，占调查人数的 59.26%。

未填写此项者：36 人，占调查人数的 10.26%。

从以上三项数据来看，调查样本符合原群体的特征。

（二）艺术生宗教信仰状况

调查发现，学生的宗教信仰状况如下：

1. 对于以下宗教，您的态度或状态是（　　　）

（1）佛教

A. 信仰：55 人，占调查人数的 15.67%；

B. 不信仰：161 人，占调查人数的 45.86%；

C. 介于信仰与不信仰之间：34 人，占调查人数的 9.69%；

D. 其他：101 人，占调查人数的 28.78%。

（2）伊斯兰教：

A. 信仰：3 人，占调查人数的 0.85%；

B. 不信仰：269 人，占调查人数的 76.64%；

C. 介于信仰与不信仰之间：39 人，占调查人数的 11.11%；

D. 其他：40 人，占调查人数的 11.39%。

（3）基督教：

A. 信仰：14 人，占调查人数的 3.99%；

B. 不信仰：231 人，占调查人数的 65.81%；

C. 介于信仰与不信仰之间：70 人，占调查人数的 19.94%。

D. 其他：36 人，占调查人数的 10.26%。

关于世界三大宗教，信教总人数为 72 人，占调查人数的 20.51%。可见，艺术生中对三大宗教的信仰人数已超过中共党员的人数，信仰佛教的学生最多，其次是基督教。据事后走访调查得知，音乐院校学生"信仰"宗教的人较多的重要原因之一是宗教音乐对他们的影响或者是他们对宗教音乐的兴趣和研究，有的其实只是对宗教音乐有些兴趣而已，根本谈不上是对宗教的真正信仰。

2. 您有没有信仰除佛教、伊斯兰教、基督教以外的其他宗教（　　）

A. 有信仰：7 人，占调查人数的 1.99%；

B. 没有信仰：322 人，占调查人数的 91.74%；

C. 您所信仰的其他宗教的名称是：道教；

D. 其他：22 人，占调查人数的 6.27%。

可见，在三大宗教以外，也有个别学生信仰其他宗教。至于其他宗教的名称，可能是道教，也可能是其他的某种教。但从问卷中学生的答案来看，学生只填写了道教。

3. 如果您身边有同学信仰宗教，您的态度是（　　）

A. 劝他（她）不要信：13 人，占调查人数的 3.7%；

B. 支持他（她）继续信：21 人，占调查人数的 5.98%；

C. 纯属他（她）个人的私事，不加评说：282 人，占调查人数的 80.34%；

D. 不关我的事：22 人，占调查人数的 6.27%。

E. 其他：14 人，占调查人数的 3.99%。

可见，80% 的学生能够正确理解宗教信仰自由的政策。

4. 您对"法轮功"的认识或态度是（　　）

A. 那是邪教，不要信：265 人，占调查人数的 75.49%；

B. 信了也无妨：3 人，占调查人数的 0.85%；

C. 它跟其他宗教一样，信不信均属个人的私事：38 人，占调查人数的 10.83%；

D. 不知道"法轮功"为何物：10 人，占调查人数的 2.85%。

E. 其他：35 人，占调查人数的 9.97%。

可见，75.49% 的学生能够清楚地知道，"法轮功"是邪教。但是，也有 0.85% 的学生认为信了也无妨，10.83% 的学生认为它跟其他宗教一样，2.85% 的学生不知道"法轮功"为何物，这一情况也令人有点担忧。

（三）艺术生热点时事问题知晓情况

1. 您是否听说过 2008 年拉萨 3·14 事件（　　）

A. 听说过：302 人，占调查人数的 86.04%；

B. 没听说过：35 人，占调查人数的 9.97%；

C. 其他：14 人，占调查人数的 3.99%。

2. 您是否听说过 2009 年"7·5"乌鲁木齐事件（　　）

A. 听说过：313 人，占调查人数的 89.17%；

B. 没听说过：23 人，占调查人数的 6.55%；

C. 其他：154 人，占调查人数的 4.27%。

3. 您是否听说过 2009 年全国首起"针刺"事件（　　）

A. 听说过：247 人，占调查人数的 70.37%；

B. 没听说过：88 人，占调查人数的 25.07%；

C. 其他：16 人，占调查人数的 4.55%。

从以上三项调查可见，对三件热点时事的平均知晓度为81.85%，"没听说过"的人加其他人，接近20%，这说明艺术院校的学生对热点时事的关注度并不是很高，接近两成的学生基本不关注热点时事。

4. 您是否赞同对严重破坏民族团结和社会稳定的犯罪分子依法进行惩处（　　）

A. 赞同：312人，占调查人数的88.89%；

B. 不赞同：19人，占调查人数的5.41%；

C. 其他：20人，占调查人数的5.69%。

可见，有88.89%即接近九成的学生有明确的、正确的政治是非态度，赞同对严重破坏民族团结和社会稳定的犯罪分子依法进行惩处。但是，也有一成多的学生没有明确的、正确的政治是非态度，不赞同对严重破坏民族团结和社会稳定的犯罪分子依法进行惩处。

（四）关于宗教信仰的补充调查

在2009年9月的调查中，信仰宗教的比例达20.51%。这个比例应该是较高的。2015年4月，笔者对此再次作了验证性的补充调查，在与前述调查同一所艺术院校本科的四个年级中，共发放问卷170份，回收有效问卷164份。调查结果情况如下：

1. 您是否信教（　　）

A. 信：55人，占调查人数的33.54%。

B. 不信：109人。

2. 如果您信教，那么您所信仰的宗教是（　　）

A. 佛教：38人，占信教人数的69.09%。

B. 基督教：11人，占信教人数的20.00%。

C. 伊斯兰教：0人。

D. 道教：3人。

E. 其他宗教：5人。

注：此题有学生同时选择了两种宗教。

3. 您信仰某种宗教的原因是（此题可多选）（　　）

A. 因为这种宗教的信仰吸引您：38 人，占信教人数的 69.09%。

B. 因为这种宗教的教义吸引您：13 人，占信教人数的 23.64%。

C. 因为这种宗教的仪式吸引您：5 人，占信教人数的 9.09%。

D. 因为这种宗教的服装吸引您：1 人，占信教人数的 1.82%。

E. 因为这种宗教的音乐吸引您：6 人，占信教人数的 10.91%。

可见，在本次调查中信教的比例比 2009 年的更高。而且，所在的年级越高，信教的比例越高，2014 级、2013 级信教的比例 29.89%，2012 级信教的比例为 35%，2011 级信教的比例为 40.54%。

从上述调查结果还可以看出，信仰佛教的人数最多，38 人，占信教人数的 69.09%；其次是基督教，11 人，占信教人数的 20.00%。在信教的原因上，被某种宗教的信仰所吸引的人最多，38 人，占信教人数的 69.09%；被某种宗教的教义所吸引的人其次，13 人，占信教人数的 23.64%。另外，宗教的仪式、音乐、服装，对学生来说也都有吸引力。

两次调查得出的同样结论是：在艺术院校，信仰宗教的学生较多。

四、艺术实践中艺术生的思想道德问题

（一）艺术实践中思想政治教育的缺位

2011 年 5 月，笔者以《××音乐学院学生艺术实践状况调

查》为题，在××音乐学院进行了随机抽样无记名问卷调查，调查样本涉及作曲系、音乐学系、现代音乐系、管弦系、钢琴系、流行音乐系、民乐系、声乐系、音乐教育系、艺术管理系、舞蹈系、乐器工艺系共12个系本科4个年级的学生，共发放调查问卷420份，回收有效问卷394份。调查统计如下：

1. 你对学校组织的艺术实践的看法是（　　）

A. 没有整体规划：138人，占调查人数的35.03%；

B. 组织得太少：166人，占调查人数的42.13%；

C. 没什么组织，处于放任自流的状态：129人，占调查人数的32.74%。

可见，此项调查充分反映了在艺术实践中学校整体规划的缺位状况，进而也充分反映了思想政治教育的缺位状况。

2. 你认为学校是否有必要成立专门的艺术实践指导机构（　　）

A. 非常有必要：156人，占调查人数的39.59%；

B. 有一定的必要：194人，占调查人数的49.24%；

C. 没什么必要：40人，占调查人数的10.15%。

可见，此项调查充分反映了艺术生希望学校成立专门的艺术实践指导机构并给学生的艺术实践以指导的迫切愿望。

（二）艺术实践中艺术生的思想道德问题

1. 你认为下列哪些属于艺术实践？（可多选）（　　）

A. 学校组织的或根据学校安排进行的校外专业见习或专业实习：322人，占调查人数的81.73%；

B. 学校组织参加的或自主参加的校外各种非商业性演出、义演活动：320人，占调查人数的81.21%；

C. 学校组织参加的或自主参加的校外各种商业性演出活动：274人，占调查人数的69.54%；

D. 校内各种竞赛性演出活动：256人，占调查人数的 64.97%；

　　E. 校内各种竞赛性演出活动或各种选秀活动：217 人，占调查人数的 55.08%；

　　F. 家教活动：199 人，占调查人数的 50.50%；

　　G. 各种有偿性的陪唱、陪舞、陪酒、陪聊等活动及类似活动：31 人，占调查人数的 7.87%；

　　H. 与艺术活动相关的商业经营性活动：177 人，占调查人数的 44.92%。

　　从该项调查可见，有 31 人即占调查人数的 7.87% 的学生，将"各种有偿性的陪唱、陪舞、陪酒、陪聊等活动及类似活动"也视为了艺术实践，这反映了在艺术实践中存在的、与思想政治教育有密切关联的问题。在认识层面，如果不把握好艺术实践中道德和法律的边界，突破道德和法律的底线，艺术实践就不再是艺术实践，而是很有可能会成为违法犯罪的行为。在 2010 年北京"天上人间"案中，"天上人间"夜总会因存在卖淫嫖娼、有偿陪侍等违法行为被查封。据知情者称，"天上人间"的服务员都是大专以上学历，而那些有偿陪侍人员中不少有研究生学历背景，她们分别来自一些比较有名的艺术院校。该案例从事实层面反映了艺术生关于艺术实践的错误认知及其违法违纪行为。

　　2. 你所参加的是下列哪种类型的艺术实践？（可多选）（　　）

　　A. 学校组织的或根据学校安排进行的校外专业见习或专业实习：165 人，占调查人数的 41.88%；

　　B. 学校组织参加的或自主参加的校外各种非商业性演出、义演活动：201 人，占调查人数的 50.12%；

　　C. 学校组织参加的或自主参加的校外各种商业性演出活动：172 人，占调查人数的 43.65%；

　　D. 校内各种竞赛性演出活动：129 人，占调查人数的 32.74%；

　　E. 校外各种竞赛性演出活动或各种选秀活动：90 人，占调查人数的 22.84%；

F. 家教活动：146 人，占调查人数的 37.06%；

G. 各种有偿性的陪唱、陪舞、陪酒、陪聊等活动及类似活动：7 人，占调查人数的 1.78%；

H. 与艺术活动相关的商业经营性活动：65 人，占调查人数的 16.50%；

I. 其他：39 人，占调查人数的 9.90%。

从该项调查可见，有 7 人即占调查人数的 1.78% 的学生，已实际从事了"各种有偿性的陪唱、陪舞、陪酒、陪聊等活动及类似活动"，违纪违法行为难免夹杂其中，拜金主义、享乐主义等思想得到了滋长，这与思想政治理论教育的要求和目标是相悖的，课堂教学和课外教育的成果很可能就在这些活动中已经被消解。

3. 通过艺术实践你主要的收获是（限填三项并按收获的大小按从大到小的顺序填写）（　　）

A. 加强理论与实践之间的联系：266 人，占调查人数的 67.51%；

B. 拓宽自我的知识结构：200 人，占调查人数的 50.76%；

C. 积累处理人际关系的经验：257 人，占调查人数的 65.23%；

D. 强化自我的个性发展：123 人，占调查人数的 31.22%；

E. 强化自我的角色认识：30 人，占调查人数的 7.61%；

F. 增强自我的责任意识和纪律意识：147 人，占调查人数的 37.31%；

G. 赚钱：130 人，占调查人数的 32.99%。

从该项调查可见，有 130 人即占调查人数的 32.99%（近三分之一）的学生，他们在艺术实践中的主要收获是"赚钱"，拜金主义的思想得到了实践和强化，一方面进一步消解了思想政治理论课堂教学和课外教育的成果，另一方面又进一步增加了思想政治理论课堂教学和课外教育的难度。

五、艺术生的个性特征与育人共性要求的对立统一

（一）人的个性特征与社会化

1. 人的社会本质是人的社会化的内在依据和必然要求

人的个性特征即个人所拥有的、有别于他人的特质和特点，既有生物性质的特质和特点，也有社会性质的特质和特点，前者如身高、体重、长相等，后者如规则意识强、尊重他人、举止文明等。育人的共性要求即人的社会化，是社会共性要求在个人身上的体现。

有人对人的"社会化"概念作了追溯，认为德国社会学家G·齐美尔于1895年最早运用了人的"社会化"概念，他在《社会学的问题》一文中用"社会化"一词来形容群体形成的问题。① 笔者认为，这种追溯是欠准确的。期间，已有人认为："马克思才是最早提出人的社会化问题及其本质的人。"② 另外，与此相关，关于人的社会化与人的本质的关系问题，也已有人认为："人的社会化也就是人的本质实现的过程"，③ "可以将私有制社会的大部分教育和社会主义、共产主义社会的全部教育归结为旨在使人实现社会化的人的本质的教育"。④ 但遗憾的是，这两位学者对他们提出的观点的阐述和论证，却又是既不完整的，

---

① 阙贵频. 简论人的社会化及大学生社会化的内涵界定［J］. 经济与社会发展，2007（09）：90.

② 阙贵频. 简论人的社会化及大学生社会化的内涵界定［J］. 经济与社会发展，2007（09）：91.

③ 邬锡鑫. 论人的社会化与人的本质的教育［J］. 贵州大学学报，1988（1）：27.

④ 中共中央马克思恩格斯列宁斯大林著作编译局. 马克思恩格斯选集：第1卷［M］. 北京：人民出版社，1972：33.

也不深刻的。

早在1845年马克思在《关于费尔巴哈的提纲》中指出:"旧唯物主义的落脚点是'市民'社会;新唯物主义的落脚点则是人类社会或社会化了的人类。"① 之后,马克思在1894年才得以公之于世的《资本论》第三卷中再次明确指出:"这个领域(必然王国)内的自由只能是:社会化的人,联合起来的生产者,将合理地调节他们和自然之间的物质变换,把它置于他们的共同控制之下,而不让它作为盲目的力量来统治自己。"② "自由劳动在资本主义生产的范围内发展为社会劳动。因此,说工人是生产条件的所有者,就是说生产条件属于社会化的工人,工人作为社会化的工人进行生产,并把他们自己的生产作为社会化的生产属于自己。"③

可见,马克思早已明确使用了"社会化了的人类"、"社会化的人"、"社会化的工人"等概念。在马克思那里,"社会化了的人类"是针对费尔巴哈对"'市民社会'的单个人的直观"而提出的。"直观的唯物主义,即不是把感性理解为实践活动的唯物主义,至多也只能是做到对'市民社会'的单个人的直观。"④ 费尔巴哈的旧唯物主义与马克思的新唯物主义对"市民社会"的理解是截然不同的并且是截然对立的。旧唯物主义把"市民社会"中的个人理解为直观的单个的个人,而新唯物主义则把"市民社会"中的个人理解为"一定历史发展阶段上的个人";⑤

---

① 中共中央马克思恩格斯列宁斯大林著作编译局.马克思恩格斯选集:第1卷[M].北京:人民出版社,1972:18-19.
② 中共中央马克思恩格斯列宁斯大林著作编译局.马克思恩格斯全集:第25卷[M].北京:人民出版社,1974:926-927.
③ 中共中央马克思恩格斯列宁斯大林著作编译局译.剩余价值理论(《资本论》第四卷第三册)[M].北京:人民出版社,1975:583.
④ 中共中央马克思恩格斯列宁斯大林著作编译局.马克思恩格斯选集:第1卷[M].北京:人民出版社,1972:18.
⑤ 中共中央马克思恩格斯列宁斯大林著作编译局.马克思恩格斯全集:第3卷[M].北京:人民出版社,1960:516.

人的本质也不是抽象的，即不是"一种内在的、无声的、把许多个人纯粹自然地联系起来的共同性"，① 而是在现实中获得了社会本质，即获得了一切社会关系、带上了"社会"特征，即"社会化了的人类"。

在马克思那里，"社会化的人""社会化的工人"是与必然王国状态下分散的、没有获得人的社会关系本质、没有社会化的单个的个人相对应的。在必然王国的状态下，分散的、没有获得人的社会关系本质、没有社会化的单个的个人，唯一的选择是社会化自我，获得人的社会关系本质，组成联合起来的生产者，因为只有这样才能合理地调节他们和自然之间的物质变换，把它置于联合起来的生产者的共同控制之下，而不让它作为盲目的力量来统治自己。

那么，马克思所指的"社会化了的人类"、"社会化的人"、"社会化的工人"等概念，其含义与我们今天所讨论的人的社会化的含义是否一致的呢？《辞海》对"社会化（socialization）"的解释有两种，一是："一般理解为普遍化。"二是："亦译'社会教化'。个人参与社会生活，通过交互活动习得知识技能和行为规范，成为一个社会成员的过程。一个人从'生物人'通过社会化，才能成为'社会人'。广义地说，人的一生都在社会化过程中。"② 显然，《辞海》关于社会化的第一种解释，不在今天我们关于人的社会化含义的讨论之列，而《辞海》关于社会化的第二种解释，即把人的社会化理解为"个人参与社会生活，通过交互活动习得知识技能和行为规范，成为一个社会成员的过程"、理解为从"生物人"到"社会人"的转化，正是我们今天要讨论的人的社会化的含义。这种人的社会化，其实质就是指人

---

① 中共中央马克思恩格斯列宁斯大林著作编译局．马克思恩格斯选集：第1卷[M]．北京：人民出版社，1972：18．

② 辞海编辑委员会．辞海（缩印本）[M]．上海：上海辞书出版社，1990：1780．

步入社会，带上"社会的特征"。但是人的"社会的特征"又是什么呢？是人的胡子、眉毛等自然特征，还是什么别的呢？《辞海》本身并没有解决这个问题。

马克思在使用"社会化了的人类""社会化的人""社会化的工人"等概念时，其中的"社会化"是什么含义呢？1845年马克思指出："人的本质并不是单个人所固有的抽象物。在其现实性上，它是一切社会关系的总和。"① 马克思的这一论述深刻而明确地指明了两点：一是人的本质的现实性；一是人的本质的社会性。人的本质既不是人的胡子、眉毛等自然特征，也不是费尔巴哈所说的是人的"一种内在的、无声的、把许多个人纯粹自然地联系起来的共同性"，而是人的一切社会关系的总和。如果人的本质是人的胡子、眉毛等自然特征，或者是单个人所固有的抽象物，那么人也就无须社会化。1859年马克思在《〈政治经济学批判〉导言》中再次指出："人是最名副其实的社会动物，不仅是一种合群的动物，而且是只有在社会中才能独立的动物。"②

又按照马克思的解释，什么是"社会化的人"呢？"社会化的人"，即"联合起来的生产者"，也就是处在一种社会关系之下的人。可见，马克思在讲"社会化了的人类""社会化的人""社会化的工人"等概念时，其"社会化"的含义就是指人处在某种社会关系之下，就是指人的本质的社会化。这样一来，马克思所指的"社会化"的含义就不仅与我们今天所讨论的社会化的含义是一致的，而且还进一步解决了《辞海》所没有解决的问题，即人的"社会的特征"是什么的问题。

概而言之，人的社会本质是人的社会化的内在依据和必然要

---

① 中共中央马克思恩格斯列宁斯大林著作编译局.马克思恩格斯选集：第1卷[M].北京：人民出版社，1972：18.
② 中共中央马克思恩格斯列宁斯大林著作编译局.马克思恩格斯选集：第2卷[M].北京：人民出版社，1972：87.

求，而人的社会化则是人的社会本质的外在表现和形式。人的政治思想的社会化、道德的社会化、社会适应能力的社会化等，都服从于人的本质的社会化，并表现人的本质的社会化。

2. 劳动、生产的社会化是人的社会化的加速器

按照上述《辞海》对社会化的解释，"人的一生都在社会化过程中"，这也就是说，人的社会化问题是一个从来就有的过程。人的社会化的动因是什么呢？无非来自两个方面：一是个体需要的问题，即个体适应社会、发展自我的需要，二是社会需要的问题，即社会延伸自身、有序运行的需要。由于这两个问题的存在，必然会产生第三个问题，即二者的关系问题，指个体适应社会、发展自我的需要与社会延伸自身、有序运行的需要二者如何统一以及统一到何种程度的问题。概而言之，关于人的社会化的研究必然会涉及这三个基本问题。因此，我们可以将人的社会化定义为：个体适应社会、发展自我的需要与社会延伸自身、有序运行的需要二者在个体身上的统一及其程度。

由以上可见，人的社会化必然是双目的论的（即个体目的、社会目的），而非是一目的论的，无论单独过分强调哪一方面都是不妥的。如果过分强调社会需要的方面，那么就会走向唯社会需要的一目的论，例如将人的社会化定义为"接受、承传社会文化和延续社会生活的过程"的观点就是如此。[①] 而如果过分强调个体需要的方面，那么就会走向唯个体需要的一目的论。这两种极端的观点都存在，都是不可取的。不过，在以人为本的时代到来之前，出现的、存在的更多的是唯社会需要的一目的论。在唯社会需要的一目的论的状态下，由于离开了个体自愿的、自觉的、主动完善自我的适应社会需要的方面，因而它就只是唯社会目的的外在强加，因而人的社会化的过程就必然是一个痛苦的而

[①] 阙贵频. 简论人的社会化及大学生社会化的内涵界定 [J]. 经济与社会发展，2007（09）：90.

非快乐的过程，必然是一个不会被人们乐于接受的过程，因为在这个过程中人们只知道自己须这样或者那样去做，而不知道自己为什么要这样或者那样去做，不知道这样或者那样做与自我有什么关系。而相反，如果离开社会的需要，个体的社会化也必将走上歧途，必将变成极端的自我中心主义或者极端的个人主义。

事实上，人的社会化无论是社会延伸自身的需要方面，还是个体适应社会的需要方面，都体现和统一于"社会化的生产""社会化劳动"之中。马克思不仅使用了"社会化了的人类""社会化的人""社会化的工人"等概念，还使用了"生产资料变为社会化的""社会化的生产""社会化劳动""社会劳动"等概念。"生产资料变为社会化的"与"生产资料私有化的"相对应；"社会化的生产"与"个体生产"相对应；"社会化劳动""社会劳动"分别与"个体劳动""自由劳动"相对应。

恩格斯指出："劳动资料——土地、农具、作坊、手工业工具——都是个人的劳动资料，只供个人使用，因而必然是小的、简陋的、有限的"，[1]"资产阶级要是不把这些有限的生产资料从个人的生产资料变为社会化的，只能用大批人共同使用的生产资料，就不能把它们变成强大的生产力"，"在个体生产旁边出现了社会化的生产"，[2]"由社会化劳动所生产的产品已经不是为那些真正使用生产资料和真正生产这些产品的人所占有，而是为资本家所占有。生产资料和生产实际上已经变成社会化的了"。[3]可见，"生产资料变为社会化的""社会化的生产""社会化劳动""社会劳动"是资本主义社会化大生产的必然要求。

---

[1] 中共中央马克思恩格斯列宁斯大林著作编译局. 马克思恩格斯选集：第3卷[M]. 北京：人民出版社，1972：308-309.

[2] 中共中央马克思恩格斯列宁斯大林著作编译局. 马克思恩格斯选集：第3卷[M]. 北京：人民出版社，1972：309.

[3] 中共中央马克思恩格斯列宁斯大林著作编译局. 马克思恩格斯选集：第3卷[M]. 北京：人民出版社，1972：310.

马克思在讲"生产资料变为社会化的""社会化的生产""社会化劳动"时所使用的"社会化"的概念的含义与在讲"社会化了的人类""社会化的人""社会化的工人"时所使用的"社会化"的概念的含义是不同的,前者是指劳动或生产的社会组织及其程度,并且这一含义已经超出了《辞海》对"社会化"的"一般理解为普遍化"的词义的解释。因此,从表面上看,对"生产资料变为社会化的""社会化的生产""社会化劳动"的讨论似乎与"社会化了的人类""社会化的人""社会化的工人"无关,但其实不然,因为不但有关,而且正是通过这种对"生产资料变为社会化的""社会化的生产""社会化劳动"等问题的讨论,才为关于"社会化了的人类""社会化的人""社会化的工人"等问题的讨论奠定了坚实的基础。

在新的社会化大生产的资本主义时代,"生产资料变为社会化的""社会化的生产""社会化劳动"对人的社会化提出了更为迫切的、更高的要求,成了更为迫切、更高要求的人的社会化的加速器和新动力;而更为迫切、更高要求的人的社会化则成了"生产资料变为社会化的""社会化的生产""社会化劳动"的表现形式和外在特征。在过去"小国寡民……邻国相望,鸡犬之声相闻,民至老死,不相往来"状态下的人的社会化的要求和程度与此是截然不同的,甚至是无法比拟的。

3. 实现人自由而全面的发展是人社会化的理想目标

人的社会化的内容怎样确定,是由人的主观愿望来确定呢,还是要由什么别的因素来确定呢?亦即人的社会化要从哪些方面展开,要实现怎样的社会化?对这一问题,马克思、恩格斯共同指出:"个人是什么样的,这取决于他们进行生产的物质条件。"① 即,人是否要实现其本质的社会化,是否要实现其个性

---

① 中共中央马克思恩格斯列宁斯大林著作编译局.马克思恩格斯选集:第1卷[M].北京:人民出版社,1972:25.

的、自由的、全面发展的社会化,不是由人的主观愿望单方面所决定的,而是由生产的物质条件所决定的。物质条件,一方面表现为现有物质条件对人的个性的、自由的、全面发展的制约,另一方面又表现为对人的个性的、自由的、全面发展所提出的要求。

人的社会化,要实现人的本质(社会关系)发展的社会化。这一点首先是由劳动、生产的社会化所决定的。马克思、恩格斯指出:"随着新的生产力的获得,人们改变自己的生产关系,随着生产方式即保证自己生活的方式的改变,人们也就会改变自己的一切社会关系",[①] "当十八世纪的农民和手工工场工人被吸引到大工业中以后,他们改变了自己的整个生活方式而完全成为另一种人",[②] "工人不是属于某一个资产者,而是属于整个资产阶级",[③] "只有随着生产力的这种普遍发展,人们之间的普遍交往才能建立起来……狭隘地域性的个人为世界历史性的、真正普遍的个人所代替"。[④] 可见,人的本质的社会化,不是个人主观上是否愿意的问题,而是劳动、生产社会化的必然要求。离开人的本质发展来谈人的社会化以及把人的本质的社会化理解为人际关系的"投机钻营"化,既会使人的社会化抽象化、非现实化,也会使人的本质的社会化低层次化、庸俗化。

人的社会化,要实现人的个性发展的社会化。马克思、恩格斯共同指出:"任何人类历史的第一个前提无疑是有生命的个人的存在……任何历史记载都应当从这些自然基础以及它们在历史

[①] 中共中央马克思恩格斯列宁斯大林著作编译局. 马克思恩格斯选集:第1卷[M]. 北京:人民出版社,1972:108.

[②] 中共中央马克思恩格斯列宁斯大林著作编译局. 马克思恩格斯选集:第1卷[M]. 北京:人民出版社,1972:222.

[③] 中共中央马克思恩格斯列宁斯大林著作编译局. 马克思恩格斯选集:第1卷[M]. 北京:人民出版社,1972:355.

[④] 中共中央马克思恩格斯列宁斯大林著作编译局. 马克思恩格斯选集:第1卷[M]. 北京:人民出版社,1972:39-40.

进程中由于人们的活动而发生的变更出发。"① 即"有生命的个人的存在"是任何人类历史的第一个无疑的前提。"在资产阶级社会里,资本具有独立性和个性,而活动着的个人却没有独立性和个性",②"无产者,为了保住自己的个性,就应当消灭他们至今所面临的生存条件,消灭这个同时也是整个旧社会生存的条件,即消灭劳动。因此,他们也就和国家这种形式处于直接的对立之中,他们应当推翻国家,使自己作为个性的人确立下来"。③ 可见,无产者只有保住了自己的个性,才能使自己作为个性的人确立下来,才能形成无产阶级的历史。也由此可见,这种个性,又不是离开现实社会关系的某种抽象的个性,而是具体的、处在现实的社会关系下的个性。离开个性发展来谈人的社会化以及把个性发展理解为离开现实社会关系的某种扭曲的发展,既会使人的社会化成为人的个性的被扼杀化,也会使个性发展成为某种异类而不可取。

人的社会化,要实现人的自由发展的社会化。恩格斯指出:"最初的、从动物界分离出来的人,在一切本质方面是和动物本身一样不自由的","自由是在于根据对自然界的必然性的认识来支配我们自己和外部自然界"。④ 人的社会化的过程,也就是认识必然以支配自我和外部自然界的过程,也就是人的自由的实现过程。马克思、恩格斯指出:"在一定条件下无阻碍地享用偶然性的权力,迄今一直称为个人自由",⑤人类必然从必然王国进入自由王国,在未来的新社会里,"每个人的自由发展是一切

---

① 中共中央马克思恩格斯列宁斯大林著作编译局. 马克思恩格斯选集:第1卷[M]. 北京:人民出版社,1972:24.

② 中共中央马克思恩格斯列宁斯大林著作编译局. 马克思恩格斯选集:第1卷[M]. 北京:人民出版社,1972:266.

③ 中共中央马克思恩格斯列宁斯大林著作编译局. 马克思恩格斯选集:第1卷[M]. 北京:人民出版社,1972:85.

④ 中共中央马克思恩格斯列宁斯大林著作编译局. 马克思恩格斯选集:第3卷[M]. 北京:人民出版社,1972:154.

⑤ 中共中央马克思恩格斯列宁斯大林著作编译局. 马克思恩格斯选集:第1卷[M]. 北京:人民出版社,1972:83.

人自由发展的条件"。① 但是，人"只有在集体中才可能有个人自由"，"在真实的集体的条件下，个人在自己的联合中并通过这种联合获得自由"，"他们（过去统治阶级内的个人）之所以有个人自由，只因为他们是这一阶级的个人"，② "一切自由的首要条件：一切公务人员在自己的一切职务活动方面都应当在普通法庭上按照一般法律向每一个公民负责"。③ 离开自由发展来谈人的社会化以及把自由发展理解为离开集体、离开责任的为所欲为，既会使人的社会化成为人的自由的被剥夺化，也会使人的自由发展失去生存空间，成为可怕之物。

人的社会化，要实现人的全面发展的社会化。恩格斯指出："用整个社会的力量来共同经营生产和由此而引起的生产的新发展，也需要一种全新的人，并将创造出这种新人来"，④ "生产劳动给每一个人提供全面发展和表现自己全部的即体力的和脑力的能力的机会"。⑤ 但是，马克思、恩格斯又指出："只有在集体中，个人才能获得全面发展其才能的手段"，⑥ "个人的全面发展，只有到了外部世界对个人才能的实践发展所起的推动作用为个人本身所驾驭的时候，才不再是理想、职责等等"。⑦ 离开全

---

① 中共中央马克思恩格斯列宁斯大林著作编译局. 马克思恩格斯选集：第1卷[M]. 北京：人民出版社，1972：273.
② 中共中央马克思恩格斯列宁斯大林著作编译局. 马克思恩格斯选集：第1卷[M]. 北京：人民出版社，1972：82.
③ 中共中央马克思恩格斯列宁斯大林著作编译局. 马克思恩格斯选集：第3卷[M]. 北京：人民出版社，1972：30.
④ 中共中央马克思恩格斯列宁斯大林著作编译局. 马克思恩格斯选集：第1卷[M]. 北京：人民出版社，1972：222-223.
⑤ 中共中央马克思恩格斯列宁斯大林著作编译局. 马克思恩格斯选集：第3卷[M]. 北京：人民出版社，1972：333.
⑥ 中共中央马克思恩格斯列宁斯大林著作编译局. 马克思恩格斯选集：第1卷[M]. 北京：人民出版社，1972：82.
⑦ 中共中央马克思恩格斯列宁斯大林著作编译局. 马克思恩格斯全集：第3卷[M]. 北京：人民出版社，1960：330.

面发展来谈人的社会化以及认为全面发展可以脱离生产劳动的需要所提出的要求、可以脱离生产劳动为全面发展所提供的可能、可以脱离集体的作用,既会使人的社会化片面化,也会使人的全面发展失去条件,成为不可能。

(二) 艺术从业者的个性

艺术从业者的个性特征,即以人所共有的、符合社会化共性要求的特征为基础而形成的不同于其他人的个性特质和特点。对于艺术的创作和表演而言,在一定的程度上可以说,艺术的生命就在于艺术的个性,没有个性,就没有差异性,就没有丰富性,就没有艺术。作为艺术院校的大学生,他们深谙此道。罗丹曾说:"拙劣的艺术家永远戴别人的眼睛。"① 法国作家列斐伏尔在《美术概论》中写道:"艺术作品也同人一样,愈有独创性和愈有个性,就愈能充分地深入地参加生活。"②

究竟什么是艺术个性呢?有人说:"所谓艺术个性,就是一个艺术家独特的思想情感、气质禀赋、生活经验、美学思想等在艺术作品中的表现。"③ 还有人说,艺术个性"指的是艺术家创作活动与众不同的独特性,但其内容包括艺术家对世界、艺术的独特理解,艺术家独特的性格、气质、爱好,对表现对象的不同兴趣点、注重点,习惯使用的技巧和表现方式等"。④ 此两种关于"艺术个性"的界定,其共同的、明显的不足是忽视了人的个性与人的社会性的对立统一,缺乏矛盾思维。笔者认为,艺术个性是在艺术主体身上及其作品中所体现出来的个体的独特性,是个体的自然属性与社会性的有机统一。艺术个性需符合社会要

---

① 罗丹,葛赛尔. 罗丹艺术论 [M]. 北京:人民美术出版社,1978:
② 列斐伏尔. 美术概论 [M]. 北京:朝花美术出版社,1957:41.
③ 方卫平. 浅谈艺术个性 [J]. 宁波师专学报(社会科学版),1981(02)73.
④ 杨春时. 艺术个性与艺术的超越性 [J]. 文艺评论,1986(03):53.

求并为社会所认可，否则就不是艺术个性，不能把吸毒、淫乱、同性恋等作为艺术个性来追求；艺术个性还需要符合常理，否则就不是艺术个性而是某个人的怪癖。

在艺术院校的思想政治理论课教学中，已有人对艺术生的特点进行了研究和描述：

彭红在《把握艺术院校大学生特点做好思想政治教育工作》一文中，把艺术院校大学生的特点归结为：爱国使命感趋于强烈，具体责任感趋于淡化；成才进取意识趋于牢固，艰苦创业意识趋于虚化；个体竞争观念趋于突出，集体主义观念趋于弱化；社会公德行为趋于增多，个体道德约束趋于软化。①

谭钊、王丽荣在《刍议艺术院校学生个性特点与德育模式建构》一文中，把艺术院校大学生的特点归结为：思维方式凸显感性、情绪态势易极端、个体意识尤突出、行为方式显新异。②

黄琴在《把握艺术院校大学生特点做好思想政治教育工作》一文中，把艺术院校大学生的特点归结为：个性特征鲜明，缺乏集体主义精神；价值取向日趋务实，身心需求趋向多元；文化素质相对低下，自身存在严重误区；专业隔离政治氛围，忽视思想政治教育。③

臧瑞娟在《艺术类学生个性特点及教育策略》一文中，把艺术院校大学生的特点归结为积极方面和消极方面两个方面。积极方面有：感性思维强、自主自立意识强、热衷艺术专业学习。消极方面有：感性思维强易造成情绪化、偏激；自主自立意识强

---

① 彭红.把握艺术院校大学生特点做好思想政治教育工作[J].北京教育（高教版），2005（Z1）：25-26.
② 谭钊，王丽荣.刍议艺术院校学生个性特点与德育模式建构[J].福建论坛，2009（06）：126.
③ 黄琴.把握艺术院校大学生特点做好思想政治教育工作[J].当代教育论坛（教学研究），2010（09）：107.

易造成集体主义、组织纪律性欠缺；重艺术专业学习易造成轻文化理论学习。①

以上关于艺术生个性特点的研究和描述是深刻的，都是来自艺术院校思想政治教育工作者的亲身感受。但是，也还有些不足：一是研究的角度还不太准确，研究艺术生的特点可以有不同的角度，角度不同，得出的结论就不同，就艺术生的特点与思想政治教育的关联性而言，应该始终把握"思想政治教育"这个特定的认识视角；二是与艺术生贴得不太紧，对一般大学生所具有的共性特点与艺术生的特点的区别的把握还不够清晰；三是描述得太抽象，还不太具体；四是描述得还不够全面，遗漏较多。笔者以长达七年多时间的自身亲历的实证观察和调查为基础，以"艺术生的特点与思想政治教育的关联性"为特定的研究视角，对艺术生的特征作如下描述：

在对待包括思想政治理论课在内的人文社科课程的态度上，与非艺术类大学生相比，更加不喜欢人文社科课程；音乐文化知识丰富、能力强，而一般人文社科知识缺乏、能力弱；虽然自我人文社科知识缺乏，但也有欣赏和亲近人文社科知识非常丰富的老师的愿望；自主意识强、自由意识强，而规则意识差、纪律性差，自由散漫思想比较严重；惜时意识差、守时意识差，上思想政治理论课迟到者众多；在课堂上乐于表现自我，乐于从与众不同的角度发表自己的见解；形象思维好，抽象思维弱，喜欢直观视频教学和具体的案例教学；在思想政治理论课的学习中喜欢与音乐有关的话题、喜欢懂艺术的思想政治理论课教师；活泼开朗，自我解压与发泄能力强；路遇老师，特别礼貌，往往让老师感觉到这些孩子特别可爱；比一般大学生更倾向以自我为中心，自我设计，甚至自以为是；注重个人形象，衣着、言

---

① 臧瑞娟. 艺术类学生个性特点及教育策略 [J]. 文学教育（中），2011（01）：58.

语、行为方式求新求异，陶醉于自我欣赏，自信、自爱；看重一学习就可用的技巧，瞧不起抽象的实用性不明显的理论，学习态度特别倾向实用；自傲者居多，缺乏向同辈虚心学习之心，很嫉妒老师对他人的表扬，往往以不屑一顾的态度对待同辈的进步，以嗤之以鼻的态度对待在他们看来对艺术什么都不懂的人文社科老师等。

（三）艺术生的个性特征与思政课教学要求的对立统一

艺术生追求艺术个性无可非议，但如果追求的不是符合常理的艺术个性而是蔑视一切社会规则的怪癖，那就要另当别论了。追求艺术个性与遵守必要的社会规则和常理的矛盾，成为艺术院校思想政治理论课教学必然面临和必须解决的难题之一。只强调艺术个性，思想政治理论课教学就难以有序进行；只强调社会化、同质化，艺术个性就会失去。因此，在艺术院校进行思想政治理论课教学时，必须充分考虑尊重艺术个性的必要性，不尊重艺术生的艺术个性，思想政治理论课教学也难以得到艺术生的尊重，这也是艺术院校思想政治理论课教学与非艺术院校思想政治理论课教学很不相同的一点。要尊重艺术生的艺术个性，就必须把握艺术生的特点并引导他们正确地认识艺术个性，把艺术个性与怪癖、与对一切社会规则的蔑视区分开来。

在以上关于艺术生的个性特点中，有的与思想政治理论课育人的共性要求是显然矛盾的，如规则意识差、纪律性差等，需要通过思想政治理论课教学来改变和完善他们；有的是可以利用来帮助思想政治理论课教学的，如音乐文化知识丰富、形象思维好、乐于发表自己的见解等，可以充分利用这些特点。

第四章 教学环境论

一、重艺轻德不良教育思想探因

在艺术院校，重艺轻德的不良教育思想根深蒂固，这是一种顽症并且惯性极大。当然，这种顽症和惯性并不是艺术院校所特有的，它与存在于其他高校的重才轻德、重智轻德、重技轻德、重专业轻政治等现象如出一辙，它的形成与延续，既有历史的因素、现实的因素，又有艺术院校的自身因素。

（一）重艺轻德是历史因素在今天艺术院校中的继续

建国60余年来，在我国教育发展的过程中，在德才关系的处理方面，经历了"智、德、体、美全面发展"、"德、智、体全面发展"、"重专业轻政治"、"只红不专"、"重理轻文、重分数轻品德"、"育人为本，德育为首"等不同发展阶段的艰难历程，"重专业轻政治"是艺术院校重艺轻德的总病根。

1952年3月，教育部颁布《小学暂行规程（草案）》，该规程指出："小学实施智育、德育、体育、美育全面发展的教育。"同时，教育部还颁布了《中学暂行规程（草案）》，该规程指出："中学应对学生实施智育、德育、体育、美育等全面发展的教育。"[①] 可见，在此时的中小学教育中均把智育放在德育之前。

[①] 中华人民共和国教育大事记1949—1982［M］．北京：教育科学出版社，1984：56．

第四章 教学环境论

这种状况，与我国当时的国情是相适应的，因为1949年新中国成立之初全国人口中80%以上的是文盲①，把开智作为第一任务是当时教育的必然选择。

但是，我们也很快发现，将智育放在德育之前的教育是不太正确的，因为它不能正确地引导教育的健康发展和青年的健康成长。1955年，当时的刘子载副部长在高等工业学校、综合大学校院长座谈会上发言时说："不少学生中不问政治的倾向是在滋长着，轻视政治，不关心国内外大事，不愿意参加社会活动的现象是比较普遍的。他们认为：'学好技术，不问政治也可以为人民服务'，因而不重视政治理论的学习。"②

1957年2月，毛泽东对这一不太正确的教育思想做出了调整，他在最高国务会议第十一次（扩大）会议上做了题为《关于正确处理人民内部矛盾的问题》的讲话。在讲话中，毛泽东指出："在知识分子和青年学生中间，最近一个时期，思想政治工作减弱了，出现了一些偏向"，"不论是知识分子，还是青年学生……除了学习专业之外，在思想上要有所进步，政治上也要有所进步……没有正确的政治观点，就等于没有灵魂"，"我们的教育方针，应该使受教育者在德育、智育、体育几个方面都得到发展，成为有社会主义觉悟的有文化的劳动者"。③ 这是第一次将"德育"放在"智育"之前，是对《小学暂行规程（草案）》和《中学暂行规程（草案）》的"智、德、体、美全面发展"教育目标的首次调整。自此，"德智体全面发展，成为有社会主义觉悟的有文化的劳动者"成了我国的教育方针。

---

① 中华人民共和国国史全鉴：教育卷[M]．北京：中央文献出版社，2004：9.
② 教育部社会科学司．普通高校思想政治理论课文献选编（1949—2008）[C]．北京：中国人民大学出版社，2008：203.
③ 中共中央文献研究室．毛泽东文集：第7卷[M]．北京：人民出版社，1999：226.

虽然德智关系得到了新的调整，德育已置于智育之前，但实际上重智育轻德育、重专业轻政治的情况并没有得到彻底的纠正。1979年5月，教育部政治理论教育司在《高等学校政治理论课的基本情况和存在问题》中指出："在'文化大革命'前的十七年中，高等学校政治理论课对于教育学生成为又红又专的为社会主义事业服务的人才，取得了显著成效"，但也还存在不少问题，"不仅理工农医专业的学生重理轻文，忽视政治，对政治理论课不感兴趣，政教和党史专业的学生也不安心学习。"①

"文化大革命"期间，在德才关系的处理上又出现了另一种错误，即片面强调"红"，甚至把"红"与专分离开来，把交"白卷"捧为英雄，否定智育，打击智育。1978年4月，邓小平在全国教育工作会议上讲话时指出："毫无疑问，学校应该永远把坚定正确的政治方向放在第一位。但这并不是说要把大量的课时用于思想政治教育。学生把坚定正确的政治方向放在第一位，这不仅不排斥学习科学文化，相反，政治觉悟越是高，为革命学习科学文化就应该越加自觉，越加刻苦。因此，'四人帮'把在坚持正确的政治方向的前提下大力提高教育质量，大力提高学生的科学文化水平，说成是什么'智育第一'，加以反对，这不但是彻底的荒谬，而且是对于无产阶级政治的实际上的取消和背叛。"②

1977年，我国恢复了高考制度。但与此同时，一些新的问题也随之出现了，如片面追求升学率、重分数轻品德的问题；"学好数理化，走遍天下都不怕"的观点再度在学校中流行的问题等。在应试教育中，"德"被再度弱化。1984年9月，《中央宣传部教育部关于印发〈关于加强和改进高等院校马列主义理

---

① 教育部社会科学司. 普通高校思想政治理论课文献选编（1949—2008）[C]. 北京：中国人民大学出版社，2008：75.

② 教育部社会科学司. 普通高校思想政治理论课文献选编（1949—2008）[C]. 北京：中国人民大学出版社，2008：66.

论教育的若干规定〉的通知》指出："坚决纠正一切轻视马列主义理论课的错误倾向。任何把马列主义理论课看成是'可有可无',把学习马列主义理论同学习专业对立起来的观点,都是错误的。"[①] 1989年3月邓小平在与中央负责同志谈话时指出:"十年来我们的最大的失误是在于教育方面,对青年的思想政治教育抓得不够。"[②] 2004年中共中央国务院《关于进一步加强和改进大学生思想政治教育的意见》指出,必须坚持"育人为本,德育为先"的基本原则。

（二）重艺轻德是社会上的一些现实因素在艺术院校的映现

近年来,社会上出现了急功近利、一夜成名、一夜暴富、金钱至上、见到在电视上唱歌的人就称歌唱家、见到在电视上跳舞的人就称舞蹈家等浮躁病,这些浮躁病在艺术院校就表现为加倍地重艺轻德。

急功近利是我们今天这个社会的一大诟病,从官方到民间、从领导到群众、从工业到农业、从工作到娱乐,不同层次、不同领域,都严重地存在着。教育已越来越远离其从根本素质上全面育人的根本,愈来愈功利化、工具化,孔子的"君子不器"在今天已愈来愈演变成"君子必器"、"君子速器"。

一夜成名思想更是这些年来经媒体放大后青少年健康成长过程中所遇到的一大毒瘤,很多艺术院校的学生为了实现一夜成名成星的神话,大学一年级就开始奔走于各种选秀场,星夜兼程,乐此不疲,结果很多人一学期都没在学校待几天,挂科无数,惨不忍睹。

[①] 教育部社会科学司. 普通高校思想政治理论课文献选编（1949—2008）[C]. 北京：中国人民大学出版社，2008：95.

[②] 中共中央文献编辑委员会. 邓小平文选：第3卷 [M]. 北京：人民出版社，1993：287.

一夜暴富、金钱至上对艺术生的吸引力太直接，走艺术之路，几乎要靠钱铺路，其走进大学时的金钱付出要比普通高中生高出三倍甚至更多，请老师单独上课，一节课（30～60分钟）少则四五百，多则三四千，花几千元去上一节课，显然不是为了学德，而只是为了学艺。而如果他们要去向社会上那些名艺人学习，那代价就更大了。在金钱面前，在艺术生的眼里，德与艺孰重孰轻，一目了然，在很大的程度上，学生重艺轻德是金钱惹的祸。

见到在电视上唱歌的人就称歌唱家，见到在电视上跳舞的人就称舞蹈家等现象，对于艺术生来说也太有吸引力了，因此他们渴望在电视上唱歌、太想在电视上跳舞。为了这个目标，效果来得太慢的所谓的提升艺德修养的问题，自然就淡出了他们的视野，而且选星选秀的组织者似乎还更喜欢选手有那么一点"不德"的料，以便他们好炒作以提升收视率，即使是选手确实没有可供炒作的料，组织者也会编造一点料出来（或者编个什么"不德"的恋情，或者露一露敏感的部位等）以供炒作，艺德就成了选星选秀的必然牺牲品。

（三）重艺轻德是艺术院校自身深层次问题的表现

功利化的办学指导思想、未深刻理解艺术教育的本质和规律、没有从社会主义核心价值观培育和建设的高度理解人才培养的目标和要求、有的教育者和管理者自身艺德修养层次低等因素，是艺术院校重艺轻德现象的内在病根。

在功利化办学指导思想的指导下，为了提升学校的社会声誉，争取早出名人、多出名人及解决学生就业压力巨大的问题，很多学校的教育目标事实上已愈来愈具体，而与此同时学生的未来之路事实上已变得愈来愈狭窄，愈来愈畸形，教育之路已愈来愈陷入恶性循环的怪圈，即学生的就业愈难，教育的目标就愈具体；教育的目标愈具体，学生的就业就愈难。学钢琴的为了尽快学好钢琴并尽快成为"钢琴家",就不再学声乐了;学声乐的为了尽快学好声乐并尽快成为"歌唱家",就不再学钢琴了;"钢琴家""歌唱家"都没学过教育学,都不会教书;"艺术家""舞蹈家"都只会演、会跳,但都不会说、不会写。

二、思想政治理论课教学边缘化分析

(一)艺术院校管理层级的特殊性

在全国独立设置的 31 所艺术院校中,其办学规模绝大多数都在 1 万人以下,接近 1 万人的和超过 1 万人的院校不多,办学规模在 3000～8000 人之间的最多,较小的也就 1000～2000 人。因此,在管理层级上,绝大多数艺术院校实行的几乎都是一级统管,二级教学单位的自主性非常少。例如,教学活动计划及其经费的分配,由教务处统管,经费只下达到教务处,不会切块下达到二级教学单位,二级教学单位要开展教学活动并使用教学经费时,就必须首先征得教务处的同意。因此,对于二级教学单位来说,给不给经费、给多少经费,教务处具有生杀予夺的权利。

在这种情况下,对于思想政治理论课教学部的生存和发展,在校级领导层及学校中层各职能部门负责人的眼里,是否有思想政治理论课教学部的存在就显得更具有决定性了,这也就增加了思想政治理论课教学部被边缘化的可能和风险。如果中层职能部门负责人的眼里没有思想政治理论课教学部或者不重视思想政治理论课教学部,那么,思想政治理论课教学部的边缘化就成为定局。

在艺术院校、在校级层面,不管是出身于非艺术教育背景的领导,还是出身于艺术教育背景的领导,对思想政治理论课教师及教学的态度总体上来说还是认可的、是有热情的。但是,在一些重要的中层职能部门的领导,尤其是出身于艺术教育背景中层领导的身上，情况就大不一样了。他们中有的人对思想政治理论课教师及其教学十分蔑视，甚至达到了仇视并公开侮辱思想政治理论课教师及其教学的地步，他们一见到思想政治理论课教师就表现出蔑视的态度，一听到"思想政治理论课教学"这个词就表现出讨厌、憎恨的情绪，同时他们的这种态度和情绪还毫无顾忌地表现在学生面前。如果用一个词来形容一下，那么中层重要职能部门的少数几个负责人很可能就是反思想政治理论课教师及其教学的铁杆，无论在什么时候，无论在什么场合，他们都如此。如果说从一个角度来看他们是所谓艺术教育的维护者，那么从另一个角度来看他们又是思想政治理论课教学十足的践踏者，正是像社会上有句流行的话所说的，"文化知识越少的人，往往越仇视文化"。

艺术院校的这种状态可以描述为"两头热中间冷"，"两头热"即校级领导层、思想政治理论课教学部及其教师热，对思想政治理论课教学有热情、有激情；"中间冷"即学校中层重要职能部门对思想政治理论课教学的蔑视、冷漠。这种情况，在艺术院校较为普遍，这是艺术院校思想政治理论课教学部被边缘化的制度根源之一。

（二）思政课教学在艺术院校的地位

1. 思政课教学在学校党政议事决策中的地位

思想政治理论课教学在学校党政议事决策中地位的高低，可以从以下三个方面来考量：一是上级有关思想政治理论课教学政策文件的传达、研究和布置落实；二是一年内涉及研究思想政治理论课教学的会议的次数；三是研究思想政治理论课教学后做出会议决定的数量及其执行的实效情况。

就第一点而言，中共中央、国务院、中宣部、教育部、省委、省政府、省教育工委、省教育厅往往都会下发一些关于加强和改进大学生思想政治教育及思想政治理论课教学的纲领性的、政策性的文件，如2004年《中共中央、国务院关于进一步加强和改进大学生思想政治教育的意见》、2005年《中共中央宣传部、教育部关于进一步加强和改进高等学校思想政治理论课的意见》、2005年中共中央宣传部、教育部关于印发《〈中共中央宣传部、教育部关于进一步加强和改进高等学校思想政治理论课的意见〉实施方案》的通知、2010年《中共中央宣传部、教育部关于高等学校研究生思想政治理论课课程设置调整的意见》、2012年《教育部办公厅关于研究生思想政治理论课新课程方案实施工作安排的通知》等。省级部门中，以广东省为例，如2005年《中共广东省委、广东省人民政府关于进一步加强和改进大学生思想政治教育的实施意见》、2007年广东省教育厅《关于印发〈广东省高等学校（本科）思想政治理论课建设评估指标体系（修订）〉的通知》、2009年广东省教育工委《关于进一步加强高等学校思想政治理论课教师队伍建设的实施意见》等。这些文件在艺术院校党政议事决策会议中的传达、研究和布置落实的情况，可以反映出思想政治理论课教学在学校党政议事决策中的地位。

就第二点即"一年内涉及研究思想政治理论课教学的会议的次数"而言，一般说来，会议次数多，思想政治理论课教学的地位就会高一些；而会议次数少，思想政治理论课教学的地位就会低一些。如果说常年四季，没有一次会议涉及思想政治理论课教学，那么就可以十分肯定地讲，在该校，思想政治理论课教学是毫无地位可言的。

就第三点即"研究思想政治理论课教学后做出会议决定的数量及其执行的实效情况"而言，一般说来，做出会议决定的数量越多，思想政治理论课教学的地位就越高；反之，就越低。决定实施的有效性越高，思想政治理论课教学的地位就越高；反之，就越低。

就以上三点而言，艺术院校思政课教学的情况普遍不如其他院校好。

2. 思政课教学在学校的全局性发展规划中的地位

在一些艺术院校的一些全局性的发展规划中，如在"十二五"规划中，难以见到有关思想政治理论课教学的规划，或者只能见到无关痛痒的寥寥几字的简单描述。而与此相反，关于艺术各专业的发展目标、学科建设、专业建设、课程设置、队伍建设、经费投入、实践教学、国际办学等方面，都有详尽的规划。当然，在艺术院校的"十二五"规划中必须要谈艺术的发展规划，这是必需的，也是必然的，但如果只谈艺术的发展规划而不谈思想政治理论课教学的发展规划，这就丢掉了以德育人的一大块内容，思想政治理论课教学的地位在规划制定者的眼中和手下被边缘化。

3. 思政课教学在校园网及校园宣传中的地位

在艺术院校校园网的"教学机构"栏中，有的艺术院校有"思想政治理论课教学部"这样的一个教学单位，有的艺术院校虽然没有"思想政治理论课教学部"这样的一个教学单位，但有与思想政治理论课教学部相关的"基础部"或者"社科部"这样的一个教学单位，有的艺术院校在校园网的"教学机构"栏中，没有"思想政治理论课教学部"，也没有"基础部"、"社科部"，什么都没有。在艺术院校每年的"招生简章"中，在介绍学校的二级教学单位时，几乎都没有提及"思想政治理论课教学部"或者与此相类似的"基础部"、"社科部"等部门。曾有一位艺术院校的教师在一次校外活动中介绍自我的身份时说自己是某艺术院校思想政治理论课教学部的教师，后来有一位当时在场的校外听众打电话向该艺术院校的某专业老师求证，说："某某人说他是你们学校思想政治理论课教学部的老师，我查过你们学校的招生简章，上面没有这个部门，他是不是骗子啊！"另有某艺术院校思想政治理论课教学部的某教师新学期走进教室上第一次课时，首先介绍自己叫什么名，是学校思想政治理论课教学部的老师，这个学期要和大家一起来学习《思想道德修养与法律基础》课，等等。课间休息时，有一位学生问他："学校怎么还上这样的课呢？招生简章里头都没说有个这样的教学部门啊！"在学校网络、校报等校园媒体中，无论是新闻宣传、活动宣传、人物宣传，还是成果介绍、经验介绍，都几乎看不见思想政治理论课教学部及其教师的影子。

4. 思政课教学在学校教学中的地位

在有的艺术院校，思政课的课堂教学是可以被任意冲挤的。这一点在后面的第七章将作详细描述。

5. 思政课教学研究在学校教学研究中的地位

在有的艺术院校，思政部如果想申报省级教改项目或者想申报省级教学成果奖，是永远得不到申报机会的。这一点在后面第七章将作详细描述。

6. 思政部负责人在学校中层职能部门议事中的地位

在学校中层职能部门涉及思想政治理论课教学及其教师的议事中，思政部的负责人往往是被排除在会议之外的，没有发言的机会。例如，学校就某一事项召开议事会议并委托某职能部门（如教务处、院办等）组织会议，会议的内容涉及思想政治理论课教学及其教师，但会议的组织者却完全没想起要将会议通知下达到思想政治理论课教学部负责人，让负责人也来参加会议；或者在心底压根儿就早已将思想政治理论课教学部排除在会议之外了。他们为什么会这样做呢？因为在会议组织者的眼里只有艺术专业教学系部而没有思想政治理论课教学部的存在。

7. 思政部负责人在阅读上级文件中的地位

在有的艺术院校，思政部负责人的阅文权经常得不到落实。按照阅文级别，一些发到县团级的文件而且与思想政治理论课教学密切相关的文件，如2012年《教育部关于全面提高高等教育质量的若干意见》、2012年《教育部社科司关于印发高校思想政治理论课贯彻中央有关精神教学建议的通知》、2012年《全国大学生思想政治教育工作测评体系》、2013年中共中央办公厅印发的《关于培育和践行社会主义核心价值观的意见》、2014年教育部印发的《完善中华优秀传统文化教育指导纲要》等，应该安排思政部负责人阅文，但实际情况是思政部主任没有阅过文或者很少阅文，阅文权被剥夺，很多上级文件的精神不知道，很多工作耽搁或被耽误。

8. 思政部负责人在学校岗位津贴发放中的地位

在有的艺术院校，即使将思想政治理论课教学部设置为学校的二级教学机构，但思政部主任、副主任的岗位津贴与艺术专业教学（院）系主任、副主任的岗位津贴是不一样的，是降低等级发放的，即按低于艺术专业教学（院）系主任、副主任一个等级的标准发放思政部主任、副主任的岗位津贴。举例来说，如果艺术专业教学（院）系主任的岗位津贴是A，那么思政部主任的岗位津贴则为0.9A；如果艺术专业教学（院）系副主任的岗位津贴是B，那么思政部副主任的岗位津贴则为0.9B。

9. 思政部教师在教学名师评选中的地位

在有的艺术院校，如果思政部教师想参与省级教学名师的申报，永远是得不到机会的。这一点在后面第七章将作详细描述。

10. 思政部的办公电话及其办公场所在学校中的地位

在有的艺术院校，思政部的电话只能打市内电话而不能打市外电话，而其他教学机构的电话不仅能打市内电话而且也能打市外电话。思政部的办公室在学校最偏僻、最潮湿、最阴冷、最差的地方。这一点在后面第七章将作详细描述。

（三）其他部门及教师对思政课教学的态度

1. 对思政课及其课堂教学的态度

在艺术院校，除思想政治理论课教学部自身外，其他部门及教师对思想政治理论课的基本态度是：迫不得已，不安排这些课不行，上头有规定，检查起来不好办。很少有艺术院校从思想政治理论课教学是培养德艺双馨艺术人才不可或缺的重要内容的高度，是促进学生全面发展、完善学生社会生活所需的非音乐知识结构和能力的重要途径的高度，主动地自觉地设置思想政治理论课的教学。笔者据参加第一届、第二届、第三届、第四届全国艺术院校思想政治理论课教学研讨会的座谈情况所知，有的艺术院校不仅删减了中宣部、教育部规定的思想政治理论课的课程门数，而且还想尽一切办法压缩思想政治理论课的课时。

在艺术院校，对思想政治理论课课堂教学的态度，情况就更糟糕了。如果没有一个为了保住思想政治理论课课堂教学而敢于理直气壮、敢于顶住压力、敢于红脖子红脸的强有力的思想政治理论课教学部负责人，那么，思想政治理论课的课堂教学就难以保持正常。

艺术院校对思想政治理论课课堂教学的冲挤有两种情况：第一，来自学校的冲挤。学校在安排艺术活动时，不遵守学期初就已经公布于课表的排课时间和秩序，想什么时候请个人来搞个什么艺术活动，就什么时候打乱课表上正常的课程教学秩序，在出现这种临时性的、随意性的艺术活动与课表上早就安排好的课程教学时间的冲突时，首先被挤掉的就是思想政治理论课。而且，出现这种情况时，有时还与思想政治理论课教师商量一下，有时根本就不商量，思想政治理论课教师到了课堂才发现学生早已被调走。面对空无一人的课堂，思想政治理论课教师只有默默忍受，只有一句埋怨，那就是：为什么自己的课不是艺术专业课呢！如果想投诉，结果也必然是投诉无门，无人理会，教师只会更窝火。

第二，来自各艺术专业教学系部及专业老师的冲挤。在艺术院校，各艺术专业教学系部的领导，甚至普通的艺术专业老师都可以随意冲挤思想政治理论课的课堂教学，而且无人问责。例如，某艺术专业老师下周要出差，因此想把下周的某节课提前到本周就上了，如果上午一、二节课在课表上属于某艺术专业老师的专业课,而课表上的三、四节课则是思想政治理论课,那么这时这个艺术专业教师就会连续上满四节课而不允许学生去上思想政治理论课。又如,某艺术专业教师可能临时要组织一部分学生参加听艺术专业讲座或外出演出,于是他就直接将要上思想政治理论课的某班级的学生带去听讲座或外出演出了,根本不会与思想政治理论课教师商量,思想政治理论课教师去到教室后才会发现,教室里空空如也。

2. 对思政课教师从严管理课堂以及从严评定学生成绩的态度

在艺术院校,绝大部分思想政治理论课教师都是把课堂教学作为自己的事业来尊重的,因此他们对待课堂教学的组织与管理的态度是认真的、细致的、严肃的、严格的。他们会从严考勤,认真记录学生的迟到、旷课、早退、课堂表现等情况。为了清晰、具体地说明他们认真的态度,下面略举一例来加以说明。以下是某艺术院校思想政治理论课教学部制定并执行的课堂考勤办法:

考勤分占期末总评的25%,即满分为25分。具体考核要求和方法如下:

1. 教师对学生的课堂听课和参与实践教学的表现情况必须进行考勤,如实记载。

2. 及时统计学生的出勤情况并及时向学生通报,采取有效措施提醒旷课学生,不要继续旷课。

3. 如有学生请公假,应如实记载为"公假"并保留公假假条。

4. 对一学期旷课达到或超过1/3学时者,应取消其考试资格并应通过班长或者学习委员告知被取消资格的学生本人。

5. 迟到记载符号为"C",每次扣2分;旷课记载符号为"K",每次扣5分;早退记载符号为"Z",每次扣2分。符合学校关于请假规定的请假或经任课教师依据学生实际情况而临时批准的请假不列为旷课次数的计算，不扣分。

6. 课堂纪律表现差（如：讲小话、打手机、随意走动、吃东西、睡觉等）的记载符号为"J"，每次扣2分并提醒学生本人。

7. 顶替他人考勤者，记载符号为"D"，每次扣5分。

［注：在艺术院校，敢斗胆擅自篡改老师考勤记录的学生可不在少数，一不留神（如在课间休息时去一下卫生间，当你返回讲台时），教师就会发现自己的原始考勤记录已经被学生篡改了。常见的考勤记录方法是将旷课记为"×"，而将迟到记为外加圆圈的"×"，这样学生篡改起来就十分容易。为增加学生篡改老师考勤记录的难度，该艺术院校思想政治理论课的考勤不得不创制并使用了上述符号系统。而且，在考勤记录中，如果是因为记录确实有误，老师主动更改的，老师就会在改动处签上自己的名。而如果发现有改动处，而且改动处又没有老师的签名，那就可以肯定地说是学生干的"好事"了。］

8. 考勤及课堂表现扣分只在25分中扣分，扣分总分不超过25分。

9. 具体的考勤过程与方法：

①教学任务确定后，教师上课前须从教务科取回所教班级学生的名册。每学期第一次上课时，逐一核定本教学班的实际人数，要求所有学生必须选定和填写本人的座位表，一学期内座位相对固定；对不选和不填写固定座位表的学生，不考勤，期末也不准参加考试；对第一次课未到的学生，第二次上课时应要求其补填固定座位表。固定座位表记载格式为：

11	12	13	14	15
作曲-015 张××	作曲-036 李××	作曲-047 王××	作曲-016 陈××	作曲-055 周××

注："11"为座位号，"12"、"13"等数字的含义与此同；"015"为学生本人学号的后三位数字，"036"、"047"等数字的含义与此同。

②每次正式上课前，第一次登记空座号，记载在空白纸上。

如：C—11、21、36、45、28号等。

③教学过程中，一边教学，一边登记学生的不良课堂表现（讲小话、打手机、随意走动、吃东西、睡觉等）。

如：J—17、22、34、15号等。

④下课前再次登记空座号，记载在空白纸上。

如：K—21、36、45、28、37号等。

⑤课后及时将考勤情况登记在学生平时考勤册上。

首先，登记第二次记录的空座号，如果某个座位号在第二次记录中出现并且同时在第一次记录中出现，记为旷课，如上例中的21、36、45、28号；如果某个座位号只在第二次记录中出现，记为早退，如上例中的37号。

其次，登记第一次记录的空座号，除去已登记旷课的外，其余号记为迟到，如上例中的11号。

再次，登记课堂表现不好的同学，如上例中的17、22、34、15号。

⑥每学期的第4、8、12周，在课堂上通报考勤情况，尤其要提醒旷课较多的学生；个别旷课严重者，可及时将情况通报给学生所在的系，以配合各教学系抓课堂学风并争取各教学系对思想政治理论课课堂教学管理的理解和支持。每学期的最后一次课通报整个学期的考勤情况，对旷课已达到1/3应取消考试资格的学生，当堂宣布取消其考试资格。

⑦期末评定学生平时成绩时，须首先核查每位学生是否有固定座位表，无固定座位表的学生的试卷不阅卷。

⑧所有教师都必须保留对学生的原始考勤册并且要保存四年以上，以备学生和各教学系的查阅及其教学评估和教学检查之需。

在这样严格的课堂考勤制度下，学生的出勤情况就会被记录得非常清晰、非常准确、非常严格。但是，也正是因为它非常清晰、非常准确、非常严格，所以很多学生就不再敢轻易逃课了。恰恰又是因为很多学生不再敢轻易逃课了，害怕迟到、早退、旷课会被扣掉平时分进而有可能导致期末不及格，于是学生也就不再那么听从艺术专业教学系部及专业老师的随意调动了，艺术专业教学系部及专业老师随意调动学生的事也就不再像以前那样称心如意了，这就使得那些习惯了随意调动学生的艺术专业教学系部及专业老师特别恼火。与此同时，在此种严格的课堂考勤制度下，学风一贯较差的系的课堂学风问题很快就暴露出来了，于是这些系的某些领导和老师就认为，这是思想政治理论课教师故意跟他们或者他们的系过不去。

思想政治理论课教师按考勤、作业、考试三项指标严格地评定学生的期末成绩，出现有学生不及格的现象应该是正常的，但艺术院校的非思想政治理论课老师甚至是某些中层领导就不这么看了，有的中层领导的意见还特别大，他们认为这是思想政治理论课教师"很无聊"。他们的逻辑是："学生因为艺术专业课不及格，不能毕业，可以理解；学生因为本来就可有可无的思想政治理论课不及格，不能毕业，简直就无法理喻，不如把这些思想政治理论课都取消算了！"

在艺术院校，很多学校的思想政治理论课的期末考试都采用了开卷的形式，因为如果采用闭卷的形式学生的不及格率就肯定会很高。如果你没有亲临艺术院校教过学，那么你可能就不知道艺术院校学生考试的一些情况了。有的学生几乎没有上过课，带进考室的教材几乎是崭新的，因此考题在哪里、答案在哪里，他根本就找不到。也有的学生在书里找到了考题，但由于没听过课，因此答题要点在哪里又不知道，于是就只好乱抄一气。有的学生在书里找到了考题，也找到了答案，但懒得抄，于是就在试卷的答题处写这么一句话："详细答案见教材123页。"有的学生在书里找到了考题，也找到了答案，但懒得抄，于是就将书撕下来，用透明胶贴在答卷上。还有的学生也很聪明，既然没有听过课，在书上既找不到考题也找不到答案，于是就把考题输入手机里，百度一下，然后就将百度出来的东西抄到考卷上。某艺术院校的某个学期，某个系某个年级的一个班，共61人，某一门思想政治理论课期末考试后，有7人未达到60分。对于这个系，所有的文化课老师都有一个共同的感觉，这个系的学风是最差的，而且在这个系上课，还经常担心会被打。这个系的书记性格就很暴躁，曾经在校内殴打同事；这个系的学生，高大、粗壮的也较多，言行举止中暴力化的倾向很明显，曾经就有学生将外校的学生打得头破血流。所以，给这个系的学生上课，经常会有一些莫名其妙的恐惧感，尤其是个子矮小的女老师。这位性格很暴躁的书记对思想政治理论课的态度可不太友好，曾说："什么政治课，算什么课呢？我都能上！"而其实，他学的专业与思想政治理论专业相差甚远，与法学、哲学、教育学、政治学等都不在同一个学科，他能不能真的上思想政治理论课我不得而知，但他对思想政治理论课的藐视，则是显而易见。未达到60分的7人的具体情况是：参加了期末考试的有2人，一人得了27分，一人得了35分，考试是开卷考试，直接抄书；4人因旷课超过总课时数的1/3而被取消考试资格，一学期总课时为54课时，旷课最多的共旷课33课时；1人缺考。该性格很暴躁的书记听学生说，本次期末考试班里有7个同学不及格，于是就火冒三丈，跟学生说："是不是那个老师故意跟我们系过不去啊，就是那些文化课吃饱了撑的，故意跟学生过不去，故意整学生。"在这位性格很暴躁书记的这番言语的鼓动下，这些没有达到60分的学生自然就"理直气壮"了，几个学生怒气冲冲地找到思想政治理论课老师说："老师，你还是给我们60分吧！我们系里的书记都说了，就是你们这些文化课老师吃饱了撑的，故意刁难我们！"不仅如此，该书记还在校内与多人说，在会上说："文化课，学生那么难及格，故意整学生，故意刁难学生，影响学生的毕业和就业。"他就差没有向学校领导建议取消所有的思想政治理论课了。

从常理看,思想政治理论课教师认真教学、从严管理,应该是受到学校欢迎的事,因为这种行为可以弥补艺术生文化知识不足的缺陷,引导学生学好文化,打好文化基础,以便能更好地学好音乐。而且,通过思想政治理论课课堂管理的加强,还可以弥补学校在管理方面存在的一些不足。但是,这样一个好处多多的行为,为什么在艺术院校就不那么受欢迎呢?从表面上看,这是一个重艺术轻文化的问题;而从深层次看,则是一个地位与利益的问题:其一,思想政治理论课教学会摊薄学生的时间分配,会占用学生的一部分时间,这实际上就是减少了艺术专业教师在理论上拥有的"自由时间",从而经常与他们私下带学生的时间造成冲突,间接地影响了他们私下带学生的时间,影响了他们的收入。其二,他们艺术专业教师"君临一切、为所欲为、一言九鼎"的地位受到了挑战。思想政治理论课教师认真教学、从严管理后,学生就不再敢随意逃避思想政治理论课了,因此艺术专业教师就再也不能像以前那样随时随地都能调走学生了,他们发现,自己的"命令"不再那么好使了,学生似乎不再像以前那样听话了。其三,思想政治理论课教师认真教学、从严管理后,有的学生就可能出现不及格甚至不能按时毕业的情况,这就使得艺术专业教师的面子有点不好看,自己学生不及格或者不能按时毕业,心里总有些不好受。这种情况,也同时使得一些艺术专业教学院系很不高兴,因为他们学生的毕业率受到了影响,进而就业率也受到了影响。其四,思想政治理论课教师认真教学、从严管理后,使得那些与学校教职员工有着千丝万缕关系而且可能是低分进校的学生也可能出现了不及格甚至不能按时毕业的情况,这也就惹恼了那些与学生有着千丝万缕关系的教职员工。在以上状况下,如果思想政治理论课教师不识得变通,那么其走向孤立就是必然的事了。

3. 对思想政治理论课教学部教学教改及其业绩成果的态度

思想政治理论课教学是否要进行改革、怎样改革、改革的效果如何？这些问题，对于有的艺术院校来说，是无关紧要的，甚至是毫无意义的，因为他们只需要艺术专业的教学教改及其成果。有的艺术院校召开教学教改项目申报、精品课程建设、教学教改成果申报等会议，根本就不通知思想政治理论课教学部参加会议。众所周知，按常规在申报省级教学教改项目时，往往是限额申报的（例如：每所院校限报3项），这时如果思想政治理论课教学部也申报了项目，那么不管思想政治理论课教学部申报的项目是否有质量、是否有意义，首先就会被"枪毙"在校内，不会让你出线，不会上报到省里，因为要为艺术让路。在申报省级教学成果时，同样也要为艺术让路，根本不会给思想政治理论课教学部出校参评的机会。

（四）思想政治理论课教学部建设状况述略

1. 机构建设

2008年《中共中央宣传部、教育部关于进一步加强高等学校思想政治理论课教师队伍建设的意见》（教社科〔2008〕5号）指出："各高等学校应当建立独立的、直属学校领导的思想政治理论课教学科研二级机构。该机构是思想政治理论课教学部门和马克思主义理论研究机构，又是马克思主义理论学科点的依托单位。其职责是：统一管理思想政治理论课教师，负责思想政治理论教学、科研、社会服务和相关管理工作；负责马克思主义理论学科建设、人才培养和教学科研梯队建设等工作。"

从2010年开始的历届"全国艺术院校思想政治理论课教学研讨会"与会院校座谈交流的情况看，约有三分之一的艺术院校未设置独立的二级教学单位，即未设置思想政治理论课教学部。很多艺术院校将思想政治理论课教学作为三级教学单位，置于人文社科部、基础部或者公共课部之下。

2. 课程建设

按照2005年《中共中央宣传部、教育部关于进一步加强和改进高等学校思想政治理论课的意见》及《〈中共中央宣传部、教育部关于进一步加强和改进高等学校思想政治理论课的意见〉实施方案》等文件的要求，四年制本科的思想政治理论课设置为五门必修课，即《马克思主义基本原理概论》（3学分）、《毛泽东思想、邓小平理论和"三个代表"重要思想概论》（后更名为《毛泽东思想和中国特色社会主义理论体系概论》，6学分）、《中国近现代史纲要》（2学分）、《思想道德修养与法律基础》（3学分）、《形势与政策》（2学分）；专科课程设置了三门必修课，即《毛泽东思想、邓小平理论和"三个代表"重要思想概论》（4学分）、《思想道德修养与法律基础》（3学分）、《形势与政策》（1学分）；民办高等学校和中外合作高等学校的课程设置，按照本规定执行。

在本科艺术院校的层面，课程和课时的设置，只能说是基本上达到了上述要求；在专科艺术院校的层面，课程和课时设置的差距就各不相同了，有的差距还比较大，课程不齐、课时不足的现象较为普遍。

3. 队伍建设

根据《中共中央宣传部、教育部关于进一步加强高等学校思想政治理论课教师队伍建设的意见》（教社科〔2008〕5号）的要求，"本专科思想政治理论课专任教师要总体上按不低于师生1∶350～400的比例配备"。

在艺术院校中，鲜有按此要求配备思想政治理论课专任教师的，有的艺术院校思想政治理论课专任教师的配备严重不足，师生比高达1∶1000。在专科艺术院校，这一问题更加突出。在艺术院校思想政治理论课教师队伍的职称结构中，有的无教授；在学历结构中，有的无博士。

4. 学科建设

2004年1月，中共中央发出《关于进一步繁荣发展哲学社会科学的意见》，提出要实施马克思主义理论研究和建设工程。之后，中共中央办公厅转发《中央宣传思想工作领导小组关于实施马克思主义理论研究和建设工程的意见》，对实施工程做出了部署。2004年4月27日至28日，中央召开工程工作会议，标志了工程的正式启动。2005年国务院学位委员会、教育部联合下发《关于调整增设马克思主义理论一级学科及所属二级学科的通知》（学位〔2005〕64号），该通知指出："决定在《授予博士、硕士学位和培养研究生的学科、专业目录》中增设马克思主义理论一级学科及所属二级学科"，"新增设的马克思主义理论一级学科，暂设置于'法学'门类内，下设五个二级学科，即马克思主义基本原理、马克思主义发展史、马克思主义中国化研究、国外马克思主义研究、思想政治教育。"[1] 2008年，国务院学位委员会、教育部联合下发《关于增设"中国近现代史基本问题研究"二级学科的通知》（学位〔2008〕15号），该通知指出："决定在马克思主义理论一级学科下增设一个二级学科"，"新增设的二级学科名称为'中国近现代史基本问题研究'，与原有5个二级学科平行。"[2]

2005年《中共中央宣传部、教育部关于进一步加强和改进高等学校思想政治理论课的意见》（教社政〔2005〕5号）指出："学科建设是加强和改进思想政治理论课的基础。思想政治理论课教育教学所依托的学科是我国特有的一门政治性、科学性和实践性很强的学科，只能加强，不能削弱。设立马克思主义一

---

[1] 教育部社会科学司．普通高校思想政治理论课文献选编（1949—2008）[C]．北京：中国人民大学出版社，2008：222．

[2] 教育部社会科学司．普通高校思想政治理论课文献选编（1949—2008）[C]．北京：中国人民大学出版社，2008：248．

级学科，开展马克思主义理论体系研究，开展马克思主义发展史、马克思主义中国化研究，开展思想政治教育研究，为推进党的思想理论建设和巩固马克思主义在高等学校教育教学中的指导地位，为加强高校思想政治理论课建设，培养思想政治教育工作队伍提供有力的学科支撑"，①"要建立和完善思想政治理论课教师队伍培训体系，加强高等学校思想政治理论课教师队伍建设。采取脱产进修、攻读学位、名师指导、社会考察、国内外学术交流等措施，力争在5年内培训数百名学术带头人和数千名骨干教师"，"各级党委、政府要把加强和改进高等学校思想政治理论课教育教学作为一项重要工作摆上议事日程。要高度重视，加强指导，加大投入，为高等学校思想政治理论课的建设和发展提供良好的条件。宣传部门、教育部门要把马克思主义学科作为重点学科、把思想政治理论课程作为重点课程加强建设。"②

至今为止，在独立设置的艺术院校中，只有武汉音乐学院、景德镇陶瓷学院设有"思想政治教育"硕士点，学科建设的低层次状态已不言而喻，学科建设基本就只是无硕点、博点状态下的课程建设，既没有设立学科，也没有设立学科带头人，未进入学校的宏观视野，几乎处于自生自灭的状态。即使是课程建设，也没有进入学校的重点课程建设之列，甚至未进入学校一般的课程建设之列。

5. 经费投入

2004年《中共中央、国务院关于进一步加强和改进大学生思想政治教育的意见》（中发〔2004〕16号）指出："要加大大学生思想政治教育工作的经费投入，教育行政部门和学校要合理

---

① 教育部社会科学司. 普通高校思想政治理论课文献选编（1949—2008）[C]. 北京：中国人民大学出版社，2008：214.

② 教育部社会科学司. 普通高校思想政治理论课文献选编（1949—2008）[C]. 北京：中国人民大学出版社，2008：217.

确定思想政治教育工作方面的经费投入科目，列入预算，确保各项工作顺利开展。"① 以广东省为例，2005年《中共广东省委、广东省人民政府关于进一步加强和改进大学生思想政治教育的实施意见》（粤发〔2005〕12号）规定："从收缴学费中按每生每年20元的标准提取专项经费用于思想政治理论课教学。"

在艺术院校中，只有少数几所院校按此标准提取了专项经费以用于思想政治理论课教学，很多院校在经费投入上是大打折扣的。

6. 后勤保障

2004年《中共中央、国务院关于进一步加强和改进大学生思想政治教育的意见》（中发〔2004〕16号）指出："学校要为开展大学生思想政治教育工作提供必要的场所与设备，不断改善条件，优化手段。"②

一些艺术院校，尤其是未设置二级教学单位即思想政治理论课教学部的艺术院校，思想政治理论课教学部无专门的办公室，更无教研活动室、图书资料室、学生试卷保存室等专门场地。在一些艺术院校，学校二级单位的办公电话是可以拨打市外长途的，但唯有思想政治理论课教学部的办公电话是不能拨打市外电话的。若因工作需要，需拨打市外长途电话，则须思政部主任自己掏钱用自己的手机拨打。当然，据全国艺术院校思想政治理论课教学研讨会座谈交流的情况来看，近几年，在思想政治理论课教学部的努力争取下，在一些校领导和职能部门领导的支持下，后勤保障的情况已有所改善。

---

① 教育部社会科学司．普通高校思想政治理论课文献选编（1949—2008）[C]．北京：中国人民大学出版社，2008：209.
② 教育部社会科学司．普通高校思想政治理论课文献选编（1949—2008）[C]．北京：中国人民大学出版社，2008：209.

三、思政课教师的课堂挫败感与意欲放弃的情绪波动

(一) 学生对思政课及其教师的态度

1. 学生对思政课的态度及其到课率

如果说把艺术院校是否要开设思想政治理论课的决定权交给艺术院校的学生，让他们投票表决，那么至少70%的学生都会赞成不开设思想政治理论课。艺术院校学生对思想政治理论课的这种认知和态度，首先与他们在进大学之前所养成的不重视政治课的学习习惯、特别实用的学习态度等因素有关。一部分艺术生从小就开始学习艺术，在他们以及他们的家长看来，艺术是实用的知识，而政治是虚无的、无用的知识，因此他们很少把政治课放在一个应有的位置而予以重视。与此同时，他们学艺术是上小课的，即他们所称的一对一的教学，每上一节课都需要自己单独付学费，少则几百元，多则上千元，他们特别实用的学习态度也就是由此养成的。另有一部分艺术生不是从小就开始学习艺术的，他们不爱学习，什么课都学不好，到了高中时（有的甚至到了高三第一学期时）发现，如果自己要走学文化上大学之路，似乎已经无望，这时或是他们自己或是他们的家长就会萌发学艺术上大学的念头（因为艺术生的高考文化分要低得多），于是他们就开始突击学习艺术，带着现金每日奔走于不同课程的艺术专业教师的住所之间，在这种状态下，对于他们来说，政治课就无足轻重了。他们在入大学前养成的不重视政治课的学习习惯、特别实用的学习态度，就这样随着他们本人进入大学。到了大学，他们中的70%仍然像中学一样特别讨厌思想政治理论课，而且由于中学就没学好政治课，到了大学思想政治理论课就又成了他们的"短板"，往往考试不及格，因此他们就更加讨厌思想政治理论课。

其次，艺术生不重视思想政治理论课学习的认知和态度，与艺术院校长期以来形成的不重视思想政治理论课学习的不良氛围和不良传统有关。重艺轻德，是艺术院校的痼疾和病根，在这种氛围中，他们就更加不想学习思想政治理论课了，"随大流"就是必然合理的了，他们会想尽各种方法逃课和应对老师的考勤，例如：

方法一：想尽办法请病假或者请公假（即因公请假）。为了逃避思想政治理论课，他们会想尽办法请假。为了请假方便，个别学生甚至刻有学校医务室、所在教学系及学校的公章，想欺骗老师时就特别简单，编个理由，写张假条，自己盖上"公章"，请假条就算制作完成了，以此来蒙骗老师。

方法二：未到课的学生与到课的学生联手，到课的学生随时向未到课的学生提供老师是否点名的信息。如果思想政治理论课老师到了课堂后觉察到课堂人数太少，决定点名以核查旷课的学生，那么只要老师开始点名，那些已到课堂的学生就会立即发短信告诉那些未到课的学生，"张三、李四、王五、刘麻子……快来啊，老师点名了！"于是，短信漫天飞。不一会，很多学生就都来了，然后跟老师说："老师，你刚点名时我在卫生间，我没有旷课的哦！"或者说："老师，你把我的考勤改一改，我现在来了，只能算我迟到，不能算我旷课的哦！"在确认老师已将他们的考勤改为"迟到"后，不需要太久，他们就又会从教室的后门悄悄溜走。

方法三：不点名则不递假条，一点名就递假条。如果老师不点名，即使已到课堂的学生受人所托，手里早已攥着未到课堂的学生已经准备好了的假条，也不会主动告诉老师说某某学生要请假；而只要老师开始点名，就会有已经在课堂的学生马上向老师递假条，说："老师，这是张三、李四，还有那个谁谁谁的假条！"他们这样做的目的，就是能混过去就混过去，如果混不过去就请同学帮忙递请假条，即使是请假，也要少请假，以免在老师统计学生的请假次数时,说某某学生已经请了多少次假了。

方法四:补假条。有的旷课的学生很聪明,先要求老师给他看以前的考勤记录并悄悄记住自己的旷课时间(因为老师的考勤记录中记有学生旷课的具体年月日),如"4月2日旷课"、"5月7日旷课"等,然后对应旷课时间到辅导员那里开出假条来,下一周再来上课时就跟老师说:"老师,我以前请了两次假,忘记给假条给你了,今天我带来了,你把我的旷课改为请假吧!"

在本科艺术院校中,如果上课的老师不点名,那么只要对到课率进行随机抽查,结果就会发现到课率不会超过50%。但是,也有一小部分学生是想学好思想政治理论课的。这一小部分学生又分两种情况:一是想拿奖学金的和想入党的学生,他们知道,如果思想政治理论课分数不高或不及格就拿不到奖学金或者不能入党,因此虽然也是迫不得已,但还是想学好思想政治理论课的。从多年来观察所得的经验数据来看,这部分学生的比例大约占学生总数的15%;二是那些有志于考研的学生,他们知道,如果政治分数上不了线或者分数较低就考不上研究生,因此他们还是想学好思想政治理论课的。从每年艺术院校报考研究生的人数占当届学生总数的比例来看,这个比例大约也是15%。这两部分学生中可能有重合的,但总体上还是可以说,在艺术院校想学好思想政治理论课的学生大约也有30%。

2. 学生对思政课教师的态度及其课堂表现

艺术院校学生对思想政治理论课教师的态度首先受制于对思想政治理论课的态度,因为讨厌思想政治理论课,因而也就讨厌思想政治理论课教师。他们中有的学生对思想政治理论课教师的态度根本谈不上尊重,而是直截了当的蔑视,大概分为以下五种情况:

第一种学生:开学三四周后还从未到过课堂的学生。这些学生,一旦来到课堂就会特别凶,凶老师,尤其是凶女老师、凶个子矮小的老师。他们会质问老师道:"你凭什么说我旷课?同学们都可以证明我没旷课，不信你问问他，问他，还有他，还有他！"这时旁边还真会有人说："是的，老师，他没有旷课，他每次都是和我一起来的。"更有甚者，会要求老师立刻删去他所有的旷课记录，否则就放出狠话说："你今后小心点！"

第二种学生：不管思想政治理论课教师的教学水平如何，反正讨厌所有思想政治理论课的教师的学生。这些学生，他们在没有上思想政治理论课以前，也就是说在还没有走进教室之前就已经做出了"讨厌"的结论，对任何思想政治理论课的老师都是不屑一顾的轻蔑。

第三种学生：上课姗姗来迟的学生。这些学生，上课时姗姗来迟，已经迟到了20分钟、30分钟甚至是更长的时间，走进教室，一边还吃着东西，不急不忙，慢悠悠地从讲台前走过，看看左边，似乎没有找到自己的固定座位，再走到右边看看，似乎还是没有找到自己的固定座位，自己的固定座位究竟在哪里，似乎记不清了，最后似乎找到了几个"臭味相投"的人，于是就走到那一群人中坐下，根本不在乎老师正在上课，犹入无人之境。

第四种学生："很给老师面子"的学生。教师在讲台上讲课，台下学生三三两两在大声说话，有说有笑地看手机视频，男女同学打情骂俏，更有甚者在打扑克，就像一个自由市场。如果老师走到台下，走到他们跟前，批评他们，他们就会说："老师，我们已经很给你面子了，还有的同学根本就不来上课，你还不是也奈何不了他们！"

第五种学生：认为思政课老师根本不值得尊重的学生。这些学生认为，思想政治理论课教师全是清一色古板的、呆板的、讲大话的老师，全是艺术文盲，对艺术一窍不通，根本就不值得他们尊重。

（二）学生对思政课教师课堂教学的评价

很多艺术院校都建立了学生评教制度，或是纸质填表评教，或是上网评教,每个学期末都组织学生对思想政治理论课教师的教学进行评价。如果我们首先花一点时间去了解一下学生对艺术专业老师,尤其是他(她)本人的主专业老师的评价情况,你就会发现每个专业老师门下的学生(大约是1~30人)对自己专业老师的评分都是100分,因而每个专业老师的总评分都是100分。那么,对思想政治理论课教师的评价,情况会怎样呢?

第一种学生:比较客观地评价思想政治理论课教师的教学,这一部分学生的比例大约占到班级总人数的30%,这个比例与前面提到的想学好思想政治理论课的学生比例是对应的。

第二种学生:没有认真阅读评价要求、评价标准和评价方法,大致地填了一下表格就算了事,这一部分学生的比例大约占到班级总人数的30%。

第三种学生:被记了旷课、迟到、请假及课堂表现不佳的学生(不管你记录了他多少次迟到、多少次旷课,反正只要你记录了他迟到或者旷课,他就恨你的学生),尤其是被记旷课次数较多的学生、要求老师改写其旷课记录而老师又坚决未改其旷课记录的学生、因一学期旷课总时数超过课程总时数的1/3而被取消了考试资格的学生、因课堂表现差被老师点名批评的学生、作业被老师打了低分的学生,他们在这时就会给老师狠狠的"报复"一下,有人给老师打低分,更有甚者会多拉几个"好朋友"或者都是对老师有点意见的人一起给老师打低分甚至打0分。这一部分学生的比例,大约占到班级总人数的40%。

在这种状态下,思想政治理论课老师的总评分就可想而知了,简直不好言说。另外,从所有思想政治理论课教师的得分中,还可以找出另一条规律,即凡课堂要求越严的老师,其得分就越低。

(三) 思政课教师的心灵感受

在艺术院校,如果说思想政治理论课教师也有一些受尊重的、温暖的感觉,那么这些感觉往往来自那些开明的领导和温馨的同事,以及那些认真学习的在校生及其毕业多年后还经常发短信问候老师、述说老师的教育对其产生的深刻影响并能记住老师的一些教学细节的学生。这些来自开明领导温馨同事的关心和支持以及来自学生的赞许和思念虽然不多,但总能让思想政治理论课教师备受鼓舞,令思想政治理论课教师加倍珍惜并拼命工作。虽然这些关心和支持似乎只是一缕阳光,但就是这么一缕阳光也让思想政治理论课教师感受到了整个太阳的光辉;虽然似乎只是一滴水,但就是这么一滴水也让思想政治理论课教师感受到了整个江河的清澈。但是,大量的、持续的、痛苦的负面感觉使思想政治理论课教师变得没有自信,令他们自卑并沉默寡言。

1. 任你怎样努力但结局似乎都早已被注定的课堂失败感

2010年石羽在其硕士论文《艺术院校思想政治理论课实效性研究——以某艺术院校为例》一文中,对"本人及同事的讲台挫折感"进行研究和描述,写道:"在从事工作过程中,遇到很多具体问题,课堂效果的不尽如人意,其他同事也都相应表现出或多或少的职业挫折感,甚至出现职业倦怠。比如对在某个特定班级上课的不自信,尤其是年轻教师在面对某些系别时候所表现出的无能感,甚至有女教师在接到排课通知后出现紧张、难过、恐惧的反应,笔者曾经在得知要接某班级课程后出现失眠,情绪低落,而周围同事表现出更多的是同情而并非对这种过激情绪的不解。"从此文看,在艺术院校中思想政治理论课教师的课堂挫败感已非个例。①

当你看到自己的课堂到课的学生太少时,起初几节课时可能埋怨学生会多一些。但很快你就会反思,"是不是自己的课准备得还不够充分,讲得还不怎么好呢?"于是,你在备课环节上下

---

① 石羽. 艺术院校思想政治理论课实效性研究——以某艺术院校为例 [D]. 四川师范大学,2010.

第四章 教学环境论

更大的功夫,把自己的课准备到力所能及的最充分的程度,在课堂上用最亲切的心态和口吻、用最大的激情来讲述。但之后,你却依然发现,台下的学生还是无动于衷。当你听到课堂里某个学生伏在课桌上睡觉发出的鼾声以及由此而引发的其他学生的笑声时,你的脸部肌肉开始有些紧张,但你还是强带笑容继续讲课,并且在心里给自己鼓劲:"只要上好这一节课,也许下一节课就好了,听课的人就会多了。"之后,你再去准备下一节课,依然把自己的课准备到力所能及的、充分的程度。但当下一节课你再次走进课堂时,你发现:一切依旧,到课的学生似乎比上一节课还少了几个,课堂上玩电子游戏的学生依然还会玩电子游戏,打鼾的学生依然还会打鼾。你开始怀疑自己的教学能力,开始不自信。于是,你把课暂时停下来,走到同学们之中,与同学们促膝而谈,虚心听取同学们的意见和要求。交谈之中,有同学们跟你说:"老师,不是我们不想听你的课,我们也看得出来,你讲课很卖力,但这个课对我们来说实在是没有用。所以咧,老师啊,以后你上课时就讲几个故事给我们听听,考试时就给我们一个及格分就算了,这样你也轻松啊!"

面对这一状态,你也许还不死心,于是你还想在备课、上课等环节上再做一些努力。你从学生学艺术专业的这一特性出发,搜集大量的既与思想政治理论课教学相关又与艺术专业学习相关的素材以用于课堂教学之中,以吸引学生,但最后你还是会发现,这种吸引力也是极其有限的,最多也只是多吸引了几个学生而已。

于是,你开始怀疑自己的教学能力,开始变得不自信,无能的感觉会占据你的整个心里,甚至会将你击垮。同时向你袭来的感觉,可能还有无奈感、黑色日感、恐惧感。上某个系学生的课时,从上课准点时间算起,你可能要耐心地等上 5 分钟、10 分钟才能勉强开始上课,因为 5 分钟时,本来应有 60 人的课堂,现在可能只有两三个学生到了,10 分钟时也可能才有十几个学生到了，这时你可能就再也等不下去了，开始上课了，边上边等呗。半个小时后，一半左右的学生可能已经到了课堂，但他们来到课堂后，大声讲话、来回走动、吃着食物、三三两两有说有笑……简直是一个自由叫卖的菜市场，无奈吗？星期一或者星期二或者星期几，你就要去上某个系学生的课了，那个系的学风是最糟糕的，反正没有老师会自愿去那个系上课，最后轮流来，这个学期是你，下个学期是他，再下个学期是我。你一想到明天要去那个系上课，你今天就开始紧张，彻夜难眠，好不容易上完了那节课，课后你更难受，直到晚上，你可能还在想，"怎么会有这样糟糕的课堂呢！怎么会有这样糟糕的课堂呢！……是我无能还是学风真的太差呢?!"总之，上这么一节课，你就会痛苦和恐惧三天，即上课的前一天、上课的当天、上完课的第二天。于是，一周内你总有一天是最痛苦的、最恐惧的，你最怕那一天。如果那一天是星期二，你就会感觉到那是"黑色的星期二"。很多艺术院校的思想政治理论课教师，都有自己的"黑色星期二"或者"黑色星期三"或者……你甚至想到了换岗、逃离，或者是向学校申请换个不上课的岗位算了，因为这份事业干不了；或者是干脆逃离，主动离去，去它处另谋职业算了。

你可能还是在想，而且可能还是想不明白，为什么你所有的一切努力意义都不大呢？再经过一段时间后，当你终于想明白的时候，你终于知道了，在艺术院校特殊的教学环境下，你的课堂教学的失败是早就注定的。真是"三分可打拼，七分命注定"！

在某艺术院校，曾经有两个学生的一段对话，可以用来对思想政治理论课注定要失败的命运作一个小小的注解：

学生张三："这回真麻烦了，我还有两科挂科了，什么马克思，什么修养课，哎，这回毕不了业了！"

学生李四："你傻猫啊，你急什么！我们毕不了业，学校比我们还急呢！你没听上一届的师兄说吗，××政治老师的课不及格的有好几个,学校都批评那个××政治老师了,我还挂了六科呢,我都不急,你急什么呢,傻呀!学校会替我们急的!学校会让我们一次一次地补考,直到我们考到60分。"

2. 可有可无、最好无你的孤独感

在艺术院校,很多思想政治理论课教师都发现没有自己的位置。在许多人的眼里,你是可有可无的,而且最好是无你的。在会场、在音乐厅、在校园,大家到处谈的都是艺术,唯有你在谈什么思想政治理论,你是一个另类,一些艺术专业人士和学生在用异样的眼光看着你。这样,你就没有了自信。于是,没有了自信的你,如无十分的必要,就不想在校园内出现。

如果你上课受了委屈,那你也只有自己扛着。比如,上课时,首次点名,××学生是未到的,于是你将××学生的考勤记为"迟到"。你讲课,可能已经都讲了二三十分钟了,而且正在进行中,这时××学生来了。她没有去到自己的固定座位坐下,而是首先来到讲台前,对着你说:"老师,我要看一下,你是不是记了我迟到!"你跟她说:"现在正在上课,等会课间休息时再说,好不?"她说:"不行!我现在就要看!"你再跟她说:"不急,现在正在上课,课间休息时就给你看,好不好?"她再说:"不行!反正我现在要看!不给我看,你就别想继续上课!"于是你告诉她:"是的,是记了你迟到。"她继续说:"不行!我上专业课去了,不能记我迟到!"你说:"你迟到是事实,怎么不能记你迟到呢?"她说:"就是不能记我迟到,我上专业课去了,你这课算什么课!"也许,这样一折腾,十多分钟就过去了,你很着急,正常的课堂教学就这样被打断了。这样的事,够让你生气了吧,课后你可能想找××学生所在的系或者学校的某个职能部门反映这一情况,而一旦你这样去做,你就会更生气,你会发现没有一个人帮你,甚至没有一个人同情你,反而会用异样的、不解的目光看着你。

3. 看你可怜、给你一口饭吃的被施舍感

在艺术院校有的职能部门、有的管理者和一些艺术专业教师的眼里，思想政治理论课教师就是一些可怜虫。他们的逻辑是："没有我们这些搞艺术专业的，这所艺术院校就办不起来，而这所艺术院校办不起来，你们思想政治理论课老师就没有饭吃，而我们却依然可以当师傅带徒弟，照样赚钱娶老婆、生孩子、养家糊口，而你们就会饿死！"这样的一些管理者和艺术专业教师不在少数。事实上，他们已经忘记了艺术院校是社会主义高校的这一根本属性，忘记了高校德育首位全面发展的育人使命，忘记了自己的残缺和不足，用旧社会的师徒关系来代替高校的师生关系，用所谓"即使学校倒了，我还可以做师傅"的狭隘信条来亵渎大学及其大学教师的神圣职责。

4. 找个你意想不到的"漏洞"、借个校领导的名义来压你的智商被愚弄感

笔者在2011年参加"全国艺术院校思想政治理论课教学研讨会"期间，一位某艺术院校的同行给笔者讲述了这样一件事：

某学期期末考试刚刚结束，按常规，《马克思主义基本原理概论》课的××任课教师开始阅卷，阅卷完毕后，按班级名册登录成绩，登录完毕后，成绩单经思想政治理论课教学部主任审核签字，随后，按规定××任课教师将试卷存放于思想政治理论课教学部的办公室（此办公室多人有钥匙、多人可以进出，包括学校统一配备的卫生员），同时将期末成绩提交给了学校的教务处学生成绩管理科。过了一个寒假，新的学期又开始了，开学后的第五周，××职能部门的××副处长找到《马克思主义基本原理概论》课的××任课教师说："××老师，你上学期的《马克思主义基本原理概论》课的试卷中有一份试卷未阅，请你阅此卷，阅后及时交教务处。"××任课老师感到有些不可思议，怎么会有一份试卷未阅呢！于是翻阅自己保存的该班学生的考勤及期末分数的原始记录，在原始记录上清楚地写着，该生属

"缺考"。于是，××老师便向××副处长反馈了自己核查的情况，但××副处长却说："遗漏试卷未改，应该是教学事故。该生是参加了考试的，××院领导也非常关心该生的成绩。"于是××任课教师想，试卷袋是存放在思想政治理论课教学部办公室的，并非存放在教务处，××副处长是怎样知道试卷袋中有一份试卷未改的呢？学生本人为什么没有找任课教师反映情况？为什么没有找思想政治理论课教学部反映情况？即使是学生直接找××副处长反映了情况，但××副处长为什么不首先询问任课教师或者思政部该生的有关情况，而是直接就认定试卷袋中有一份试卷未改呢，而且说××院领导也非常关心该生的成绩呢？想着想着，××任课老师终于想明白了，这回自己可能摊上倒霉事了，不做傻子也不行了。如果坚持原则不阅此卷，自己可能要受到"教学事故"处理，到时百口莫辩；如果阅此卷，又显然与事实不符，于心不甘。最后，××任课老师明白了胳膊扭不过大腿的道理，而且如果坚持原则的话那么今后还可能遭到更多的报复，自己人微言轻，还是阅了此卷吧。

5. 睁只眼闭只眼、混个日子过的负罪感

关于对思想政治理论课教学的重视问题，在经过思想政治理论课教师歇斯底里呼吁和拼命挣扎后仍无人理睬和重视的状态下，许多思想政治理论课教师就只有归于沉默，睁只眼闭只眼混个日子过，甚至自生自灭、自暴自弃。但是，一些无法理喻的事情又总是让一些受到教师天职和良心折磨的思想政治理论课教师的心难以平静。

[例1] 某思想政治理论课教师为了吸引学生来上课，学期开始第一次上课时就向全班学生宣布：凡本学期内无旷课、迟到、早退记录的学生，期末享受免考权，期末成绩记为90分。这决定一出，确实吸引了大批学生，到课率极大地提升，达到了80%以上。有一天，某学生迟到了，在课间休息时，该学生找到

老师，对话如下：

　　某学生："老师，今天我迟到另有原因，不能怪我。"
　　老师："为什么不能怪你？"
　　某学生："我在来上课的路上，接到我专业老师的电话，他说过两天他就要出差，于是要把星期四上午的那节专业课提前到今天（星期三）上午上，我跟他说，今天上午要上你的政治课，于是我的专业老师就问我来××音乐学院是干什么的，我回答说是学音乐的，他说就应该这样，学好音乐就行了，还学什么文化呢？并要我马上去上他的专业课，我只好上了他的专业课后才来上你的课，所以迟到了40分钟，因此今天迟到，不能怪我，不能算我迟到。"

　　如此的专业老师、如此的教育理念，思想政治理论课教师的心如何能平静？"学好音乐就行了，还学什么文化呢？"此语像惊雷，惊醒了太多的梦中人。

　　[例2] 教育部委派的专家组到某艺术院校进行教学评估，评估的内容之一是抽查学生（本科）的毕业论文。被抽中的一篇论文的标题是：《论幻儿的音乐教育》，专家很吃惊，什么是"幻儿"呢？这样的一篇毕业论文又是怎样通过论文答辩的呢？
　　后经了解，原来是《论幼儿的音乐教育》，"幻"、"幼"不分，但这篇论文居然也通过了论文答辩。

　　在艺术院校，许多艺术专业课教师甚至是有的校级领导、职能部门领导、系部领导，都认为学生上思想政治理论课简直是浪费时间，简直是误人子弟。而与此同时，许多思想政治理论课教师也常常在问自己："究竟是谁在误人子弟呢？是我吗？"我是不是该像歌手郭富城在《我是不是该安静地走开》歌里所唱的那样对自己提问："我是不是该安静地走开，还是该勇敢留下来？"

四、社会不良娱乐倾向及艺人不良行为的负面影响

（一）娱乐方向的迷失

娱乐是生活的组成部分，是文化的组成部分。在人类历史的长河当中，娱乐是愉悦心声、传承教化、移风易俗、善化民心的重要载体。随着我国经济的快速发展，娱乐极大地丰富了我们的这个时代。从1983年的第一届春节联欢晚会到1990年开播的《综艺大观》《正大综艺》等，无不给我们的娱乐生活带来了愉悦和美好的回忆。

然而时至今日，自21世纪以来，我们的娱乐生活却发生了很大的变化，"全民娱乐""娱乐至死""娱乐时代"等字眼不断地出现在我们的生活之中，迷惑、迷失、忧虑时常伴随着我们，一些关于如何更好地娱乐的讨论，总呼唤着我们去思考和回答。

低俗媚俗的娱乐是最早遭受批评的现象之一，自2004年开始，这种批评已持续了十余年。之所以被指低俗媚俗，是因为出现了太多低俗媚俗的现象，如缺乏常识的文化素养、违背伦理的惊世狂语、漫天飞舞的花边新闻、大尺度裸露的"闪亮"登场、另类怪异的包装造型、千篇一律的煽情故事、狂呼嚎叫的少年观众、以丑为美的变异审美等。这些"低俗媚俗"现象不仅受到了人民群众的批评，而且与几千年来中华传统文化的美德不符。以音乐为例，乐须以德来规范，之所以"生民之道，乐为大焉"，[1] 是因为这个乐是有德引导的乐。《乐记》说："德者，性

---

[1] 许嘉璐等. 文白对照十三经（上）·礼记·乐记 [M]. 广州：广东教育出版社，1995：170.

之端也，乐者，德之华也"，① "乐者，通伦理者也"。② 乐还须以志来提升，"独乐其志，不厌其道；备举其道，不私其欲。是故情见而义立"，③ 也正因为如此，所以才能够收到"乐终而德尊"④ 的良好效果。乐不能放任自流，需要主动引导，乐与德的统一是自觉的而不是自发的，离开了主动引导，乐教之效就难以实现，《乐记》曾说："乐者乐也。君子乐得其道，小人乐得其欲。以道制欲则乐而不乱；以欲忘道则惑而不乐。"⑤ 音乐须催人奋进，低俗的音乐使人颓废、堕落、暴戾，高雅的音乐则催人上进、仁爱、和谐："凡奸声感人，而逆气应之；逆气成象，而淫乐兴焉。正声感人，而顺气应之；顺气成象，而和乐兴焉。"⑥

过度娱乐也是近几年被批评得比较多的一种娱乐现象。所谓过度娱乐，一是指娱乐节目在黄金时段多频道、长时间地播出，众多青少年长时间地沉溺于此，荒废了学业事业者也不乏其人，当年《超级女声》遭家长们的强烈反对，原因之一就是因为它误了孩子们的少年时。早在2300多年前，墨子就有"非乐"之说。墨子批评音乐，并不是因为他自己不懂音乐或是不喜爱音乐，而是因为过度娱乐会亏夺农时，耽误听治。墨子说："今王公大人唯毋为乐，亏夺民衣食之时"，⑦ "孰为大人之听治而废国

---

① 许嘉璐等．文白对照十三经（上）·礼记·乐记 [M]．广州：广东教育出版社，1995：170．

② 许嘉璐等．文白对照十三经（上）·礼记·乐记 [M]．广州：广东教育出版社，1995：168．

③ 许嘉璐等．文白对照十三经（上）·礼记·乐记 [M]．广州：广东教育出版社，1995：170．

④ 许嘉璐等．文白对照十三经（上）·礼记·乐记 [M]．广州：广东教育出版社，1995：170．

⑤ 许嘉璐等．文白对照十三经（上）·礼记·乐记 [M]．广州：广东教育出版社，1995：170．

⑥ 许嘉璐等．文白对照十三经（上）·礼记·乐记 [M]．广州：广东教育出版社，1995：169–170．

⑦ 李小龙．墨子 [M]．北京：中华书局，2011：104．

家之从事？曰：乐也"。① 二是指为愉悦声色，耗资之大，令人惊讶。对资财过度地消耗、亏夺民财、增民税负是墨子批评音乐的又一个理由。墨子说："仁者之为天下度也，非为其目之所美，耳之所乐，口之所甘，身体之所安。以此亏夺民衣食之财，仁者弗为也"，② "姑尝厚措敛乎万民，以为大钟、鸣鼓、琴瑟、竽笙之声，以求兴天下之利，除天下之害而无补也"。③ 三是指纵欲极乐，娱乐不死鸟，娱乐至死。针对过度娱乐，《曲礼上》早已告诫了我们，"欲不可从，乐不可极"，④ 《乐记》也说："乐极则忧。"⑤

商业化娱乐也在被责之列。商业化娱乐，即漫天飞舞的商业广告、强硬的广告植入、惊人的广告竞价和利润、花钱买人投票、违背公正和公平的商业操作、"烂俗"的个性化营销、一夜暴富的心理刺激与膨胀等。艺术与商业的PK，似乎总不是艺术的胜利而是商业的凯歌，艺术的贫困与商业的"繁荣"形成了鲜明的对比。所谓的娱乐时代，其实是一个赤裸裸的商业时代。在娱乐中，多一些艺术的欣赏，少一些商业的炒作，不仅是人们的期待，更是娱乐经久不衰的生命。

抄袭的娱乐也已挨了不少的批评。在娱乐的创新上，我们似乎少了中国的原创，拿来与低质成了通病。《快乐大本营》《中国达人秀》《中国好声音》《我是歌手》《爸爸去哪儿》等等，似乎都是"外国节目在中国"。多一些民族特色，多一些中国原创，中国娱乐才能既适合于中国，又能走向世界。

---

① 李小龙．墨子[M]．北京：中华书局，2011：107.
② 李小龙．墨子[M]．北京：中华书局，2011：101.
③ 李小龙．墨子[M]．北京：中华书局，2011：103.
④ 许嘉璐等．文白对照十三经（上）·礼记·曲礼上[M]．广州：广东教育出版社，1995：1.
⑤ 许嘉璐等．文白对照十三经（上）·礼记·乐记[M]．广州：广东教育出版社，1995：169.

假如我们对孩子说:"孩子,这就是中国的娱乐!"我想,老天爷听到了,恐怕晴天也会响惊雷。俗话说,吃一堑长一智,不记住已有的教训,娱乐节目就还会如昙花一现并备受社会诟病。停播《超级女声》、限娱令、停播《棒棒棒》、叫停奢华晚会等举措能否唤醒我们的思考,能否唤醒我们的责任,我想还需拭目以待。

(二)偶像的病变

偶像总是以巨大的力量牵引着社会,因而每一个时代都致力于打造能代表自己时代的偶像。当影、视、歌成为社会生活的重要组成部分后,影、视、歌偶像就成为社会偶像群体中的重要组成部分。生活分为不同的层次、不同的领域,因而偶像也就有不同的层次、不同的领域。但不管是大偶像还是小偶像,是这个领域的偶像还是那个领域的偶像,他们都会吸引着不同群体或者很多群体的崇拜。当我们现在回忆起自己青少年时就崇拜过的那些偶像时,总会是那么激动、那么青春、那么热情、那么甜美、那么难忘……

然而,在昨天和今天这个造星的时代,我们所造出来的星似乎在发生着很大的改变。不管是昨天造出来的星,还是今天造出来的星,许多星都在发生着病变。一座座偶像轰然倒塌,一颗颗星变质霉烂。当然,最糟糕的还不是这些星的起起落落,因为这颗星倒下,那颗星又会兴起来。那么最糟糕的是什么呢?最糟糕的是星起星落所反映的和所带来的社会病。星倒了,但影响还在,甚至是恶习,仍会成为一些懵懂少年追逐的榜样,肉欲、色情、吸毒、暴力、低俗、违法、犯罪等似乎是成名成星的宿命和慰藉。娱乐界,没有教训,一茬接一茬地在重复着昨天的故事,真不知这是一种什么样的社会病。

我们不妨对近几年来发生的一些案例来做一个简单的梳理。

"艳照门"给艺人敲响自律警钟 在 2008 年演艺界十大社

第四章 教学环境论

会责任感缺失事件中,"艳照门"居榜首。2008年早春,当中国的南方正在经历一场猝不及防的雪灾时,香港娱乐明星们的私生活不雅照片曝光网络,成为网络世界的另一场"雪灾"。此后,"艳照门"事件陆续牵扯出14位女星,照片数量多达1300多张。"艳照门"不折不扣地成为鼠年的一场"鼠疫"。俗话说:"种瓜得瓜,种豆得豆。"正是陈××和那些女艺人自己以往不检点的行为,才酿就了今天不喝也得喝的苦酒。那些平时挖空心思想在公众场合"一不小心"摔倒露点以吸引眼球的女星们,那些拼命制造绯闻博取更大名气和身价的娱乐明星们,到了如今这步,真正如同烈火煎熬不堪忍受。①"艳照门"事件像一个溃烂的毒瘤,令丑闻不断的娱乐圈彻底翻船,虽然它会随着岁月的流逝渐渐愈合,但还是会留下一个难看的疤痕。艺人作为社会公众人物,其言行及形象常常影响着人们尤其是青少年的思想和行为,在某种程度上起着引领社会风尚的示范带动作用,因此,其高尚的道德品质和优良的艺术素质至关重要。反思"艳照门"事件,倘若当事明星能以"德艺双馨"为理想、为追求,绝不会有今天的惨剧。其实,不管在哪里,也不管你是一般艺人或是当红明星,只要你追求高尚的品德、精湛的艺术,做德艺双馨的文艺工作者,以良好的公众形象面对社会,诸如"艳照门"之类的事件就永远靠不近!②

歌手臧××涉黑被判刑 臧××,北京人,中国摇滚乐歌手,代表作品有《朋友》《分别的时候》等。2009年11月27日,臧××涉嫌聚众斗殴案在北京市第二中级人民法院开庭宣判。最终,法院判定,臧××聚众斗殴罪名成立,获刑六年。法院经审理查明,2002年,臧××与孙××(已判刑)因经济纠

---

① 候补英雄.艳照门给艺人敲响自律警钟[EB/OL].:中国新闻网,2008-02-10.

② 杨明伟.艳照门事件让我想到"德艺双馨"[EB/OL].:红网,2008-02-22.

纷不再合伙经营河北廊坊的"朋友"迪吧,孙××于 2003 年 1 月将所持迪吧的股份转让他人。同年 6 月 20 日 21 时许,孙×× 以索要尚未支付的部分股份转让款为由,带领多人前往迪吧,因 遭到阻拦双方发生口角。孙××遂与迪吧总经理吕××电话约 定,双方纠集人员见面。后吕××到北京市臧××经营的酒吧, 与臧××商议该事。在臧××的授意下,吕××纠集近百人持砍 刀、铁管等凶器,于同月 21 日凌晨驾车到河北廊坊火车站广场 与孙××带领的二十余人械斗。斗殴中,造成一人死亡,三人轻 伤。归案后,吕××又主动坦白了在北京市朝阳区纠集并伙同他 人参与另外一起聚众斗殴并致一人重伤的犯罪事实。①

歌手满××吸毒被拘 满××,北京人,流行音乐歌手,代 表作品有《懂你》《望乡》《让你的天空最美》等。2009 年 5 月 19 日凌晨,歌手满××因涉嫌聚众吸食摇头丸等毒品,在北京 市朝阳区工体西门的 coco banana 酒吧被带走。据知情人士透露, 满××夫妇二人已承认了吸食毒品的事实,根据《中华人民共 和国治安管理处罚法》,满××因吸食毒品,被处以拘留 15 天 的处罚,而其妻子李×由于当晚在包房中为吸食毒品的相关人员 提供了毒品,已触犯了《中华人民共和国刑法》,8 月 3 日北京 朝阳法院对歌手满××和其妻子李×做出宣判:李×容留他人吸 毒罪名成立,判处有期徒刑 1 年,罚金 2000 元。②

歌手陈××吸毒被拘 2010 年 6 月 11 日,演唱歌曲《九月 九的酒》的歌手陈××因在家中吸食冰毒被北京警方行政拘留。 20 世纪 90 年代,陈××因演唱《九月九的酒》《九九女儿红》 等脍炙人口的歌曲,红遍大江南北。经历了辉煌之后的陈××与 朋友一起合资开了一家卫浴公司,至今公司资产已达千万。2010

---

① 北京市第二中级人民法院. 歌手臧天朔因犯聚众斗殴罪一审被判刑六年 [EB/OL].: 中国法院网刑事案件, 2009 - 11 - 27.

② 张太凌,张涛. 满文军妻子因容留他人吸毒罪名成立获刑一年 [N]. 新京 报, 2009 - 08 - 03.

年，陈××携新歌《难得有朋友》回归乐坛。北京警方称，6月11日，歌手陈××在朝阳苹果社区家中因吸食冰毒被抓获，12日起被北京警方行政拘留14天。据知情人士透露，陈××是在北京警方组织的禁黄、禁赌、禁毒"4·11"专项行动中被抓获的。此次专项行动中，北京警方重点打击组织卖淫、网络赌博、涉毒等违法活动，并通过中演公司，全面查处明星涉毒。行动开展以来，警方已查获涉毒犯罪嫌疑人917人，查缴各类毒品9.17千克。①

"非诚勿扰"成"非宝马勿扰" 马×，原名马××，大专学历，毕业于北京××现代音乐学院，演员、平面模特。2010年参加江苏卫视《非诚勿扰》的100403期节目的演出，在被问及爱情观时，她曾说："我宁愿坐在宝马车里哭，也不愿坐在自行车上笑。"此言一出，人称其为"宝马女"、"拜金女"。

"脱口秀"大曝粗口 干××，从小学习舞蹈，十二岁到北京学习，曾就读于北京××舞蹈学院附中。因网络拍客上传其征婚视频而火爆网络。2011年3月28日参加星空卫视王牌脱口秀节目首次录影，录制期间与其母亲雷××相互爆料，粗口不断，最后干××因情绪失控，母女二人大打出手。2012年11月28日，针对网络热议的干××母女两人在江苏教育电视台竞猜节目《棒棒棒》录制中放泼撒野、大爆粗口一事，国家广电总局新闻发言人明确表示，江苏教育电视台违反《广播电视管理条例》，罔顾媒体社会责任，为丑恶言行提供展示舞台，造成恶劣社会影响，应当受到严厉谴责，广电总局将依据有关法规，给予严肃处理。根据《广播电视管理条例》，教育电视台只能制作播出教育教学节目。而江苏教育电视台擅自改变频道定位，违规制作播出低俗娱乐节目，明显违反法规规定。国家广电总局多次强调，广

---

① 徐永刚．歌坛再出吸毒丑闻，陈少华家中吸食冰毒被拘［N］．北京青年报，2010-06-20．

播电视播出机构要坚持导向立台，坚守社会责任，维护社会公德，不得邀请有丑闻劣迹的人作节目嘉宾。江苏教育电视台《棒棒棒》节目无视相关规定，对录制现场的恶言丑行不加制约，任其放肆，致使粗俗视频网上流传，放大了丑恶现象，违背了媒体职业道德，败坏了媒体形象。新闻发言人表示，国家广电总局已责令立即停播《棒棒棒》栏目。总局就事件作了深入调查，依照法规做出了进一步严肃的处理。新闻发言人重申，各级各类广播电视媒体，以及包括网络、移动终端在内的各类视听新媒体，应从该事件中吸取教训，严禁丑闻劣迹者在视听节目中发声出镜。①

艺术家当众表演性爱行为艺术被劳动教养一年 2011年5月9日，艺术工作者成×因当众展示性爱行为艺术，被警方以"寻衅滋事"为由，处劳动教养一年。5月8日，31岁的艺术工作者郭××称，3月20日下午，一场名为"敏感地带"的行为艺术展在通州区宋庄镇的北京当代艺术馆举行，艺术展分为图片展和现场展。艺术展邀请了两百多名艺术圈内的专业观众，未对外开放。郭××回忆，成×作品是《艺术卖比》，他和女搭档在展馆的阳台、地下室等地方，以性爱展示作为行为艺术作品。当时有现场的观众拍摄，现场秩序并无混乱。郭××称，3月23日，成×等几名参与表演的艺术工作者被宋庄派出所民警带走。第二天，成×被拘留。《劳动教养决定书》（京劳审字［2011］第834号）称：

北京市人民政府劳动教养管理委员会审理查明：2011年3月20日下午，成×伙同任××（另案处理）在北京市通州区宋庄镇北京当代艺术馆楼顶、地下室等公共场所，裸体进行淫秽表

---

① 轩召强. 干露露母女骂人致综艺节目被停播［EB/OL］.：广电总局网，2012－11－28.

演,引发多人围观,造成现场秩序混乱……成×寻衅滋事一案,事实清楚,证据充分,应予认定。现决定对成×劳动教养一年。决定劳动教养前,先行羁押一日折抵劳动教养期限一日,劳动教养期限自 2011 年 4 月 24 日起至 2012 年 3 月 23 日止。①

高××酒驾获刑 高××,作曲家、填词人、音乐制作人及导演,"校园民谣"的代表人物。2011 年 5 月 9 日晚,高××因酒后驾驶,造成四车追尾。10 日下午 4 时 15 分,高××因涉嫌危险驾驶罪被刑事拘留。有网友将醉驾者高××的成名作《同桌的你》进行了改编,新版名为"酒驾的你",以此来调侃酒驾入刑后第一个被抓的名人。

5 月 17 日下午,北京市东城区人民法院在公开审理了高××醉驾案后当庭宣判,高××的行为已经构成危险驾驶罪,依法判处其拘役 6 个月,并处罚金人民币 4000 元。②

苏×诈骗案 苏×,作曲家、音乐制作人,曾任中国音像协会音乐制作委员会常务副主任、中国音乐著作权协会理事、国际 POPS 音乐学会会员、中国百老汇杂志社总编辑,代表作有《血染的风采》《黄土高坡》《热血颂》,还曾为歌曲《月满西楼》《姐妹弟兄》,电视剧《永不放弃》《结婚十年》《大汉天子》作曲。2011 年 11 月 10 日,苏×因合同诈骗 5700 万元,被北京市第二中级人民法院判处无期徒刑,剥夺政治权利终身。后上诉,2012 年 5 月 31 日,北京市高院对此案做出二审裁定,认为一审法院对苏×做出的判决存在事实不清、证据不足,决定撤销一审判决,并将案件发回市二中院重新审理。2012 年 10 月 13 日,二中院对苏×合同诈骗一案重审进行了审理和宣判,刑期由原审

---

① 李超. 行为艺术涉性男子被劳教一年 [N]. 新京报,2011 - 05 - 09 (A11).
② 李松,黄洁,杨愿. 高晓松当庭忏悔拒绝律师罪轻辩护 [N]. 法制日报,2011 - 05 - 18 (8).

的无期徒刑改判为有期徒刑 15 年，原审的没收个人全部财产，也改判为处罚金 3 万元。①

歌手李××涉毒被判刑　李××，2007 年毕业于××音乐学院。2012 年 7 月在浙江卫视《中国好声音》节目上凭一首《我的歌声里》歌曲而走红。代表作品有《我的歌声里》《到不了》《遗憾》。2014 年 3 月 17 日，被证实因涉毒被抓。5 月 27 日，据北京市朝阳区人民法院官方微博消息，李××容留他人吸毒案定于 27 日上午 9 时在北京市朝阳区人民法院依法公开开庭审理。庭审阶段，公诉机关指控：被告人李××于 2014 年 2 月至 3 月间，在其位于本市朝阳区三里屯首开幸福广场××号楼××单元××室的暂住地内，先后多次分别容留卢××（男，28 岁，浙江省人）、郝××（男，33 岁，河北省人）、郑××（男，36 岁，内蒙古自治区人）吸食毒品。公诉机关认为：被告人李××无视国法，为满足私欲，多次容留他人吸食毒品，其行为触犯了《中华人民共和国刑法》第 354 条之规定，犯罪事实清楚，证据确凿充分，应当以容留他人吸毒罪追究其刑事责任。经过法庭审理，判决被告人李××犯容留他人吸毒罪，判处有期徒刑 9 个月，罚金人民币 2000 元。②

黄××嫖娼案　黄××，天津人，演员、歌手。1996 年毕业于北京市××戏曲艺术学校艺术管理班，1997 年考入北京××电影学院表演系本科班。2001 年在读大学四年级的他在康××导演的电视剧《激情燃烧的岁月》中饰演"石林"，开始走上了演艺道路；2003 年在电视剧《福星高照猪八戒》中饰演"猪八戒"；2007 年在高××导演的《新上海滩》中饰演"丁力"；2010 年在与海×合作的电视剧《媳妇的美好时代》中饰演"余

---

① 裴晓兰. 苏越诈骗案由无期改判 15 年［N］. 京华时报，2012 - 10 - 13（10）.

② 辛闻. 李代沫因容留他人吸毒获刑九个月称不会上诉［EB/OL］.：中国网新闻中心要闻，2014 - 05 - 27.

味",获得第28届飞天奖、第25届金鹰奖优秀电视剧奖;2011年在抗日战争故事片《永不磨灭的番号》中饰演"李大本事",获得第18届上海电视节白玉兰奖最佳男演员奖;2013年在央视和湖南卫视合拍的热播剧《咱们结婚吧》中饰演"果然"。曾被赋予"经济适用男""国民老公""国民女婿"等称号。歌曲作品有:《霸王别姬》《酒歌》《新上海滩》《小夫妻》《壮志在我胸》《你是我心内的一首歌》《完美生活》《义气》《连命都给你了》。2014年5月15日黄××在北工大建国饭店嫖娼时被北京警方抓获,16日被警方送往看守所,并判处15日行政拘留。《法制晚报》记者从警方证实,5月30日北京警方依法决定对黄××等人进行收容教育,为期6个月。①

房××吸毒 房××,80后,原名陈××,籍贯安徽芜湖,中国歌手,演员。父亲是香港武打巨星成×,母亲是金马影后林××,毕业于香港华仁书院。房××出道时曾发表歌曲《边走边唱》,后出演了《千机变2》《追影》《早熟》《花木兰》等影片。2007年拍摄电影《男儿本色》,该片在票房上获得成功,而他的演技也首次得到了媒体的认可,演绎风格亦被评价为类似著名实力歌手张学友早期的电影表演,被许多人认为是一个有潜力的电影演员。2014年8月18日晚,北京警方发布微博,证实房××涉嫌吸毒及容留他人吸毒,已被依法拘留。2014年12月22日,北京市东城区人民检察院以容留他人吸毒罪对房××依法提起公诉。2015年1月9日上午,东城法院开庭审理了房××涉嫌容留他人吸毒一案。对于公诉机关指控的犯罪事实和罪名,被告人房××表示无异议,并自愿认罪。最终,房××被判有期徒刑六个月。②

---

① 张雷,王巍,张婷婷.拘留期满 黄海波被收容教育[N].法制晚报,2014-05-31(A13).
② 鲍文玉.房祖名涉容留他人吸毒案开庭自愿认罪[EB/OL].:中国新闻网—新闻中心—娱乐新闻,2015-01-09.

柯××吸毒 柯××，90后，本名柯××，生长于台湾澎湖县，中国文化大学体育学系学生，因分身乏术，已办理休学。2011年演出由"九把刀"小说改编的电影《那些年，我们一起追的女孩》中的"柯景腾"一角爆红，并获得第48届金马奖最佳新演员奖。其父柯××与歌手庾××为好友，也是带领柯××出道的关键贵人。音乐作品有《永远不回头》《寂寞的咖啡因》《有话直说》等。2014年8月18日晚，北京警方发布微博，证实柯××因涉嫌吸毒及容留他人吸毒，被依法拘留。

尹××非法持有毒品被判刑 尹××，歌手、演员，代表作有歌曲《纤夫的爱》《天不刮风天不下雨天上有太阳》等。2014年12月25日，北京警方根据群众举报，在朝阳区某小区内将尹××抓获。2015年1月7日，北京丰台区人民检察院以涉嫌非法持有毒品罪对尹××批准逮捕，他也成为2015年涉毒吸毒被批捕的首位明星。2月12日，北京市朝阳区人民检察院以涉嫌非法持有毒品罪对犯罪嫌疑人尹××提起公诉。2015年2月28日上午9时，歌手尹××非法持有毒品案在北京市朝阳区人民法院开庭审理。法庭当庭宣判，尹××因非法持有毒品罪，一审获刑7个月。上午9时整，该案准时开庭。尹××着便装被带入法庭。北京市朝阳区人民检察院指控，被告人尹××于2014年12月25日14时许，在其居住地北京市朝阳区某处被查获。民警当场从上述地点起获毒品15份。经北京市公安司法鉴定中心鉴定，上述毒品中甲基苯丙胺净重13.93g，氯胺酮净重0.04g，大麻净重1.02g。对公诉机关指控的事实和罪名，尹××均无异议并自愿认罪，说："既然已经触犯了法律，我就接受一切法律后果"，"今天来了很多媒体，我希望通过媒体向大家表示深深道歉。登上舞台以来，大家深厚长远的爱养育着我，但我没有好好报答，却做出了给大家丢脸的事情，我只想说一声道歉。请大家一定要

第四章 教学环境论

以我为戒、以我为戒、以我为戒！"①

可见，我们艺术院校的大学生生活在这样很不理想的社会艺术环境之中，要健康成长，还真非易事。

(三) 崇拜的代价

艺术院校的大学生，他们很早就崇拜艺术。大学时期，正是他们青春、活力、精力充沛的时期，正是他们想施展才华、一夜成名的时期。但是，他们的艺术功底又并不深，成才的机会也并不多，能成为当红明星的人微乎其微。在这种状态下，他们渴望成功但又焦躁不安，不少人为自己的艺术崇拜付出了代价，肉欲、色情、吸毒、暴力、低俗、违法、犯罪等现象，在他们的身上都已有所折射或者已经有所体现。

北京"天上人间"案 2010 年 4 月 11 日晚，北京"天上人间"等四家夜总会被查封停业 6 个月，一时间成了网友关注的焦点。在北京警方开展的打击卖淫嫖娼专项行动中，149 个卖淫嫖娼团伙被打掉，256 家招嫖发廊被取缔，1132 名违法人员被处治安拘留及以上处罚，包括天上人间夜总会、旺世豪门商务会馆等 35 家娱乐场所，因存在有偿陪侍、消防隐患或涉黄被停业整顿或关停。一名不愿意透露姓名的知情者称，他认识一名曾在"天上人间"做行政的女文员，该女文员手下也有数名有偿陪侍人员，她负责管理并为客人介绍陪侍人员，圈内称之为"妈妈桑"。该知情人称，"天上人间"的服务员都是大专以上学历，而那些有偿陪侍人员中不少有研究生学历背景，她们分别来自一些比较有名的艺术院校。②

---

① 鲁明. 歌手尹相杰非法持有毒品案上午开庭 [EB/OL].：新民晚报，2015 - 02 - 28（A15）.

② 方芳，杜丁. 北京天上人间内幕曝光：部分女孩来自艺校 [N]. 新京报，2010 - 05 - 14.

某艺术学院学生裸模苏××　苏××,中国××大学艺术学院的本科生、裸模。2010年底,她在其就读的学校举办的以自己的人体摄影创作为主题的形体展览 Who Am I 开幕,众多参观者被其直白的"大胆"震惊。作为全裸模特,每场换取500元的报酬,90后的苏紫紫(艺名)陷入争议的漩涡。

某艺术学院学生药××故意杀人案　2010年10月20日晚上,××音乐学院的学生药××开车在路上撞倒了一个女孩,因担心对方记住自己的车牌号,便持刀连刺被害者8刀,致其死亡。[①]2011年1月11日,××市检察院以故意杀人罪对药××提起了公诉。同年4月22日在××市中级人民法院一审宣判,药××犯故意杀人罪,被判处死刑,剥夺政治权利终身,并处赔偿被害人家属经济损失45498.5元。5月20日,××省高级人民法院对药××案二审维持一审死刑判决。2011年6月7日上午,药××被执行死刑。

某艺术学院学生"打死"清洁工案　2011年12月5日下午3点多,在××电影学院校园浴池附近,2009级学生贡××与清洁工王××因停车问题产生纠纷,双方随后发生打斗。该清洁工在打斗中突然倒地,随后不治身亡。学生被警方控制,警方开展了调查。有学生说,冲突双方是因为倒车问题发生了纠纷,驾驶奥迪车的是该校的一名学生,当时准备倒车离开,但发现后面的三轮车挡路,于是呼唤三轮车挪车。可能是双方语气上有不合,因此互不相让,最终引发了冲突。事发前,这名清洁工在附近整理一些垃圾袋。事发后,有人将这名学生的奥迪车开走。[②]据该案代理人付律师介绍,2012年7月26日,××市××区检察院认为证据不足,贡××不具犯罪,故将案卷退回××市公安局×

[①] 马广浩.《今日说法》关注药家鑫案,媒体揭药家神秘面纱[EB/OL].:西部网新闻频道,2010-12-16.

[②] 张剑,周鑫.北电内停车引冲突 一学生致死清洁工[N].京华时报,2011-12-06(15).

××分局,要求补充侦查。据了解,事件发生后,清洁工王××的两次尸检结果均为心脏病,贡××家属曾对王××家人给予75万元的民事赔偿款。①

某艺术院校两女生涉嫌投毒案 2014年1月14日,××艺术院校两名同一宿舍的女生突然出现中毒现象,经送医院检查,是亚硝酸盐中毒。两女生的室友曹某落网后称,她因受不了嘲讽欲服毒自杀,在倒水过程中不慎将亚硝酸盐掉入饮水机里。曹某喝了一口含亚硝酸盐的水后放弃轻生,而两名室友因饮水而中毒。2月14日,记者从××市××区人民检察院获悉,曹某因涉嫌投放危险物质罪已被批准逮捕。②

某艺术院校一女生赴台湾卖淫被逮捕 2014年9月3日,台湾"移民署"拂晓出击,破获双北地区最大卖淫集团,逮捕二十多人,涉案人数非常惊人。据台湾媒体报道,有几分神似大陆艺人范××的吴姓大陆女子,以医美名义到台湾卖淫,因为长相佳、功夫好,成为抢手货,短短14天,至少接客110人,就在她准备满载而归前夕,被台"移民署"查获。台"移民署"查出,该应召站旗下陆续有百名大陆女子卖淫,一年获利高达上亿元。报道称,花名"雪儿"的吴姓女子,来自贵州省,25岁,有着一头飘逸长发和白皙如雪的肤色,她以电子公司行政专员名义到台湾从事医美,但一到台湾,即由人蛇接送到应召站,立马成为应召站红牌。除了雪儿,应召站还有一名年仅20岁的××艺术学院二年级的况姓女学生,况氏因崇尚名牌LV和爱慕虚荣,入不敷出,甘心在人蛇集团诱使之下,凭着姣好身材及舞蹈

---

① 李婧.北电男打死清洁工追踪:检察院认为证据不足再次要求补充侦查[N].燕赵都市报,2012-07-30(8).

② 庾琳,李杨.两女生饮水中毒 室友涉案被逮捕[N].南国早报,2014-02-16(A7).

底子，连续两次以"医美健检"名义到台湾。①

某艺术院校女教师贩毒给学生　2014年12月16日，市民郑义（化名）向××晚报、××网记者举报，12月初，某艺术类院校一名女教师涉嫌贩卖毒品被警方抓获。身为高校女教师，某艺术类院校的李某不但吸毒，而且还是一名毒贩子。令人气愤的是，李某竟将冰毒贩卖给了自己的学生，毒害在校大学生们。12月18日，××晚报、××网记者调查发现，李某涉毒案一共涉及该校两名教师、八名在校大学生。涉案在校大学生涉及戏剧影视表演系、钢琴系等院系。除有人吸毒外，还有容留他人吸毒等。内部人士分析，随着警方深入调查，不排除还有师生会涉案。②

（四）艺术从业者职业道德建设的急迫与进展

1. 文艺界核心价值观及文艺工作者职业道德公约的出台

频发在一些艺人身上的不道德行为甚至是严重违法违纪行为，把艺术行业的职业道德建设推到了社会关注和舆论的风口浪尖上，文艺界的一些富有社会责任感的人士开始对文艺界职业道德建设的问题与出路进行了积极的反思。

从2010年8月开始，中国文学艺术界联合会（以下简称文联）成立了专门的课题组，就概括提炼"文艺界核心价值观"和起草制定《中国文艺工作者职业道德公约》进行了深入的调研。课题组委托上海市文联、重庆市文联、河南省文联、湖南省文联、青岛市文联、武汉市文联、电子科技大学马克思主义教育学院等7个单位分别承担了7个子课题的调研任务。经过一年的

---

① 张魏桔. 大陆女子赴台卖淫被查　神似范冰冰14天接客上百［EB/OL］.：光明网－光明教育－教育频道－校园内外，2014－09－05.
② 本报特别报道组. 高校女教师贩毒给学生［N］. 沈阳晚报，2014－12－19（2）.

努力，2011年8月，课题组完成了《中国文艺工作者职业道德公约调研报告》和7个分报告，即《我国文艺工作者开展行业自律、职业道德建设的现状》《新形势下社会和公众对文艺工作者职业操守和社会形象方面的新要求》《国内其他人民团体和行业组织起草职业道德规范的成功做法》《国外有关艺术机构和文艺从业人员在开展行业自律、规范职业道德等方面的有益经验》《党和国家领导人关于文艺工作者职业道德和社会责任的一系列重要论述》《起草中国文艺工作者职业道德公约应把握的基本原则和主要问题》《中国文艺工作者职业道德公约的主要内容》。2011年11月下旬，中国文联组织课题组成员及相关专家，经过深入研讨，初步概括提炼了"文艺界核心价值观"，并在此基础上起草了《中国文艺工作者职业道德公约（初稿）》，广泛征求意见。2012年3月1日，中国文联九届二次全委会审议通过了"文艺界核心价值观"和《中国文艺工作者职业道德公约》。[①]

"爱国、为民、崇德、尚艺"成为文艺界的核心价值观，"爱国"是文艺工作者的精神气节，"为民"是文艺工作者的价值取向，"崇德"是文艺工作者的基本操守，"尚艺"是文艺工作者的职业追求。而《中国文艺工作者职业道德公约》则是广大文艺工作者践行文艺界核心价值观的行为规范，其内容为：

为大力加强职业道德建设，进一步规范职业行为，弘扬高尚的职业精神，积极践行"爱国、为民、崇德、尚艺"的文艺界核心价值观，争做德艺双馨的文艺工作者，更加自觉主动地推动社会主义文化大发展大繁荣，特制定本公约。

一、坚持爱国为民。忠于祖国，忠于人民，拥护中国共产党的领导，为人民服务、为社会主义服务，用优秀的文艺作品奉献

[①] 黄维．"文艺界核心价值观"和《中国文艺工作者职业道德公约》发布[EB/OL].：人民网-文化频道，2012-03-02.

人民、回报社会。坚决抵制一切分裂祖国、破坏民族团结和损害人民利益的言行。

二、弘扬先进文化。继承和发扬中华民族优秀文化传统,吸收人类文明成果,自觉运用社会主义核心价值体系指导文艺实践,唱响主旋律,讴歌真善美,贬斥假恶丑,把社会效益放在首位。反对在文艺创作中歪曲历史、亵渎崇高、宣扬色情暴力和封建迷信。

三、追求德艺双馨。坚守艺术理想和艺术良知,追求高尚的道德情操。诚实守信、勤奋敬业,深入生活、刻苦学习,锐意创新、精益求精,不断锤炼艺术品格,勇攀艺术高峰。反对粗制滥造、弄虚作假、急功近利,反对拜金主义和极端个人主义,自觉抵制低俗之风。

四、倡导宽容和谐。坚持百花齐放、百家争鸣,尊重艺术规律,发扬艺术民主,开展积极健康的文艺批评。提倡相互切磋、取长补短、共同进步,积极营造团结和谐的氛围。反对门户之见、文人相轻。

五、模范遵纪守法。勇担社会责任,弘扬社会正义,引领文明风尚。自尊自重、遵纪守法,热心公益、乐于奉献。反对损人利己、见利忘义,自觉抵制"黄、赌、毒、黑"。

各级文学艺术界联合会及文艺家协会要积极宣传和推动本公约的执行。全国文艺工作者要自觉遵守本公约,自觉接受社会监督。

"文艺界核心价值观"和《中国文艺工作者职业道德公约》的出台,其目的在于贯彻落实党的十七届六中全会精神和九次文代会精神,推进社会主义核心价值体系建设,培养造就德艺双馨的文艺人才队伍,进一步提高文艺工作者队伍的整体素质,树立良好的社会形象,引领文明道德风尚,推动社会主义文化的大发展大繁荣。毋庸置疑,"文艺界核心价值观"和《中国文艺工作者职业道德公约》的出台,对艺术界职业道德的建设起了十分重要的推动作用,是艺术界职业道德建设的一个巨大进步。但是,同时也应该看到,面对多年来艺术界不良行为频发,而且不良行为似乎有成为惯性和陋习之势的现状,"文艺界核心价值观"和《中国文艺工作者职业道德公约》作用的发挥必然有一个渐进的过程,对不良行为的制约也难以起到立竿见影的效果,事实也证明了这一点。

"文艺界核心价值观"和《中国文艺工作者职业道德公约》出台后,那些不良艺人的不良行为依然频发,演艺界、媒体界对不良行为的炒作依然我行我素。吸毒,不仅是违法犯罪的事,而且也是不道德的事;性丑闻、肉欲,不仅是低级、庸俗、媚俗的事,更是丑陋的事。对于这些事,一些媒体、一些不良人士,不是担负起社会责任,给予其正面的批评、抵制,而是继续热衷于去炒作、去鼓与呼,这应该是更丑陋、更不能容忍的事。是非观乱了,荣辱观乱了,不以为耻反以为荣的趋势似乎不是在消减而是在加强。"文艺界核心价值观"和《中国文艺工作者职业道德公约》出台后,仅 2014 年 1 月到 8 月,就陆续有李代沫、张耀扬、张元、宁财神、张默、何盛东、高虎等多名演艺界人员因吸毒被抓。

2."拒绝毒品、阳光生活"活动的开展

2014 年 8 月 13 日,在北京市演艺界举行的"拒绝毒品、阳光生活"禁毒主题倡议活动上,北京市演出行业协会和各演出公司签订了《北京市演艺界禁毒承诺书》,承诺不录用、不组织涉毒艺人参加演艺活动,净化演艺界队伍等。北京市禁毒办副主任金志海表示,希望作为公众人物的演艺界人士不沾毒、不染毒、不和有吸毒行为的人员交往;演艺公司和团体建立健全行业禁毒规范,加强对演艺人员的法律法规教育,对涉毒的演艺人员坚决不录用,不为其提供演出平台,更不能将其污点当作炒作的素材和炫耀的资本。①

就在 2014 年 8 月 13 日北京市演出行业协会和各演出公司签订了《北京市演艺界禁毒承诺书》的五天后，即 8 月 18 日，香港艺人房祖名、台湾艺人柯震东在北京涉嫌吸毒遭警方逮捕。艺术界职业道德建设太迫切，从艺术院校育人的社会环境的角度看，这是一个巨大的挑战。针对演艺圈的黄、赌、毒，2014 年 9 月，有网友调侃说，"三月李代沫，四月文章，五月黄海波，六月宁财神，七月张耀扬，八月房祖名、柯震东，九月王全安，期待十月……"这种调侃，在一定程度上描述了人们内心的不安和担忧。

3. 反"三俗"任重而道远

2014 年 9 月 28 日，国家新闻出版广播电视总局下发了《国家新闻出版广播电视总局办公厅关于加强有关广播电视节目、影视剧和网络视听节目制作传播管理的通知》（新广电办发〔2014〕100 号文件），该通知的全文如下：

各省、自治区、直辖市新闻出版广电局，新疆生产建设兵团新闻出版广电局，总局机关各司局，中央三台，中国电影集团公司，中国电影股份有限公司，电影频道，中国教育电视台：

一段时间以来，个别编剧、导演、演员等广播影视从业人员因吸毒、嫖娼等违法行为被公安机关查处，其行为触犯了法律法规、败坏了社会风气，尤其是作为社会公众人物，损害了行业形象，造成很坏的社会影响，对广大青少年健康成长尤为不利。广播影视作品是传播社会主义先进文化、弘扬社会主义核心价值观的重要载体。总局历来倡导广播影视从业人员遵纪守法，自觉践行社会主义道德，抵制庸俗、低俗、媚俗之风；历来倡导广播影

---

① 卢国强．"拒绝涉毒明星"北京市演艺机构签承诺书［EB/OL］．：新华网－新华网每日电讯，2014－08－14．

视文艺工作者追求德艺双馨，通过优秀作品和良好形象在社会上传播正能量。为进一步净化音频、荧屏、银幕和网络环境，营造良好从业氛围，现重申有关要求如下：

一、各级广播电视播出机构要坚持正确导向，不得邀请有吸毒、嫖娼等违法犯罪行为者参与制作广播电视节目；不得制作、播出以炒作演艺人员、名人明星等的违法犯罪行为为看点、噱头的广播电视节目；暂停播出有吸毒、嫖娼等违法犯罪行为者作为主创人员参与制作的电影、电视剧、各类广播电视节目以及代言的广告节目。

二、各级有线电视网络公司在电视视频点播、电视回看等业务服务中，暂停播出（点播）有吸毒、嫖娼等违法犯罪行为者作为主创人员参与制作的电影、电视剧和各类电视节目。

三、城市电影院线、电影院、农村电影放映院线和电影队暂停放映有吸毒、嫖娼等违法犯罪行为者作为主创人员参与制作的电影。

四、网络视听节目服务机构暂停传播有吸毒、嫖娼等违法犯罪行为者作为主创人员参与制作的电影、电视剧、网络剧、微电影和各类节目，不得邀请有吸毒、嫖娼等违法犯罪行为者参与制作网络视听节目、网络剧、微电影；不得制作传播以炒作演艺人员、名人明星等的违法犯罪行为为看点、噱头的网络视听节目；

五、在广播影视对外交流中，暂停有吸毒、嫖娼等违法犯罪行为者作为主创人员参与制作的电影、电视剧和各类节目的赠送、销售和交流。

特此通知

国家新闻出版广播电视总局办公厅
2014 年 9 月 28 日

该通知是国家新闻出版广播电视总局做的很有社会意义的一件事，也可以说是国家新闻出版广播电视总局在影、视、歌、娱乐等方面履行其社会职责。近些年来，吸毒人员高频次地出境、对演艺人员丑陋行为的高调炒作、庸俗低俗媚俗之风大面积地泛滥等社会问题越来越严重，作为国家行政职能部门，国家新闻出版广播电视总局难辞其咎。

2005 年、2006 年，民间反低俗之风已此起彼伏。2004 年、2005 年由湖南卫视举办的《超级女声》已十分火爆，受到许多青少年的喜爱，收视率曾一度创下了新高。也正因为如此，其所存在的问题，如影响孩子们的学习、低俗等也一样受到高度关注，尤其是一些家长更是提出了强烈反对。文化部原部长、全国政协常委兼教科文卫委员会主任刘忠德说："看超女让很多孩子的学习成绩下降，很多人给我打电话。有一个北大的教师，一直想提出反对超女，但又怕跟超女的支持者产生矛盾。有的父母哭着跟我讲，看着孩子们看超女节目急得要哭，但没有办法。很多老师也特别着急，都在呼吁把这个节目停掉，还青少年一个健康的环境。"

2006 年 4 月 20 日，在中国剧《天鹅湖》新闻发布会上，中国演出家协会主席刘忠德提出要弘扬高雅艺术，并指出："超女、超男都来了，说得不好听，就是对艺术的玷污。"[1] 刘忠德对超女的这一批评，后被称为"刘忠德一批超女：玷污艺术"，刘忠德本人也被称为"中国抨击超女第一人"。2006 年 4 月 24 日，刘忠德在接受记者采访时说："文化产品是不能完全依靠市场来选择和决定的。市场选择的不一定是好东西。超女肯定是市场选择的，但不能让劳动人民整天陶醉在低俗的文艺当中"，"不能让我们的年轻人在娱乐和笑声当中受到毒害"，"超女这种娱乐背后隐藏着对青少年的毒害。"[2] 刘忠德对超女的这一批评，后被称为"刘忠德二批超女：毒害青少年"。2006 年 4 月 29 日，刘忠德就其批评超女一事召开说明会，说："超女现象对教育也

---

[1] 彭国宇. 中国演出家协会主席指超女超男是对艺术的玷污 [N]. 华夏时报（京），2006 – 04 – 21.

[2] 彭国宇. 全国政协常委称超女让年轻人受到毒害 [N]. 华夏时报（京），2006 – 04 – 24.

是极大的破坏。作为文化教育工作者,我非常着急。年轻人应该争分夺秒地学习,而超女却在宣扬一夜成名和暴富",①"超女的毒害在于参加者和观众受到错误引导,认为不用努力就可以一夜成名、一夜暴富。从艺术角度看,像超女这样一夜成名是不可能的,是违背艺术规律的。超女的收视率越高,毒害就会越大。"② 刘忠德对超女的这一批评,后被称为"刘忠德三批超女:破坏教育"。

刘忠德在4月24日接受记者采访时还说道:"超女这种娱乐背后隐藏着对青少年的毒害","文化部有责任免除这种毒害","作为政府文化艺术有关管理部门来讲,不应该允许超女这类东西存在。因为娱乐节目也有导向的问题","广电总局有个文件,已经不应该让这样的活动再继续下去。关键是执行文件的延续性,都是说了不算数,但超女照样在弄。就像刚下完不让电视插播广告的文件,但电视还是照样在插播。"在4月29日的说明会上,刘忠德再次说道:"广电总局作为管理部门监督管理不力","网民和超女本身无可非议,而管理部门和主办机构要有责任感","有关部门不能在发文之后不按规定办事、不监督管理,希望有关部门加强管理并且认真执行各种批文所规定的内容,政府部门要有威信。"那么,广电总局是怎样回应刘忠德的批评的呢?4月25日,国家广播电影电视总局新闻发言人朱虹表示,超女的出现还是有一定积极意义的,它有助于我国广电产业的进一步发展,有利于丰富人民群众的业余生活,应该给这样的节目提供一定的生存空间,不能一棒子打死。朱虹称:"此前,广电总局在'关于同意湖南电视台举办《超级女声》活动的批复'中,已经做了明确的规定。该批复是在征求了学生、家长及相关

---

① 彭国宇. 文化部原部长刘忠德三批超女:破坏教育 [N]. 华夏时报(京),2006-04-29.

② 彭国宇. 政协常委刘忠德三批超女 指其破坏教育 [EB/OL]. 人民网-文化-媒体联播,2006-04-30.

专家意见的基础上做出的,只要按照批复中的规定执行,就不存在毒害青少年的问题。"此外,朱虹还说,以前的超女确实存在一些影响学生学习、影响教育活动的因素。今年广电总局对超女做出了明确的限制,比如报名者必须年满18岁,参赛选手的台风、语言、服装要符合大众审美观念,不能低级媚俗,评委点评要实事求是、平等善意,不搞不切实际的吹捧,不搞令参赛选手难堪的责难,不能借此自我炒作,等等。这些限制都是在充分考虑了导向的基础上做出的,可以避免以往导向不利的因素。关于广电总局此前有一个"不让这样的活动再继续下去"的文件的说法,朱虹予以否认,"完全没有这样一个文件,更不存在执行文件的延续性问题"。①

事实证明,在反低俗的问题上,广电总局的态度并不明朗、并不坚决,因而也并未取得多少实效。其后,低俗的问题越来越严重,由"一俗"(低俗)发展到了"三俗"(庸俗、低俗、媚俗)。

2010年7月23日,中共中央政治局就深化文化体制改革举行了第二十二次集体学习,胡锦涛主席在会上强调:"要引导广大文化工作者和文化单位自觉践行社会主义核心价值体系,坚持社会主义先进文化的前进方向,坚决抵制庸俗、低俗、媚俗之风。"② 这是近年来中央最高层首次明确强调要抵制"三俗"之风。如果广电总局此前已经做好了反"三俗"的工作,那么就不需要时任党的总书记、国家主席的胡锦涛在讲话时还提出要"坚决抵制庸俗、低俗、媚俗之风"的问题了。

2012年3月1日,《中国文艺工作者职业道德公约》提出

---

① 常悦.刘忠德批超女事件续:超女在推销一夜暴富观念[EB/OL].北方网-新闻中心-国内-各地纵览,2006-04-26.

② 新华社.胡锦涛在中共中央政治局第二十二次集体学习时强调顺应时代要求深化文化体制改革推动社会主义文化大发展大繁荣[EB/OL].中华人民共和国人民政府网-领导活动,2010-07-23.

要:"反对粗制滥造、弄虚作假、急功近利,反对拜金主义和极端个人主义,自觉抵制低俗之风";"反对在文艺创作中歪曲历史、亵渎崇高、宣扬色情暴力和封建迷信";"反对损人利己、见利忘义,自觉抵制'黄、赌、毒、黑'"。这些内容,再次反映出反"三俗"问题的重要性、急迫性。

2014年10月15日,习近平在北京主持召开文艺工作座谈会并发表重要讲话,指出:"文艺不能在市场经济大潮中迷失方向,不能在为什么人的问题上发生偏差,否则文艺就没有生命力。低俗不是通俗,欲望不代表希望,单纯感官娱乐不等于精神快乐","文艺不能当市场的奴隶,不要沾满了铜臭气","要通过文艺作品传递真善美,传递向上向善的价值观,引导人们增强道德判断力和道德荣誉感,向往和追求讲道德、尊道德、守道德的生活","好的文艺作品就应该像蓝天上的阳光、春季里的清风一样,能够启迪思想、温润心灵、陶冶人生,能够扫除颓废萎靡之风"。[①]

由以上可见,反"三俗"的问题依然任重而道远。

---

① 中新社北京10月15日电.习近平主持文艺工作座谈会强调文艺不能沾满铜臭[EB/OL].:中国新闻网-首页-新闻中心-国内新闻,2014-10-15.

第五章 特色方法论（一）

一、艺术院校思想政治理论课教学方法中存在的问题

全国高校思想政治理论课教学方法中存在的普遍问题是：生硬性有余，生动性不足；说教性过重，说服性欠佳；讲解力旺盛，感染力不够；手段单一，丰富性有限；平铺直叙，艺术性缺乏。简言之，这些问题的共同点就是"硬灌"，即强硬地灌输，亦即"显性的思想政治教育"。实践证明，随着时代的发展及当代大学生身心特征、接受方式的变化，显性的思想政治教育已越来越不为当代大学生所接受，其局限性已经越来越明显，其效果似乎也越来越不佳，这种状况亟须改变。

近年来，对"隐性的思想政治教育"的研究已逐渐成为一个研究热点。隐性思想政治教育是"隐性课程"理念和方法延伸和发展的结果。1968年，美国教育社会学家杰克逊就提出了"隐性课程"的概念，即经由非学术的途径，潜移默化地将一些特定的价值观、人生观、信仰、道德观等传递给受教育者。随后，隐性教育一度成为教育界所关注的一种教育方法和途径。在美国，实际上并没有"思想政治教育"这一名称，但它却在公民教育、道德教育、法制教育等方面进行了诸多富有实效性的思想政治教育工作，可谓是"无名有实"。美国的"思想政治教育"，以隐蔽性而著称。[①] 其强大的威力，我想很多人都已经感

---

① 郭晖. 美国隐性教育对我国思想政治教育的启示［J］. 时代报告，2011-08（下期）.

受到了。

从历史的角度看,隐性的思想政治教育也并不是美国的独有物。在我国的教育传统中,早就有"寓教于乐""润物细无声"等说法。"寓教于乐""润物细无声"说的就是隐性的思想政治教育。但遗憾的是,这一良好的教育传统没有被很好地重视和传承下来。当代,我国关于隐性思想政治教育的研究起步较晚。目前,通过中国学术期刊网(CNKI)能够查找的较早的研究论文发表于2005年、2006年。

2005年发表的文章有2篇,分别为:

朱佳明. 大学校园物质形态的隐性思想政治教育[J]. 安徽电气工程职业技术学院学报, 2005 (04).

丛海燕, 何鹏, 李海兰, 翟静. 从精神形态构建大学教育中的隐性思想政治教育[J]. 中国科技信息, 2005 (15).

2006年发表的文章有2篇,分别为:

李锦红, 宋刚, 王青亚, 熊钰. 试论高校隐性思想政治教育的三种形态[J]. 四川理工学院学报(社会科学版), 2006 (02).

李海霞. 谈中学教学中隐性思想政治教育的必要性[J]. 太原城市职业技术学院学报, 2006 (06).

有人认为,"所谓隐性思想政治教育是指带有政治色彩的社会生活环境和氛围;在教育内容中隐含政治思想,教育者在与学生交往的教育过程中流露的政治情感和观点,以及育人环境施加的种种影响,如教学设施、生活设施、人文景观、人际关系、校风、校园精神、教育管理者的人格力量等"。[1]

也有人认为,"所谓隐性教育是指运用多种喜闻乐见的手段,寓教于建设成就、寓教于乐、寓教于文、寓教于游等,把思

---

[1] 马雷. 大学生社会化思想教育的隐性模式[J]. 高等建筑研究, 2002 (03).

想政治教育贯穿于其中，使人们在潜移默化中接受教育"。①

学界关于隐性思想政治教育的界定还有很多种，虽然界定的方式和语言表达的内容不太一样，但还是有一个明显的共同特点，即反对强硬的蛮灌而主张渗透。

也还有学者对隐性思想政治教育资源的开发和利用进行了描述，如："高校思想政治理论课中隐性教育资源的开发和利用可以从三方面进行：一是思想政治理论课教师自身的隐性教育资源（包括老师的思想政治素质、教师的品德修养、教师的着装、老师的语言魅力、教师的板书）；二是思想政治理论课隐性教育课程的开发，通过挖掘思想政治理论课中的隐性教育资源，能够开设选修课方式对核心内容进行扩展和补充，从而达到素质教育的目的；三是思想政治理论课主课堂的延伸（包括构建开放式教育学模式、开展丰富多彩的第二课堂和开发现代化教学手段在思想政治理论课中的潜力等）。"②

到目前为止，学界关于隐性思想政治教育的重视和研究是不够的。2014年9月20日至21日，"全国思想政治教育前沿问题高端论坛"在武汉大学召开，会上有学者归纳出思想政治教育学科发展中存在的11个问题，其中"渗透性思想政治教育研究相对较弱"是问题之一。③

在艺术院校，思想政治理论课教学方法中存在的问题与全国高校思想政治理论课教学方法中存在的问题一样，因为艺术院校思想政治理论课的教学方法几乎是从高校思想政治理论课的教学方法中拿来的，极度缺乏艺术院校应该具有的个性和特点。要解决艺术院校思想政治理论课教学方法中存在的问题，行之有效的

---

① 王瑞荪. 比较思想政治教育学 [M]. 北京：高等教育出版社，2001.
② 韩杰. 高校思想政治理论课中隐性教育资源的开发和利用 [J]. 吉林商业高等专科学校学报，2006（01）.
③ 倪素香，史姗姗. 全国思想政治教育前沿问题高端论坛综述 [J]. 思想理论教育导刊，2015（02）：139.

办法之一,就是树立隐性思想政治教育的理念,运用隐性思想政治教育的方法,从艺术院校自身的特色和优势出发,积极主动地挖掘、梳理、运用尚处于"沉睡"状态的艺术资源并将这些资源运用于艺术院校思想政治理论课的教学之中。

本章探讨用艺术资源来开展思想政治理论课教学的隐性的、多种多样的、具体的方法,本书第六章会专门从中国近现代进步音乐和人物故事资源向思想政治理论课教学方法的转化的角度,即赏析运用的角度,再作一些展示和举例。

在前面第二章(前文第77页)对运用艺术资源开展艺术院校思想政治理论课教学的做法已有粗浅的述说,但从实际情况来看,同行们对于这一方法的研究,还不系统、不成熟,无论是在理论上还是在实践上,这种研究都远远不够。本章及第六章,将对这样的方法进行理论的、实践的研究、总结和描述。

二、艺术资源与思想政治教育

(一) 艺术资源及其表现形态[①]

1. 艺术资源

从艺术的角度看,艺术资源是对艺术创作、研究、欣赏、传承、教育等活动具有可用性的、物质的或非物质的、历史的或现今的一种素材。以音乐为例,音乐资源就是对音乐创作、研究、欣赏、传承、教育等活动具有可用性的、物质的或非物质的、历史的或现今的一种素材。音乐资源与音乐的不同在于:音乐是用有组织的乐音来表达人们的思想感情、反映现实生活的一种艺术形式(可将其称为"音乐本体"),而音乐资源则不仅包括了音

---

① 陈泽黎. 论音乐资源的分类及其现实意义 [J]. 岭南音乐, 2012 (03): 60.

乐本体，还包括了与音乐本体的产生、留存和传播相关的创作演唱演奏主体、音乐器皿、音乐载体、音乐境意、音乐教育传承的主体和场所等要素。因此，对音乐的分类与对音乐资源的分类，是两个不同的问题。

新中国艺术界对音乐进行分类的研究起步较早并已取得了一些成果，其中较早的成果有中国艺术研究院音乐研究所于1964年所编著的《民族音乐概论》一书，该书将传统音乐分为民间音乐、文人音乐、宗教音乐和宫廷音乐四大类。① 又如，《数字化时代的传统音乐分类问题思考——以戏曲"声腔"为例》一文以"声腔"为标准，对传统音乐的分类作了探讨；② 《世界民族音乐多媒体数据库的建设》一文对民族音乐多媒体数据的类型作了分类探讨。③ 显然，这些研究的共同特征都是对音乐本体的分类而非是对音乐资源的分类。

艺术界对音乐资源的分类研究尚未真正开始，只有少量几项研究从资源的角度对类似于"音乐资源"概念的存在物作了分类的尝试。2004年中国音乐学院承担了北京市教委《中国传统音乐文化资源库》的研究项目，客观地说这应该是出现了一个提出和解决"音乐资源及其分类"问题的好机会，但可惜的是，由于项目研究将"传统音乐"定义为"民族音乐"，因而最后解决的是"民族音乐"的分类问题，而非"音乐资源及其分类"的问题。④

---

① 耿红梅. 音乐文化资源集成型数据库文献归集目标的设定［J］. 中国音乐（季刊），2012（03）：120.

② 姚艺君. 数字化时代的传统音乐分类问题思考［J］. 中国音乐（季刊），2008（01）：81.

③ 靳婕. 世界民族音乐多媒体数据库的建设［J］. 中国音乐（季刊），2006（01）：166.

④ 耿红梅. 关于建设《中华传统音乐文化资源库》的探讨［J］. 中国音乐（季刊），2010（02）：185.

2012年《音乐文化资源集成型数据库文献归集目标的设定》一文,从资源的角度对民族音乐文化资源的"文献"形态的归集目标作了探讨,但这一探讨却未包括"非民族音乐"文化资源的"非文献"形态。①

2011年《音乐文献信息资源共建共享的实现途径》一文对音乐文献信息的纸质资源、数据库、网络资源三种形态作了探讨,但也仅局限于对音乐的文献信息资源的研究。②

再如,在图书馆的图书分类实践中,按文献形态将音乐资源分为印刷资源、磁带资源、光盘资源等;在音乐网络资源库建设的实践中,有人简单地将音乐资源仅分为器乐作品类资源和声乐作品类资源两类,等等。

以上研究的不足在于:一是没有建立起专门的"音乐资源"的概念;二是仅就资源的文献形态进行了分类而忽略了资源的非文献形态;三是分类过于简单,导致了大量音乐资源的遗漏和遗失;四是无宏观顶层框架设计,难以涵盖音乐资源丰富多样的表现形态及其成果形式。非整体、非科学、非严谨的音乐资源的分类现状已使我们看不见音乐资源的全貌,已对音乐资源的传承和发展、音乐资源库的建设、音乐研究丰富成果的概括和表达、音乐学科的发展等方面产生了严重的制约。这些年来,非物质音乐文化的遗失与"音乐资源"概念的缺失是相关的。

2. 艺术资源的表现形态及其分类

(1) 艺术资源的表现形态

以音乐为例,音乐资源的表现形态十分丰富多样,观察的角度不同,其表现的形态就不同,但概括而言,不外乎是三种形态,即有视觉听觉特征的声、像形态;有无能动性特征的人、物

---

① 耿红梅. 音乐文化资源集成型数据库文献归集目标的设定 [J]. 中国音乐(季刊), 2012 (03): 120.

② 单亚莉, 张丽. 音乐文献信息资源共建共享的实现途径 [J]. 图书情报研究, 2011 (02): 46.

形态；具有情境和价值取向特征的境、意形态。

第一，从听觉与视觉的角度看，音乐资源可以分为声、像形态。声音是音乐资源最直接、最首要的表现形态，音乐就是声音的艺术。美声、民族、流行，唱法不同；京剧、黄梅戏、越剧、评剧，唱法不同；二胡、古筝、笛子、葫芦丝，音色不同。像，作为声音的注解，是音乐资源的重要组成部分，这一特征在戏曲中表现得尤为突出，一招一式不仅注解着声的含义，还带有明显区别于其他戏曲种类的形表服饰特征。现代科学技术的发展，为这一特征的记录和传承提供了新的技术手段和发展前景。现代音乐更是与现代科学技术紧密地联系在一起，视觉画面不再仅仅是形表服饰特征的简单记录，更是现代音乐艺术语意表达方式的新突破和新手段，MTV、电视音乐等是这种新突破和新手段的典型。

第二，从是否具有能动性的角度看，音乐资源可以分为人、物形态。人是音乐资源生产和存在的能动性因素，是音乐资源的主体形态。任何音乐资源都是由人所创作或所表演的，或是与个人相联系，或是与群体相联系。在音乐资源的主体形态中，音乐院所、音乐团体、音乐媒体等等，在音乐教育、传播、研究、创作等方面发挥着特别重要的组织作用。从音乐自身的发展和社会需要来看，他们也表现为音乐资源。物，虽然是不具有能动性的音乐资源，但它却是音乐资源的物化成果和物质形态，表现为：各不相同的曲谱歌词、名称各异的书本、各式各样的乐器、华丽高雅的音乐厅歌剧院博物馆、陈年的新拍的影像和实物图片等等。

第三，从情境氛围和价值取向的角度看，音乐资源可以分为境、意形态。境，是音乐所塑造的情感境界或现场的情感氛围。音乐最能塑造境界和氛围，或巍巍乎若高山，或荡荡乎若流水；或震撼心灵，或唤醒热情；或激昂如雷贯耳，或低沉如抽细丝；或悲伤让人声泪俱下，或喜悦让人愉悦满怀；或让人肃然起敬，或让人激动难抑；或让人安逸沉思，或让人遐想万千；或让人摈除杂念，或让人坚定信念。意，是音乐资源所蕴含的主题思想和所追求的价值倾向，这是音乐资源的灵魂与核心。人们需要更多的是对音乐的这种由主题思想和价值倾向所决定的意义的认同和表达的需要。

（2）艺术资源的分类

以音乐为例，依据音乐资源的表现形态，按照音乐资源与受众之间作用方式的不同，我们可以将音乐资源划分六大类，分别为：

第一类，声像资源，即各类音乐的声音和行表特征的记录，在其下可构建美声、民族、流行、戏曲等二级目录。

第二类，主体资源，即音乐家、音乐院校、音乐团体、音乐媒体等，可以以此构建二级目录。

第三类，文本资源，即曲、词、论文、著作、教材等，可以以此构建二级目录。

第四类，器乐资源，即民族乐器、西洋乐器等，可以以此构建二级目录。

第五类，场境资源，即现场音乐会、音乐厅、音乐博物馆、音乐展览馆等，可以以此构建二级目录。

第六类，价值资源，即理论价值与精神价值，亦即音乐理论、器物、人物、作品中所蕴含的主题思想和价值取向。理论，如"宫、商、角、徵、羽"五声理论，十二律理论等；器物，如编钟、二胡、笛子等，它们所体现的是中华民族独特的音乐智慧和音乐文化。人物，如梅兰芳、阿炳等，在他们的身上体现了爱国主义精神和民族精神。作品，如《中华人民共和国国歌》、《没有共产党就没有新中国》等，它们所体现的是对新中国和对党的热爱。就作品而言，可按主题的不同构建若干二级目录，如歌唱祖国歌曲、革命歌曲、抗日歌曲、军民一家亲歌曲、孝亲歌曲、改革开放歌曲、励志歌曲等。

（二）艺术资源的思想政治教育功能

1. 艺术资源的功能

对艺术及艺术资源功能的科学分析，是回答艺术资源是否具有思想政治教育功能问题的前提，只有在科学地、合理地解决了艺术及艺术资源的功能的前提下，才能科学地、合理地回答艺术资源是否具有思想政治教育功能的问题。以音乐为例，音乐及音乐资源具有什么样的功能呢？

关于音乐功能的研究，学界前期的、他人的主要观点有：

第一，"两功能论"，指从艺术学和音乐学角度着眼，音乐的功能的系统可分为审美功能和非审美功能。①

第二，"四功能论"，指音乐具有认知功能、教育功能、美感功能、促进创造性思维发展四项功能；② 或者认为中国传统仪式音乐具有人神沟通、培育信众、结构仪式和塑造情感经验四项功能等。③

第三，"五功能论"，指音乐具有教育、认识、实用、娱乐、审美五种社会功能。④

第四，"多功能论"，指音乐具有思想教育、道德教育、行为规范教育、智能教育、旅游开发、非智力因素开发、促进英语体育美术等课程教学、促进社会和谐等多种功能，这些功能被广泛地运用于审美、劳动、体育、健康、医学、战争、现实生活之中。

第五，"陶冶论"，指在人的德育教育过程中，音乐具有陶

---

① 付文娟. 论音乐艺术的功能［D］. 河北大学，2004.
② 张怡美. 略论音乐艺术的社会功能［J］. 金陵职业大学学报，1998（11）.
③ 左志坚. 论仪式音乐功能的双重特性——以广西大板瑶"度身"仪式为例［J］. 歌海，2011（4）.
④ 吕云路. 音乐的社会功能［J］. 聊城大学学报（哲学社会科学版），2002（05）.

冶性格、培养审美能力、开发创新思维、促进身心健康的功能。①

第六,"行为导向论",指可以通过音乐来改变人的性格、心理、意识、世界观、人生观等等,从而对人的行为起到导向作用,改变人的行为,改变人的生活。②

第七,"三层次论",指从音乐社会学的角度将音乐的功能区分为非倾向性功能、审美功能、倾向性功能三个层次。音乐中非倾向性功能的产生,是人们在感知音乐时,情绪受到某种激发或抑制的一种反应,这种情绪反应并不受社会关系的制约,只是使人们的天然生物需求得到满足。此时,音乐以情绪的方式满足人们精神生活的自然需求。从这个意义上说,音乐中的非倾向性功能,是表层的、基本的情绪,是感情的表面形式。③

第八,"特殊功能论",指音乐具有音乐胎教、音乐治疗、音乐的社会教化等特殊功能。④

第九,"促进和谐论",指认同中国古代的"乐从和"及西方古希腊毕达哥拉斯学派音乐的作用主要是"和谐"与"净化"的观点,认为音乐具有促进社会和谐的功能。⑤ 还有人从德和、政通、人和三个方面论述了音乐在构建和谐社会中的作用与功能。⑥

第十,"旅游功能论":认为音乐具有旅游方面的功能,如

---

① 张媛媛、李淼. 试论音乐审美教育的德育功能 [J]. 山西广播电视大学学报, 2009 (05).

② 徐起飞. 论音乐的行为导向功能 [J]. 大众文艺(理论), 2008 (12).

③ 陈坤鹏. 试论音乐功能的三个层次及倾向性功能在音乐实践中的应用 [J] 艺术探索, 1998 (S1).

④ 师小平. 论音乐的特殊功能 [J]. 职业技术, 2010 (06).

⑤ 钟三艳. 发挥音乐功能促进社会和谐 [J]. 萍乡高等专科学校学报, 2007 (05).

⑥ 石蕾. 音乐在构建和谐社会中的作用与功能 [J]. 襄樊职业技术学院学报, 2007 (06).

进行观赏、体验、休闲、购物、举办大型活动等。①

从以上关于音乐功能的分析可见：

一是人们的认识角度不同，对音乐功能的划分就不同。在这里值得注意的问题是，对音乐功能的归类与分析虽然可以从人们的实际需要出发，但不管怎样都应基于音乐自身所蕴涵的内容、基于音乐与研究客体的内在逻辑关系来研究，其每项功能的确定都是源于音乐资源自身的合理的、合逻辑的延伸和推演，而不能牵强附会，不能只顾分析需要而主观任意设定功能，不能无限扩大其功能。尤其是，对于高校的思想政治教育而言，并不是音乐的所有功能都能转化为思想政治教育功能，有的功能（如音乐治疗）只能说是音乐的功能，而不能说是音乐的思想政治教育功能，要认识到这种差别，不能一并视之。

二是以上关于音乐功能认识，一方面有无限夸大的倾向和趋势，似乎音乐无所不在、无所不能；另一方面还存在一个共性的缺陷，只分析了音乐功能的积极一面，而忽视了音乐功能的消极一面，只分析了音乐的积极功能，而忽视了音乐的消极功能。当然，也有个别的研究者已经看到了这一点，认为低级庸俗的音乐麻痹人们的情感、腐蚀人们的思想、消磨人的意志，甚至对社会风气产生不良的影响。②

学界关于音乐资源的功能，也有一些研究，如：

杨海源. 少数民族地区高校音乐教育与传统音乐资源［J］. 民族教育研究，2005（01）.

秦卫红. 西部少数民族传统音乐资源与西部高校音乐教育专业改革［J］. 广西教育学院学报，2005（06）.

---

① 陈浩，陆林. 基于音乐功能的旅游产品开发［J］. 资源开发与市场，2005（03）.

② 吕云路. 音乐的社会功能［J］. 聊城大学学报（哲学社会科学版），2002（05）.

哈睿. 面向课堂教学的中小学音乐教学资源整合 [J]. 中国电化教育, 2006 (06).

孙梅. 互联网音乐资源利弊分析与对策研究 [D]. 首都师范大学, 2006.

胡志平. 新型民族管弦乐队与中国传统音乐资源——对民族管弦乐队发展现状的审视与思考 [J]. 黄钟, 2007 (01).

许燕. 民族音乐资源与高校音乐教育研究 [J]. 广西民族大学学报（哲学社会科学版）, 2007 (03).

刘大伟. 音乐资源库在高校音乐欣赏课中的运用 [J]. 星海音乐学院学报, 2008 (03).

张惠勇. 民族音乐文化资源与中国音乐史的教学与研究 [J]. 科技信息（学术研究）, 2008 (36).

陈业秀. 地方民族民间音乐资源的艺术教育价值与实现——以台州特色民间音乐课程资源建设为例 [J]. 教学研究, 2009 (06).

吴素芹. 地方音乐资源引入高师音乐教育的探索 [J]. 山西财经大学学报, 2010 (S1).

很显然, 这些研究主要侧重于音乐资源的教学功能的研究。

2. 艺术资源的思想政治教育功能

以音乐为例, 在以上关于音乐及音乐资源功能的研究中, 我们还可以看出, 音乐的思想政治教育功能是得到了较多人的认可的, 如"四功能论"中的"教育"功能; "五功能论"中的"教育"功能; "多功能论"中的"思想教育、道德教育、行为规范教育"功能; "陶冶论"中的"陶冶性格"、"促进身心健康"功能; "行为导向论"中的"改变世界观、人生观"功能等。

一些学者对音乐资源的思想政治教育功能做了比较专门的研究, 如:

卜锡文. 音乐的德育功能 [J]. 人民音乐, 1988 (02).

陈明礼，路君羊．论音乐的教育功能［J］．盐城师专学报（社会科学版）．1991（02）．

杨曼丽．寓德于乐 以乐养德——谈音乐的德育功能和方法［J］．沈阳师范学院学报（社会科学版），1996（02）．

杨雷，魏长领．中国古代"乐教"的德育功能以及现代启示［J］．中州学刊．1998（04）．

曾遂．论革命音乐［J］．黄钟，2003（01）．

焉树芬．论音乐的德育功能［J］．黑龙江高教研，2004（05）．

王小琴，徐继开．论音乐的德育功能［J］．山西高等学校社会科学学报，2004（08）．

邵义光．音乐的德育功能研究［D］．武汉大学，2005．

王立宁．论流行音乐的德育功能［J，山东省农业管理干部学院学报，2006（02）．

李暑红．论音乐的德育功能［J］．艺海，2007（03）．

王续添．音乐与政治：音乐中的民族主义——以抗战歌曲为中心的考察［J］．抗日战争研究，2008（03）．

温虹青．谈影视音乐的德育功能［J］电影评介，2008（20）．

曾汉君．音乐功能与《思想道德修养与法律基础》课程的融合［J］．长江大学学报（社科版），2009（01）．

胡新颜．音乐教育在大学生思想政治教育中的作用［J］．湖北中医学院学报．2009（04）．

张媛媛，李焱．试论音乐审美教育的德育功能［J］．山西广播电视大学学报，2009（05）．

宋丽娟．音乐教育：思想政治教育的重要载体［J］．科技资讯，2010（16）．

徐飞，罗二平，陈金香．论艺术渗透对提高高校思想政治理论课教学实效性的作用［J］．教育与职业，2010（33）．

颜世华. 高校德育与艺术教育融合研究 [D]. 上海师范大学, 2010.

陈石军, 陈东. 音乐专业艺术实践中的思想政治教育——以衡阳师范学院音乐系为例 [J]. 衡阳师范学院学报, 2011 (01).

颜世华. 德育与艺术教育的内在浸融刍议 [J]. 江西电力职业技术学院学报, 2011 (03).

王婷. 音乐作为思想政治教育的载体探析 [J]. 潍坊学院学报, 2011 (03).

傅佐东. 用音乐搭建育人的平台——简析大学生思想政治教育中的音乐美育渗透 [J]. 大家, 2012 (17).

郭欣, 郭玲霞. 音乐教育在大学生思想政治教育中的作用 [J]. 沧桑, 2013 (06).

赵亮亮. 论音乐活动中的思想政治教育渗透 [J]. 大众文艺, 2013 (20).

关于艺术的思想教育功能的研究, 以艺术伦理的研究是更深层次的理论基础。关于艺术伦理的研究, 始于20世纪90年代前后, 以市场经济中暴露出来的伦理问题为背景, 是对艺术与伦理关系的一次深刻梳理。如:

瓦西里·马科维丘克, 褚一平. 艺术的道德责任 [J]. 国外社会科学, 1980 (05).

金守良. 艺术道德散论 [J]. 戏剧艺术. 1982 (03).

阿·丹尼诺, 杨红. 音乐的伦理与精神价值 [J]. 中国音乐, 1995 (04).

沈壮海. 先秦儒家艺德思维与当代爱国主义教育 [J]. 荆州师专学报, 1996 (01).

沈壮海. 关于儒家"艺—德"统一学说的探讨 [J]. 长沙水电师院社会科学学报, 1996 (02).

杨文斗. 试论新时期的艺术道德 [J]. 学术交流, 1997

(05).

冯亚. 音乐不能承载道德吗？——与邓双林同志商榷［J］. 中国音乐, 2001（03）.

王哲平. "声音之道与政通"——略论儒家音乐的本质特征［J］. 上海艺术家, 2001（06）.

商瑞彬. 音乐与道德的互动及其现实意义［D］. 山西大学, 2007.

汪润锋. 先秦儒家乐论的伦理美学思想［D］. 陕西师范大学, 2008.

王小琴. 中国艺术伦理研究述评与展望［J］. 道德与文明, 2010（01）.

陈榕. 先秦儒家音乐伦理思想研究［D］. 重庆师范大学, 2010.

赵丽. 儒家音乐思想的伦理观［J］. 音乐时空, 2014（02）.

由以上可见，音乐的伦理功能得到了较多人的认可。当然，也有人对音乐的伦理功能提出了质疑，如：

邓双林. 论音乐美的纯粹性——对音乐本质的思考之三［J］. 北京科技大学学报（社会科学版）, 2003（03）.

徐岱. 论艺术伦理的超道德性［J］. 伦理学研究, 2007（03）.

彭燕. 艺术的道德性何以可能——兼论艺术与道德的关联［J］. 泰安教育学院学报岱宗学刊, 2008（04）.

但不管怎样，认可音乐的伦理功能的观点是主流的。这些研究，为我们讨论艺术资源的思想政治教育功能奠定了理论基础。

3. 艺术教育与思想政治理论教育的共通性

在以上研究的基础上，艺术教育与思想政治理论教育具有共通性的观点得以成立。这种共通性，可以归纳为以下三个方面：

第一，教育根本目标的一致性。从表面上看，艺术教育与思想政治理论教育的目标是有明确的差异性的,艺术教育是提升艺术水平的,而思想政治理论教育则是提升思想政治理论水平的。但从根本上看,艺术教育与思想政治理论教育的目标又是一致的。苏霍姆林斯基说,音乐教育并不是音乐家的教育,而首先是人的教育;巴尔扎克说,艺术乃德行的宝库;白朗宁说,艺术应当担负起哺育思想的责任;罗斯金说,艺术的基础存在于道德的人格;柯尼利亚说,诚实是艺术的最大要素;艾涅斯库说,音乐是一种语言,它能确切地反映个人和人民的精神品质;福楼拜说,音乐使一个民族的气质更高贵;列宁说,音乐是统一广大群众的一种工具,是一种组织力量。这些精辟的论述,都充分说明了思想政治理论教育与音乐教育根本目标的一致性,二者都是教育,都要育人,都要育好人。

第二,教学素材的共享性。艺术教育的很多素材都可以用做思想政治理论教育的载体,其中蕴含了丰富的爱国主义的史话、民族精神的情怀、理想信念的讴歌、坚韧不拔的追求、笑对逆境的气概等思想政治理论教育的内容和素材。一些思想政治教育的素材,也可以用做艺术教育的载体,承载着爱国爱民、民族热爱、理想信念、意志毅力等音乐教育所需要的思想和内容。

第三,知识能力的互补性。艺术教育本身,乃至艺术表演和创作,都需要学生有较宽广的知识面,都需要一定的理解力、表达力和创新力。而政治、道德、哲学、历史、经济、法律等知识的拓展及归纳与演绎、分析与综合、抽象与具体等辩证思维能力的培养,往往是艺术教育本身难以或者无法完成的,而思想政治理论课恰恰非常有利于学生这些知识的拓展与能力的培养。艺术教育独特的直观性、感染力也非常有利于学生对思想政治理论教育内容的理解和把握,有利于爱国主义、民族精神、时代精神等教育内容的具体化和形象化。没有良好的思想政治素质,就不会有《春天的故事》《走进新时代》等音乐作品的产生;没有良好的音乐素质,也难以使思想政治理论教育的内容如此寓教于乐、感人动人。必须突破音乐教育与思想政治理论教育的人为冲突，实现思想政治理论教育和音乐教育效果的双赢。

4. 艺术资源的思想政治教育功能举例

以中国近现代音乐资源为例，它具有传播主流价值观、提升人的道德素养、引导人们健康生活等思想政治教育功能，具体地说，主要表现为：

（1）再现血泪历史，激发爱国情怀

"一定的文化（当作观念形态的文化）是一定社会的政治和经济的反映"，[①] 音乐作为一种文化，是历史的记载和映照。鸦片战争后，河北张家口民歌《种大烟》、内蒙古鄂尔多斯民歌《义和团》、河北开滦民歌《矿工苦》、山东惠民民歌《洪秀全起义》、河北曲阳民歌《打洋鬼子》、蒙古族民歌《引狼入室的李鸿章》等新民歌的出现，反映了人们反帝反封建反官僚资本主义的英勇斗争。"五四"以后的新音乐文化反映了"民主"、"科学"的新思想、新热潮。20世纪初，随着新式学堂的建立和发展，大量"学堂乐歌"以区别于传统旧乐的形态涌现出来，并成为当时进步知识分子宣扬富国强兵、抵御外强欺凌的爱国精神和传播民主革命思想的一种重要手段。30年代随着抗日救亡运动和"左翼"进步文艺运动的蓬勃发展，群众性的进步音乐也随之兴起，以马克思主义文艺理论为指导、以工农大众的解放为目标、热情歌颂无产阶级的解放事业成为主流。

中国近现代音乐史几乎是一部在屈辱中的抗争史，进而反映民族抗争、抵御外侮的爱国音乐也就成了中国近现代音乐的重要主流之一。由张寒晖于1936年创作的《松花江上》，生动而又深刻地描写和再现了1931年9月18日日军对我国发动侵华战争后所带来的血泪历史和悲惨场景。"那里有我的同胞，还有那衰

[①] 中共中央文献编辑委员会．毛泽东选集：第2卷［M］．北京：人民出版社，1969：624．

老的爹娘……哪年，哪月，才能够回到我那可爱的故乡？哪年，哪月，才能够收回那无尽的宝藏？"虽然时间已经过去了大半个世纪，但时至今日，每当人们再次唱起或听到《松花江上》这首歌时，爱国的激情和坚毅的斗志便油然而生。类似的叙事爱国歌曲还有广东民歌《三元里抗英童谣》、山东威海民歌《甲午战争》、广东粤曲《沙基惨案》等。对于当代大学生来说，那部凝重、辛酸的中国近现代血泪史离他们已越来越远，而重听（唱）中国近现代爱国音乐，必将使他们"重返"那个轰轰烈烈的爱国时代，记住那段历史，燃烧自我的青春，勇担自我的爱国之责。

（2）传承民族文化，凝聚民族精神

中华民族音乐文化源远流长，《诗经》中的《国风》是我国古代最早的民歌选集，汇集了从西周到春秋约500多年流传于我国北方的民歌。其后，历经几千年，流传范围更加广泛，形式更加多样，为广大劳动人民所喜爱。歌曲《东方红》是我国近现代史上陕甘宁边区新民歌的杰出代表作，它由李有源依照陕北民歌《骑白马》的曲调于1943年冬天创作而成，既表达了当时人民对革命领袖和中国共产党的热爱，也传承了中华民歌的久远历史和优美动听、令人赞叹不已的民歌音乐文化。又如，成功改编的民歌还有河北民歌《解放区的天》（原型为《十字歌》），陕北民歌《咱们的领袖毛泽东》《绣金匾》《秋收》，山西民歌《刨洋芋》，内蒙古民歌《红旗歌》《嘎达梅林》《乌拉山》，东北民歌《咱们的领袖毛泽东》《五朵花儿开》，等，[①] 都是中华优秀民族音乐文化在那个时代的传承和结晶。

以爱国主义为核心的团结统一、爱好和平、勤劳勇敢、自强不息的民族精神是中华五千年文明的灵魂，她造就了中华民族五千年的生生不息和强盛。由冼星海作曲、光未然作词的大型交响

---

① 汪毓和. 中国近现代音乐史：第三次修订版 [M]. 北京：人民音乐出版社，2011：128.

乐《黄河大合唱》，其音乐语言简练明快、通俗易懂，表现了强烈的民族气节，热情地歌颂了中华民族源远流长的伟大历史和中国人民坚强不屈的斗争精神。其中，第二乐章《黄河颂》采用了民间打击乐节奏和广东狮子舞音乐旋律为素材，具有鲜明的民族风格，其朗诵词写道："黄河以它英雄的气魄，出现在亚洲的原野；它象征着我们民族的精神：伟大而又坚强！……五千年的古国文化，从你这发源；你是中华民族的摇篮！"第七乐章《保卫黄河》的朗诵词写道："中华民族的儿女啊，谁愿意像猪羊一般任人宰割？我们抱定必死的决心，保卫黄河！保卫华北！保卫全中国！"在那个中华民族饱受凌辱的烽火年代，一曲《黄河大合唱》将千千万万的中华儿女团结在民族精神的旗帜下。

（3）强化情感认同，坚定理想信仰

以情感人，是思想政治教育取得实效的必备要素，理想的形成和树立是一个由知到情再到意的过程，情是由知到意的桥梁，没有情感的认同、共鸣和热爱，坚强的意志就不会形成。

《绣红旗》出自中国人民解放军空军政治部文工团于 20 世纪 60 年代初创作的歌剧《江姐》。《江姐》描述了共产主义战士、中共地下党员江雪琴（江姐）在得知丈夫牺牲后，仍广泛发动群众、抗丁抗粮、开展武装斗争、配合解放军战略反攻解放全中国的战斗经历。在被叛徒甫志高出卖后，江姐被捕并被押入重庆中美合作所渣滓洞集中营。面对敌人的严刑拷打和威逼利诱，江姐大义凛然、坚贞不屈，严词痛斥敌人。歌曲《绣红旗》反映了在狱中的江姐等人在 1949 年 10 月 7 日得知新中国已经成立后的消息后而喜出万分的心情，她们轻声地喊着"毛主席万岁！""中华人民共和国万岁！""中国共产党万岁！"并绣红旗以示庆祝，歌曲热情地歌颂了革命先辈慷慨就义的英勇气概和"赴汤蹈火自情愿，粉身碎骨心也甘"的坚定的共产主义信仰。歌词唱道："多少年多少代，今天终于盼到你，盼到你；千分情万分爱，化作金星绣红旗绣呀绣红旗……绣出一片新天地，新天地。"今天重听《绣红旗》之歌,那徐缓的节奏、婉转的旋律、轻抑的歌声、如丝的音乐、鲜艳的色彩、喜悦的心情、细诉的事理、伟岸的形象,令人情同也,志一也,敬肃然,泪潸下。

(4) 远离低俗娱乐,引导高尚生活

以高尚的精神塑造人,以优秀的作品鼓舞人是社会主义文化大发展大繁荣的重要使命。但是,由于音乐的工具性及其(创作、表演、欣赏)主体差异性的存在,因而使得音乐与道德的统一并不是一个自发的过程而是一个自觉的过程。《礼记·乐记》说:"乐者乐也,君子乐得其道,小人乐得其欲。以道制欲则乐而不乱,以欲忘道则惑而不乐。"[1] 低俗娱乐等问题的出现正是人们对这种统一的自觉性把握得严重不够的表现,其消极作用不可小视。《赤裸裸》《偷心》《独自去偷欢》《饿狼的传说》及"因为明天我将成为别人的新娘,让我最后一次想你"(歌曲《心雨》的一句歌词)等反人伦、反理性、反常态、反审美的歌名和歌词严重地影响着大学生的身心健康。[2]

对于当代大学生来说,没有音乐生活的大学生是几乎找不到的了,音乐生活和歌星崇拜已成了他们生活的主旋律之一,而低俗娱乐又充斥了他们的音乐生活。如何才能消除低俗娱乐对大学生的不利影响呢?音乐美学家赵宋光教授提出了以美引真的美术思想,指出:立美即建立美的形式,审美即认识美之所在,美就是自由运用客观规律(真)以保证实现社会目的(善)的中介结构形式。在高校的思想政治教育教学中,充分利用近现代音乐资源的成果,通过对大学生的审美引导,对于帮助他们远离低俗娱乐、追求高尚生活进而促进自我的身心健康来说,是非常有效的。

---

[1] 许嘉璐,梅季.文白对照十三经(上)礼记[M].广州:广东教育出版社等,1995:170.

[2] 李建军,陈平,刘美红.论中国近现代音乐资源在高校思想政治教育中的运用[J].广东第二师范学院学报,2013(04):19.

（三）用艺术资源和方法开展思想政治教育是党的优良教育传统

就现代史而言，纵观我党90余年的奋斗历程可见，用艺术资源和方法开展思想政治教育是党的优良教育传统之一。以音乐为例，在中国共产党成立之初，党就推动了工农歌咏和革命歌曲创作活动的发展，早期主要领导人瞿秋白、彭湃等就亲自参与其中，瞿秋白还于1923年创作了歌曲《赤潮曲》发表在《新青年季刊》上，歌曲以坚定的信心和抑制不住的激情，歌颂了无产阶级崇高伟大的革命理想和坚毅沉着的革命气概。[①] 1928年冬，在贺龙领导的红军中成立了"战斗剧社"，随后在中央红军学校的政治部及红军的各政治部都成立了俱乐部和"列宁室"等文艺组织。1929年12月，毛泽东为中国共产党红军第四军第九次代表大会写决议，在写到红军在宣传工作方面存在的问题时，他对不重视运用革命歌谣进行宣传的现状进行了批评，指出："革命歌谣简直没有"是宣传技术的缺点之一。[②] 毛泽东进一步指出，要改变这种现状，就必须实行新政策，即"各政治部负责征集并编制表现各种群众情绪的革命歌谣，政治部编制委员会负责督促及调查之责"，[③] 革命歌曲要作为士兵政治训练的材料之一，[④] 音乐要作为士兵政治训练的方法之一。[⑤] 1932年我党成立

[①] 汪毓和. 中国近现代音乐史：第三次修订版 [M]. 北京：人民音乐出版社，2011：65.

[②] 中共中央文献研究室. 毛泽东文集：第1卷 [M]. 北京：人民出版社，1999：97.

[③] 中共中央文献研究室. 毛泽东文集：第1卷 [M]. 北京：人民出版社，1999：101.

[④] 中共中央文献研究室. 毛泽东文集：第1卷 [M]. 北京：人民出版社，1999：103.

[⑤] 中共中央文献研究室. 毛泽东文集：第1卷 [M]. 北京：人民出版社，1999：106.

了"八一剧团"和"工农剧社"总社。1933年在江西瑞金成立了我党最早的为无产阶级革命事业培养文艺干部的艺术学校——"高尔基戏剧学校",同年由"少共中央局"发起成立共青团员文艺团体——"蓝衫团"。① 在其后的抗击外来侵略的战斗和全国人民的解放事业中,音乐更是发挥了极其重要的作用。

但遗憾的是,在当前我国高校的思想政治教育中,对党的这一重要经验和优良传统缺乏重视、总结和传承。重视、总结和传承党思想政治教育的优良传统,激活并充分利用"沉睡"状态的近现代艺术资源,必然是高校创新思想政治教育、适应青年特点,增强吸引力、感染力,提高育人实效的有力之举。

三、艺术资源与特色教学方法

（一）艺术资源向思想政治理论教育教学方法的转化

前面已述,艺术资源具有思想政治教育功能,用艺术资源和方法开展思想政治教育是党的优良教育传统之一。但是,这种功能的实现是自觉的而不是自发的。

将把艺术资源运用于思想政治教育的做法作为一种教学方法来研究,已有人作了一些探索,如：

《"声情"并茂,寓教于"乐"："红歌"唱响思政课——上海音乐学院思想政治理论课"演唱式体验教学"改革初探》;②

《"艺工融合"理念引领下的思想政治理论课因材施教的探

---

① 汪毓和. 中国近现代音乐史：第三次修订版 [M]. 北京：人民音乐出版社, 2011：9.

② 奚爱茗, 包立峰. "声情"并茂, 寓教于"乐"："红歌"唱响思政课——上海音乐学院思想政治理论课"演唱式体验教学"改革初探 [A]. 见：巴图, 邓军. 在艺术中升华的理论——全国艺术院校思想政治理论课教学研讨会论文集 [C]. 北京：文化艺术出版社, 2012：306.

讨——以北京服装学院为例》;①

《艺德资源的梳理及其在艺术院校大学生艺德培养中的运用》;②

《浅析"寓教于乐"在音乐院校思想政治理论课课堂教学中的运用》;③

《思想政治理论课"艺术作品教学法"探析》等。④

下面将以音乐为例来说明"四名"教学法、艺术案例教学法等特色鲜明的、隐性的、适合艺术院校的一些特色教学方法。

(二)艺术"四名"教学法

以音乐为例,"四名",即名著、名人、名言、名作。艺术"四名"教学法,即以与思想政治理论课教学相关的艺术名著、名人、名言、名作来开展思想政治理论课教学。

1. 艺术名著教学法

以音乐为例,名著,即与音乐相关的一些经典著作,如《乐记》《曲礼·上》《文王世子》《礼器》《孝经》等,在这些经典著作中,包含了大量的关于音乐教育与思想政治教育相互关联的经典论述。

艺术名著教学法就是要挖掘、运用这些存在于经典名著中的

---

① 张红玲."艺工融合"理念引领下的思想政治理论课因材施教的探讨——以北京服装学院为例[A].见:巴图,杨新力.理论与艺术的交融——全国艺术院校思想政治理论课教学研讨会论文集(二)[C].北京:中华工商联合出版社,2014:175.

② 陈平,陈泽黎.艺德资源的梳理及其在艺术院校大学生艺德培养中的运用[J].思想理论教育导刊,2013(10):110.

③ 谢宝利,史晓眉,王凤侠,肖剑.浅析"寓教于乐"在音乐院校思想政治理论课课堂教学中的运用[A].见:陈平,黄俊强.梦之乐——第五届全国艺术院校思想政治理论课教学研讨会论文集[C].广州:中山大学出版社,2014:31.

④ 凌靖波,徐平华.思想政治理论课"艺术作品教学法"探析[A].见:陈平,黄俊强.梦之乐——第五届全国艺术院校思想政治理论课教学研讨会论文集[C].广州:中山大学出版社,2014:128.

关于音乐教育与思想政治教育相互关联的经典论述来开展思想政治理论课教学。利用这些经典论述来开展思想政治理论课教学，很容易被艺术生所接受，主要原因如下：首先，它与音乐有关，与学生自己所学的专业有关；其次，这些言论不是你我所说的，而是学生自己所在的领域（音乐领域）的老祖宗所说的，这样，权威性就极高；再次，运用这些资源来教学，还可以帮助学生学好他们自己应该学习的音乐知识；最后，运用这些资源来教学，学生就会觉得思想政治理论课教师的知识非常丰富，懂音乐，值得尊重。

《乐记》是我国较早专门论及音乐的经典著作。就《乐记》而言，首先，它论述了音乐与道德的高度同质性和统一性，指出："德者，性之端也；乐者，德之华也"，[1]"乐者，通伦理者也"，"知乐则几于礼矣。礼乐皆得，谓之有德。德者，得也"。[2]音乐可以蓄养德性，"致乐以治心，则易直子谅之心油然生矣"，[3]"唯乐不可以为伪"，[4]"丝声哀，哀以立廉，廉以立志"。[5]道德修养的水平不同，对音乐的理解和取舍也就不同，"乐者乐也。君子乐得其道，小人乐得其欲"。[6]外在环境不同，人们对音乐的感受及其所产生的音乐也就不同，"凡奸声感人，而逆气应之；逆气成象，而淫乐兴焉。正声感人，而顺气应之；

---

[1] 许嘉璐等．文白对照十三经（上）·礼记·乐记［M］．广州：广东教育出版社，1995：170．

[2] 许嘉璐等．文白对照十三经（上）·礼记·乐记［M］．广州：广东教育出版社，1995：168．

[3] 许嘉璐等．文白对照十三经（上）·礼记·乐记［M］．广州：广东教育出版社，1995：171．

[4] 许嘉璐等．文白对照十三经（上）·礼记·乐记［M］．广州：广东教育出版社，1995：170．

[5] 许嘉璐等．文白对照十三经（上）·礼记·乐记［M］．广州：广东教育出版社，1995：171．

[6] 许嘉璐等．文白对照十三经（上）·礼记·乐记［M］．广州：广东教育出版社，1995：170．

顺气成象，而和乐兴焉"。① 不适度的乐，则会产生危险，"乐极则忧，礼粗则偏矣"。②

其次，《乐记》论述了音乐与教化的高度同质性和统一性，指出："先王之制礼乐也，非以极口腹耳目之欲也，将以教民平好恶而反（返）人道之正也"，③"乐也者，圣人之所乐也，而可以善民心。其感人深，其移风易俗，故先王著其教焉"，④"生民之道，乐为大焉"。⑤

再次，《乐记》论述了音乐与政治的高度一致性，指出："治世之音安以乐，其政和；乱世之音怨以怒，其政乖；亡国之音哀以思，其民困。声音之道，与政通"，"审声以知音，审音以知乐，审乐以知政"。⑥

另有，《礼记·曲礼上》说："敖不可长，欲不可从，志不可满，乐不可极。"⑦《礼记·文王世子》说："凡三王教世子必以乐。乐，所以修内也；礼，所以修外也。礼乐交错于中，发形于外。是故其成也怿，恭敬而温文。"⑧《礼记·礼器》说："先

---

① 许嘉璐等. 文白对照十三经（上）·礼记·乐记 [M]. 广州：广东教育出版社，1995：169-170.
② 许嘉璐等. 文白对照十三经（上）·礼记·乐记 [M]. 广州：广东教育出版社，1995：169.
③ 许嘉璐等. 文白对照十三经（上）·礼记·乐记 [M]. 广州：广东教育出版社，1995：168.
④ 许嘉璐等. 文白对照十三经（上）·礼记·乐记 [M]. 广州：广东教育出版社，1995：169.
⑤ 许嘉璐等. 文白对照十三经（上）·礼记·乐记 [M]. 广州：广东教育出版社，1995：170.
⑥ 许嘉璐等. 文白对照十三经（上）·礼记·乐记 [M]. 广州：广东教育出版社，1995：168.
⑦ 许嘉璐等. 文白对照十三经（上）·礼记·曲礼上 [M]. 广州：广东教育出版社，1995：1.
⑧ 许嘉璐等. 文白对照十三经（上）·礼记·文王世子 [M]. 广州：广东教育出版社，1995：93.

王之制礼仪也以节事,修乐以道志。"① 《孝经·广要道章》说:"移风易俗,莫善于乐。"② 《论语·泰伯》说:"兴于《诗》、立于礼、成于乐。"③

诸如此类的论述音乐与思想政治教育密切关联的精辟论述还有许多。运用艺术名著教学法时要注意的问题是:第一,所选择的著作一定要是名著,否则,在学生面前就没有权威性。第二,从名著中所选择出的经典论述,一定既要与思想政治教育有关,又要与艺术教育有关。不满足这两个条件,就难以吸引艺术生。第三,所选择出来的经典论述,可以以某个话题为主题集中讲述,也可以在教学中分多处灵活穿插运用,还可以以某一经典论述为导入开展教学。下面以"以某一经典论述为导入开展教学"为例,来加以说明。

[例1] 《思想道德修养与法律基础》课第四章,重要教学内容是"道德",这一内容的教学,其导入可以这样来设计。

第一步:在多媒体教室的屏幕上呈现以下这句话:

> 德者,性之端也,乐者,德之华也。
>
> ——《礼记·乐记》

然后让学生来解释这句话。根据笔者的教学经验,在本科音乐院校中,尚未发现有学生能把这句话解释清楚的。如果学生不能把这句话解释清楚,那么这时就要刺激一下学生,说:"这可

---

① 许嘉璐等.文白对照十三经(上)·礼记·礼器[M].广州:广东教育出版社,1995:107.

② 许嘉璐等.文白对照十三经(上)·孝经·广要道章[M].广州:广东教育出版社,1995:107.

③ 许嘉璐等.文白对照十三经(下)·论语·泰伯[M].广州:广东教育出版社,1995:34.

是你们的音乐老祖宗们说的话哦，难道你们也解释不清楚！"

第二步：再呈现以下这句话：

> 乐者，通伦理者也。
>
> ——《礼记·乐记》

然后让学生解释这句话。学生最常见的回答是："音乐与伦理是相通的。"

接着提问："那么，音乐与伦理为什么是相通的，是怎样相通的呢？"

这时，学生一般是难以回答这两个问题的。

第三步：对学生说：今天这节课我们就来讨论一下道德以及音乐与道德的关系。

……

2. 艺术名人教学法

艺术名人，即在艺术领域取得了巨大成就、影响久远、影响广泛、德高望重的人，他们实际上也就是艺术生所崇拜的偶像。艺术崇拜是艺术生成长的必经过程，学京剧的崇拜梅兰芳，学二胡的崇拜阿炳，学歌剧的崇拜郭兰英，学"西北风"的演唱风格崇拜腾格尔，学相声的崇拜马季，学小品的崇拜赵本山，学港派演唱风格的崇拜"四大天王"，学作曲的崇拜冼星海，等等。艺术名人教学法实际上就是要借这些艺术名人的名气来开展思想政治理论课教学。

运用艺术名人教学法要注意的问题是：第一，艺术名人教学法不是要讲所有的名人，而是只讲艺术领域的名人，只有艺术领域的名人才能激起艺术生的强烈学习兴趣，如果讲其他领域的名人，很可能就达不到教学目的，因为学生不感兴趣。例如，袁隆平可以说是名人了，但如果用袁隆平成长成才的例子来讲给学音乐的学生听,那么学音乐的学生就不一定爱听,因为他与自己所学的专业无关。第二,艺术名人教学法也不是专门从艺术的角度去讲艺术名人,而是要从思想政治教育的角度去讲艺术名人,只有从这个角度出发去讲艺术名人,才能把艺术教育与思想政治教育很好地结合起来。第三,要寻找艺术名人身上与思想政治教育相关的亮点。在艺术名人的身上,往往有很多励志奋进、勤学苦练、成长成才、爱国爱民等与思想政治教育有关的感人的、动人的细节和故事,这些细节和故事是最能打动艺术生的心的,是思想政治理论课教学极好的素材。

运用这一教学方法的形式有:第一,依据教材内容,将所收集的艺术名人资料用在最恰当的章节。第二,可要求学生自己收集既与艺术教育有关又与思想政治教育有关的名人,并从这一角度出发制作《艺术名人录》,可作为作业布置,期末予以检查评分。第三,可采取讲故事的形式。选出代表性好、知晓度高、教育性好的 10 个左右的人物故事,列出目录。在课堂上可以由教师讲述,也可以由学生讲述,以配乐、配画面讲述为最好,每个故事的时长以 20 分钟左右为宜,还可以开展讲述目录人物故事比赛。

在后面的第六章谈及"励志爱国人物故事赏析运用"时,会进一步举例说明"艺术名人教学法"在思想政治理论课教学中的运用。

3. 艺术名言教学法

名言,即公众接受度很高的至理言论。名言具有权威性高、说理简洁明了、易于接受、易说易记的特点,能引导学生提升人生修养的层次和品位。艺术名言教学法,即运用既与艺术教育有关又与思想政治教育有关的至理名言来开展思想政治教育。

教育家、作家、音乐家等许多名人就音乐与思想政治教育的相互关系提炼出了许多精辟的格言,这些精辟的格言既赞美了艺术,指明了艺术的真谛所在,又将思想政治教育的内容蕴涵于其中，是艺术院校开展思想政治教育的极佳素材。例如，20世纪前期我国音乐家、社会活动家王光祈说，"音乐中含有'美感'，能使人态度娴雅，深思清爽，去野人文，怡然自得，以领略有生之乐"；20世纪我国著名音乐家、教育家贺绿汀说，"音乐是培养人民高尚思想品质，思想感情的重要手段"；20世纪中前期我国著名作曲家、钢琴家冼星海说，"音乐，是陶冶性情的熔炉"；18世纪德国作曲家格鲁克说，"我深信：质朴和真实是一切艺术作品的美的原则"等。再如，前面已经提到的，19世纪法国伟大批判现实主义作家巴尔扎克说，"艺术乃德行的宝库"；19世纪英国杰出的作家、批评家、社会活动家罗斯金说，"艺术的基础存在于道德的人格"；19世纪中叶法国伟大的批判现实主义小说家福楼拜说，"音乐使一个民族的气质更高贵"；20世纪罗马尼亚作曲家、音乐表演艺术家、音乐教育家艾涅斯库说，"音乐是一种语言，它能确切地反映个人和人民的精神品质"；20世纪苏联著名教育实践家、教育理论家苏霍姆林斯基说，"音乐教育并不是音乐家的教育，而首先是人的教育"，等等。

运用艺术名言教学法时要注意的问题是：第一，所选择的名言一定既要与艺术教育有关，又要与思想政治教育有关。因为，纯艺术名言没有承载思想政治教育的内容，实现不了思想政治教育的目标；而纯思想政治教育的名言，虽然承载了思想政治教育的内容，有利于实现思想政治教育的目标，但很可能学生不爱听，因而思想政治教育的目标最终也还是难以实现。第二，所选择出来的名言，可以以某个话题为主题集中讲述，也可以在教学中分多处灵活穿插运用，还可以以某一名言为导入开展教学。下面以"以某一名言为导入开展教学"为例，举一例来加以说明。

[例2] 《思想道德修养与法律基础》课第四章第四节，重要教学内容是"大学生与诚信道德"。这一内容的教学，其导入可以这样来设计。

第一步：在多媒体教室的屏幕上呈现以下这句话：

> 诚实是艺术的最大要素。
>
> ——柯尼利亚（德国艺术家）

然后向学生提问："为什么说诚实是艺术的最大要素？"紧接着，尽量多地让学生发言，多听学生的理解和解释。

第二步：再呈现以下这句话：

> 唯乐不可以为伪。
>
> ——《礼记·乐记》

然后向学生提问："为什么唯乐不可以为伪？"紧接着，尽量多地让学生发言，多听学生的理解和解释。

一般情况下，艺术院校的本科生中没有几个人能解释清楚这句话。如果学生不能把这句话解释清楚，那么这时就要刺激一下学生，说："这可是你们的音乐老祖宗们说的话哦，难道你们也解释不清楚！"

第三步：对学生说：今天这节课我们就来讨论一下诚信以及"为什么说诚实是艺术的最大要素"、"为什么唯乐不可以为伪？"的问题。

……

运用这一教学方法时，还可要求学生自己收集既与艺术教育有关又与思想政治教育有关的名言，并从这一角度出发制作《艺术名言录》，可作为作业布置，期末予以检查评分。

4. 艺术名作教学法

名作，即公认度很高的、影响久远、影响广泛的艺术作品。艺术名作教学法，即运用既与艺术教育有关又与思想政治教育有关的艺术名作来开展思想政治教育。

许多经典的艺术作品以生动的艺术形式和强烈的感染力记载和反映了思想政治教育的深刻内容，其感人之深、动人之切，是一般理论讲述所难以企及的。如，《杨门女将》就是一部凝聚着民族精神、洋溢着爱国主义和英雄气概的经典之作。又如，《祝福祖国》表现了人们的爱国情怀，《党啊亲爱的妈妈》表现了爱党之情，《黄河大合唱》表现了民族气节，《松花江上》表现了抗日斗志，《十送红军》《望星空》表现了军民团结一家亲，《春天的故事》《走进新时代》表现了改革开放的伟大创举和巨大成就，等等。

运用艺术名作教学法时要注意的问题是：第一，它一定是艺术领域的知名作品，否则其权威性就会受到学生的质疑。第二，它一定要与思想政治教育密切相关，否则它就会跟一般的看音乐选秀、看电影一样，漫无目的，无针对性、教育性可言，因而达不到思想政治教育的目的。第三，所选择的名作一定要与某一教学内容密切相关，不能牵强附会。下面举一例来加以说明。

[例3] 《马克思主义基本原理概论》课第三章第三节，重要教学内容是"党的群众路线"。这一内容的教学，可以这样来设计。

第一步：在多媒体教室的屏幕上播放歌曲《十送红军》（最好是带画面的 MTV）。

听完歌曲后对"红军"作一个简单的解释。红军是中国人民解放军的前身，中国工农红军是中国土地革命战争时期中国共产党领导的人民军队，简称"红军"。1928 年 5 月 25 日，中国共产党中央委员会决定，全国各地工农革命军正式定名为红军。

第二步：向学生提问：第一，《十送红军》中，是谁送红军？第二，是哪里的人送红军？第三，为什么要送红军？

提完这三个问题之后，尽量多地听听学生的回答。

第五章 特色方法论（一）

第三步：继续向学生提问：红军初上井冈山时有多少人？第一次反围剿时有多少人？第二次反围剿时有多少人？第三次反围剿时有多少人？第四次反围剿时有多少人？第五次反围剿时有多少人？

提完这些问题之后，尽量多地听听学生的回答。

第四步：播放歌曲《三大纪律八项注意》。

然后对《三大纪律八项注意》作简要介绍：1927年10月，中国工农红军在江西省遂川县荆竹山动员部队向井冈山进发时，规定了三项纪律。向学生提问：是哪三项纪律？

此时，学生的回答多半是错误的或者是不全面、不完整的。然后告知学生：三项纪律是行动听指挥，不拿群众一个红薯，打土豪要归公。

再次提问：为什么不能拿群众一个红薯？

先听听学生的回答后，暂时搁置这一问题，然后去讲三大纪律六项注意的话题。

1928年1月，部队进驻遂川县城，分散到县城周围农村发动群众时，提出了六项注意：上门板，捆铺草，说话和气，买卖公平，借东西要还，损坏东西要赔。同年3月，部队到达湖南省桂东县沙田村，毛泽东向全体官兵正式宣布了三大纪律六项注意。三大纪律是：行动听指挥，不拿工人农民一点东西，打土豪要归公。六项注意是：上门板，捆铺草，说话和气，买卖公平，借东西要还，损坏东西要赔。1929年以后，根据形势的发展和部队的实践经验，又将"行动听指挥"改为"一切行动听指挥"，将"不拿工人农民一点东西"改为"不拿群众一针一线"，将"打土豪要归公"改为"筹款要归公"，后又改为"一切缴获要归公"。六项注意也逐步修改补充成为八项注意：说话和气，买卖公平，借东西要还，损坏东西要赔，不打人骂人，不损坏庄稼，不调戏妇女，不虐待俘虏。1947年10月10日，毛泽东起草《中国人民解放军总部关于重新颁布三大纪律八项注意的训令》，对其内容作了统一规定。这个统一规定就是我军执行的、后来并谱成歌曲传唱的《三大纪律八项注意》。

第五步：对学生说，我们今天要讨论的话题是：从《十送红军》看党的群众路线。

……

运用这一方法，还可以采取欣赏、演唱的形式。欣赏，即组织学生欣赏被选出来的艺术名作。以音乐为例，第一，在音乐作品中，遴选出代表性好、知晓度高、教育性好的10首左右的歌曲，编出目录（以下称目录歌曲）。第二，编写目录歌曲的讲解及讨论资料，包括作品的主旨、创作背景、词曲作者、创作过程、讨论题等。讲解资料的长度以20分钟左右为宜。这些资料可以单独存放，用于欣赏前的讲解和欣赏后的讨论，也可以被制作到二次创作的声像载体中。二次创作后声像载体的内容顺序依次为：作品的主旨、词曲作者、产生背景、创作过程、歌曲的声像、讨论题。第三，有条件的高校，可以组织力量对目录歌曲进行声像并茂的二次创作。不具备二次创作条件的高校，可以精选与目录歌曲对应的已有声像资料，或对与目录歌曲对应的电子数据资源进行重新整合（此时需要注意MTV画面与思想内容一致性的问题），用于课堂时其逻辑顺序是：讲解、欣赏、讨论。第四，将目录歌曲与思想政治理论课的课程和章节内容对应起来，解决好哪一首目录歌曲放到哪一门课哪一章用才是最合适的问题。而如果将目录歌曲运用于某项课外的教育活动中时，则此时须注意目录歌曲与活动主题的一致性的问题。

演唱，即以独唱、合唱形式演唱目录歌曲，可以在课堂进行，也可以在课外教育活动中进行，还可以开展独唱、合唱比赛。第一，事先讲解指定的某一首目录歌曲的主旨、产生背景、词曲作者、创作过程等资料。第二，在课堂上，可以由学生自愿来演唱，或领唱，或齐唱；如果没有学生来演唱则就播放已准备好的声像资料,让学生跟唱,最后还可以齐唱。唱完后,开展讨论。第三,开展目录歌曲独唱或合唱比赛时,要注意此种比赛与一般红歌赛的区别,事前要在课堂讲解目录歌曲的主旨、产生背景等相关资料,事后要回到课堂开展讨论、总结,全过程要贯穿思想政治教育的目标和要求,不能像红歌赛那样求声势、搞形式主义,要重教育的实际过程和效果而不要重声势。

(三)艺术案例教学法

案例教学,即以事例为依托来开展教学活动,在对事例的分析中,实现教学目标,完成教学任务。艺术案例教学法,即在艺术院校,以艺术案例为依托来开展教学活动。

运用艺术案例教学法时要注意的问题是:第一,案例的艺术性。所选择的案例一定要与艺术有关,一定要突出艺术性这个特征,否则,案例不对口,学生就不爱听。如果选择的案例与艺术无关,那么就会出现"学农的案例学音乐的不听,学工的案例学舞蹈的不听"的现象,这种现象就叫作案例教学"文不对题"。第二,案例的典型性。所选择的案例一定要具有典型性,无论是正面的案例还是反面的案例,都能够说明某一理论或某一问题,泛泛而谈的案例,放之四海而皆准的案例,其实是缺乏典型性的案例,其说服力会大打折扣。第三,案例的丰富性。案例的丰富性不仅包括案例内容的丰富性,也包括案例形式的丰富性。就案例形式的丰富性而言,不仅有一般的文字材料的案例,还有视频影像形式的案例。在艺术院校,尤其需要多使用视频影像形式的案例,因为他们喜欢形象思维,喜欢画面,喜欢色彩,喜欢声音和形象。第四,案例的权威性。所选案例,一定要有正规的来源渠道。案例教学不能讲八卦新闻,不能是小道消息的集散地,更不能是无稽之谈,一定要有稽可考,这既是案例教学的严肃性的必然要求,也是避免自身陷入可能背负法律责任境地的需要。

(四) 艺术职业法律法规教学法

艺术职业法律法规教学法即把艺术职业法律法规融入《思想道德修养与法律基础》课的教学之中，凸显艺术职业法律法规特征，或者是开设专门的《艺术职业法律法规》选修课。前面已提到，艺术从业的法律法规已几乎自成体系，以音乐为例，就有《文化部涉外文化艺术表演及展览管理规定》、《营业性演出管理条例》、《营业性演出管理条例实施细则》、《从事涉外非商业性文化艺术表演及展览活动机构的资格核准》、《音像制品批发、零售、出租管理办法》、《文化部关于外国艺术表演人员来华营业演出申报管理问题的通知》、《文化部关于直属艺术表演团体创作演出新剧（节）目实行审查备案制度的通知》、《中华人民共和国著作权法》（有关艺术创作、表演、法律责任等相关规定）、《中华人民共和国著作权法实施条例》（有关艺术创作、表演、法律责任等相关规定）、《中华人民共和国广告法》（与艺术从业者相关的条款）、《广告管理条例施行细则》（与艺术从业者相关的条款）、《广播电视广告播出管理办法》（与艺术从业者相关的条款）等。

运用艺术职业法律法规教学法时要注意的问题是：

第一，整理和编写系统的艺术职业法律法规教材。艺术职业法律法规多而散，有专门成文的，也有散见于其他法律法规之中的，需要加以系统整理，编成能满足教师教学和学生自学需要的教材。

第二，在形式上，可以在《思想道德修养与法律基础》课的教学之中凸显艺术职业法律法规特征，也可以专门开设《艺术职业法律法规》选修课。该选修课的开设与《思想道德修养与法律基础》必修课的开设二者互为补充，必修课的开设是前提和基础，选修课的开设是延伸和拓展；既不宜以必修课的开设取代选修课的开设，也不宜以选修课的开设取代必修课的开设。

第三，建设一支艺术院校职业法律法规教育的双栖型的师资队伍。艺术院校职业法律法规教育既涉及法律法规，又涉及艺术专业，这就决定了这支教学队伍素质的复合特征。这支教学队伍可来源于三个方面：一是《思想道德修养与法律基础》课原有的教师、二是艺术专业教师中对艺术职业法律法规有专门了解和研究的教师、三是律师、法官及社会文化职能管理队伍中既有理论研究又有处理艺术职业违规违法案例丰富实践经验的人（聘为艺术院校的兼职教师）。对这三部分人，还须进行学科交叉知识的专门培训。

第四，除收集艺术职业法律法规的文本外，还需尽量收集较多的与艺术有关的、特别是与艺术院校的大学生有关的守法或者违法的案例，如中国假唱第一案、艺人代言广告案、中国假奏第一案、山西农村词作者状告羽泉歌词剽窃案、臧天朔涉黑聚众斗殴案、满文军吸毒案、××音乐学院学生药家鑫故意杀人案、歌手高明骏吸毒案、西安音乐人何太极诉刀郎歌词抄袭案、李鹤彪打记者被拘案、陈少华吸食冰毒案、艳照门案、"天上人间"案等等。

第五，营造校园职业法律法规教育的氛围和合力。校园网、校报、校园广播、宣传橱窗等都是开展艺术职业法律法规教育很好的载体和渠道，可利用这些载体和渠道，开展有奖竞答、疑难解答等知识性的宣传。还可以利用这些载体和渠道，采取新闻报道、案例剖析等形式，宣传守法违法正反两方面的案例典型，为学生的艺术崇拜指明方向。艺术崇拜是艺术生学习的重要途径和精神力量，正面激励或反面告诫，都可以减少学生艺术崇拜的盲目性。学生处、团委、艺术专业课教师都是艺术职业法律法规教育的主体和载体，除"艺术院校职业法律法规"课发挥主阵地、主渠道作用外，还须充分发挥学生处、团委、艺术专业课教师等主体的作用，开展学习艺术职业法律法规竞赛活动、社团活动、调研活动、学术讲座活动等。艺术专业课教学可以渗透艺术职业法律法规知识的教育，艺术专业教师可以以身垂范，以自己的创作和表演的经历进行现身说法。多主体合作，以形成教育合力。

（五）与艺术实践相结合法

与艺术实践相结合法，即依托艺术实践，在艺术实践的过程中开展思想政治理论课的实践教学。这种结合的必要性与可行性在于以下三个方面：

第一，存在于艺术实践中的一些问题的解决需要思想政治理论课教师的参与。在前面第三章讨论"艺术实践中艺术生的思想道德问题"时，已对艺术院校学生艺术实践的状况作了描述，其中存在的一些问题（如思想政治教育缺位的问题、对一些行为的道德认知法律认知出现偏差的问题、从事违纪违法行为的问题等），需要思想政治理论课的参与才能得到更好地解决。

第二，思想政治理论课需要拓展和延伸育人平台。在艺术院校，思想政治理论课的教学如果仅仅局限于课堂及思想政治理论课自身的实践教学是不够的，它需要拓展和延伸育人平台，把思想政治教育拓展和延伸到学生的艺术实践之中。而且，在艺术院校，可以作这种拓展和延伸，有条件、有基础。

第三，把思想政治理论课的实践教学与学生的艺术实践结合起来，可以起到事半功倍的效果。在艺术院校，学生的艺术实践已经非常多，他们要花大量的时间去从事艺术实践活动，在这种状况下，再组织思想政治理论课的实践教学已经相当困难，学生、学校、人力、物力，多方面都有困难和阻力。而相反，如果充分利用学生自身的艺术实践活动，把思想政治理论课的实践教学与学生的艺术实践结合起来，那么就比较容易了，而且能起到事半功倍的效果，因为从学生来看，在同一个行为中，既完成了艺术实践的学习任务，又完成了思想政治理论课实践教学的学习任务，实现了双赢。例如，与学校团委合作，在艺术院校大学生的"三下乡"活动中，设置诸如"街道社区娱乐生活的道德现状与对策"、"农村先进音乐文化建设的现状与对策"等社会调研项目；在学生的志愿服务活动中，设置《义演的收获》《我在志愿服务中成长》等心得体会征文项目；与艺术专业教学院系合作，在学生的毕业论文选题中，增加《解放思想与广东音乐现代化的现状与未来》《科学发展观与广东艺术院校的昨天今天和明天》《大学四年的成本、效益与对策》《广东近现代时期的革命音乐及其发展历程》《论音乐与道德》等论文选题；与学校团委、学生处、宣传部合作，在校园文化艺术节活动中，增加《近现代革命诗词朗诵赛》《红色经典歌咏赛》《红色人物故事会》等项目，等等。这些方法既能借力，又能省力；既丰富了艺术实践的内容，受到学生、艺术实践组织单位的欢迎，又能很好地开展思想政治理论课教学的实践活动。

（六）艺术特征考试法

艺术特征考试法，即以艺术资源中与思想政治理论教育相关的素材来命制思想政治理论课的考试题，以考试为手段，促进艺术生对思想政治理论的学习和运用。下面将举例来说明。

1.《马克思主义基本原理概论》课
考题一：
由陈涛作词、王晓枫作曲、朱迎配和弦、刘欢演唱的歌曲《从头再来》唱到：

昨天所有的荣誉，已变成遥远的回忆。勤勤苦苦已度过半生，今夜重又走进风雨。我不能随波浮沉，为了我挚爱的亲人。再苦再难也要坚强，只为那些期待眼神。心若在梦就在，天地之间还有真爱。看成败人生豪迈，只不过是从头再来。

该首歌曲从一定的程度上反映了人生的成败得失、世事沉浮等沧海桑田式的变迁。请用矛盾普遍性特殊性的原理说明青年大学生应该怎样正确地分析和对待人生的矛盾。

考题二：

材料①："考文化"助力青歌赛突围选秀战——中国日报网。青歌赛的"考文化"，更是不同于其他选秀比赛的一道靓丽风景线。这不仅对歌手的专业素质提出了要求，也使得选手们更注意提高自己的文化素质修养内涵。不管是眼下盛传的"余秋雨回归"还是"于丹接替"，都会将青歌赛"考文化"这一广受观众喜爱的环节保持下去，这也将是青歌赛突围选秀比赛包夹的重要利器。

材料②："1%的分数却能赢得99%的关注度。"如果用这句话当作一个谜面的话，相信谜底很多人都不会陌生——央视青歌赛综合素质考核。我们可以忍受选秀节目哗众取宠，但是央视的青歌赛不该"没有文化"。

请以本话题为引子，用马克思主义关于人的全面发展的理论，谈谈艺术院校大学生应该怎样理解人的全面发展并促进自我的全面发展。

考题三：

请从歌曲《十送红军》出发，谈谈你对党的群众路线的认识。

2.《毛泽东思想和中国特色社会主义理论体系概论》课

考题一：

请从歌曲《春天的故事》出发，谈谈你对我国改革开放的认识。

考题二：

请用解放思想的有关理论，谈谈你对广东音乐现代化的现状与未来的看法。

考题三：

请用科学发展观的有关理论，谈谈你对广东艺术院校的昨天、今天和明天的看法。

考题四：

请简要介绍新中国成立以来歌唱社会主义歌曲的发展历程。

3.《中国近现代史纲要》课

考题一：

抗日战争的基本经验是什么？试从音乐作品《黄河大合唱》出发，说明抗日战争是弱国战胜强国的范例。

考题二：

请谈谈中国近现代时期爱国主义音乐的创作背景及其发展历程。

4.《思想道德修养与法律基础》课

考题一：

歌曲《常回家看看》反映了怎样的伦理思想？

考题二：

歌曲《松花江上》反映了哪些爱国情怀？

运用这样的方法考试，既能促进学生对思想政治理论课的学习，又能促进学生对艺术专业的学习，还能强化学生对思想政治理论教育与艺术教育一致性的认同。

四、教学魅力的拓展

除了在思想政治理论课必修课教学的过程中展示思想政治理论课的魅力外，还可以在人文素质拓展选修课的开设、双誉型师资的培养、艺术问题的思想政治教育视角的研究等方面，展示和提升思想政治理论课的教学魅力。

（一）人文素质拓展法

人文素质拓展法，即以思想政治理论课教师储备的较为丰富的人文社科知识为基础，针对艺术生人文社科知识比较缺乏的弱点，开设人文素质拓展课程，以拓展艺术生的人文社科的知识面。人文素质相对偏低既影响艺术院校学生对思想政治理论课的深入学习、影响他们的思想道德修养程度以及身心和谐程度的更进一步的提高，又影响他们学习艺术专业时所需的理解力、表达力和创造力的提升。因此，在艺术院校开设一些拓展学生人文社科知识的课程是非常必要的，同时也是受到学生欢迎的。

运用人文素质拓展法时要注意的问题是：第一，开设什么样的人文素质拓展课程、什么难度，这是需要把握的第一个问题。课程的教学对象应定位于一般的大众层面；难度应定位于一般的知识，甚至是常识，尤其是那些能够帮助他们应对参加专业比赛的文化加试时所需要的常识。第二，从思想政治理论课教师自身的知识结构和优势出发开设选修课，不要大跨度地去开设选修课。如果思想政治理论课教师去开"外国文学""文学鉴赏""英美音乐剧鉴赏"等选修课，那就会得不偿失，既浪费大量的时间，又讲不好课，还不受学生欢迎。第三，处理好思想政治理论课必修课与人文素质拓展选修课的关系。在很好地完成思想政治理论课必修课教学任务的同时，充分利用思想政治理论课教师人文知识储备比较丰富的自身的优势，开设人文知识和人文素养拓展选修课程，既延伸思想政治理论课必修课的教学，又拓展音乐院校学生的人文知识和人文素养。第四，根据实践经验，以下人文社科知识拓展课程是受学生欢迎的，学生的选课率较高，即"中国古代哲学名流智慧简介""西方哲学名流智慧简介""中国历史文化简述""人际关系与社会适应概论""艺术职业法律法规""非歌唱语言实训"等。

(二) 双誉型师资培养法

双誉型师资培养法,即拓展思想政治理论课教师的音乐常识、音乐知识,提升思想政治理论课教师的音乐鉴赏力和表演力,把思想政治理论课教师培养成既懂思想政治理论教育又懂音乐的教师。这样的教师会更容易与学生沟通,更容易赢得学生更多的认同和尊重。

运用双誉型师资培养法时应注意的问题是:第一,要从实际出发,不可勉强,不能说不会唱歌的思想政治理论课教师就不是好老师。第二,创造条件,促进思想政治理论课教师的"音乐化"(即学习音乐知识、提升音乐能力)。如,参加学校师生的音乐会、旁听一些音乐分析与鉴赏课程、旁听声乐课(有基础的思想政治理论课教师还可以请高水平的专业声乐教师作专业指导,以进一步提高自我的演唱水平)、旁听器乐课(有基础的思想政治理论课教师还可以请高水平的专业器乐教师作专业指导,以进一步提高自我的演奏水平)、时不时去卡拉OK一下、阅读一些音乐书籍、进行歌词创作等,都可以使思想政治理论课教师"音乐化",提升自我的艺术素质和艺术修养。

(三) 艺术问题的思想政治教育视角研究法

艺术问题的思想政治教育视角研究法,即对一些艺术领域的问题,从思想政治教育的角度加以研究和阐释,如艺术与道德的关系问题、马克思主义的艺术观问题、艺术的低俗化媚俗化庸俗化的问题等。这样做的目的和好处是:第一,可以帮助艺术生更全面地理解艺术问题。艺术生由于人文社科知识基础比较薄弱,理解力也有所欠缺,凭他们自身的能力,往往不能从宏观的、全面的、多元的角度去理解一些艺术问题。而这时,如果思想政治理论课教师能够给他们提供一些理解上帮助,这样就既发挥了思想政治理论课教师的优势,又能够赢得学生的赞许。第二,可以为艺术生形成正确的艺术观提供马克思主义的世界观和方法论的指导。用马克思主义的世界观和方法论去研究艺术问题，这是思想政治理论课教师的长处，这实际上也就是为对艺术问题的理解提供了马克思主义的世界观和方法论的解释。第三，改变艺术生对思想政治理论教师的态度，让他们不再轻易藐视思想政治理论课教师的学识及其思想政治理论对于艺术的有用性，尊重和亲近思想政治理论课教师。

过去，思想政治理论课教师没有这样做。之所以没有这样做，原因大概有四个：一是没有注意到这种方法，没有想到这是一种与艺术生乃至与艺术专业教师沟通、使艺术生感到惊讶甚至可以使艺术生折服的好方法，没有学科交叉的视野。二是对艺术知识和问题了解得不够，或者根本就没有了解，因此既没有勇气也没有底气去与艺术生讨论一些既与艺术有关又与思想政治教育有关的艺术问题，没有学科交叉的知识基础和能力。三是，可能不愿意这样做，因为这样做要花很多时间，或者认为花很多时间去这样做不值得，是浪费时间。四是，想这样去做，但又不知道具体该怎样做，因此最后还是不了了之。

要解决这些问题，首先，要有学科交叉的视野。平时，我们总是提醒艺术生说："仅学艺术而不学其他，是学不好艺术的。"就像我们这样告诫艺术生时所说的一样，我们也要告诫我们自己："仅讲思想政治理论，那是讲不好思想政治理论的。"我们还需要其他学科的视野和思维。其次，要提升自我学科交叉的知识和能力。懂一点艺术，是一件好事，提升自我的艺术素养，是一件美事。艺术素养高的教师总是能够更多地获得学生的认可和赞许。再次，不仅要有勇气、底气，还要有方法。跟艺术生讨论一些既与艺术有关又与思想政治教育有关的艺术问题，一定要注意方法问题，一定要有一些比较特别的方法，要选准切入点，要做好充分的准备，要展示自己的长处。最后，在空间范围上，不仅可以在课堂开展讨论、在课余开展讨论，还要登上学校的学术讲坛,在全校范围与师生广泛讨论。

下面,举一例来说明。笔者以《声、音、乐之别及其对声乐教学与演唱的启示》为题,发表自己的学术见解,与声乐专业的师生讨论"声、音、乐之别及其对声乐教学与演唱的启示"的问题。

声、音、乐之别及其对声乐教学与演唱的启示

声、音、乐之别理论是一条古老的音乐定律,然而关于声、音、乐之别以及由这种差别所引起的歌唱要求之别的问题,尚未引起今天声乐教学和演唱者的足够重视。事实上,不论是从物理学、语言学、哲学的角度看,还是从音乐的角度看,声、音之别都是客观存在的,尤其是在音乐领域的那些老祖宗那里,不仅存在声、音之别,而且还存在声、音、乐之别以及由这种差别所引起的歌唱要求的差别。

一、物理学、语言学、哲学视域的声、音之别

物理学是研究物质运动最一般规律和物质基本结构的科学,包括力学、声学、热学等。① 物理学的声学认为,"声"就其本质而言是一种物理现象,是一种波,是由发声体的振动而产生的一种可以在弹性媒质中传播的机械波。频率高于20000赫兹的称为超声波,低于20赫兹的称为次声,在20~20000赫兹之间的称为可听声。② 物理学的声学只研究"声"而不研究"音",只有"声"的概念而没有"音"的概念,研究"声"的学问称为"声学"而不称为"声音学"。物理学这种关于声、音之别的认识,成为人们关于音声认识的自然科学基础。

---

① 中国社会科学院语言研究所词典编辑室. 现代汉语词典:第5版 [M]. 北京:商务印书馆, 2005:1449.
② 辞海编辑委员会. 辞海(缩印本)[M]. 上海:上海辞书出版社, 1990:604.

语言学是一门非常古老的学科，是研究语言的本质、结构和发展规律的科学，① 它关于声、音之别的理论主要有以下三点：第一，声无意，音有意。声为什么无意呢？因为语言学上的声仍是一种物理属性的机械波，不具有语言意义。那么，音是什么呢？当人的内心有了某种想要表达的思想（即意）之后，就会通过声将它表达出来，人要表达的这种意就是音。所以，《现代汉语词典》和《辞海》在解释音时都把"音"解释为"消息"。消息是什么？消息即意，所谓"佳音"即是一种有"好"的意义蕴涵其中的好的消息。声则没有"消息"的含义，有"佳音"但却没有"佳声"。一般物体所发出的震动波也只能叫声而不能叫音，因此也就只能听雨"声"而不能听雨"音"。人发出的声只有在被赋予了语意之后才能叫音，没有音的声就只能闻其声而不能知其意。第二，音是多个声的组合。朱骏声在《说文通训定声》中说："单出曰声，杂比曰音。"第三，声无情，音有情。声带振动所产生的声是一种机械波，不带有情感色彩，"声情并茂"一词事实上是从另一个侧面反映了声、情的差异与区别。音有情，音是人内心想要表达的某种思想和所体悟的情感、情绪，带有浓厚的情感情绪色彩。

另一方面，《现代汉语词典》在解释"声"时将"声"又解释为"声音"，② 同时在解释"音"时也将"音"解释为"声音"，③ 这说明在一定的程度上声与音又是通用的。因此，在日常生活中人们也就常常把声、音作为一个词组来使用。但是，《现代汉语词典》的这种解释并不是要否定声、音的差别以及关

---

① 中国社会科学院语言研究所词典编辑室. 现代汉语词典：第5版 [M]. 北京：商务印书馆，2005：1665.

② 中国社会科学院语言研究所词典编辑室. 现代汉语词典：第5版 [M]. 北京：商务印书馆，2005：1222.

③ 中国社会科学院语言研究所词典编辑室. 现代汉语词典：第5版 [M]. 北京：商务印书馆，2005：1622.

于这种差别研究所具有的严谨的学术意义。而且,即使是在将"声音"作为词组来使用的状态下,人们也还须关注到声与音两个不同的方面,既要闻其声,又要知其意。

声、音之别在哲学领域也是客观存在的。哲学强调辩证思维,强调在对立统一中把握不同事物的区别和联系。唯物辩证法认为,矛盾是反映事物之间和事物内部各要素之间对立统一关系的哲学范畴,对立和统一分别体现了矛盾的两种基本属性。对立属性又称斗争性,反映矛盾双方之间的排斥和分离;统一属性又称同一性,反映矛盾双方的依存和贯通。要在对立中把握同一,要在同一中把握对立。《道德经》二章说:"音声相和",这一观点既反映了音与声的区别,又反映了音与声的联系。《道德经》四十一章又说"大音希声",这一观点依然反映了声与音的差别及其二者的对立与统一。"大音希声"的观点还与现代汉语中"桃李不言下自成蹊"的观点一致,大的音(意)不需要太多的声来表达,桃李即使不言也能下自成蹊。

二、音乐视域的声、音、乐之别及其歌唱的语言属性

在音乐领域,声、音、乐之别的知识应该是一种常识,然而今天许多声乐的教学者或者演唱者尤其是较年轻的教学者和演唱者,却不具备或者忽略了这种常识,对声、音、乐之别的知识要么不了解,要么了解得不准确、不全面、不系统。那么在音乐领域,究竟什么是声?首先,它与物理学、语言学的声不一样,是一种具有歌唱特征的声,是乐声。它的研究范畴也与物理学、语言学不同,不是使用赫兹、声母、韵母等概念,而是使用美声、民族、通俗等概念。其次,它与物理学、语言学的声又一样,仍是一种由声带(或者物体)振动而产生的物理属性的机械波。

在音乐领域,什么是音?首先,它与语言学的音不一样,语言学的音是用说话的方式来表达的,而音乐领域的音则是用歌唱的方式来表达的。其次,音乐领域的音与语言学的音又一样,仍是意,仍是多个声的呼应,仍是情。

具体说来，在音乐领域，音从何来呢？音、声的关系又怎样呢？其一，音是意，从心而来。音乐领域的音是心受感动后而产生的意，"凡音之起，由人心生也"，"人心之动，物之使然。"① 其二，音是多个声的呼应，由多个声的组合与协调构成。"感于物而动，故形于声。声相应，故生变，变成方，谓之音。"② 人心受到外物的刺激后就产生一些意义感悟，但这些意义感悟是在人的内心世界里的，不说出来就没人知道，而要想把它说出来就需要借助于声，即"形于声"，声是音的外化、外壳，音是声的意义、内核。表达人们内心多样的感悟，就产生出了多个声，多个声前后呼应就是轻重相别、长短相衬、高低相分、弛缓相宜的曲调即音。《风俗通义·声音》说："声者，宫、商、角、徵、羽也。"郑玄说："宫商角徵羽杂比曰音，单出曰声。"其三，音是情感，从情而来。"情动于中，故形于声。声成文，谓之音"。③ 情感在内心涌动，所以就借助声来表达，声将人们的情感表达成安以乐、怨以怒、哀以思等不同的文义，就是音，音有情，声无情。由此也可见，由声变成音有三种方式：一是给声附加语意，含有语意的声即为音；二是"声相应，故生变，变成方，谓之音"；三是"声成文，谓之音"。

关于音乐领域的音、声之别，有三个非常容易产生的疑问需要指出来：第一，音高、音程等概念，究竟是指"音"还是指"声"的问题。从表面上看，这些概念都是讲音的，而其实它们却都是讲声的。音高即声带振动频率的赫兹数，音程即两个声之间的音高关系，音准即声带振动频率的准确性，音域即声带振动

---

① 许嘉璐，梅季. 文白对照十三经（上）·礼记 [M]. 广州：广东教育出版社等，1995：168.

② 许嘉璐，梅季. 文白对照十三经（上）·礼记 [M]. 广州：广东教育出版社等，1995：168.

③ 许嘉璐，梅季. 文白对照十三经（上）·礼记 [M]. 广州：广东教育出版社等，1995：168.

的最低频率到最高频率之间的宽度。可见，音高、音程等概念，实际上应是声高、声程等概念。之所以人们把声高、声程等概念称为音高、音程等概念，原因大概有两个：一是语言学中"声"、"音"两个概念有时就是通用的，所以称"音高"还是称"声高"都一样；二是在音乐领域里过去称谓"音高"、"音程"等概念，现在也还是称谓"音高"、"音程"等概念，这已经成为一种约定俗成的称谓习惯。第二，《乐记》为什么把有的乐器所发出的声也称为音的问题。前面讲到，人所发出的声在被赋予了语意后才能叫作音，那为什么《乐记》又说"鞉、鼓、椌、楬、埙、篪，此六者，德音之音也"呢？[①] 要回答这一问题，答案可以在《乐记》中关于"丝声哀，哀以立廉，廉以立志"[②] 的说法及其与此类似的其他的一些说法中找到。因为丝声悲伤，悲伤则使人立廉立志，"悲伤"就是一种语意，在丝声中加进了悲伤的语意，这就是音。而鞉、鼓、椌、楬、埙、篪六种乐器所发出的声都接近于类似悲伤的人的某种情绪，有意在其中，所以就可以把鞉、鼓、椌、楬、埙、篪六种乐器所发出的声也称为音，其实这只是用人的音作一个类比，说明有的乐器所发出的声与人的音很相似。第三，声是否有情的问题。关于这一问题，学界有不同的看法，有人赞同"声无哀乐"论，[③] 也有人主张"声有哀乐"论。[④]

《乐记》不仅论述了声、音之别，而且还十分重视这种差别在音乐理论研究和歌唱实践中的重要意义：第一，"审声"是"知

[①] 许嘉璐，梅季. 文白对照十三经（上）·礼记 [M]. 广州：广东教育出版社等，1995：171.

[②] 许嘉璐，梅季. 文白对照十三经（上）·礼记 [M]. 广州：广东教育出版社等，1995：171.

[③] 李艳红，刘雪松. 为音乐而音乐——读嵇康的《声无哀乐论》[J]. 北京社会科学，2013（4）：163.

[④] 杨艳香. 声有哀乐：论音乐的"情感"——以嵇康《声无哀乐论》为例 [J]. 安徽文学（下半月），2008（8）：139.

音"的前提,"审声以知音"。① 第二,对于不能辨识声的人来说,也就无法与他讨论音的问题,"不知声者,不可与言音"。② 第三,只知道声而不知道音的人,那就与只会发声的动物一样,只是一般的普通人了。"知声而不知音者,禽兽是也。"③

《乐记》在论述了声、音之别的基础上,又进一步论述了音、乐之别,阐明了乐的来源、产生进程以及构成要素等问题。其一,把知音视为知乐的前提,"审音以知乐","不知音者,不可与言乐"。④ 其二,指出乐是从音、舞而来的。"比音而乐之,及干、戚、羽、旄,谓之乐","乐者,音之所由生也"。⑤ 既然乐是从音、舞而来的,而音又是从心、意、情而来的并用声来表达的,所以乐的产生就有一个由音(心、意、情)开始,到声,再到舞,最后到乐的过程。其三,指出乐的本质属性就是德,这是乐与声、音、舞很不相同的地方,声有正声、奸声之分,音、舞也有德、淫之异,而乐则是声、音、舞在道德上的升华。"乐者,通伦理者也",⑥ "乐者,所以象德也",⑦ "德者,性之端也,乐者,德之华也","乐终而德尊",⑧ "凡奸声感人,而逆

---

① 许嘉璐,梅季. 文白对照十三经(上)·礼记[M]. 广州:广东教育出版社等,1995:168.

② 许嘉璐,梅季. 文白对照十三经(上)·礼记[M]. 广州:广东教育出版社等,1995:168.

③ 许嘉璐,梅季. 文白对照十三经(上)·礼记[M]. 广州:广东教育出版社等,1995:168.

④ 许嘉璐,梅季. 文白对照十三经(上)·礼记[M]. 广州:广东教育出版社等,1995:168.

⑤ 许嘉璐,梅季. 文白对照十三经(上)·礼记[M]. 广州:广东教育出版社等,1995:168.

⑥ 许嘉璐,梅季. 文白对照十三经(上)·礼记[M]. 广州:广东教育出版社等,1995:168.

⑦ 许嘉璐,梅季. 文白对照十三经(上)·礼记[M]. 广州:广东教育出版社等,1995:169.

⑧ 许嘉璐,梅季. 文白对照十三经(上)·礼记[M]. 广州:广东教育出版社等,1995:170.

气应之；逆气成象，而淫乐兴焉。正声感人，而顺气应之；顺气成象，而和乐兴焉"，①"德音之谓乐"。② 关于艺术伦理，虽然也曾出现过质疑的声音，如音乐美的纯粹性说、③ 艺术伦理的超道德性说、④ 艺术的道德性何以可能说⑤等等，但艺术伦理仍然作为主流认识被肯定和继承下来。在日常生活中，我们常说音乐可以陶冶性情，但一定要注意的是，只有高尚的音乐才可以陶冶性情，而媚俗低俗淫态的音乐就绝对不会陶冶性情。

可见，音乐领域关于声、音、乐之别的理论是对物理学、语言学、哲学关于声音之别的科学理论的运用、延伸和丰富。通过对声、音之别的研究，认识了并找到了乐的构成要素［音（心、意、情）、声、舞、德］的各自独立性及其相互联系。听音乐，就是不仅要听其声，又要听其心、意、情、德，"君子之听音，非听其铿锵而已也，彼亦有所合之也"。⑥

声、音、乐之别是我国音乐的传统，这种传统依然为今天的许多学者所秉承。有人认为，关于"物—心—声—音—乐"之间的逻辑关系需要探讨三方面的问题，一是物与心的关系，二是声、音、乐的区别和关系，三是两方面的关系，由此才能对知声、知音和知乐有准确的了解。⑦ 还有人认为，声、音、乐、响

---

① 许嘉璐，梅季．文白对照十三经（上）·礼记［M］．广州：广东教育出版社等，1995：169-170．

② 许嘉璐，梅季．文白对照十三经（上）·礼记［M］．广州：广东教育出版社等，1995：170．

③ 邓双林．论音乐美的纯粹性——对音乐本质的思考之三［J］．北京科技大学学报（社会科学版），2003（03）．

④ 徐岱．论艺术伦理的超道德性［J］．伦理学研究，2007（03）．

⑤ 彭燕．艺术的道德性何以可能——兼论艺术与道德的关联［J］．泰安教育学院学报岱宗学刊，2008（04）．

⑥ 许嘉璐，梅季．文白对照十三经（上）·礼记［M］．广州：广东教育出版社等，1995：171．

⑦ 宋瑾．从知声、知音到知乐［J］．福建艺术，2005（02）：18．

是用以表示声音的一组同义词，但它们同中有异。声是自然的声音通过人的听觉器官感知到的听觉效应；音则是由人的内心感悟获得发之于口（或其他乐器）的音响；乐的本义是指各种乐器和乐音的总称。声与音的区别在于，音有节奏、音调，而声没有。只有发自内心而又成文（有节奏）的声，才能称为音。①

声、音是乐的两个基本构成要素，在乐中，声、音就表现为歌唱，而歌唱又是人们言说心声、表情达意的一种方式，其实质是一种有声语言。歌唱的语言属性早有定论，《乐记》说："歌之为言也，长言之也。说之，故言之；言之不足，故长言之；长言之不足，故嗟叹之；嗟叹之不足，故不知手之舞之、足之蹈之也。"② 其实这也是关于"什么是歌唱"的最早的回答。歌唱的这种语言属性，决定了乐声（人的声）和乐音的表达又必须遵循有声语言表达的基本规则。

三、声、音、乐之别在声乐教学与演唱中的意义与要求

从以上可见，声乐中有两个基本的对立统一关系：一是声、音、乐的对立统一；一是意、情、德的对立统一。而且，这两个对立统一相互联系，缺一不可，共同构成一个统一的、完美的整体——乐。在具体的声乐教学或者演唱练习的过程中，可能会有声、音、乐或者意、情、德各要素之间的前后之分（即先练什么，再练什么），但一定不会有各要素之间的有无之分（即哪个要素可以要，哪个要素可以不要）。对声、音、乐以及意、情、德的这种研究，目的则在于为声乐的教学者和演唱者提供指导，要求教学者和演唱者既要看到它们之间的差异和对立，又要看到它们之间的联系和统一。

---

① 覃觅. 声、音、乐、响辨析［J］. 广西师范大学学报（哲学社会科学版），2008（05）：79.

② 许嘉璐，梅季. 文白对照十三经（上）·礼记［M］. 广州：广东教育出版社等，1995：172.

声乐的教与学都强调声，这是必然的，但仅仅强调声又是远远不够的，忽视对声之外的其他要素（意、情、德等）的研究，就一定唱不好歌，就有可能出现歌罩而不达意的问题，如有口无心、有声无意、有声无情、错声错情错意、歌隆而德失等。这些问题，正是在当前我国声乐教学和演唱实践中普遍存在的较为严重的问题，"声乐"只讲"声"而不讲"乐"，不讲心、意、情、德等，变成了单一的"声"学，演唱变成了在声上的炫技、飙高音、耍技法，所唱之歌毫无意境可言。由"声乐"变成"声"学，不能不说是声乐教学和演唱中出现的一种严重偏失，尤其是在一些急功近利、急于一夜成名者或者所谓的"技术派"的声乐教学者和演唱者的身上，这种偏失在日益加重，音乐的"移风易俗"、① "生民之道，乐为大焉"② 等文化功能在日益减弱，其语言功能也在日益变得混乱。

要纠正以上声乐教学和演唱中的种种错误认知，就必须把握声、音、乐的差别及其对声乐教学和演唱提出的基本要求。声，要求我们要练好声；音、乐，则要求我们要注重心、意、情、德等歌唱要素并遵循有声语言表达的基本规则。

第一，要歌唱，就必须要有心灵的感悟，全身心地投入。无感而歌，那就是无魂之歌。有的教学者和歌唱者，不重视对生活的体验和歌词意义的理解，歌声虽大，但却无魂。一个没有在内心细细品味和珍藏过母亲的牵挂与慈爱的人、一个对母亲不尊敬的人，是唱不好《儿行千里》的。

第二，要歌唱，就必须要有情感的涌动，理解作品的情感和意境。有的歌唱者，嘴上唱，但内心却没有情感。无情而歌，那

---

① 许嘉璐，梅季. 文白对照十三经（上）·礼记 [M]. 广州：广东教育出版社等，1995：169.

② 许嘉璐，梅季. 文白对照十三经（上）·礼记 [M]. 广州：广东教育出版社等，1995：170.

就是无神之歌。一个不了解红军的人、一个对红军没有亲和爱的人，是唱不好《十送红军》的。

第三，要唱歌，就必须正心，重视德性的修养，理解作品的德性。淫邪之心，必是淫邪之声，奸人就唱不好正气歌。一个心胸狭隘斤斤计较的人、一个仇视他人和社会的人，是唱不好《我爱你塞北的雪》的。在创作过程中，如果忽视音乐的德性，其作品也必将走向低速、庸俗、媚俗，如《赤裸裸》《偷心》《独自去偷欢》《饿狼的传说》及"因为明天我将成为别人的新娘，让我最后一次想你"（歌曲《心雨》的一句歌词）等反人伦、反理性、反常态、反审美的歌名和歌词等，① 这些作品，必然会引来人们的批评甚至为人们所唾弃。

第四，歌唱作为一种有声语言，就必须遵循有声语言表达的基本规则，正确地、准确地表情达意。有声语言表达的一些基本规则如：处理好语言的轻、重、急、缓、抑、扬、顿、挫、语气、语调、语速等十一个语言要素的关系；读音准确、吐词清晰；遵循人们一般的言语习惯等。十一个有声语言要素在歌唱中就表现为强弱、节拍、速度、或连或休、或亲切或凝重、或舒缓或激扬等歌唱要求。不遵守这些有声语言的基本要求，就一定唱不好歌。歌唱虽然需要展示语言上的个性，但无论如何，怪声怪调、尖喊鬼叫、吐词含混是不符合有声语言表达的一般规则的，更不能以怪声怪调、尖喊鬼叫为美，它已经失去了语言美感的基本属性和要求，只会引起人们听觉上的痛苦。又如，《滚滚长江东逝水》一歌，其中有一句歌词是这样的："古今多少事都付笑谈中。"在非歌唱状态下来读这句话，它的语词结构是"古今多少事——都付——笑谈中"，强调的是往事如烟。但许多演唱者在演唱这一句歌词时，却将"笑"与"谈"顿开，其结果语词

---

① 李建军，陈平，刘美红. 论中国近现代音乐资源在高校思想政治教育中的运用 [J]. 广东第二师范学院学报，2013（04）：19.

结构变为:"古今多少事——都付笑——谈中",这就完全违背了词作者的本意和人们语言表达的常理。再如,《保卫黄河》一歌,作者提出的演唱这首歌的语言和情感的基本要求是"轻快、有力",唯有如此才能恰如其分地表现在敌强我弱状态下游击健儿在青纱帐里、在万山丛中与敌人打游击战、速决战的紧张战斗场景,但有的演唱者却用粗重的歌喉和强烈的共鸣来演唱,结果是:没了战场的紧张气氛,没了机智和勇敢,有的全是不会隐蔽自我、盲目将自我暴露于敌人面前的傻气。

纵观上述可见,加强对声、音、乐的差别以及由这种差别所引起的歌唱要求的差别的研究,对于提升声乐教学和演唱水平来说意义重要。

第六章 特色方法论（二）

一、歌唱祖国歌曲乐曲赏析运用

（一）《中华人民共和国国歌》

1. 作品主旨

热爱祖国，热爱中华民族，在祖国、民族生死存亡的关键时刻，每个人都应当挺身而出，为祖国、民族的命运而战。

2. 创作时间

1935年。

3. 词曲作者

聂耳作曲，田汉作词。聂耳，[①] 原名守信，字子义（亦作紫艺），1912年2月1日出生于昆明市甬道街72号，祖籍云南玉溪。田汉，[②] 1898年3月12日出生于湖南长沙。

（1）热爱中国共产党并成为其中的一员

1932年"一·二八"事变后，经瞿秋白主持，田汉加入中国共产党，时年34岁。1933年经田汉介绍，聂耳加入中国共产党，时年21岁。

（2）体贴母亲，疼爱母亲

聂耳的家庭以经营药店为生。1916年聂耳四岁时父亲病故，殷实的聂家开始中落，后来药店由母亲经营。在聂耳幼年的记忆里，母亲经常坐在灯下，拨打算盘，算完账后，叹气、发愁。聂

---

① 本段资料，主要来自百度百科、360百科等网站网页中关于聂耳的介绍。
② 本段资料，主要来自百度百科、360百科等网站网页中关于田汉的介绍。

耳曾暗许心愿：今后一定要"让母亲过好日子"。聂耳的母亲能唱各种民歌，包括在昆明等地民间广泛流传的洞经调、花灯调、洋琴调等等，动听的歌曲与歌曲里的故事让聂耳着迷，因此他从小就显露出对音乐的爱好。1931年，聂耳初到上海联华影业公司音乐歌舞学校不久，帮助昆明老家的朋友张庚候、廖伯民在上海代租电影拷贝，得到100元报酬，这是他离开家庭后还从未拥有过的一笔大钱。他拿着100元钱，第一件事就是跑到邮局将其中的一半寄给了母亲，第二件事则是用其余的一半买了一把小提琴和两本乐谱。

（3）求学之路艰难无比

聂耳1918年（即6岁时）入昆明师范附属小学并担任学校"儿童乐队"的指挥。常利用课余时间向其家人及邻居邱木匠学习竹笛、二胡、三弦、月琴等民族乐器的演奏，同时开始接触当地民间音乐，如滇戏、花灯调、洞经调等。初小结业后，因生活艰难，无法按学校的规定缴纳童子军服装费而被迫转学。1922年（即10岁时）入私立求实小学高级部，成绩优秀得到减免学杂费的待遇，成为该校"学生音乐团"的活跃成员，热情地投入课余音乐活动，曾被选为该校学生自治会会长、学生音乐团指挥等，并曾荣获该校第一号学生奖状。1927年考入云南第一师范高级部英文组，结识了后来担任第一师范附属小学音乐教师的张庚候，开始随张庚候学习小提琴，并与其三哥聂叙伦、友人李家鼎等经常在家里进行民乐合奏。

田汉1912年（即14岁时）进入长沙师范学校，1916年（即16岁时）随舅父去日本东京高等师范英文系学习（后参加少年中国学会）。

（4）追求进步，投身马克思列宁主义革命理论学习活动和无产阶级的革命事业，投身抗日

1925年，聂耳考取插班生资格，进入云南省立第一联合中学。时值第一次国内革命风暴在中国南方兴起，开始受到进步书

刊和《国际歌》等革命歌曲的影响。参加学校由中国共产主义青年团所组织的外围组织"读书会",开始阅读有关马克思主义的基础读物。参加由当地中国共产党地下党组织领导的"济难会",多次从事给被关押的革命同志进行接济等工作。1928年正式秘密加入中国共产主义青年团并参加马克思列宁主义革命理论的学习活动及刻印、张贴传单与游行等活动。

1928年11月底,出于投身实际斗争的革命愿望,他瞒着家庭报名参加滇系军阀范石生所招收的"学生军",秘密离开昆明,途经越南、香港等地,到达湖南的郴州,接受新兵训练。同年年底,离开新兵队,任特务连的上士文书。1929年3月随军官赴广州,后投考黄埔军校不果,4月8日被部队遣散,流落广州。4月中旬,以聂紫艺的名字,考入广东戏剧研究所附设的音乐班,但入学后发现与其志愿不合即离所。5月6日,靠朋友的借款,得以返回家乡。1929年5月回昆明省立第一师范,再入原班继续学习,仍然作为学校课余文艺活动的积极分子,经常参加校内外的音乐、戏剧等演出活动,与张庚候、廖伯民等友人一起组织九九音乐社。在昆明发生大爆炸后积极参与中共地下党领导的青年救济团的各项针对反动派的斗争,因而引起反动派的注意。在毕业前夕,他得悉有被捕的危险,在其家庭的帮助下于1930年7月10日随云南一商人匆匆离开昆明,绕道海防、香港,于7月18日到达上海。到达上海后,举目无亲,托人帮忙后在云丰申庄找到一份稽查员的工作。刚开始工作时没有工资,8月下旬才给了每月15元的低薪。11月,经朋友介绍参加由上海中共地下党所领导的进步群众组织——反帝大同盟。1931年3月19日因云丰申庄倒闭而失业。后联华影业公司音乐歌舞学校刊登在《申报》上的招生启事引起了他的注意,每月能挣10元津贴,还管吃住,他忐忑不安地进了考场,因为紧张而发挥得一般,但却被主考官黎锦晖录取,进入明月歌舞剧社任小提琴手并师从普杜什卡,接受严格的小提琴训练,还自修钢琴、和声学、作曲法等。七八个人一间的狭小宿舍，练琴时得站在墙角，但他却感到了生活的奢侈。

1932年4月，他认识了左翼剧作家兼诗人田汉，建立了与左翼文艺界的联系，进一步坚定了走革命音乐道路的信心，和田汉的友谊与合作，对他的艺术成就产生了深刻的影响。1932年7月他发表《中国歌舞短论》一文，因批评黎锦晖而被迫离团。同年8月前往北平，积极参与北平左翼戏剧家联盟和左翼音乐家联盟的演出活动和组织建设，并师从外籍教师托诺夫继续学习小提琴。

1930年3月，田汉以发起人之一的身份参加了中国左翼作家联盟成立大会，任左翼戏剧家联盟党团书记等职。抗战开始，立刻参加话剧《卢沟桥》的集体创作，参加上海文化界救亡协会，后又到武汉参加抗战宣传工作。1939年后，在桂林主编《戏剧春秋》月刊，此时他对京剧、汉剧、湘剧等戏曲进行了改革，写了大量以反侵略为内容的戏曲剧本，有《江汉渔歌》《岳飞》等。1944年，与欧阳予倩等在桂林组织了西南戏剧展览会。抗战胜利后，回到上海，1948年转入华北解放区。

（5）聂耳英年早逝，人民景仰

1932年11月，聂耳重返上海，进入联华影业公司工作，参加左翼戏剧家联盟音乐组的"苏联之友社"音乐小组，并组织"中国新兴音乐研究会"。这时的他还继续坚持自修和声学、作曲法等作曲理论。1933年开始为左翼电影、戏剧作曲。1934年4月，进入百代唱片公司，与任光共同主持音乐部的工作，同时建立百代国乐队（又名"森森国乐队"），组织录制了一些进步歌曲唱片。1935年1月，他转入联华影业公司二厂任音乐部主任。日益严重的白色恐怖迫使他决定出国，拟经日本前往苏联学习。4月18日抵达东京，考察了日本的音乐、戏剧、电影等方面的动态，并向日本文艺界介绍中国音乐的新发展。7月17日，在藤泽市鹄沼海滨游泳时，不幸溺水逝世，年仅23岁。1954年日本藤泽市修建聂耳纪念碑,碑铭由郭沫若题写。1954年,中共云南省人民政府决定重修聂耳墓地,请郭沫若题写墓碑和墓志铭。同年2月,郭沫若书题了"人民音乐家聂耳之墓"碑和墓志铭。

(6)谦虚好学,终成大器

聂耳,音乐家,一生共创作歌曲37首,其中反映工人阶级生活和斗争的歌曲占有较大的比重,代表作有《义勇军进行曲》《大路歌》《码头工人》《新女性》《毕业歌》《飞花歌》《卖报歌》《梅娘曲》等,开辟了中国新音乐的道路,是中国无产阶级革命音乐的先驱。

田汉,话剧作家、戏曲作家、电影剧本作家、小说家、诗人、歌词作家、文艺工作领导者、中国现代戏剧奠基人。1927年田汉在上海艺术大学任教并被选为校长,时年29岁。新中国成立后,历任中央人民政府政务院文化教育委员会委员、文化部戏曲改进局局长、艺术事业管理局局长、中国剧协主席和党组书记、全国文联副主席等职。1968年12月10日,于"文革"中惨遭残害,病死于狱中。一生从事文艺工作,创作话剧歌剧60余部、电影剧本20余部、戏曲剧本24部、歌词和新旧体诗歌近2000首。知名作品有歌词《义勇军进行曲》《毕业歌》《四季歌》《天涯歌女》,话剧有《关汉卿》《文成公主》等。

4. 创作起因与经过[①]

1934年,上海电通影片公司在上海成立并请田汉同志写一个电影剧本,这年冬天他就先交了个简单的、名叫《凤凰的再生》的文学剧本给上海电通影片公司的孙师毅。剧本描写了30年代初期,以诗人辛白华为代表的中国知识分子,为拯救祖国,投笔从戎,奔赴抗日前线英勇杀敌的故事。不料,1935年2月,田汉就被国民党逮捕入狱了。上海电通影片公司为了尽快开拍,

---

① 本段资料主要来自 iCIBA 汉语站关于歌曲《绣红旗》的介绍资料.

决定请孙师毅把田汉的文学剧本改写成电影文学剧本，孙师毅在征得田汉的同意后就将影片改名为《风云儿女》。在处理主题歌歌词时，孙师毅仅仅修改了几个字，即将原词的第六句"冒着敌人的飞机大炮前进！"改成了"冒着敌人的炮火前进！"当时，聂耳同志正准备去日本，得知影片《风云儿女》有首主题歌要谱曲，就主动向孙师毅、许辛之请缨把谱曲的任务交给自己，并表示到日本以后会将谱好曲后的稿子尽快寄回，决不耽误影片的摄制。果然，没过多久，聂耳就从日本寄回了《义勇军进行曲》的曲谱。《义勇军进行曲》曲谱寄回上海后，由贺绿汀请当时在上海百代唱片公司担任乐队指挥的苏联作曲家阿龙·阿甫夏洛莫夫配器，不久《义勇军进行曲》就在影片《风云儿女》中使用了。

5. 定为国歌 [①]

《义勇军进行曲》被称为中华民族解放的号角，自1935年在民族危亡的紧要关头诞生以来，在人民中广为流传，对激励中国人民的爱国主义精神起到了巨大的作用。

国民革命军第200师的前身是国民政府军事委员会直属的战车营。1937年3月，战车营与交通兵第2团装甲汽车队改编为装甲兵团（团长杜聿明），由军政部直接指挥。1938年1月，装甲兵团于湖南湘潭扩编为第200师（五团制，20000余人），以原团长杜聿明为首任师长，是第一个机械化师，由军事委员会直接指挥。1938年11月，200师扩编为新编第11军，师长杜聿明升任新11军副军长，200师的师长则由第89师副师长戴安澜接任。戴安澜任师长后，将《义勇军进行曲》定为200师的军歌。

1941年12月7日太平洋战争爆发后，马来西亚华侨抗日游击队将《义勇军进行曲》的一句歌词改为"马来西亚民族到了

[①] 本段资料主要来自百度百科、360百科等网站网页中关于中华人民共和国国歌的介绍资料。

最危险的时候",遂成为《马来西亚义勇军进行曲》。反法西斯同盟国各广播电台,尤其是民间广播电台,都将《义勇军进行曲》视为中国国歌,而不知道由孙中山作词的中国国民党党歌《三民主义吾党所宗》已被国民政府定为中华民国国歌。1945年第二次世界大战将要结束时,美国国务院曾提出:在反法西斯战争胜利之日演奏各战胜国音乐时,将《义勇军进行曲》作为代表中国的音乐。美国黑人歌王保罗·罗伯逊于我国抗日战争期间就在纽约听到了《义勇军进行曲》,非常喜爱,不仅用英语四处演唱,而且还在1949年5月在莫斯科举行的纪念诗人普希金诞辰150周年大会上用汉语演唱,并用汉语录制了唱片,取名《起来》。

1949年春,在捷克斯洛伐克共和国首都布拉格召开了"保卫世界和平大会",中国代表团应邀出席。大会规定:开幕式那天各国代表团进入会场时,都要奏唱本国国歌。这一规定令中国代表团有些为难了,因为当时新中国还没有成立,还没有代表新中国的国歌。于是,大家在一起研究,决定唱《义勇军进行曲》来代替国歌。但是,对歌曲里"中华民族到了最危险的时候"这句歌词又有争议,有人说"现在北平已经解放,新中国即将成立,怎么能这样唱呢?"最后,郭沫若决定把这句词改成"中国民族到了大翻身的时候"。代表团回国之后,汇报了这一情况,引起了有关方面对制定国歌问题的重视。

1949年6月,第一届全国政协筹备会在筹备新中国成立的一些事项时感到:制定一首新中国的国歌已经迫在眉睫了。他们把这个任务交给了由马叙伦任组长、叶剑英、沈雁冰任副组长的政协筹备会第六小组,并设立"国歌初选委员会",委员会由田汉、沈雁冰、钱三强、欧阳予倩、郭沫若、徐悲鸿等人组成,另聘马思聪、吕骥、贺绿汀、姚锦新四名音乐家担任顾问。7月15～26日,政协筹备会第六小组在《人民日报》等国内外报纸上连续刊登了"国旗、国徽、国歌征集启事",反响十分强烈,截至 8 月 20 日，仅国歌一项应征稿就达 632 件，歌词歌谱 6926 首，但遗憾的是都不够理想。

最早建议用《义勇军进行曲》作为国歌的人是画家徐悲鸿，但针对徐悲鸿的建议，第六小组经过反复讨论也没有最后确定下来。后来 1949 年 9 月 27 日中国人民政治协商会议第一届全体会议通过的《关于中华人民共和国国都、纪年、国歌、国旗的决议》指出："在中华人民共和国的国歌未正式制定前，以《义勇军进行曲》为国歌。"

在"文化大革命"中，田汉被打成"右派"，其作品亦被认为有"政治问题"。1970 年，全国大规模批判田汉、周扬、夏衍、阳翰笙"四条汉子"，1975 年，田汉被宣布为"叛徒"并被"永远开除党籍"。从此，他作词的歌曲不能再唱了，正式场合只能演奏《义勇军进行曲》而不能唱出来，群众集会时也只是高唱《东方红》和《大海航行靠舵手》，《东方红》成了非官方国歌。

"文化大革命"结束以后，当时中共中央认为，在华国锋的领导下已进入了新的历史时期，《义勇军进行曲》的歌词已不能反映变化了的现实。1978 年全国人大成立了国歌征集小组，决定将李焕之配的词提交大会代表讨论修改。最后，考虑到国歌不同于一般的歌曲，为保持国歌的稳定性，只写"聂耳曲、集体填词"，一律不署编配者的姓名。1978 年 3 月 5 日第五届全国人民代表大会第一次会议以举手表决的方式通过，将集体填词的《义勇军进行曲》作为中华人民共和国的国歌。

1979 年，田汉得到昭雪平反。1982 年 12 月 4 日第五届全国人民代表大会第五次会议通过关于中华人民共和国国歌的决议，撤销 1978 年 3 月全国人民代表大会通过的歌词，重新恢复由田汉作词、聂耳作曲的《义勇军进行曲》的国歌地位。2004 年 3 月 14 日第十届全国人民代表大会第二次会议正式将《义勇军进行曲》作为国歌写入宪法。

6. 词曲分析

歌曲高昂激越、铿锵有力、旋律优美，体现了中华民族勇敢、坚强的优良传统，体现了为捍卫国家和民族尊严而永不磨灭的民族斗志和不屈精神，体现了中华民族居安思危的精神。

歌词全文为：起来！不愿做奴隶的人们！把我们的血肉，筑成我们新的长城！中华民族到了最危险的时候，每个人被迫着发出最后的吼声！起来！起来！起来！我们万众一心，冒着敌人的炮火前进，冒着敌人的炮火，前进！前进！前进！进！！

歌词的含义有三层：第一，提出了一个问题，即中华民族到了最危险的时候，每个中华儿女应该有怎样的态度。第二，明确指出，这个态度就是：中华儿女是不愿做奴隶的，因此每个人都应该挺身而出，发出最后的吼声，用血肉筑起保卫中华民族的钢铁长城。第三，指明只有民族团结、万众一心、勇战沙场，才能形成保卫民族的强大力量，才能真正筑起保卫中华民族的钢铁长城。

7. 深度聆听与演唱

聆听：百度→音乐→中华人民共和国国歌（版本：中华人民共和国歌曲集）。

课堂演唱：由学生独唱、齐唱、领唱或教师领唱。

8. 资料使用

第一，《中国近现代史纲要》下篇"综述——辉煌的历史征程——中华人民共和国的成立"的教学。在讲述教材内容之前，可以先聆听这首歌，再讲述本段教学资料，然后再讲述教材的教学内容。

第二，《思想道德修养与法律基础》绪论第三节"学习和践行社会主义核心价值观——以爱国主义为核心的民族精神"或第二章第一节"中华民族的爱国主义传统——热爱祖国矢志不渝——天下兴亡匹夫有责"的教学。在讲述教材内容之前，可以先聆听这首歌，再讲述本段教学资料，然后再讲述教材的教学内容。

第三，实践教学。将本段教学资料的讲解及《中华人民共和国国歌》的演唱列为《中国近现代史纲要》课、《思想道德修养与法律基础》课的实践教学内容。

第四，《音乐欣赏》的课程教学。

第五，课外教育活动：依托师生、学生艺术团体进行合唱排练，用于校园文化艺术节、五四青年节、学生党校教育、歌咏比赛等活动之中。

(二)《绣红旗》

1. 作品主旨

表达了身陷反动派狱中的共产党员们在得知新中国成立喜讯后心中按捺不住的喜悦与祝福；表达了狱中的共产党员们更加坚定理想信念、临危不惧、视死如归、不叛变革命，与敌进行顽强斗争的愿望和决心；表达了他们对新中国和五星红旗的热爱。

2. 创作时间

1964年。

3. 词曲作者

《绣红旗》是由中国人民解放军空军政治部文工团（简称"空政文工团"）创作的歌剧《江姐》中的一首歌曲，阎肃作词，羊鸣、姜春阳、金砂作曲。

阎肃，[①] 原名阎志扬，1930年5月9日出生于河北保定。

羊鸣，[②] 原名杨明，1934年出生于山东蓬莱。

姜春阳，[③] 1930年生于辽宁省丹东市，祖籍山东省莱阳县。

[①] 本段资料，主要来自百度百科、360百科等网站网页中关于阎肃的介绍资料.
[②] 本段资料，主要来自百度百科、360百科等网站网页中关于羊鸣的介绍资料.
[③] 本段资料，主要来自百度百科、360百科等网站网页中关于姜春阳的介绍资料.

金砂,① 原名刘瑞明,1922 年出生,重庆铜梁县巴川镇人。

(1) 热爱中国共产党并成为其中的一员

解放时阎肃参加了共产主义青年团,1953 年 6 月加入中国共产党,时年 23 岁。1964 年羊鸣加入中国共产党,时年 30 岁。1962 年姜春阳加入中国共产党,时 32 岁时。

(2) 热爱中国人民解放军,热爱军旅生活

1953 年 6 月(即 23 岁时),阎肃进入西南军区文工团,1955 年调入空政文工团。

1947 年(即 13 岁时),羊鸣参加中国人民解放军,先后在安东军区文工团、沈阳空军文工团、空政文工团工作。

1948 年(即 18 岁时),姜春阳参加中国人民解放军,后任第十三兵团团宣传队队长、师文工队乐队队长,1954 年调至空军歌剧团,任分队长、歌舞剧团创作员等职,1958 年至空政文工团,创作室成员。

1946 年(即 24 岁时),金砂当上文艺兵,进入文工团,创作了《打到西南去,解放全中国》歌曲,在二野传唱。

(3) 求学成才,路有坎坷

1940 年,阎肃 10 岁时随父母远走巴山蜀水,就读于重庆南开中学,毕业后进入重庆大学工商管理系学习。1950 年青年团西南工作委员会要组建一个青年艺术工作队,决定调他去艺术工作队工作,在没有读完大学的情况下,阎肃离开了学校,加入西南青年文工团。

1956 年,羊鸣毕业于东北音乐专科学校(即沈阳音乐院前身)作曲专业。

1941 年(即 19 岁时),金砂考入当时四川巴县青木关国立音乐院作曲系学习,《牧羊姑娘》是他 1946 年的毕业作品、处

---

① 本段资料,主要来自百度百科、360 百科等网站网页中关于金砂的介绍资料。

女作,被誉为世界级民歌。1965年,金砂被迫复员和下放劳动,离开北京回到铜梁,在南郭鱼溅村务农。1977年,恢复公职,离开铜梁,与苏州的妻儿团聚。1996年,在苏州辞世。

(4) 一生勤苦,终成大器

阎肃,剧作家、词作家,现为空政原歌舞团编导室一级编剧、专业技术一级、文职特级。历任西南军区文工团分队长、空军歌剧团编导组组长、空军歌舞剧团创作员、中国剧协第三第四届理事。代表作品歌曲有《说唱脸谱》《敢问路在何方》《故乡是北京》《前门情思大碗茶》《雾里看花》等;京剧现代戏有《红灯照》《红色娘子军》《红岩》《年年有余》等。

羊鸣,作曲家,现任空政歌舞团创作员、国家一级作曲、中国歌剧研究会主席团成员、中国轻音乐学会常务理事、中国音乐家协会创作委员会委员、中国戏剧家协会会员等职。代表作品有大型歌剧《江姐》《忆娘》《雪域风云》及《爱与火的四重奏》(均为合作)等,歌曲有《我爱祖国的蓝天》、《红梅赞》(合作)、《山歌向着青天唱》、《我幸福,我生在中国》、《九百六十万》、《兵哥哥》、《为人民服务》、《好收成》、《唐古拉》、《报答》、《千里万里的兵哥哥》以及《中国空军进行曲》(合作)等。

姜春阳,作曲家,国家一级作曲。创作歌剧20余部,歌曲近千首,电视剧8部。其中,歌剧《江姐》《刘四姐》均属成功之作。歌曲有:《我飞在祖国的天空》《幸福在哪里》《青山多美丽》《送别》《听,国旗的飘扬声》《军营男子汉》和电视剧插曲《夜光螺》等。

金砂,作曲家,代表作品有《绣红旗》《红梅赞》《牧羊姑娘》《毛主席来到咱农庄》,执笔并参与了《江姐》《骄扬》《蔚蓝色的旋律》《椰岛之恋》《木棉花开》等歌剧全部音乐的创作。

4. 原唱者

此曲的原唱者为任桂珍。任桂珍,[①] 1933年出生于山东临

---

① 本段资料主要来自百度百科、360 百科等网站网页中关于任桂珍的介绍资料.

沂，女高音歌唱家，歌剧演唱家，《绣红旗》一歌的原唱。1949年参加南下干部纵队第三支队文工团。新中国成立后，曾任上海歌剧院指导、上海市音乐家协会理事、中国音乐家协会会员、中国戏剧家协会会员、中国农工民主党中央委员等职。在《白毛女》《小二黑结婚》《天门岛》《红霞》《红珊瑚》《刘三姐》《洪湖赤卫队》《江姐》《樱海情丝》等几十部歌剧中扮演女主角，创造了众多栩栩如生的不同性格、不同地域、不同身份的妇女形象。为电影《红日》《聂耳》《摩雅泰》等配唱，《谁不说俺家乡好》《铁蹄下的歌女》《塞外村女》《摇篮曲》等插曲风靡全国。

5. 歌剧背景

1942年，美国政府为了从国民党当局获取对日作战的情报，和国民党签订了秘密协定，在重庆西北部歌乐山下建立了"中美特种技术合作所"（简称"中美合作所"）集中营。1943年底"中美合作所"改为第一看守所，成为国民党政府专门关押、刑讯、残杀革命人士和共产党人的罪恶机构，设有牢狱20余个，白公馆和渣滓洞是其中最大的两个。当全国解放战争向着西南推进的时候，国民党在大陆的最后堡垒——重庆处于全面的包围之中，盘踞在这里的国民党进行着垂死的挣扎，而被关押在"中美合作所"集中营里的共产党员则同他们展开了一场胜利前光明与黑暗的殊死搏斗。

1948年9月，共产党员罗广斌在成都被捕，后囚禁于重庆白公馆集中营，在狱中仍然坚持斗争。1949年10月1日，毛泽东在北京宣布中华人民共和国成立，亲手升起了五星红旗。10月7日，罗广斌及其他被关押在狱中的共产党员秘密得知了这一消息后，激动万分。但由于有看守监视，所以他们只能低声耳语传递消息，那一夜他们激动得没有人睡得着，罗广斌忽然有了一个主意，他建议绣一面五星红旗，伺机打着红旗冲出牢门。但是，他们既没剪刀，也没有针线，怎样才能绣好一面五星红旗呢？于是，他们将一块铁片磨成小刻刀，将黄色的草纸刻成五颗五角星。没有糨糊，就用剩饭粒把星星粘到了红绸被面上。五星红旗做好之后，罗广斌他们将其藏在了牢房的一块地板下，直到人民解放军夺得重庆控制权之后才取出。绣红旗的牢房如今已经辟为展室，一面五星红旗摆在橱窗里，红旗的原件已经遗失，现在展出的红旗是复制品。

这面五星红旗和天安门城楼的五星红旗差别很大，因为当时狱中的地下党员只是通过电台得知了新中国的国旗是五星红旗，既然是五星红旗，那么肯定有"五星"、有"红旗"，五颗星的布局怎样，他们无从知晓，所以只好按照他们自己的想象来布局，结果他们将一颗大星居中，而将四颗小星对称地分布在四侧。[①]

6. 创作经过

根据罗广斌、杨益言出版于1961年的小说《红岩》改编成歌剧《江姐》。剧本初稿的创作仅用了18天，当初稿剧本摆在空军政治部司令员的办公桌上时，刘亚楼将军敏感地意识到，这部作品很有可能成为新中国歌剧舞台的一部经典。随即，《江姐》被列为空政歌剧团的重点剧目予以打造，而作曲的任务则分配给了金砂、羊鸣和姜春阳三个人。剧情发生在四川，三人中唯有金砂是四川人，有四川民歌创作的坚实基础，而其他两人均不具备这样的特点，这就给作曲小组提出了挑战。为寻找创作灵感，作曲小组深入江姐故乡四川采风，借鉴和挖掘丰富多彩的四川地方戏曲形式。一年后，他们拿出了川味浓郁的音乐的第一稿，但结果却让人始料未及——被首长全部推翻，一字不留！作曲小组只有重新创作，在对川剧、婺剧、越剧、杭剧、沪剧、四川扬琴、清音、杭州滩簧等地方戏曲和民间音乐进行了系统研究后，结合江姐临危不惧、视死如归的精神面貌和从容不迫、外柔

[①] 广州好运. "含着眼泪绣红旗"歌剧《红岩》的美化 [EB/OL]. 中华网论坛 - 中华论坛，2008 - 12 - 08.

内刚的个性特点,终于成功找到了塑造江姐的音乐之魂。①

1964年10月13日,《江姐》剧组奉命到人民大会堂小礼堂为国家最高领导人演出,毛泽东、周恩来、朱德、董必武、彭真、薄一波、罗瑞卿、杨尚昆等观看了演出。歌曲《绣红旗》随着歌剧《江姐》的一举成名而成名。

7. 词曲分析

音乐低沉、细腻,如泣如诉,娓娓动听。

歌词全文为:线儿长,针儿密,含着热泪绣红旗,绣呀绣红旗。热泪随着针线走,与其说是悲,不如说是喜。多少年多少代,今天终于盼到了你,盼到了你。千分情,万分爱,化作金星绣红旗,绣呀绣红旗。平日刀丛不眨眼,今日里心跳分外急。一针针,一线线,绣出一片新天地,新天地。

歌词的含义分为两层,第一层含义是:身陷狱中的共产党员江姐等人在听到中华人民共和国成立的喜讯后,激动万分、热泪盈眶,流泪并不是因为悲而是因为喜,因为新中国的成立。第二层含义是:狱中人员只能把自己对新中国的千分情、万分爱都绣在红旗上,用一针一线来表达对新中国未来的信心和祝福。

8. 深度聆听与演唱

聆听:百度→音乐→绣红旗→任桂珍原唱。

演唱:由学生独唱、齐唱、领唱或教师领唱。

9. 资料使用

第一,《中国近现代史纲要》第七章第二节"国民党政府处在全民的包围中——全国解放战争的胜利发展"或下篇"综述——辉煌的历史征程——中华人民共和国的成立"的教学。在讲述教材内容之前,可以先聆听这首歌,再讲述本段教学材料,然后再讲述教材的教学内容。

第二,《思想道德修养与法律基础》绪论第三节"学习和践

---

① 本段资料,主要来自 iCIBA 汉语站关于《绣红旗》的介绍资料.

行社会主义核心价值观——以爱国主义为核心的民族精神"或第二章第一节"中华民族的爱国主义传统——热爱祖国矢志不渝——天下兴亡匹夫有责"的教学。在讲述教材内容之前,可以先聆听这首歌,再讲述本段教学资料,然后再讲述教材的教学内容。

第三,实践教学。将本段教学资料的讲解及《绣红旗》的演唱列为《中国近现代史纲要》课、《思想道德修养与法律基础》课的实践教学内容。

第四,《音乐欣赏》课程的教学。

第五,课外教育活动:依托师生、学生艺术团体进行合唱排练,用于校园文化艺术节、五四青年节、学生党校教育、歌咏比赛等活动之中。

(三)《红旗颂》

1. 作品主旨

表达了对新中国的热爱,对五星红旗的热爱,对新中国蒸蒸日上各项事业的热爱,并通过对历史的缅怀来告诫人们要珍惜来之不易的新中国。

2. 创作时间

1965 年。

3. 词曲作者

吕其明[①]作曲,薛锡祥[②]填词。吕其明,1930 年 5 月出生,安徽无为县人。

(1) 热爱中国共产党并成为其中的一员

1945 年,吕其明加入中国共产党。

(2) 参军抗日,热爱军旅生活

1940 年(即 10 岁时),吕其明随父去淮南抗日根据地参加

---

① 本段资料,主要来自百度百科、360 百科等网站网页中关于吕其明的介绍资料.
② 本段资料,主要来自百度百科、360 百科等网站网页中关于薛锡祥的介绍资料.

新四军，先后在二师抗敌剧团、七师文工团、华东军区文工团任团员。

薛锡祥，历任部队文工团创作员。

（3）虚心求学

1949年11月（即19岁时），吕其明依依不舍，脱下军装，转业到陌生而又新奇的上海电影制片厂，学过小提琴的他被分配在管弦乐队担任小提琴演奏员。在演奏时，他注意乐队的演奏效果，从中学习管弦乐的作曲技巧。工作以外，他几乎把大部分时间和精力都放在了音乐理论的学习上面，四处寻师学艺。1959年后，带职进入上海音乐学院学习作曲和指挥，1964年毕业。

（4）终成大器

吕其明，作曲家，曾任上海电影乐团团长和上海电影制片厂音乐创作室主任、中国音乐家协会理事、中国电影音乐学会副会长。1951年开始从事电影音乐创作，1956年（即26岁时）为电影《铁道游击队》作曲，创作了具有浓郁山东地方风格、通俗、淳朴的歌曲——《弹起我心爱的土琵琶》，展示了游击队员革命英雄主义和革命乐观主义的精神。1965年（即35岁时）接受第六届"上海之春"音乐会序曲的创作任务，创作出《红旗颂》。先后为《铁道游击队》《红日》《白求恩大夫》《霓虹灯下的哨兵》《庐山恋》《城南旧事》《雷雨》《子夜》等60余部故事片和10余部纪录片作曲，并为《秦王李世民》、《向警予》等电视连续剧、广播剧作曲。

薛锡祥，诗人、词人、上海作家协会会员、中国音乐家协会会员。曾先后在《诗刊》《词刊》《中国诗人》《解放日报》等军内外报纸杂志以及广播、电视、音像出版社发表和播放诗歌、散文、电视剧本等作品两千余件，其中为40余部电影、电视剧创作主题歌词。由其作词的《大地之魂》《生命的放飞》《花满人间》分别被评为全国第三届农运会和全国第八届运动会会歌以及第四届中国花博会首届中国花交会会歌。《红旗颂》《中国成功》等 20 余首歌词分别由中央电视台、上海电视台、东方电视台、上海卫视等制作成 MTV。

4. 乐曲分析

此曲是为 1965 年 5 月第六届"上海之春"音乐会而写的序曲，在开幕式上由上海交响乐团、上海电影乐团、上海管弦乐团联合首演，一经演出就获得成功，迅速传遍全国。

以红旗为主题，描绘了 1949 年 10 月 1 日中华人民共和国成立时第一面五星红旗升起的情景，以宏伟庄严的歌唱性的旋律，表现了中国人民在红旗的指引下英勇顽强、奋发向上的革命气概，热烈讴歌了伟大祖国蒸蒸日上的繁荣景象。该乐曲融合了东方红和国际歌的旋律。

乐段分析：[①]

引子：曲调坚定有力，圆号的连接庄严而神圣，国歌响起，宣布中华人民共和国成立，人民从此当家做主。

主题一：曲调主要写第一面五星红旗升起时的景象，面对无数先烈用鲜血染红的旗帜，用颂歌般的旋律抒发了一种非常复杂的心情：激动得热血沸腾、热泪盈眶，充满憧憬、无限幸福、无限伤感、对红旗无限爱恋，既有对革命胜利的欣慰，又有对牺牲的人民英雄的无限怀念与追思。

主题二：音乐急转，双簧管柔和哀怨地开始，让人陷入深深的回忆中，中提琴的重复使人想起过去革命开始时的岁月的艰难，人民生活的艰辛。

低音响起，如同黑暗年代的白色恐怖，像一个感人的告别场面，哀婉而缠绵。小号响起，乐曲在不断重复中提升力度，象征在白色恐怖中社会一天天地黑暗，人民的苦难在一天天地加重，人民忍无可忍，奏响革命的号角，催促革命者上路。

[①] 第二单元管弦华章—民族交响之光［EB/OL］. 百度文库 - 教育专区 - 初中教育 - 其他课程 - 湘教版九年级音乐下册第二单元教案，2012，04 - 09.

主题一以交响曲风格再现，描写了一个轰轰烈烈、前赴后继的战争场面，最后是红旗插上山顶的胜利和夹道欢迎场面。

主题一再现。

东方红旋律奏出，整个音乐推向高潮。新中国成立了，全国各族人民将团结在党中央和毛主席周围，共同建设我们伟大的新中国，对美好的明天充满了期待。

尾声：引子再现，引入国际歌旋律，全曲达到最高潮，表明新中国的明天将一片光明，共产主义在中国一定会实现。

5. 深度聆听

聆听：百度→音乐→红旗颂→上海电影乐团·中国管弦乐纪念名盘。

6. 资料使用

第一，《中国近现代史纲要》下篇"综述——辉煌的历史征程——中华人民共和国的成立"的教学。在讲述教材内容之前，可以先聆听这首乐曲，再讲述本段教学资料，然后再讲述教材的教学内容。

第二，《思想道德修养与法律基础》绪论第三节"学习和践行社会主义核心价值观——以爱国主义为核心的民族精神"或第二章第一节"中华民族的爱国主义传统——热爱祖国矢志不渝——天下兴亡匹夫有责"的教学。在讲述教材内容之前，可以先聆听这首乐曲，再讲述本段教学资料，然后再讲述教材的教学内容。

第三，《音乐欣赏》课程的教学。

第四，课外教育活动：用于校园文化艺术节、五四青年节、学生党校教育、歌咏比赛等会场的主题音乐；有条件的高校可以依托师生、学生艺术团体进行排练演奏。

二、歌唱中国共产党歌曲赏析运用

（一）《没有共产党就没有新中国》

1. 作品主旨

没有共产党就没有新中国，热爱党，热爱新中国。

2. 创作时间

1943 年。

3. 词曲作者

词曲作者均为曹火星。曹火星，① 1924 年 10 月生于河北省平山县西岗南村。

（1）热爱中国共产党并成为其中的一员

1943 年 4 月（即 19 岁时），曹火星光荣加入中国共产党。

（2）年少时就投身抗日救国大潮之中

1938 年 2 月（即 14 岁时），曹火星就开始参加平山县农民抗日救国会，走上革命道路。同年调平山县抗日救国青年联合会宣传队（即铁血剧社）任演员、音乐队队长。1940 年为表达抗战到底、不怕牺牲的决心，他把自己的名字曹峙改为"曹火星"。

（3）努力学习，终成大器

曹火星，作曲家，1939 年冬（即 15 岁时）到华北联合大学文艺学院音乐系学习作曲和指挥，期间创作了第一首歌曲《上战场》。1949 年到天津军管会文艺处音乐科工作，1952 年后主要从事作曲和行政领导工作，1956 年至 1958 年在中央音乐学院专家班学习作曲。曾任天津市音乐工作团副团长、天津歌舞团团长、天津歌舞团创作组组长、天津歌舞剧院副院长、中国文联委员、中国音协常务理事、天津音协副主席、天津歌舞剧院院长等

---

① 关于曹火星的资料，主要来自百度百科、360 百科等网站网页。

职。主要代表作有《没有共产党就没有新中国》《我们的祖国到处是春天》《人民总理人民爱》《拥护共产党》《我愿》等。创作了大型舞剧《石义砍柴》《太行红旗》并组织排演了芭蕾舞剧《西班牙女儿》等作品，成为天津舞蹈事业的奠基人之一。1999年逝世。

4. 创作起因与经过①

1943年3月10日蒋介石所写的《中国之命运》一书出版，书中提出了"没有国民党，就没有中国"的观点。同年8月25日，中国共产党在《解放日报》发表题为《没有共产党，就没有中国》的社论，批判了蒋介石所写之书并在结尾时说："如果今日的中国，没有中国共产党，那就是没有了中国"。②

此时，曹火星所在的音乐队由晋察冀边区总部驻地阜平出发，到了房山区霞云岭乡堂上村。该村是京西南百花山脚下的一个深山小村，是抗日根据地。抗日的烽火、战斗的硝烟，使年轻的曹火星对祖国山河破碎的现状感触极深，对国民党的不抵抗政策充满激愤，对日本帝国主义有着刻骨的仇恨。在中华民族生死存亡的关键时刻，在4亿同胞到了最危险的时候，他目睹了中国共产党及所领导的八路军、新四军为了人民的幸福，为了民族的解放，挺身而出，不惜抛头颅，洒热血，挽救苦难的中国。针对蒋介石"没有国民党就没有中国"的谬论，一个鲜明的主题在他脑海中升起，于是他怀着对共产党的无比热爱和国恨家仇，蘸着血和泪，利用当地流行的一种叫"霸王鞭"的表演形式，用"没有共产党就没有中国"这句极具凝聚力和号召力的词语作为曲名，创作了激励全国人民在中国共产党领导下坚持抗战的著名歌曲《没有共产党就没有中国》。

有一个细节至今仍为堂上村人津津乐道。1943年曹火星完

---

① 本段资料主要来自百度百科、360百科等网站网页。
② 本段资料，主要来自360百科"没有共产党就没有新中国"。

成歌曲创作的那个清晨,疲惫而兴奋的他推开房屋大门,叫住正在学校空地嬉戏玩耍的 8 名儿童团员,将一夜所成相授。那天早晨是《没有共产党就没有中国》的歌声在中国大地上的首次唱响,时年曹火星只有 19 岁。1943 年 12 月在晋察冀专区干部冬训学习班上,曹火星第一次正式教唱《没有共产党就没有中国》这首歌,并在"群众剧社"主办的刊物《群众歌声》上首次发表。1945 年 8 月 23 日张家口解放,八路军唱着这首歌进据张家口,9 月 12 日《晋察冀日报》刊登了这首歌。随着抗日战争和解放战争的胜利,这首饱含人民群众抗战激情、真实地反映了时代心声的歌曲唱遍了平西根据地,也唱遍了整个中国。①

5. 歌名更改

关于如何将《没有共产党就没有中国》改为《没有共产党就没有新中国》的问题,说法不一。但比较一致的观点认为,是根据毛泽东的提议而修改的。1949 年初曹火星随部队进入天津,这时天津军管会转发了一份文件,文件通知部队进城后不要唱《没有共产党就没有中国》这首已经流传甚广的歌,通知大意是:京津系新解放区,群众觉悟不高,此歌暂不唱。后来了解才知,有民主人士反映歌中"没有共产党就没有中国"的歌词不妥,因为没有共产党的时候早就已经有中国了,怎么能说"没有共产党就没有中国"呢?然而,群众却说不能不唱这首歌。据中共中央文献研究室主任逄先知在《毛泽东和他的秘书田家英》一书中的说法,是毛泽东提出并加进"新"字的。1950 年,毛泽东听到女儿李讷唱这首歌时立即纠正说:"没有共产党的时候,中国早就有了,应当改为'没有共产党就没有新中国'。"2001 年 6 月初李讷对这一说法予以了肯定。②

---

① 李亚红.《没有共产党就没有新中国》说实情唱真理的经典红歌 [EB/OL].:和讯网 - 新闻,2011 - 05 - 20.
② 陈蕙茹.《没有共产党就没有新中国》最早的听众是 8 名儿童团员 [N].成都日报,2011 - 06 - 22 (12).

6. 词曲分析

以霸王鞭节奏合拍,朴实的歌词、滚烫的旋律,表达了亿万中国人民的心声,鼓舞和激励着中国人民奋勇前进,被誉为"颂党第一歌"。

歌词全文为:没有共产党就没有新中国,没有共产党就没有新中国,共产党辛劳为民族,共产党他一心救中国,他指给了人民解放的道路,他领导中国走向光明,他坚持了抗战八年多,[①]他改善了人民的生活,他建设了敌后根据地,他实行了民主好处多。没有共产党就没有新中国,没有共产党就没有新中国。

歌词的含义有两层,第一层含义是直接指明了共产党与新中国的关系,即没有共产党就没有新中国;第二层含义是说明了为什么没有共产党就没有新中国的理由,即共产党辛劳为民族,共产党他一心救中国,他指给了人民解放的道路,他领导中国走向光明,他坚持了抗战八年多,他改善了人民的生活,他建设了敌后根据地,他实行了民主好处多。

7. 深度聆听与演唱

聆听:百度→音乐→没有共产党就没有新中国→军歌。

演唱:由学生独唱、齐唱、领唱或教师领唱。

8. 资料使用

第一,《中国近现代史纲要》第四章第二节"马克思主义进一步传播与中国共产党的诞生"的教学。在讲述教材内容之前,可以先聆听这首歌曲,再讲述本段教学资料,然后再讲述教材的教学内容。

第二,《毛泽东思想和中国特色社会主义理论体系概论》第十五章第一节"中国共产党的执政地位是历史和人民的选择"的教学。在讲述教材内容之前,可以先聆听这首歌,再讲述本段

[①] 1943年曹火星创作时,是"六年多"。1944年群众唱这首歌时,自然而然地就改成了"七年多",抗战胜利后就改成了"八年多"。

教学资料,然后再讲述教材的教学内容。

第三,《马克思主义基本原理概论》第六章第三节"马克思主义政党在社会主义事业中的地位和作用"的教学。在讲述教材内容之前,可以先聆听这首歌,再讲述本段教学资料,然后再讲述教材的教学内容。

第四,实践教学。将本段教学资料的讲解及《没有共产党就没有新中国》的演唱列为《中国近现代史纲要》课、《毛泽东思想和中国特色社会主义理论体系概论》课、《马克思主义基本原理概论》课的实践教学内容。

第五,《音乐欣赏》课程的教学。

第六,课外教育活动:依托师生、学生艺术团体进行合唱排练,用于校园文化艺术节、五四青年节、学生党校教育、歌咏比赛等活动之中。

(二)《唱支山歌给党听》

1. 作品主旨

党像亲人、像母亲,热爱党,牢记党的恩情。

2. 创作时间

1964 年。

3. 词曲作者

蕉萍作词,践耳作曲。

蕉萍[①],即姚筱舟,1933 年 3 月出生于江西铅山县石塘镇。

践耳[②],即朱践耳,1922 年出生于天津,原籍安徽泾县人,作曲家。

(1)投笔从戎,保家卫国

1949 年 4 月下旬铅山解放,年仅 16 岁、正在铅山中学读书

---

① 关于蕉萍的资料,主要来自百度百科、360 百科等网站网页.
② 关于践耳的资料,主要来自百度百科、360 百科等网站网页.

的姚筱舟与几十名同学一起，投笔从戎，考入中国人民解放军第二野战军"军政大学第五分校"，毕业后分配到二野十七军五十一师政治部。1951年冬，随部队高唱着志愿军战歌跨过鸭绿江，赴抗美援朝前线。

朱践耳，中学时曾自学钢琴、作曲，1940年（即22岁时）开始作曲。1945年赴苏北解放区，在苏中军区前线剧团工作，1947年任华东军区文工团军乐队长兼指挥。

（2）热爱生活，热爱创作

抗美援朝回国后不久，蕉萍转业到陕西省，1954年到陕西铜川矿务局担任宣传、秘书工作，1956年任焦坪煤矿技术员。1984年调铜川矿工报社任编辑。陕西省作家协会、陕西省音乐家协会、中国煤矿影视剧研究会会员。

朱践耳，1949年后在上海、北京从事电影音乐创作。1955年到莫斯科柴可夫斯基音乐学院学习，师从巴拉萨年教授学习作曲。1960年回国，先后在中央新闻电影制片厂、上海歌剧院、上海交响乐团从事音乐创作。1985年兼任中国音乐家协会创作委员会副主任，1989兼任上海音协主席。主要作品有《第一交响曲》、《第二交响曲》、《第四交响曲》、交响大合唱《英雄的诗篇》、交响幻想曲《血染的红花》、交响组曲《黔岭素描》、管弦乐《节日序曲》、民乐合奏《翻身的日子》、唢呐协奏《天乐》以及歌曲《打得好》《接过雷锋的枪》《唱支山歌给党听》《清晰的记忆》、电影音乐《在烈火中永生》等。

4. 原唱者

此曲的原唱者为才旦卓玛。才旦卓玛，[①] 1937年6月出生，西藏日喀则人，藏族民歌手，女高音歌唱家，国家一级演员，中国文联副主席、西藏自治区政协副主席。代表作品有《唱支山歌给党听》《翻身农奴把歌唱》《北京的金山上》《阿玛列洪》

---

① 本段资料，主要来自百度百科、360百科等网站网页。

《酒歌》《我们在相聚》等。

5. 创作过程①

在煤矿，姚筱舟与工人们生活、劳动在一起，逐步了解了矿工，爱上了矿工，曾说："我认为煤矿工人是最可爱的人，他们牺牲了自己应该享受的那部分阳光，把脏、苦、累留给自己，把光、热、笑贡献给人民。"他与矿工亲如兄弟，矿工也把他当成了亲人，经常和他一起喝茶、拉家常，不时还谈起旧社会的磨难和共产党的恩情。他记录下许多矿工编的顺口溜和歌谣，如"党是妈，矿是家，听妈的话，建设好家"，"鞭子是窑主的枪杆子，煤窑是窑工的棺（材）板子"，等等。听多了，记多了，他自己也产生了写诗的冲动。1958年初春，一个风雪交加之夜，他守在煤油灯下，一口气写了三首小诗，其中包括《唱支山歌给党听》。

据他回忆说，这首诗的其他部分都写得比较"顺手"，只有第二段中"鞭子"这个词让难为了个把钟头。他的初稿是："旧社会三座大山压我身……推倒大山做主人。"他反复斟酌，总觉得不够味，但又找不到更恰当的词句来替换。在心烦意乱之中，他随手翻阅了一本小人书，突然看到一个肥胖的地主拿着鞭子在打几个长工的画面，他灵机一动，觉得用"鞭子"来形容旧社会的残暴和苦难比"三座大山"更形象，于是他马上提笔将上句改成"旧社会鞭子抽我身……夺过鞭子揍敌人！"他写成的诗共三段，除现在广为传唱的前两段外，后面还有四句，即"母亲给我一颗心，暴风雨中一孤萍；亿万红心跟着党，乘风破浪齐跃进"。诗歌写成后，他就用"蕉萍"作为笔名，把三首小诗投寄到了《陕西文艺》，很快就被刊发在1958年6月26日第八期《总路线诗传单》的专栏内。《总路线诗传单》是由陕西省民歌

---

① 《唱支山歌给党听》词作者亲述创作经历［EB/OL］.；Sina - 新闻中心 - 文化新闻，2008 - 04 - 01.

整理小组专门编印的一份不定期小报。1962年，歌词被春风文艺出版社收入《新民歌三百首》一书中。

雷锋把这首诗抄在了他的日记里，并对诗进行了三处修改：一是将原诗中的"母亲只能生我身"一句改成"母亲只生了我的身"；二是将"党号召我们闹革命"一句改为"共产党号召我闹革命"；三是删除了诗中有关"大跃进"内容的最后四句。《前进报》刊登了雷锋的这首诗后，其他几家报纸也作了转载。1962年，雷锋不幸牺牲。1963年，毛主席亲笔题词"向雷锋同志学习"，学雷锋的活动便在全国开展起来。紧接着，《雷锋日记》出版了。

1962年雷锋日记里的这首诗引起了上海音乐学院教师朱践耳的注意，他决定给这首"雷锋遗诗"谱曲以便传唱，一气呵成之后就把新作寄到了《文汇报》，1963年2月21日《文汇报》刊载了这首新歌。因为不知道这首诗是雷锋摘抄的，所以朱践耳就为它加上了标题——《雷锋的歌》，还注明了歌词摘自《雷锋日记》。

1963年7月姚筱舟在中央人民广播电台的节目中第一次听到了这首歌，他既惊讶又激动，没想到自己的一首小诗竟然会成为广为传唱的动人歌曲。他抑制不住兴奋的心情，试着给朱践耳写了一封信，信中说明了《雷锋日记》的歌词是摘抄自他所发表的一首小诗的前八句。正好，中国音协的刊物《歌曲》要转载《雷锋的歌》，在征求朱践耳的意见时，朱践耳就将姚筱舟写给他的这封信转给了中国音协。中国音协通过组织渠道向陕西省焦坪煤矿党委了解此事，结果被证明情况属实。于是《歌曲》编辑部发表时就用诗的第一句"唱支山歌给党听"作为标题，歌词以诗的形式发表时署名"蕉萍"。

《唱支山歌给党听》到处传唱的时候，朱践耳一直想知道素未见面的词作者"蕉萍"是谁。1963年秋，朱践耳通过多番寻觅，终于发现"蕉萍"在陕西焦坪煤矿，于是便给该矿党委书记写信。党委书记赵炳儒也不知道蕉萍是谁,就召开大会问大家:"谁叫蕉萍?"姚筱舟没有吭声。他那时已深受"血统论"和"唯成分论"之害,心里暗想,寻找"蕉萍",谁知道是好事还是坏事?第二天,矿党委派人把筱舟找去,赵炳儒问:"你是'蕉萍',有人看见过你用笔名写稿子。"姚筱舟看见已经瞒不住了,于是就诚惶诚恐地点了点头。赵炳儒笑着说:"好事嘛,这有啥不敢认的!"随后,便把朱践耳的信转给了姚筱舟。于是,从1964年起,《唱支山歌给党听》这首歌才正式注明词作者的真实姓名。

北京举行颁奖大会时,姚筱舟因"社会关系复杂"未能到会,一套《毛泽东选集》和四张丝织音乐家像、一张奖状都是由矿上转交给他的。在"文革"中,《唱支山歌给党听》不但没有给筱舟带来好运,反而成了他的"罪状"。

1997年5月9日,在姚筱舟的记忆中是一个值得纪念的日子。那天晚上8点,他珍藏在心里34年的企盼定格在上海市南京路"上海电视广播大厦"四楼演播厅的舞台上。他应上海东方电视台之邀,前去参加第17届"上海之春"音乐会开幕式,导演与主持人精心为他安排了一个意想不到的惊喜,让他在现场见到了作曲家朱践耳和已成为著名歌唱家的才旦卓玛。在雷鸣般的掌声和照相机闪光灯的包围中,他们三个忘情拥抱、紧紧握手,一家报社的记者风趣地说:"这一天是一支歌中起来的三个人共同的节日。"

6. 词曲分析

歌词全文为:唱支山歌给党听,我把党来比母亲;母亲只生了我的身,党的光辉照我心。旧社会鞭子抽我身,母亲只会泪淋淋;共产党号召我闹革命,夺过鞭子揍敌人。共产党号召我闹革命,夺过鞭子,夺过鞭子揍敌人!唱支山歌给党听,我把党来比母亲;母亲只生了我的身,党的光辉照我心,党的光辉照我心。

《唱支山歌给党听》饱含了对共产党的热爱、对旧社会的憎恨。歌曲是三部曲式结构，第一乐段充满深情和激情，表达了对党的热爱。第二乐段体现了新旧社会的强烈对比，时而悲痛凄楚、如泣如诉，充满了对旧社会的仇恨；时而壮怀激烈、字字铿锵，具有部队歌曲的音调特点，表达了跟党闹革命的决心。第三乐段再现第一乐段的主题，加深了旋律的印象并把音乐推向高潮，再次强调了歌曲的中心思想。

7. 深度聆听与演唱

聆听：百度→音乐→唱支山歌给党听→才旦卓玛—20世纪中华歌坛名人百集珍藏版。

演唱：由学生独唱、齐唱、领唱或教师领唱。

8. 资料使用

第一，《中国近现代史纲要》第四章第二节"马克思主义进一步传播与中国共产党的诞生"的教学。在讲述教材内容之前，可以先聆听这首歌曲，再讲述本段教学资料，然后再讲述教材内容。

第二，《毛泽东思想和中国特色社会主义理论体系概论》第十五章第一节"中国共产党的执政地位是历史和人民的选择"的教学。在讲述教材内容之前，可以先聆听这首歌曲，再讲述本段教学资料，然后再讲述教材内容。

第三，《马克思主义基本原理概论》第六章第三节"马克思主义政党在社会主义事业中的地位和作用"的教学。在讲述教材内容之前，可以先聆听这首歌曲，再讲述本段教学资料，然后再讲述教材内容。

第四，实践教学。将本段教学资料的讲解及《唱支山歌给党听》的演唱列为《中国近现代史纲要》课、《毛泽东思想和中国特色社会主义理论体系概论》课、《马克思主义基本原理概论》课的实践教学内容。

第五，《音乐欣赏》课程的教学。

第六，课外教育活动：依托师生、学生艺术团体进行合唱排练,用于校园文化艺术节、五四青年节、学生党校教育、歌咏比赛等活动之中。

三、军民一家亲歌曲赏析运用

作品:《十送红军》。
1. 作品主旨
红军像亲人,军民鱼水情,军民一家亲。
2. 创作时间
1961 年 8 月 1 日。
3. 词曲作者
最初署名为"朱正本、张士燮整理",现署名为"朱正本编曲、张士燮编词"。

朱正本[①],1928 年出生,安徽凤台县人。

张士燮[②],1932 出生,天津人。

(1) 热爱中国人民解放军,热爱军旅生活

1949 年(即 21 岁时),朱正本参加中国人民解放军,不久即从事部队文艺工作,开始写歌曲、小歌剧。

1949 年(即 17 岁时),张士燮参加中国人民解放军,历任四十九军文工团创作员、广西军区文工二团创作员、空军第三军文工团创作员、空政歌舞剧团艺术指导、空政文工团编导室主任、中国音乐家协会第三第四届理事、中国轻音乐学会首届常务理事、中国音乐文学学会常务理事、中国《歌曲》月刊编委等职。

(2) 致力于音乐创作事业,终成一番事业

1953 年,朱正本到北京工作后,先后师从罗忠镕学习和声,

---

① 关于朱正本的资料,主要来自百度百科、360 百科等网站网页。
② 关于张士燮的资料,主要来自百度百科、360 百科等网站网页。

从江文也学习配器，并在中央音乐学院旁听曲式学。30余年，发表歌曲200余首。创作大型合唱曲舞蹈音乐、歌舞剧音乐、大型歌剧、小歌剧、电影音乐20余部。与他人合出了两本歌曲集。创作、改编的作品中，表演唱《十送红军》《送郎当红军》，合唱《把列宁主义大旗高高举起》《银球飞舞花盛开》以及群众歌曲《学习那英雄的解放军》等，都曾在全国流行。创作的歌剧音乐《忆娘》（与羊鸣合作），被国务院文化部授予创作一等奖。2012年4月28日，在北京病逝。

张士燮著有歌词《十送红军》《毛主席来到咱农庄》《社员都是向阳花》《秋收起义歌》《农友歌》等，参加了大型歌舞剧《长山火海》、《革命历史歌曲表演唱》、音乐舞蹈史诗文学剧本《东方红》、《中国革命之歌》以及大型歌舞《光明赞》、《名舰忠魂》等作品的创作。2007年7月21日，在北京病逝。

4. 创作缘起

1960年，时任空军司令的刘亚楼在出访朝鲜期间欣赏了大型歌舞史诗《三千里江山》，3000名战士气势磅礴的表演给他留下了深刻的印象。1961年，他给空政文工团下达了紧急任务，要求在3个月以内创作一台革命历史歌曲晚会——《革命历史歌曲表演唱》，其中主题之一是再现井冈山时期革命根据地人民依依不舍、如泣如诉、送别革命红军的历史场景。

5. 创作背景与经过

第二次国内革命战争时期，井冈山革命根据地战斗频繁。每当红军要上前线时，各个村子的老百姓就经常到村头、河边、大道旁去送别红军，有时还一边送一边唱。空政文工团创作室的张士燮、朱正本，刚好曾分头去过江西采风。面对晚会的上述主题要求，张士燮根据采访来的素材，很快就写出了歌词："一送红军下了山，秋风细雨缠绵绵。山间野鹿声声哀号，树树梧桐叶落完。问一声亲人红军啊，几时人马再回山……"一写完歌词，他就直奔朱正本的房间让朱正本谱曲。朱正本一拿到歌词，脑海中就闪现出了在江西采风时得到的民歌——赣南采茶戏中的《长歌》（又叫《送郎调》）的旋律，于是他灵感即上，一气呵成，不到一小时就完成了谱曲。当谱到"千军万马江畔站，十万百姓泪汪汪"时，他不禁顿时泪下。1961 年 8 月 1 日建军节，《革命历史歌曲表演唱》在北京音乐堂首演，《十送红军》一炮走红。这台演出后来被周恩来总理称为大型音乐舞蹈史诗《东方红》的"前创篇"。①

6. 创作争议

一种观点认为，《十送红军》是根据江西赣南民歌《长歌》收集整理改编而成的，是收集整理。持这种观点的理由有二：一是当时刘亚楼司令提出了明确的要求，即为了突出老区革命传统，要求所有参加演出的作品必须注明是民歌。那么，根据这一要求，《十送红军》就应该是朱正本、张士燮收集整理的民歌。二是在给作品署名时，是根据当时总团领导最后的建议署名的，从最后署名情况看，最后的署名也是"朱正本、张士燮收集整理"的字样。另一种观点认为，《十送红军》不是一首江西革命民歌，而是一首编创歌曲，是由张士燮、朱正本根据陈裕光整理的兴国客家山歌《送郎调》（采茶戏中的《长歌》）改编创作而成的一首江西民歌风格的歌曲，是编创。理由是：虽然当时《革命历史歌曲表演唱》晚会歌曲的搜集本着"采集革命历史歌曲，不新创作"的原则进行，但当时并没有找到合适的反映红军开始长征时根据地人民送别红军时的情景的歌曲，因此当时负责文字、音乐、舞蹈创作的张士燮、朱正本等人就创作了《十送红军》。

7. 词曲分析

《十送红军》是一首反映红军即将开始长征时军民鱼水情深

---

① 《十送红军》创作溯源：曲作者仅用一小时谱成［EB/OL］．：中国新闻网 - 新闻中心 - 社会新闻，2011 - 05 - 26．

的歌曲，其悠扬而凄婉的歌声，给人们留下了难忘的印象。歌词以叙事为基础，并借叙事来表达革命根据地人民对红军的深厚感情以及对革命胜利的强烈期盼。歌词采用情景交融、借景抒情的手法，使人感到情真意切、难舍难分。

《十送红军》通过采用回旋曲式手法，从而使整首歌曲风格统一。与此同时，每段旋律又融进了独具特色的音乐因素，使得各段之间形成了鲜明的对比。此外，在每个段落的旋律运行中，多以短句的形态出现，并且在短句的后面予以停顿。尽管在短句间歇时有短小的间奏穿插其中，但还是从整体上给人以抽噎的感觉。统观全歌，其音乐情感是依依不舍、期盼祝福等多种情绪的融为一体。

十送红军究竟有几送？根据相关回忆文章的描述，词作者张士燮1961年交给曲作者朱正本的词就仅六段，没有"二、四、六、八"送，原因是担心写"十送"太"絮烦"，演唱时间也会太长。而《长征》片尾曲则进一步删至只剩"一、七、九、十"四送。不过，据资料记载，陕西镇巴县的《十送红军》版本是从"一送"到"十送"都全了的《十送红军》，歌词中除地名与现在传唱的版本不同外，其余的内容则多处相似，但曲调用的却是民歌《绣荷包》。

这首歌曲流传甚广，经过许多音乐人的改编和再度创作，多了很多乐器版本的表现形式。其中，手风琴版的独奏曲非常出色，拉起来如泣如诉，能很好地表达歌曲中流露出的情感。

"一、三、五、七、九、十"送的歌词及含义分析：

一送（里格）红军，（介支个）下了山，秋风（里格）细雨，（介支个）缠绵绵。山上（里格）野鹿，声声哀号，树树（里格）梧桐，叶呀叶落光，问一声亲人，红军啊，几时（里格）人马，（介支个）再回山。本乐段描写的是：根据地人民送别红军时的季节（秋天），并借秋天的凄凉来表达送别红军时军民依依不舍的凄凉心情。

第六章 特色方法论（二）

三送（里格）红军，（介支个）到拿山，山上（里格）包谷，（介支个）金灿灿，包谷种子（介支个）红军种，包谷棒棒，咱们穷人掰，紧紧拉住红军手，红军啊，洒下的种子，（介支个）红了天。紧紧拉住红军手，红军啊，洒下的种子，（介支个）红了天。本乐段描写的是：红军在拿山种的包谷最后让穷人掰回家。与此同时，还将包谷比喻为革命的种子，希望革命的种子继续在根据地的群众中发芽生长。

五送（里格）红军，（介支个）过了坡，鸿雁（里格）阵阵，（介支个）空中过。鸿雁（里格）能够，捎来书信，鸿雁（里格）飞到，天涯海角，千言万语嘱咐，红军啊，捎信（里格）多把，（介支个）革命说。本乐段描写的是：根据地的群众送别红军时对红军的嘱咐和希望，希望红军能常来书信，传递革命消息，以慰藉根据地的群众对革命进展和红军的时时牵挂。

七送（里格）红军，（介支个）五斗江，江上（里格）船儿，（介支个）穿梭忙。千军万马（介支个）江畔站，十万百姓泪汪汪，恩情似海不能忘，红军啊，革命成功，（介支个）早归乡。深情似海不能忘，红军啊，革命成功，（介支个）早归乡。本乐段描写的是：根据地群众对革命成功的渴望，并盼望红军早日再回根据地。

九送红军，上大道。锣儿无声鼓不敲，鼓不敲。双双（里格）拉着长茧的手，心像（里格）黄连，脸在笑。血肉之情怎能忘，红军啊，盼望（里格）早日，（介支个）传捷报。本乐段描写的是：根据地人民送别走红军时既痛苦又祝愿革命成功的复杂心情，内心像黄连一样的苦，但却强抑痛苦、面带笑容送别红军，以便让红军走得轻松点、放心点。

十送（里格）红军，（介支个）望月亭，望月（里格）亭上，（介支个）搭高台。台高（里格）十丈，白玉柱，雕龙（里格）画凤，放呀放光彩，朝也盼来晚也想，红军啊，这台（里格）名叫（介支个）望红台。本乐段描写的是：根据地人民在即将最终送别红军时对红军的再次嘱咐，告诉红军根据地群众时时等着红军的凯旋。

8. 深度聆听与演唱

聆听：百度→音乐→十送红军→（版本 演唱：黑鸭子；专辑：红军装2）。

演唱：由学生独唱、齐唱、领唱或教师领唱。

9. 资料使用

第一，《中国近现代史纲要》第五章第一节"对革命新道路的艰苦探索——走农村包围城市、武装夺取政权的道路"的教学。在讲述教材内容之前，可以先聆听这首歌曲，再讲述本段教学资料，然后再讲述教材的教学内容。

第二，《毛泽东思想和中国特色社会主义理论体系概论》第三章第三节"新民主主义革命的道路——对中国革命道路的艰难探索"的教学。在讲述教材内容之前，可以先聆听这首歌曲，再讲述本段教学材料，然后再讲述教材的教学内容。

第三，《马克思主义基本原理概论》第三章第三节"人民群众在历史发展中的作用——群众路线"的教学。在讲述教材内容之前，可以先聆听这首歌曲，再讲述本段教学材料，然后再讲述教材的教学内容。

第四，实践教学。将本段教学资料的讲解及《十送红军》的演唱列为《中国近现代史纲要》课、《毛泽东思想和中国特色社会主义理论体系概论》课、《马克思主义基本原理概论》课的实践教学内容。

第五，《中国近现代音乐史》第四章第二节"革命根据地的音乐"的教学。在讲述教材内容之前，可以先聆听这首歌曲，再讲述本段教学资料，然后再讲述教材的教学内容。

第六，《音乐欣赏》课程的教学。

第七，课外教育活动：依托师生、学生艺术团体进行合唱排练，用于校园文化艺术节、五四青年节、歌咏比赛等活动之中。

四、抗日救亡歌曲赏析运用

作品：《松花江上》。

1. 作品主旨
抵御外敌，抗日救亡，维护祖国、民族的统一和尊严。

2. 创作时间
1936年。

3. 词曲作者
张寒晖作词作曲。张寒晖，① 1902年5月5日出生于顺直省定州（今河北省定州市）西建阳村的一个书香之家。

（1）热爱中国共产党并成为其中的一员

1925年（即28岁时），加入中国共产党。

（2）求学进步，传播马克思主义

1922年考入北平人民艺术剧院专科学校。1925年入北平国立艺专戏剧系。1930年在北平加入中国左翼作家联盟，1933年回乡，在定县平民教会工作，坚持传播马列主义，随后又组织了家乡的农民运动。

（3）投身革命，抗日救国

1931年春工作于西安民教馆，任总务部部长。"九一八"事变后，以古老民歌《三国战将勇》的曲谱填写了《可恨的小日本》一歌，以《满江红》的曲调填写了《告我青年》一歌，号召青年"激赴进，齐赴国难"，从此开始了他用民歌唤醒民众投身抗战的革命艺术生涯。1935年9月第二次到西安，于西安省立二中担任国文教员。在此后近6年的时间里，他先后从事的工作有：在东北军政治部做游艺股长；在"西安实验剧团""西安铁血剧团"工作一年，自当导演和演员，演出了《不识字的母

---

① 关于张寒晖的资料，主要来自百度百科、360百科等网站网页.

亲》《黑地狱》等话剧；编辑出版《老百姓报》等。1941年8月为逃避国民党的监视迫害，到了陕甘宁根据地。1942年初到达延安，历任陕甘宁边区文化协会秘书长、戏剧委员会委员等职。

（4）毕生勤苦，受到人民敬仰

代表作有《松花江上》《游击乐》《去当兵》《军民大生产》等70多首抗战歌曲，这些歌曲在解放区和全国广为流传，激励了一代又一代的中华儿女，被誉为与聂耳、冼星海齐名的人民艺术家。长期忘我工作，积劳成疾，患有肺气肿、心脏疲竭等疾病。1946年3月11日在延安不幸逝世，年仅44岁，长眠于宝塔山麓。

4. 创作背景①

《松花江上》是张寒晖于1936年在西安省立二中（今陕西师大附中前身）执教时所创作的作品，是20世纪三四十年代风靡中华大地的男高音、抒情、独唱抗战歌曲，与刘雪庵的《流亡曲》《复仇曲》一并被称为"流亡三部曲"。

1931年9月18日，日本制造了震惊中外的"九一八"事变。1932年2月，东北全境沦陷。1932年3月9日，在日本军队的扶持下，"伪满洲国"成立，东北3000多万同胞沦为亡国奴，许多民众开始流亡关内。1935年9月20日，蒋介石在西安设立西北剿匪总司令部，调东北军入陕甘剿共。东北军到达西安后，张学良多次要求抗日，却遭到了蒋介石的拒绝。1936年12月4日蒋介石再次抵达西安，立即调30万中央军嫡系部队进剿红军，并要求张学良、杨虎城要么进兵，要么就接受将东北军、十七路军分调至福建、安徽的命令。1936年12月11日晚，蒋介石宣布了蒋鼎文为西北剿匪军前敌总司令、卫立煌为晋陕绥宁四省边区总指挥等换将的任命书，命令中央军接替东北军和西北

---

① 本段资料，主要来自百度百科、360百科等网站网页.

军的剿共任务，剿共前线的东北军官兵遭到了蒋介石的驱赶。

张寒晖以北方妇女在坟上哭丈夫、哭儿子的哭声为素材，淋漓尽致地描写了抗日遭拒却被逼剿共、有仇不能报有家不能归而流亡于西安街头的几十万东北军和人民的悲愤与凄惨。

5. 演出传播

《松花江上》一歌写成后，张寒晖先亲自教二中的学生唱，然后带领学生、群众到西安城墙上、街头上唱。悲怨壮烈的歌声深深地打动了东北军官兵的心，数万名官兵听后落泪，此后此歌遂流传于东北军的军中。"西安事变"前后，西安城里已到处可以听到这首歌，随后迅速传遍了全国。抗战开始后，周恩来曾代表中共八路军驻西安办事处出席东北军的军官会议。会议结束时，周恩来指挥与会军官唱了这首歌。悲愤的歌声激起了大家思念故乡的情绪，当歌声进入"哪年哪月才能够回到我那可爱的故乡？"时，全场军官有的热泪盈眶，有的低头哭泣，有的举起了拳头，"一定要打回老家去！"的决心充溢着歌唱者的胸膛。1938年7月7日晚，武汉举行了抗日周年的盛大活动，10多万群众分乘几百条木船，举着火把汇聚在长江之上，这时候不知是谁领头唱起了《松花江上》，立即引起大家的呼应，十几万人的歌声掀起了巨大的声浪，汇成了人间罕见的、血泪凝聚的感情的交响乐。

20世纪60年代，在周恩来总理的指示下，大型音乐舞蹈史诗《东方红》也选用了这首歌曲，由我国著名男高音歌唱家李光羲以及著名女高音歌唱家张越男演唱。李光羲和施鸿鄂演唱的版本广为流传，也是最经典的两个版本，特别是施鸿鄂的演唱更是感人肺腑，有极强的感染力。

6. 词曲分析

这是一首感人肺腑的抒情、独唱、抗战歌曲，以含着热泪哭泣似的音调，唱出了悲愤交加的声音。歌曲的结构是带尾声的二部曲式，倾述性的音调贯穿全曲，兼有叙事和抒情的特点，真切感人。依据歌词内容和情感脉络，可将全曲分为怀故、漂流、呼唤三个层次。第一部分的音调富于叙事与抒情的特点，诉说了家乡的美丽富饶和丰富的资源以及对自己爹娘的思念，即"我的家在东北松花江上，那里有森林煤矿，还有那漫山遍野的大豆高粱。那里有我的同胞，还有那衰老的爹娘"。第二部分的旋律以环回萦绕、反复咏唱的方式展开，感情越来越激动，具有回肠欲断的效果，概括地描述了国土沦丧后的悲惨遭遇，控诉了日本侵略军给中国人民带来的深重灾难，即"九一八，九一八，在那个悲惨的时候，脱离了我的家乡，抛弃那无尽的宝藏，流浪，流浪！整日整夜在关内流浪"。第三部分是歌曲的高潮，撕心裂肺的旋律，无限感慨地向故乡亲人发出的呼唤，抒发着对早日收复失地的强烈渴望，即"哪年哪月才能够回到我那可爱的故乡？哪年哪月才能够收回我那无尽的宝藏？爹娘啊，爹娘啊！什么时候才能欢聚在一堂？"

7. 深度聆听与演唱

聆听：百度→音乐→松花江上→殷秀梅/程志。

演唱：由学生独唱、齐唱、领唱或教师领唱。

8. 资料使用

第一，《中国近现代史纲要》第六章第一节"日本发动灭亡中国的侵略战争——九一八事变"的教学。在讲述教材内容之前，可以先聆听这首歌曲，再讲述本段教学资料，然后再讲述教材的教学内容。

第二，《思想道德修养与法律基础》绪论第三节"学习和践行社会主义核心价值观——以爱国主义为核心的民族精神"或第二章第一节"中华民族的爱国主义传统——热爱祖国矢志不渝——天下兴亡匹夫有责"的教学。在讲述教材内容之前，可以先聆听这首歌曲，再讲述本段教学资料，然后再讲述教材的教学内容。

第三，实践教学。将本段教学资料的讲解及《松花江上》

的演唱列为《中国近现代史纲要》课、《思想道德修养与法律基础》课的实践教学内容。

第四,《中国近现代音乐史》第五章第一节"新形势下的抗日音乐运动及其创作"的教学。在讲述教材内容之前,可以先聆听这首歌曲,再讲述本段教学资料,然后再讲述教材的教学内容。

第五,《音乐欣赏》课程的教学。

第六,课外教育活动:依托师生、学生艺术团体进行合唱排练,用于校园文化艺术节、五四青年节、歌咏比赛等活动之中。

五、歌唱志愿军歌曲赏析运用

作品:《英雄赞歌》。
1. 作品主旨
歌颂中国人民志愿军出国作战、保家卫国、不怕牺牲的英勇气概和感人事迹。
2. 创作时间
1964年。
3. 词曲作者
公木作词,刘炽作曲。

公木,原名张永年,1910年夏出生于直隶束鹿(今河北省辛集市)北孟家庄村,作家、诗人。[①]

刘炽,原名刘德荫,1921年3月10日出生于陕西西安,作曲家。[②]

(1)热爱中国共产党并成为其中的一员

1938年8月(即28岁时),公木加入中国共产党。1939年

---

① 关于公木的资料,主要来自百度百科、360百科等网站网页.
② 关于刘炽的资料,主要来自百度百科、360百科等网站网页.

（即 18 岁时），刘炽加入中国共产党。

（2）投身革命，抗日救国

学生时代的公木就积极投身革命活动，参加抗日救亡运动，曾经两次被捕入狱。1937 年"七七事变"后投笔从戎，经林伯渠同志介绍奔赴晋绥前线，参加由程子华任司令员的敌后游击队，任宣传股长，开始用"公木"作笔名。1938 年 8 月受党组织委派到延安抗日军政大学学习，1939 年秋在延安抗日军政大学政治部宣传科任时事政策教育干事时与同科的朝鲜籍音乐指导郑律成一起创作了《八路军进行曲》（后于 1965 年改名为《中国人民解放军进行曲》）。

（3）热爱学习，终成名家

新中国成立后，公木曾先后担任吉林大学中文系主任、教授，吉林大学副校长，吉林大学文学院名誉院长，吉林省社会科学联合会副主席暨文学协会主席，中国文联委员暨吉林省文联副主席、名誉主席，中国作家协会理事、顾问暨吉林分会主席，中国毛泽东文艺思想研究会会长，中国诗经学会名誉会长等职。1998 年 10 月 30 日病逝于吉林长春。

刘炽，9 岁到三仙庙打扫佛堂，随民间艺人学习鼓乐、读谱、吹笙、吹笛、敲云锣，成了一名优秀的小演奏员。1939 年（即 18 岁时）发表处女作《陕北情歌》。之后，又考入延安鲁迅艺术文学院第三期音乐系，师从音乐家冼星海学习作曲和指挥，毕业后进入音乐研究室当研究生兼助教。新中国成立后在中央音乐学院进修，后调至北京中央戏剧学院歌剧团任作曲、院艺委会委员，1961 年调至辽宁歌剧院任副院长兼艺委会主任，"文革"后任中国煤矿文工团总团团长兼艺委会主任。中国歌剧研究会副会长、中国音乐家协会第二届理事。著名的作品有歌剧《白毛女》《阿诗玛》，大合唱《祖国颂》，歌曲《我的祖国》《英雄赞歌》《让我们荡起双桨》，舞蹈音乐《荷花舞》，等。于 1998 年 10 月 23 日逝世。

4. 原唱者

张映哲，[①] 1928年3月出生，辽宁抚顺人。女高音歌唱家，中共党员，她为电影《英雄儿女》录制的插曲《英雄赞歌》影响广泛，脍炙人口。1946年任抚顺市区妇救会主任，1947年1月参加中国人民解放军，后任辽宁军区宣传大队队员、东北民主联军总卫生部宣传队队员。新中国成立后，历任中南军区后勤文工团分队长，西南军区文工团独唱演员，空军歌舞团独唱演员、副团长，北京声乐研究所副所长。1956年加入中国共产党，时年28岁。特别擅长演唱风格豪迈奔放、气势磅礴的歌曲。2005年病逝于北京。

5. 剧本创作[②]

1952年初，曹禺受当时的中宣部文艺处处长丁玲所托写信给家住上海的巴金，动员他参加全国文联组织的赴朝创作组，巴金同意了。经过一个多月的学习和行前准备，3月初以巴金为组长的17名创作人员伴着"雄赳赳，气昂昂，跨过鸭绿江"的歌声，踏上了满目疮痍的朝鲜土地，开始了从未经历过的军旅生活。有一次，巴金同创作组的白朗、逯斐、菡子、伊明去战地采访，由于敌机狂轰滥炸，只能在晚上趁着夜色出发。为了不暴露目标，汽车熄灯在伸手不见五指的盘山公路上爬行，不料在与对面来车交会时避让不及，汽车翻入了路旁的小沟里，所幸的是大家都没有受伤，但汽车却摔坏了，最后满身泥水的巴金和大家只好冒雨跋涉赶到了目的地。在朝鲜，巴金先后写了《生活在英雄们的中间》《英雄的故事》《会见彭司令员》等文章，不断地积累着创作的素材，为将来能写好战争题材小说打下坚实的基础。在朝鲜，给巴金印象最深刻的是莫过于在志愿军某团六连生活的两个多月。1952年10月，六连在开城保卫战中担任攻打

---

① 本段资料主要来自百度百科、360百科等网站网页.
② 本段资料主要来自百度百科、360百科等网站网页.

"红山包"的主攻任务。在连长、指导员先后负伤后,副指导员赵先友指挥全连坚守阵地,最后只剩下赵先友和通讯员刘顺武两人。赵先友用步话机向团长报告:敌人已冲上我军阵地,并大声喊道:"向我开炮!"阵地被夺回来了,但赵先友和刘顺武却壮烈牺牲了。战斗胜利后,巴金到六连所在团采访,团长张振川向巴金详细介绍了战斗经过和赵先友烈士的英雄事迹,巴金听后非常感动。回国后,巴金经过了七八年的思考,终于写出了不朽的名著中篇小说《团圆》。①

1961年8月《上海文学》发表了《团圆》,这引起了茅盾、夏衍、荒煤的关注。时任文化部副部长的夏衍读过《团圆》后,就责成长春电影制片厂将它改编成电影。当长春电影制片厂领导接到文化部下达的任务后,深感此事责任重大,经研究决定,将这一重任交给了著名导演武兆堤。武兆堤看完小说后感到这是一个好本子,但要把这部不到三万字的小说改编成电影那绝非是一件容易的事。此时,武兆堤想到了抗大时期的同学、时任解放军总政治部副主任傅钟将军的秘书毛烽。毛烽14岁就参加了革命工作,在朝鲜战场上生活了五六年,武兆堤就是认准了毛烽的这一点,有与小说中同样的军旅生涯的经历。待毛烽风尘仆仆地赶到北京,把小说《团圆》看了一遍后,他感动了,决定和武兆堤一起把它改编成电影剧本。经过20多天的奋战,《英雄儿女》的剧本终于在北戴河诞生了。影片在巴金小说的基础上,充实了王成的故事,以细腻的笔触突出了这个英雄战士的成长过程以及对其他战士的影响。人物关系的情感内容和炮火连天的战场气氛的营造,使影片既洋溢着革命激情,又深蕴着亲情与道德的力量。②

---

① KMYCBJWG. 巴金小说《团圆》与电影《英雄儿女》中的王成原型[EB/OL].: KMYCBJWG 的博客, 2012, 02-28.
② 金玉美太子. 根据巴金小说《团圆》改编的《英雄儿女》[EB/OL].: 金玉美太子的博客, 2010-06-23.

起初，导演武兆堤把作词的任务交给了编剧毛烽。可毛烽在作词方面并非如导演想象的那样得心应手，于是武兆堤就找到了刘炽并与刘炽一起拜访了时任吉林大学中文系主任的公木，公木是《中国人民解放军军歌》的词作者。最后，公木作词、刘炽作曲，完成了音乐创作任务。

6. 电影剧情

志愿军某团，坚守无名高地。刚从医院回部队的战士王成要求参战，并拿出父亲鼓励他杀敌立功的来信给张团长和王文清政委看，王文清始知王成就是自己的老战友王复标的儿子。在战斗中王成英勇奋战，壮烈牺牲。在全军开展向王成学习的运动中，王文清认出该军文工团员、王成的妹妹王芳就是自己的亲生女儿。原来，十八年前王文清在上海做地下工作时，妻子被敌人杀害，不久他也被捕，老工人王复标收养了他的女儿王芳，此后双方失去了联系。王文清没有立即与王芳相认，而是帮助她完成歌颂王成的创作任务，并鼓励她以实际行动向哥哥学习。后来，当王芳在阵地上为炊事员演出时，敌机突然来袭，她为掩护炊事员而负伤，被送回祖国医治。一个月后，王复标参加慰问团赴朝慰问，王芳也伤愈归队，三人在前线团圆。王复标将真情告诉王芳，两位父亲都勉励王芳向哥哥学习，当好革命接班人。

7. 词曲分析

《英雄儿女》是长春电影制片厂于1964年摄制的一部经典电影，该影片以保家卫国的战争为题材拍摄而成，描写了广大志愿军战士在朝鲜国土上的流血奋斗，并借助父子、父女、老战友之间的生死离别、劫后重逢来渲染气氛、编写故事，表现了革命事业的艰难历程。《英雄赞歌》是《英雄儿女》的插曲之一。

歌词分三段，第一段以"人民战士驱虎豹，舍生忘死保和平"等语句，阐明抗美援朝战争的必要性。第二段以"英雄猛跳出战壕，地陷进去独身挡，天塌下来双手擎"等语句，表现中国人民为世界和平而敢于担当、不怕牺牲的大无畏气概。第三段以"双手紧握爆破筒,怒目喷火热血涌,敌人腐烂变泥土,勇士辉煌化金星"等语句,描写了战斗的激烈场景。三个段落的后四句,即"为什么战旗美如画,英雄的鲜血染红了它,为什么大地春常在,英雄的生命开鲜花",歌颂了英雄们用鲜血和生命对祖国尊严和世界和平的捍卫。

8. **深度聆听与演唱**

聆听:百度→音乐→英雄赞歌→张映哲(原唱)→记忆的符号CD2 千里涛声唱英雄。

演唱:由学生独唱、齐唱、领唱或教师领唱。

9. **资料使用**

第一,《思想道德修养与法律基础》绪论第三节"学习和践行社会主义核心价值观——以爱国主义为核心的民族精神"或第二章第一节"中华民族的爱国主义传统——热爱祖国矢志不渝——天下兴亡匹夫有责"的教学。在讲述教材内容之前,可以先聆听这首歌曲,再讲述本段教学资料,然后再讲述教材的教学内容。

第二,实践教学。将本段教学资料的讲解及《英雄赞歌》的演唱列为《思想道德修养与法律基础》课的实践教学内容。

第三,《音乐欣赏》课程的教学。

第四,课外教育活动:依托师生、学生艺术团体进行合唱排练,用于校园文化艺术节、五四青年节、歌咏比赛等活动之中。

六、农民爱国捐粮乐曲赏析运用

作品:《扬鞭催马运粮忙》。

1. **作品主旨**

歌颂生产队社员积极捐送爱国公粮的热情。

2. **创作时间**

1969年10月。

3. 曲作者、演奏者

曲作者、演奏者都是魏显忠。魏显忠,[①] 1940 年 7 月出生,中国著名的笛子演奏家。

(1) 喜欢竹笛,拜师加自学

12 岁开始师从石家庄文工团的吴克金教授学习笛子,三年多之后自学。15 岁那年,音乐考试时他唱了《喂好我的大黄牛》,唱得老师激动流泪。1959 年即 19 岁时开始从事专业笛子演奏。在多年的艺术实践和努力探索中,其笛子演奏具有浓郁的东北地方风格,热情奔放、富有强烈的艺术感染力,深受广大人民群众的欢迎和喜爱。

(2) 驰名中外,为国争光

由他个人创作并演奏的《扬鞭催马运粮忙》笛子独奏曲驰名于国内外乐坛,多次在人民大会堂、天安门城楼、怀仁堂等地为党和国家领导人及外国元首演奏。曾代表国家先后出访阿尔巴尼亚、罗马尼亚、南斯拉夫、巴基斯坦、法国、日本、朝鲜、澳大利亚等国家及香港地区,受到外国朋友的热烈欢迎和高度赞扬。1972 年 5 月柬埔寨西哈努克亲王访问东北时,辽宁省政府决定用全省文艺界的力量办好一台具有地方特色的文艺晚会以展现给西哈努克亲王看。经多次挑选,《扬鞭催马运粮忙》被选为晚会的器乐曲。当亲王听完魏显忠演奏的曲子后,情不自禁地站了起来,双手举过头顶长时间地鼓掌。于是外交部的一位同志要求魏显忠再次演奏,第二次演奏后便把演出推向了高潮。1996 年江泽民出访西欧六国时在赠送各国元首的礼品中有一张 CD 盘《春江花月夜》,而魏显忠演奏的两首笛子独奏曲《扬鞭催马运粮忙》《姑苏行》就在其中。魏显忠曾为国务院政府特殊津贴获得者、国家一级演奏员、辽宁歌舞团民族乐队队长、中国音乐家协会会员、辽宁音乐家协会理事。于 2009 年 1 月 19 辞世。

[①] 关于魏显忠的资料,主要来自百度百科、360 百科等网站网页。

4. 创作背景与经过①

该曲是魏显忠于 1969 年 10 月在辽宁盘锦地区体验农村生活、参加秋收劳动时创作的作品。1969 年 9 月正是秋收大忙季节，辽阔的田野一片金黄。魏显忠作为辽宁省歌舞团乐队演奏员随团到盘锦地区农村去体验生活，参加秋收劳动。大家把收割好的稻子背到大道上，用马车装运到场院去脱谷、扬场、装袋送公粮。在两个月的劳动中，魏显忠身临农村支援国家建设喜送公粮的热烈场面，真正地体会到了丰收给农民带来的喜悦。那清脆嘹亮的唢呐声里是人们熟悉的《满堂红》曲调，男女老少个个笑逐颜开；那运粮的马车一辆接着一辆，红旗招展，锣鼓喧天，车把式扬鞭催马，车上的人纵情歌唱，浩浩荡荡的车队奔向远方……就是那种气势磅礴、感人肺腑的场面，深深打动了魏显忠的心，使他产生了创作这首乐曲的欲望。经过几天的思考，他决定用东北民间乐曲《满堂红》《银凤锁》作为创作素材，一气呵成创作了这首乐曲的初稿，起个名就叫《扬鞭催马运粮忙》。

初稿形成之后，大家很热情地肯定了这首乐曲，主题鲜明、形象生动、准确，全曲欢快、热烈，富有浓浓的东北地方风格，较好地表现了农民兄弟喜送公粮的热烈场面。但是有一个不足之处，那便是全曲多是老曲调，缺乏新鲜感，不够时代气息。有一次空闲时，魏显忠与乐队的其他同志去稻田旁的水渠里抓鱼，他在用脸盆舀水时，随着舀水的节奏，情不自禁地哼起了《满江红》"扭秧歌"曲调，哼着哼着就哼出了新的曲调。旁边细心的队友听到说："这个旋律太好听了！快记下来！"《扬鞭催马运粮忙》的创作，就这样完成了。

5. 交公粮

《现代汉语词典》对"公粮"的解释是："农业生产者或者

---

① 丰成全. 访著名笛子演奏家《扬鞭催马运粮忙》作者魏显忠 [EB/OL].：道客巴巴－培训资料，2012－09－29.

第六章 特色方法论（二）

农业生产单位每年缴纳给国家的作为农业税的粮食。"① 《辞海》对"公粮"的解释是："我国在解放前，各革命根据地所征收的农业税。以征收食物（粮食）为主，故称公粮或救国公粮。解放后，长时期内我国农业税以征收实物（粮食）为主，群众仍习称农业税为公粮。"②

交公粮作为一种制度，在我国有着非常久远的历史，它其实是一种交租制度。农民在租种地主的土地时就必须向地主交租，这其实就是农民向封建国家和地主缴纳的农业税，即皇粮国税。皇粮国税的出现和存在是必然的，是维持国家运转的需要。作为最古老的税种，农业税在中国数千年的农业社会中扮演着重要的角色。

新中国成立后，为了保证国家社会主义建设的顺利进行并有利于巩固农业合作化制度，促进农业生产发展，根据中华人民共和国《宪法》第一百〇二条"中华人民共和国公民有依照法律纳税的义务"的规定，于1958年颁布《中华人民共和国农业税条例》，统一了全国农业税制度并一直延续了几十年。送公粮是农民应尽的义务，是一种爱国行为。解放初期打倒地主分田地后，农民种的是自己的田地，交公粮时全家大小推着土车，拉的拉，推的推，高高兴兴地送公粮。后来实行了农业合作化制度，成立了人民公社，土地都交给了集体，公粮就由公社统一组织并上交国库，改称送"爱国粮"。每年收割完粮食后，公社各生产队第一件大事就是组织强壮劳力，浩浩荡荡的喜送"爱国粮"。人民公社化时期送交"爱国粮"速度最快，送粮的队伍也最庞大。

随着生产力的发展、物质财富的丰富和社会的进步，为减轻

---

① 中国社会科学院语言研究所词典编辑室. 现代汉语词典（第5版）[M]. 北京：商务印书馆，2005：472-473.
② 辞海编辑委员会. 辞海（缩印本）[M]. 上海：上海辞书出版社，1990：317.

农民负担,2005年12月29日第十届全国人民代表大会常务委员会第十九次会议通过《关于废止〈中华人民共和国农业税条例〉的决定》,自2006年1月1日起废止1958年颁布的《中华人民共和国农业税条例》,在中国存在了四千多年的农业税制度就此终结,国家以市场购买的方式从农民手中购买粮食。

6. 乐曲分析①

《扬鞭催马运粮忙》是根据东北民间音乐的风格创作而成的,是新派笛子的代表乐曲之一。乐曲热情明快,笛声时而激情奔放,时而悠扬婉转,描写了丰收以后的农民驾着满载粮食的大车,喜气洋洋地向国家交送公粮的情景。马蹄击节,车轮吟唱,快乐的农夫扬鞭催马,把丰收的喜悦铺撒在运粮的小道上。

《扬鞭催马运粮忙》的结构为带引子的 ABA 三段体。引子的音乐形象十分鲜明,伴奏乐奏出快速而强烈的奔驰音型,笛子则用颤音奏出长音,紧接着又运用下历音和顿音的巧妙结合奏出的音型,一下子就把运粮车队来回奔忙、农民吆喝着赶马的热闹场面展现在听众面前。第一乐段是一个欢乐的小快板,四句体的歌调热情欢快,对答呼应的短句情趣生动活泼,模仿马蹄节奏"哒,哒哒,哒哒哒"频繁出现,使这段音乐的情绪非常欢快强烈,令听众仿佛看到了运送公粮的马车队伍浩浩荡荡地奔向前方的壮观场面,大路上,车来车往,马嘶鸟鸣,热闹非凡。紧接着速度突然放慢,乐曲转入第二乐段。这段音乐采用中板,与第一乐段在速度上形成了对比。音乐主题是 A 部主题音调的变奏,旋律刚柔并济,个性舒展、明朗,富于歌唱性。使人仿佛听到丰收之后的农民在喜悦地交谈着,他们丰收后不忘国家,支援国家建设,开开心心地去送爱国公粮。在路上,他们挥动马鞭,大声地交谈着,憧憬着来年的美好生活;小孩子站在车上的麻袋上,努力地挥手驱赶着馋嘴的麻雀,不时乐得哈哈大笑。再现乐段的

---

① 本段资料,主要来自百度百科、360 百科等网站网页.

情绪更加热烈奔放。最后在模仿马的欢嘶以后，笛子奏出高亢的歌调，全曲结束。

7. 笛子简介①

笛子是中国传统音乐中常用的横吹木管乐器之一，一般分为南方的曲笛和北方的梆笛。笛子常在中国民间音乐、戏曲、中国民族乐团、西洋交响乐团和现代音乐中运用，是中国音乐的代表乐器之一。在中国，笛子的历史非常悠久，可以追溯到新石器时代。那时的先辈们点燃篝火，架起猎物，围绕捕获的猎物边进食边歌舞，并且利用飞禽胫骨钻孔吹之。这样做，起初只是为了用其声音来诱捕猎物和传递信号，但后来也就诞生了我国最古老的乐器——骨笛。1977年浙江余姚河姆渡出土了骨哨、骨笛，距今约7000年。1986年5月在河南舞阳县贾湖村东新石器时代早期遗址中发掘出16支竖吹骨笛（用鸟禽肢骨制成），根据测定，距今已有8000余年历史。1987年河南省舞阳县贾湖遗址出土的7孔贾湖骨笛距今约9000年，是世界最早的可吹奏的乐器。黄帝时期，即距今大约4000多年前，黄河流域生长着大量的竹子，祖辈们开始选竹为料来制笛。据《史记》记载："黄帝使伶伦伐竹于昆嵠、斩而作笛，吹作凤鸣。"以竹为料是笛制的一大进步，一方面竹比骨振动性好，发音清脆；另一方面竹便于加工。秦汉时期已有了七孔竹笛，并发明了两头笛，蔡邕、荀勖、梁武帝都曾制作十二律笛，即一笛一律。元朝以后的笛子与现在的笛子类似，随着宋词元曲的崛起，戏曲蓬勃发展，笛子成为很多剧种的伴奏乐器。

8. 深度聆听

聆听：百度→音乐→扬鞭催马运粮忙→魏显忠→中国音乐大全·笛子·第七卷。

---

① 本段资料，主要来自百度百科、360百科等网站网页。

9. 资料使用

第一，《思想道德修养与法律基础》绪论第三节"学习和践行社会主义核心价值观——以爱国主义为核心的民族精神"或第二章第一节"中华民族的爱国主义传统——热爱祖国矢志不渝——天下兴亡匹夫有责"的教学。在讲述教材内容之前，可以先聆听这段乐曲，再讲述本段教学资料，然后再讲述教材的教学内容。

第二，《音乐欣赏》课程的教学。

第三，课外教育活动：依托师生、学生艺术团体进行演奏排练，用于校园文化艺术节、五四青年节、演奏比赛等活动之中。

七、歌唱改革开放歌曲赏析运用

作品：《春天的故事》。

1. 作品主旨
歌颂改革开放。

2. 创作时间
1994年。

3. 词曲作者
蒋开儒、叶旭全作词，王佑贵作曲。

蒋开儒[1]，1935年9月生，广西桂林人，二级编剧。

叶旭全[2]，1955年生，广东省东莞市人，文学学士、经济学硕士、高级政工师。

王佑贵[3]，1949年出生于湖南郴州宜章县迳口村，中国国家东方歌舞团国家一级作曲，国务院特殊津贴专家。

---

[1] 关于蒋开儒的资料，主要来自百度百科、360百科等网站网页．
[2] 关于叶旭全的资料，主要来自百度百科、360百科等网站网页．
[3] 关于王佑贵的资料，主要来自百度百科、360百科等网站网页．

（1）热爱中国共产党并成为其中的一员

1980年，叶旭全加入中国共产党。

（2）热爱军旅生活，投身部队

1951年，蒋开儒带着对军营的无限向往，16岁的他到了部队。

（3）爱其所爱，大胆跨界

蒋开儒，退休前在黑龙江省穆棱县政协岗位上任职；叶旭全，一个中文专业的毕业生，在东深供水局、金威啤酒有限公司岗位上任职，两人都不是专职的音乐人，却都在音乐领域取得了较大的成就。

（4）执着追求，终成一番事业

蒋开儒，1958年由于家庭背景和海外关系，被"发配"到遥远的北大荒。那些年，他全家没少吃苦头，历次"运动"中，都是被批斗的对象，就连他年事已高的母亲也未能幸免。后曾任职于黑龙江省穆棱县政协、深圳罗湖区文联等部门，1999年当选为深圳市文明市民、深圳市优秀专家。60年代开始习作小说、曲艺、戏剧，80年代以后专攻歌词，主要作品有歌词《喊一声北大荒》《春天的故事》《走进新时代》等，先后荣获"五个一"工程奖、文华奖、解放军文艺奖、中国广播文艺奖、电视文艺星光奖等，2003年荣获第四届中国金唱片奖。

叶旭全，1978年毕业于华南师范大学中文系，后被分配到广东省东深供水局工作，曾任东深供水局团委书记、副局长、代局长、代书记等职，后任深圳金威啤酒有限公司董事长等职。1988年至2000年任广东省青年联合会常委、全国青年联合会委员等职。曾获全国劳动模范、广东省劳动模范、广东省"十大杰出青年"等荣誉称号。创作的歌词《春天的故事》《永远跟你走》获中宣部"五个一"工程奖；《永恒的承诺》获共青团中央"五个一"工程奖；《多情东江水》获中国音乐电视银奖、广东省"五个一"工程奖。

王佑贵,从小爱唱歌,15岁高中毕业那年凭着一支竹笛考进了县文工团并任演奏员,"文革"中,文工团解散后他又回到了生他养他的小山村。后几经周折,1978年考入湖南师范大学艺术系,毕业后留校任教。1982年进武汉音乐学院进修,1986年调至北京艺术研究院音研所,1988年进中央音乐学院作曲系深造,当年创作的《哥哥把你拴在心头》一炮打响。在中国文联举办的"如意杯"歌曲大赛中,以一曲《活着不容易》夺得金奖。1989年辞职南下闯荡深圳,1997年获中国文联首届"德艺双馨百佳艺术家"称号,2000年调入中国歌舞团任创作编辑中心主任、驻团作曲家。以《长大后我就成了你》而小有名气,以《春天的故事》而享誉歌坛,以《大三峡》而续写辉煌。代表作有《多情东江水》《想家的时候》《春天的故事》《我属于你》《大三峡》《长大后我就成了你》等百余首脍炙人口的歌曲。其中,《长大后我就成了你》《春天的故事》《归去来兮》和《真情永存》连获中央电视台MTV金奖,令他成为"四连冠"的唯一得主。2004年《唱起春天的故事》又获"金鹰金曲奖"。

4. 创作动因①

1992年春邓小平的南方视察是一件对深圳、对中国乃至对世界都意义深远的大事件,而时任《深圳特区报》副总编辑的陈锡添有幸成了这一事件的见证者和记录者,从1992年1月19日到23日他全程跟随了邓小平在深圳五天的活动,并于当年3月26日在《深圳特区报》头版头条发表了著名新闻通讯《东方风来满眼春》,该通讯真实地记录了邓小平在深圳视察时所做的重要谈话,该文的发表成为新闻界在思想解放运动中的一个标志性的事件。

《东方风来满眼春》的强大信息像长着翅膀一样飞遍了祖国的大江南北。在中国最北端的黑龙江省穆棱县,一个刚刚于

---

① 本段资料,主要来自百度百科、360百科等网站网页.

1992年年初从县政协副主席任上退居二线的人——蒋开儒,拿着报纸,被上面饱含激情的叙述震动了,内心激动不已,于是当年已57岁的他决定南下,带着老婆为他凑齐的2000元钱,于1992年5月13日到达深圳。到达深圳火车站时他愣住了,此时眼前的深圳与13年前他路过的乡野一样的深圳相比,真是恍若隔世。他沿着小平同志在深圳大街刚刚走过的足迹,追寻着伟人的足迹。与此同时,他又在深圳找了一份工作以解决吃饭的问题。

蒋开儒的心不断地被"杀出条血路来"这句话猛烈地撞击着。要"杀出条血路来",这意味着要背水一战,意味着要流血牺牲,意味着成败在此一举。蒋开儒的脑子里同时浮出一个画面:小平同志站在中国的大地图前指点江山,寻找着中国经济腾飞的突破点,寻找着创办经济特区的理想之地,他在中国的南海边找到了深圳,就在这个地方画了一个圈……这个感觉一出来,一首混着春天的馨香、唤醒了心灵深处热烈的共鸣和憧憬的歌词就如清泉一样流淌了出来:春天的故事……

5. 首创失败

1994年3月,又是一个春天,由共青团广东省委、广东省青年联合会和广东省音协主办的广东省青春歌曲创作大赛掀起了一股热潮,成百上千首参赛歌曲涌向设在各市的分赛区。在深圳分赛区,蒋开儒作词、王佑贵作曲的参赛歌曲《春天的故事》落选了。

6. 再度修改

蒋开儒、王佑贵有点沮丧,心有不甘。思来想去,于是想找个高手帮忙以让这首歌能"起死回生"。王佑贵想到了时任东深供水局副局长、省青联常委的叶旭全,这位华南师范大学中文系毕业的人当时已是活跃在深圳词坛的业余作家了。

一个平常的日子,叶旭全热情地接待了两位贸然找上门来的词曲作者。在水库酒店420房,蒋开儒、王佑贵两人将落选的歌曲递给了叶旭全，希望他能进行修改并予以推荐。叶旭全仔细一看歌词，心里就有底了，说："确实是一个好坯子，修整修整可能有希望入选，我来试试吧。"

当时，叶旭全在深圳已工作了 14 年，可以说是与特区共同成长的一代人。这位喝东江水成长起来的农民的儿子，亲身体验和目睹了改革开放给特区带来的翻天覆地的变化，尤其是对 1992 年邓小平南方视察后深圳日新月异的面貌，更有着深刻的体会。他感到以春天来引出、比喻这样重大的政治历史事件的确是别具一格，只是原作有点冗长，立意只着眼于深圳，还有一些词语表述得不够准确，容易引起歧义。

为了挽救这首立意新、题材好却不无"硬伤"的歌曲，叶旭全立即着手在结构、立意和遣词造句等方面进行了大刀阔斧的二度创作。他的原则是：精简结构、提升境界、去芜存真。

精简结构：把原歌词的三段改成两段，将 7 分多钟长的原歌曲缩短为 4 分半钟左右，消除歌词的拖沓，利于传唱，更要将两个历史性的时刻凸显出来。

提升境界：针对原歌词中只是就深圳说深圳写深圳的立意偏低之弊，叶旭全把歌曲放在全国改革开放的大背景和大好形势中去修改，让歌曲跳出唱深圳的局限而唱全国。将原歌词第一段"1980 年，那是一个春天，有一位伟人在南中国的海边划出特区一片"一句，改为"1979 年那是一个春天，有一位老人在中国的南海边画了一个圈"，把时间往前推了一年，把背景放在了 1978 年 12 月召开的十一届三中全会后，紧扣改革开放的历史转折背景；将原歌词"啊，深圳深圳，你是改革开放的试验田"一句，改为"啊，中国，中国，你迈开了气壮山河的新步伐，走进万象更新的春天"；将原歌词"神话般崛起一座城"一句，改为"神话般崛起座座城"。整首歌曲的立意从深圳一地提升到了全中国的高度，从特区一事提升到了改革开放的大业，内涵加深，境界升华。

去芜存真：对原歌词中一些政治上不准确或容易引起歧义的词语进行了重大修改，用拟人、比喻的手法使之更加贴切，更深刻。将原歌词中"有一位伟人在南中国的海边写下宣言"一句，改为"有一位老人在中国的南海边写下诗篇"。因为，用"南中国"来标示"南方"不准确，而用"宣言"来表述一位已交班的老领导人的言论，更是不恰当，而改为"中国的南海边"和"诗篇"后则更加妥帖。原歌词中用"你挣脱一穷二白的铁锁链，走进了乍暖还寒的春天"一句来描述社会主义建设所取得的物质成果和改革开放的新举措，而其中的"铁锁链"、"乍暖还寒"等词语，很容易使人产生歧义以致引出错误的联想，而改为"你展开了一幅百年的新画卷，捧出万紫千红的春天"之后，则导向正确，气势磅礴，意境优美。

经过反复的推敲斟酌，叶旭全终于把《春天的故事》润色完毕，二度创作后的歌词，结构完美、立意鲜明、用词精准、大气磅礴。拿着新歌词，王佑贵又重新下了一番功夫。这首歌词在一些人的眼里，似乎有点"滑稽"，比如"1979 年那是一个春天，有一位老人在中国的南海边画了一个圈……"一句话 17 个字，大白话似的。但王佑贵没有被这些说法所动摇。他用心去体味歌词，感到这样写真好，把一个很重大的政治题材生活化了，群众化了。17 个字在王佑贵的心中是一个段落，而不是一句，如果作为乐句来写就会很难。王佑贵每天都对着《春天的故事》的歌词反复读，读着读着，感觉就出来了。他找到了适合老百姓平和心态的音高——它不是唱歌，它是说话，平和、亲切、感人。这就是《春天的故事》叙事的音乐主题。王佑贵用音乐将不规则的词变成完整的乐段，在口语化的基础上增强平和朴素、亲切感人的风格。谱曲时还将南方的秀美与北方的粗犷糅合起来，抹掉单独南方或北方的音乐风格。这看起来什么都不是，但什么都不是往往什么都是。

虽然只是一首歌曲，却有着史诗般的气势；它讲述的是大题材、大人物，同时它又如百姓的家常话，真切细腻，令人如沐春风，倍感亲切。几经锤炼，面目全新的《春天的故事》终于再生了。

7. 一举成名

叶旭全把二度创作后的歌曲直接交到了广东青春歌曲创作大赛的评委会。此时，评委中出现了两种截然不同的意见，多数评委认为，这是一首政治题材的歌曲，唱的是改革开放，是国家领导人，用"画了一个圈"和"一位老人"这样通俗的语句来写，不够严肃，不能选用。但另有两位评委却坚持认为，群众歌曲正是需要这种通俗的充满生活气息的写法，需要清新贴切、充满深情的比喻，这首歌写出了人民对改革开放的拥护和对小平同志的崇敬，是真正的老百姓的心声。

《春天的故事》又一次站在了命运的分岔口上。两位评委的据理力争，再一次使这首佳作走出了险被埋没的命运，在他们的坚持和说服下，其他评委也转变了看法，最后这首歌在广东"94青春歌曲创作大赛"中独占鳌头，被评为金奖，一举成名。

叶旭全自信这是一首属于时代的歌曲，是一首将政治和抒情结合得非常完美的歌曲，应该能在全国范围内流行，于是，他想到了将歌曲拍摄成刚刚在中国落地不久的音乐电视（MTV）的想法。可是，当时他和蒋开儒、王佑贵都不富裕，而拍摄一个音乐电视片要十几万元！

叶旭全和王佑贵一琢磨，没有钱，那就自己动手筹，无论如何，也要把春天的故事唱响！于是，叶旭全回到老家东莞，找几个中学同学筹集款项，其中一个姓雷的同学听完这首歌后激动地说："没有邓小平就没有改革开放，我也不可能有机会从一个机修工变成拥有千万身家的老板！"当即决定拿出10万元支援叶旭全。其他几个同学也受到感染，纷纷慷慨解囊，很快筹集了16万元。

接着，歌曲传给了中央电视台的孟欣，传给了精于摄像的张国立，传给了当时一位已较有名气的歌手，打动了这些充满激情的艺术家。他们不约而同自费从北京飞到深圳，时任广东团省委副书记的张春生也赶来了，大家一致表示要义务拍摄这部音乐电视片。

拍摄的策划、创意、脚本和文案制订在东莞金湖酒店里进行，总策划孟欣接连三天每晚策划到凌晨3点，北京的工作电话也追了三天；刚演完《宰相刘罗锅》的张国立义务当起了此片拍摄的总导演，亲自参与分镜头的讨论和文案制作；歌手日夜揣摩、练习这首歌，直到嗓子不适；张春生则将灯光、道具一并揽上身；叶旭全、王佑贵负责买矿泉水、买饭盒、拉电线，甘当勤杂工。

1994年10月，这部由孟欣总创意和策划、由张国立任总导演兼摄像的音乐电视片在中央电视台播出后一炮走红，12月又在中央电视台第二届音乐电视大赛中荣获金奖。一时间，《春天的故事》在大江南北到处传唱，红遍了中国。后来，这首歌被选入大型文献纪录片《邓小平》之中，获得了1995年中宣部"五个一"工程奖、1996年中国音乐最高奖"金钟奖"以及广东省鲁迅文艺奖音乐奖等奖项，成为获得国家奖项最多的"金曲"。正像歌中所唱的那样："天地间荡起滚滚春潮，征途上扬起浩浩风帆。"这首歌曲传遍了全世界有华人的地方，成为代表中国人心声和记录一个时代风采的歌曲，蒋开儒、叶旭全、王佑贵的名字也因此载入了中国音乐的史册。

8. 深度聆听与演唱

聆听：百度→音乐→春天的故事→董文华。

演唱：由学生独唱、齐唱、领唱或教师领唱。

9. 资料使用

第一，《毛泽东思想和中国特色社会主义理论体系概论》第七章"社会主义改革和对外开放"的教学。在讲述此一问题之前，可以先聆听这首歌曲，再讲述本段教学材料，然后再讲述教材的教学内容。

第二，《思想道德修养与法律基础》绪论第三节"学习和践行社会主义核心价值观——以改革开放为核心的时代精神"的教学。在讲述此一问题之前，可以先聆听这首歌曲，再讲述本段教学资料，然后再讲述教材的教学内容。

第三，实践教学。将本段教学资料的讲解及《春天的故事》的演唱列为《毛泽东思想和中国特色社会主义理论体系概论》课、《思想道德修养与法律基础》课的实践教学内容。

第四，《音乐欣赏》课程的教学。

第五，课外教育活动：依托师生、学生艺术团体进行演唱排练，用于校园文化艺术节、五四青年节、学生党校教育、歌咏比赛等活动之中。

八、励志爱国人物故事赏析运用

（一）梅兰芳[①]

1. 梨园世家，童年不幸

1894年出生于北京前门外李铁拐斜街梅家老宅的一个梨园世家，名澜。祖父梅巧玲是京城著名的青衣花旦演员，伯父梅雨田是京剧胡琴演奏家，父亲梅明瑞小生改花旦。祖籍江苏泰州，4岁丧父，12岁丧母，由伯父梅雨田抚养。

2. 逆境励志，名震艺坛

8岁学戏。童年的他并未表现出过人的艺术天赋，他的姑母曾用8个字来形容他：貌不出众，语不惊人。但逆境磨炼了他的意志，11岁登台，工青衣，兼演刀马旦。12岁丧母那一年，开

[①] 本段资料，是笔者对百度百科、互动百科等网站网页中关于梅兰芳的简介资料的整理与综合。

始崭露头角。有人见他在小树林里练剑，体态轻盈，动作敏捷，寒光闪闪，风声嗖嗖，便说："这孩子相貌举止不俗，日后必成大器。"16岁时得艺名"兰芳"。1911年17岁时，北京各界举行京剧演员评选活动，张贴菊榜，梅兰芳名列第三。1913年19岁时首次到上海演出，风靡整个江南。1915年，排演了大量新剧目，在京剧唱腔、念白、舞蹈、音乐、服装上均进行了独树一帜的艺术创新，被称为梅派大师。

3. 爱国抗日，蓄须毁画

"九一八"事变后，他迁居上海。1933年在上海演出创编新戏《抗金兵》，1936年在上海演出创编新戏《生死恨》，以此鼓舞人们的抗日斗志。1937年卢沟桥事变后，日伪为收买人心、点缀太平，几次要他出场演出但都遭到了他的拒绝。为了免受日伪所害，1938年迁居香港，在香港演出《梁红玉》，继续为抗战呐喊。1941年香港沦陷，他开始蓄须明志，息影舞台。1942年重返上海后，以卖画为生。上海文艺界、新闻界、企业界人士为了帮助他，将他的画作于重阳节那天展出于上海展览馆，但不料却被日伪汉奸捣乱，在他的画作上贴上了"汪主席订购"、"周副主席订购"、"冈村宁次长官订购"、"送东京展览"等字条。他见状后，火冒三丈，即拿裁纸刀，哗！哗！哗！将画作劈为碎纸。

4. 爱国爱党，重返舞台

新中国成立后，梅兰芳迎来了艺术生命的第二次青春，重登戏台并最终成为新中国戏曲界的一代宗师。曾先后当选为全国人民代表大会代表、中国人民政治协商会议全国委员会常务委员、中国文学艺术界联合会副主席、中国戏剧家协会副主席，先后任中国戏曲研究院院长、中国京剧院院长、中国戏曲学院院长。1959年7月加入中国共产党。他的一生，为新中国的建设事业做出了积极的贡献。1961年8月8日因心脏病发作，在北京病逝，享年67岁。

5. 德艺双馨，名旦之首

梅兰芳是中国近代杰出的京昆旦行演员，"梅派"艺术创始人，德艺双馨，被捧为京剧"四大名旦"之首（另三位是：程砚秋、尚小云、荀慧生）。代表作京剧有《贵妃醉酒》《霸王别姬》等；昆曲有《游园惊梦》《断桥》等。所著论文编为《梅兰芳文集》，演出剧目编为《梅兰芳演出剧本选集》。

6. 传播国粹，享誉世界

梅兰芳是向海外传播京剧艺术的先驱。1919年、1924年和1956年三次访问日本，1930年访问美国，1935年和1952年两次访问苏联并进行演出。获美国波摩那学院和南加州大学的荣誉文学博士学位，在西方人的眼中他就是中国京剧的代名词，其表演艺术蜚声海内外，有世界三大表演体系之一的美誉，[①] 是中国表演艺术的象征，是中国人民的骄傲和光荣。

7. 代表作品简介[②]

可以说，《霸王别姬》是梅兰芳的代表作之一。《霸王别姬》的故事梗概为：

在刘邦和项羽的龙争虎斗之中，由于项羽外表刚强，内心仁弱，对敌人也讲仁慈，从而使自己从绝对优势逐渐转为劣势。在楚汉相争的第四年，项羽与刘邦的大将韩信在垓下展开了历史上著名的"垓下之战"。项羽中了韩信的十面埋伏之计，兵陷重围。

汉军把项羽的营地围得水泄不通，而且韩信还让人编了一曲楚歌，让军士们在楚营外面大声歌唱。其歌词无句不哀，无字不惨，使项羽手下的士兵无不怀念起遥远的家乡，一时间军心涣散，斗志全无，很多士兵在夜色的掩护下陆续地逃散。项羽夜不

---

① 世界三大表演体系：梅兰芳开创的"梅派"戏剧表演艺术、俄国斯坦尼斯拉夫斯基创立的演剧体系、德国布莱希特的演出流派。

② 本段资料，主要来自360百科。

能寐,坐在军帐中饮酒,心情烦闷到了极点。当时,面对他宠幸的美人虞姬,面对多年来伴他驰骋战场的骏马,楚霸王抚今追昔,感慨颇多,内心久久不能平静。他禁不住慷慨悲歌:

力拔山兮气盖世,时不利兮骓不逝;
骓不逝兮可奈何,虞兮虞兮奈若何!

项羽知道自己的失败已经是大势所趋,辛苦创建的基业也即将烟消云散。他不禁开始担忧起他所挚爱的虞姬的命运和前途。毫无疑问,在他死后,虞姬的命运将会十分悲惨,于是项羽无限哀伤地唱出了"虞兮虞兮奈若何!"的千古悲歌。

虞姬在旁听了,泣不成声,若断若续地吟道:

汉兵已略地,四面楚歌声,
大王意气尽,贱妾何聊生!

那些未曾散去的亲信和侍臣,见到此情此景,也无不悲悯落泪。

五更时分,项羽跟虞姬作最后的诀别:天将要亮了,我当冒死冲出重围,你将如何!英雄末路的项羽竟然说不出让虞姬一起突围的话来。虞姬深爱着项羽,多年来跟着他南征北战,相濡以沫。她最能理解项羽,如果带上她突围几乎无望,便对项羽说:贱妾生随大王,死亦随大王,愿大王前途保重!虞姬说完突然从项羽腰间抽出佩剑,向自己项上一横,就此香消玉殒。项羽缓过神来,急忙抱住虞姬,望着她最后支撑在嘴角的微笑,不禁悲痛欲绝。项羽强忍悲痛,命人就地掘坑掩埋了虞姬,跨上战马,杀出重围。但他终究还是没能逃出汉兵的追击,在乌江边自刎而亡,时年31岁。

项羽和虞姬的爱情,英雄惜美女,美女配英雄,自古以来都让人羡慕不已。然而，他们的结局却以杜鹃啼血般的悲壮自刎结束，悲哉，壮哉。

传说在虞姬自刎流血的地方不久之后就长出了一种罕见的艳美花草，人们为了纪念这位美丽多情又颇具柔骨侠肠的虞姬，就把这种不知名的花叫作虞美人，此花名一直流传至今。

8. 深度聆听

百度→音乐→霸王别姬→百年唱片—京剧名家名段—百年流芳

演唱：梅兰芳；歌词制作：王凡。

选段：看大王在帐中和衣睡稳，我这里出帐外且散愁情。轻移步走向前荒郊站定，猛抬头见碧落月色清明。看，云敛晴空，冰轮乍涌，好一派清秋光景。适听得众兵丁闲谈议论，口声声露出了离散之情。

9. 资料使用

第一，《思想道德修养与法律基础》第三章第一节"树立正确的人生观"或第二节"创作有价值的人生"的教学。在讲述教材内容之前，可以先聆听这段京剧，再讲述梅兰芳的一生，然后再讲述教材的教学内容。

第二，《思想道德修养与法律基础》绪论第三节"学习和践行社会主义核心价值观——以爱国主义为核心的民族精神"或第二章第一节"中华民族的爱国主义传统——热爱祖国矢志不渝——天下兴亡匹夫有责"的教学。在讲述教材内容之前，可以先聆听这段京剧，再讲述梅兰芳的一生，然后再讲述教材的教学内容。

第三，实践教学。将本段教学资料的讲解列为《思想道德修养与法律基础》课的实践教学内容，让学生来讲述。

第四，《音乐欣赏》课程的教学。

第五，课外教育活动：用于人物宣传、主题班会、团活动日、纪念活动、学术研讨、讲故事比赛等活动之中。

（二）华彦钧[①]

1. 早年丧母，道观学艺

1893年8月17日出生于无锡市洞虚宫雷尊殿旁的"一和山房"，父亲华清和（号雪梅）为雷尊殿"当家道士"，精通各种乐器和道家音乐。4岁时丧母，被其父送至无锡县东亭镇小泗房巷老家托族人抚养，8岁时被带回道观，取学名彦钧（小名阿炳），随父在雷尊殿当小道士，并被送入私塾读书三年。后从父学习鼓、笛、二胡、琵琶等乐器的演奏。17岁时，正式参加道教音乐演奏。长得一表人才，还有一副好嗓子，被人誉称为"小天师"。

2. 多有不幸，双目失明

21岁时，父亲去世，于是继亡父之职成为雷尊殿的当家道士，与堂兄华伯阳轮流主管雷尊殿的香火收入。同年患眼病。后因社会动乱，加之不善经营，所以很快就卖空了道产。之后，因生活无着，无法再做道士，遂流落街头，以卖艺为生。后又因患病难以上街卖艺，便在家中以修理胡琴为生。34岁时双目失明。

3. 不阿权贵，追求光明

虽遭贫困，但却不乏正义之气。在无锡城里，有个地主强奸家中的一个13岁丫头，阿炳知道后，马上把此事编词演唱，揭露地主的罪恶之举，激起民愤，吓得那个地主外逃了好几个月还不敢回家。有一次，国民党军阀汤恩伯要阿炳给他的十三姨太唱生日堂会，阿炳断然拒绝。虽然因此遭到了一顿毒打，但阿炳却毫不屈服，并编了唱词，拉起了二胡痛骂他们。抗战胜利后编写了《前走狼，后走虎》一曲在街头演唱，对国民党的反动统治进行揭露和抨击。

4. 不忘大义，矢志抗日

虽为匹夫，但却不忘民族大义。抗战时期，日寇占领无锡，

[①] 本段关于阿炳的资料，主要来自360百科、百度百科、名人简历等网站网页。

一个叫章士钧的人当了汉奸，阿炳知道后，就编词骂他，因此又招来了一顿毒打。后来，这个汉奸被日本人杀了，阿炳拍手称快，并编了《汉奸的下场》一曲沿街演唱，无锡人士无不叫好。以南宋名将岳飞抗金的史实为依托创作了二胡曲《听松》，表达自己永不做亡国奴的爱国主义情怀。在抵制日货的运动中，每天晚上走街串巷，手持二胡，边走边拉，声调感人，用音乐激发人们的爱国热忱。"一·二八"事变后他采用新闻活报式的艺术形式，编了《十九路军在上海英勇抗击敌寇》一曲，并用二胡演奏《义勇军进行曲》。

5. **勤学苦练，执着追求**

12 岁跟父亲学吹笛子时，父亲经常要他迎着风口吹，且在笛尾上挂铁圈以增强腕力，后来索性将铁圈换成了秤砣；阿炳在学二胡的时候更加刻苦，二胡的外弦比一般的弦粗壮得多，琴弦上留下了血迹，年长日久手指也就磨出了厚厚的茧。为了练好二胡，夏夜里他将双脚泡在水里以防蚊虫叮咬，为了弹好琵琶冬天用冰块摩擦双手锻炼指功。

6. **一代名家，流芳后世**

在街头流浪卖艺的过程中，经过反复演奏、加工、创作，引入苏南一带的山歌、小调、江南丝竹、苏南吹打、滩簧腔甚至广东音乐《三潭印月》的音调，从最初不定型的片段到最后的完整结构，历经了 20 余年，最后创作出享誉国内外的中国近现代经典二胡之作——《二泉映月》。

1950 年夏，中央音乐学院的杨荫浏、曹安和两位教授专程到无锡为阿炳的演奏录音，此时阿炳已完全荒弃音乐达 3 年之久，经过 3 天的练习，分两次录音，共留下《二泉映月》《听松》《寒春风曲》3 首二胡作品和《大浪淘沙》《龙船》《昭君出塞》3 首琵琶作品。

1950 年 12 月 4 日病逝，终年 57 岁，葬于无锡西郊璨山脚下"一和山房"的道士墓。他的一生既催人泪下，又催人奋进。

7. 代表作品介绍

可以说，《二泉映月》是阿炳最佳的代表作，乐曲自始至终流露的是一位饱尝人间辛酸和痛苦的盲艺人的思绪情感，作品展示了独特的民间演奏技巧与风格以及无与伦比的深邃意境，显示了中国二胡艺术的独特魅力，它拓宽了二胡艺术的表现力，与《大浪淘沙》一并获"20 世纪华人音乐经典作品奖"，该奖由中华民族文化促进会主办并于 1993 年 6 月在人民大会堂举行了颁奖典礼。

1950 年在给阿炳的作品录音时，祝世匡老先生当时也参加了。祝世匡曾在《无锡报》发表过《乐曲定名经过》一文，他在文中写道：录音后，杨先生问阿炳这支曲子的曲名时，阿炳说："这支曲子是没有名字的，信手拉来，久而久之，就成了现在这个样子。"杨先生又问："你常在什么地方拉？"阿炳回答说："我经常在街头拉，也在惠山泉庭上拉（江苏无锡的惠山泉，世称'天下第二泉'）。"杨先生脱口而出："那就叫《二泉》吧！"阿炳说："《二泉》不像个完整的曲名，粤曲里有首《三潭印月》，是不是可以称它为《二泉印月》呢？"杨先生说："印字是抄袭而来，不够好，我们无锡有个映山河，就叫它《二泉映月》吧。"阿炳点头同意，于是《二泉映月》的曲名就这样定了下来。

从《二泉映月》中我们可以感觉到作者在借景抒情、感叹身世时流露出的对旧社会的控诉愤懑之情。在《阿炳曲集》中曾有这样的介绍："他在双目失明之后……用音乐形象来描绘他想象中旧时曾目睹的美丽风景"，"但当时感到的却是周围漆黑一片。这就使得他在宛转优美的旋律中，时时流露出感伤凄凉的情调来。"

阿炳的朋友陆墟曾这样描写过阿炳演奏《二泉映月》时的情景："大雪像鹅毛似的飘下来，对门的公园，被碎石乱玉堆得面目全非。凄凉哀怨的二胡声，从街头传来……只见一个蓬头垢面的老媪用一根小竹竿牵着一个瞎子在公园的路上从东向西而来,在惨淡的灯光下,我依稀认得就是阿炳夫妇俩。阿炳用右胁夹着小竹竿,背上背着一把琵琶,二胡挂在左肩,咿咿呜呜地拉着,在飞雪中,发出凄厉欲绝的袅袅之音。"

1951年,天津人民广播电台首次播放此曲。1959年国庆十周年时,中国对外文化协会又将此曲作为我国民族音乐的代表作之一送给国际友人。从此,此曲在国内外广泛流传并获得了很高的评价。1985年此曲在美国被灌成唱片,并在流行全美的十一首中国乐曲中名列榜首。毛泽东听了《二泉映月》后说:它具有浓郁的民间风味,很好,要发扬光大之。日本著名指挥家小泽征尔曾说,"这首歌是要跪着听的",可见它的魅力之大。

8. 二胡简介①

二胡,又名"胡琴",唐代已出现,称"奚琴",是北方的民间乐器。一般认为,今之胡琴由奚琴发展而来,现已成为我国独具魅力的拉弦乐器。唐朝已出现胡琴一词,当时将西方、北方各民族称为胡人,胡琴为西方、北方民族传入乐器的通称。宋代又将胡琴取名为"嵇琴",宋代末学者陈元靓在《事林广记》中这样记载:嵇琴本嵇康所制,故名"嵇琴"。据《中国文化史三百题》提供的资料,宋代是外来乐器与中原文化融合发展的第二阶段。宋元明清时期,随着戏曲、曲艺的发展,民间乐器随着"勾栏""瓦舍"的兴起而发展了自己的伴奏乐器,其中最主要的乐器是源自蒙古、西域的马尾胡琴(又称二弦琴),经与前朝留下的嵇琴、轧筝融合,创制出新颖的胡琴。这一乐器标明了中国弓弦乐器已走向成熟。后来,由于地方戏唱腔风格的需要,胡琴又逐渐分化,出现配合秦腔、豫剧需要的板胡,京剧、汉剧需要的京胡、京二胡,河南坠子需要的坠胡,广东粤剧需要的高胡,潮剧需要的椰胡,湖南花鼓用的大筒,蒙古说唱用的四胡,

---

① 本段资料,主要来自于360百科对二胡的介绍。

川剧用的盖板子,河南越调用的四弦,福建莆田戏用的枕头琴,侗戏用的牛腿琴,壮剧用的马骨琴,晋剧用的二股弦等弓弦乐器。所以,二胡实际上是这众多的弓弦乐器中的一种,它的得名远远晚于胡琴,由此又可见"二胡"始于唐朝的说法是不准确的,应该说"胡琴"始于唐朝。至元朝之后,明清时期,胡琴成为擦弦乐器的通称。过去,胡琴主要流行于长江中下游一带,所以又称为南胡。到了近代,胡琴才更名为二胡。

二胡的声音集中于中高音域的表现,音色接近人声,既适宜表现深沉、悲凄的内容,也能描写气势壮观的意境。由于音色接近人声,所以它的情感表现力极高,广为大众接受。19世纪20年代,二胡开始作为独奏乐器出现在舞台上。在这之前,二胡多用于民间丝竹音乐演奏或民歌、戏曲的伴奏,情感表现力极高。

9. 深度聆听

百度→音乐→二泉映月(阿炳原版)

10. 资料使用

第一,《思想道德修养与法律基础》第三章第二节"创造有价值的人生"的教学。在讲述教材内容之前,可以先聆听这段乐曲,再讲述阿炳的一生,然后再讲述教材的教学内容。

第二,《思想道德修养与法律基础》绪论第三节"学习和践行社会主义核心价值观——以爱国主义为核心的民族精神"或第二章第一节"中华民族的爱国主义传统——热爱祖国矢志不渝——天下兴亡匹夫有责"的教学。在讲述教材内容之前,可以先聆听这段乐曲,再讲述阿炳的一生,然后再讲述教材的教学内容。

第三,实践教学。将本段教学资料的讲解列为《思想道德修养与法律基础》课的实践教学内容,让学生来讲述。

第四,《音乐欣赏》课程的教学。

第五,课外教育活动:用于人物宣传、主题班会、团活动日、纪念活动、学术研讨、讲故事比赛等活动之中。

第七章 合力保障论

一、学校保障的意义

在艺术院校,要搞好思想政治理论课教学,其基础就是思想政治理论课教学部及其教师自身的努力和尽职尽责。那么,思想政治理论课教学部及其教师应怎样努力,从哪些方面努力呢?本书前面的各章已从艺术院校思政课教学共性与个性、教改实践的历程与现状、教学对象、教学内外环境、特色教学方法等方面的研究和把握,对这一问题作了回答,因此本章对这一问题就不再作重复叙述。但是,在艺术院校,要搞好思想政治理论课教学,仅有思想政治理论课教学部及其教师自身的努力和尽职尽责是远远不够的。加强大学生思想政治教育本来就是一项系统工程,需要全员育人、全过程育人、全方位育人。在艺术院校,由于其自身特殊性的存在,全员育人、全过程育人、全方位育人就并不是一件容易做好的事。如果说,在普通院校,想要搞好思想政治理论课教学已是一件难事,那么在艺术院校想要搞好思想政治理论课教学就是一件难上加难的事。因为,艺术院校是一个从课内到课外、从教室到音乐厅、从教学楼到学生宿舍、从校园网到宣传橱窗、从会议室到学术报告厅、从老师到学生、从领导到群众等等,到处都是讲艺术的地方。

在这样一个地方,要不要思想政治理论课教学的问题就成为艺术院校学校层面首先遇到的第一个大问题。就好像一个阀,往右拧是凉水,往左拧是热水,要不要热水,关键就看是什么样的人来拧这个阀。这个人不管是出身于艺术教育背景,还是出身于非艺术教育背景,他对思想政治理论课教学的态度,决定了这个阀是向右拧还是向左拧。思想政治理论课教学部及其教师自身的努力,就好比是已经准备好了的热水,当拧阀的人需要热水时就往左拧,而当拧阀的人不需要热水时就往右拧,甚至往右拧到底。当这个阀往右拧到底时,热水也就靠一边待着去了。

在艺术院校,这个拧阀的人恰恰是学校的那些艺术大佬("大佬"为粤语,意思是"老大")或者是重要职能部门的领导,而且往往又是那些不太喜欢思想政治理论课教学甚至对思想政治理论课教学有偏见、有抵触情绪的艺术大佬或者重要职能部门的领导。他们会将阀往右拧甚至拧到底,思想政治理论课教学部及其教师永远都无权拧阀,甚至站不到阀的边缘,借用一个流行了多年的词来说一句话,那就是"思政部,你永远没有话语权!"

也许有人会说:为什么思政部的负责人不能像那些艺术大佬一样,直起腰杆、牛起来、"牛逼"一些呢?说实话,思政部的负责人别说是"牛逼"一些,不自卑到哭就算很不错了。比如:作为教学部门的负责人,思政部负责人的岗位津贴比那些艺术专业系负责人的岗位津贴就要矮一个等级,只比艺术专业系副主任的岗位津贴稍高,全校所有二级教学部门的负责人,只有思政部负责人的岗位津贴矮一等。这一事实告诉思政部负责人:思政部负责人作为负责人,在心里就抬不起头,因为他知道自己比艺术专业系负责人是要矮人一等的!这种现象,存在于很多艺术院校。

在上述状态下,如果不从学校的角度努力去营造思想政治理论课教学的校园合力、不为思想政治理论课教学提供学校保障,那么,思想政治理论课的教学就一定难以有序、有效地进行。

在艺术院校,要搞好思想政治理论课的教学,既需要思想政治理论课教学部及其教师的努力,也需要学校领导、其他部门的努力。笔者把思想政治理论课教学部及其教师自身努力以外的努力，统称为学校保障。学校保障即艺术院校上上下下达成共识、形成合力，从而为思想政治理论课教学提供制度支撑和情感支持。要保障艺术院校思想政治理论课教学有序、有效地进行，改变艺术院校思想政治理论课教学的水平及学生艺德修养的水平均不容乐观的现状，首先就必须加强学校保障。在艺术院校，要形成思想政治理论课教的合力，学校保障是前提，是关键，因为：

第一，只有有了学校保障，才能放弃过度重艺轻德的偏见，不折不扣地贯彻执行党的教育方针和政策，坚持育人为本、德育为先的原则，全员育人、全过程育人、全方位育人，培养出德智体美全面发展、德艺双馨的艺术人才。

第二，只有有了学校保障，才能端正职能部门、艺术专业教学院系、艺术专业教师对思想政治理论课教学的认知态度，建立思想政治理论课的课程建设、队伍建设、经费投入等保障机制，防止任意挤压、冲挤思想政治理论课课时和课堂教学情况的出现，防止思想政治理论课教学边缘化情况的出现，从制度上消除专业教育与思想政治理论课教学的矛盾。

第三，只有有了学校保障，才能激励思想政治理论课教师改进和创新教学方法，结合艺术院校自身的特色和优势，梳理和运用艺术教育中所蕴含的艺德教育资源，增强教育教学的吸引力，积极探索和解决艺德教育中存在的突出问题。

第四，只有有了学校保障，才能暖化思想政治理论课教师的心，为他们努力进行思想政治理论课教学提供情感支持、舆论支持，尊重思想政治理论课教师，关心他们的工作和生活、关心他们的情感需要，改善他们的办公条件，支持他们从严管理课堂。

二、学校保障的内涵

（一）校级层面

校级领导是学校培养目标的总策划者，他们对思想政治理论课教学的认知态度和水平,直接关系到思想政治理论课教学在整个学校教育中的地位和作用。

第一,校领导要负起重视思想政治理论课教学的政治责任。《中共中央宣传部、教育部关于进一步加强和改进高等学校思想政治理论课的意见》(教社政〔2005〕5号)指出:"高等学校党委要切实负起政治责任,加强对思想政治理论课的领导。"[1]"懂政治的教育家"是高领导应努力去做的两个方面:不懂教育,就没有能力当校领导;不懂政治,就没有资格当校领导。对于学生的培养目标而言,德和才是两个最根本的方面,德才兼备是正品,有德无才是次品,无德无才是废品,有才无德是危险品。近年来,危险品在不断增加。

据《潇湘晨报》报道,2014年8月2日,"七夕"节的当天,一款名为"XX神器"的安卓系统手机病毒在全国范围蔓延,超过百万用户被感染,一度引起恐慌。3日,深圳市公安局召开新闻发布会称,病毒的制造者是××大学大一的学生李×。李×,19岁,湖南邵阳人。2014年8月,李×到深圳过暑假。据深圳警方通报,从当时警方所掌握的情况看,尽管嫌疑人的手机里已经截取了大量的公民个人信息(包含银行等机构发送的短信,涵盖了用户姓名、电话、银行资料、资金变动等信息),但由于警方在短时间内破案,因此嫌疑人尚未来得及将非法获取的公民信息非法使用。李某因涉嫌非法获取公民个人信息而被罗湖警方刑事拘留。[2] 2013年,发生在校园内的××大学上海医学院2010级硕士研究生林××投毒案,也令社会震惊。4月25日,上海黄浦区检察院以涉嫌故意杀人罪对林××批准逮捕。11

---

[1] 教育部社会科学司. 普通高校思想政治理论课文献选编(1949—2008)[C]. 北京:中国人民大学出版社,2008:217.

[2] 陈斌,范典. 19岁中南大学学生制造超级手机病毒"XX神器"[N]. 潇湘晨报,2014-08-04.

月 27 日，法院开庭审理此案，林××称自己看不惯黄×而投毒的行为仅仅是出于愚人节想整整人的想法。2014 年 2 月 18 日上午 10 点半，该案在上海市第二中级人民法院依法公开一审宣判，被告人林××犯故意杀人罪被判死刑，剥夺政治权利终身。林××已是××大学上海医学院 2010 级的硕士研究生，不可谓不是人才，但他却利用自己所学的知识，投毒陷害同学以至同学死亡，在他未毕业、未服务社会之前，就被执行了枪决。"××神器"案、林××投毒案等案件，再次清晰地告诉了我们有才无德的社会危害性，对于这样的一些人来说，其才越高，其社会危害性则就越大。

对于艺术院校来说，校领导的政治责任就体现在对思想政治理论课教学的重视和加强上，体现在德艺双馨、全面发展艺术人才的培养上，体现在社会主义建设事业合格的和可靠的接班人的培养上。而如果校领导是一个忽视政治目标的校领导，那么他很可能就解决不好培养什么人、为谁培养人的根本问题，他很可能就会为社会培养出危险品。

第二，校领导要阅读上级有关加强思想政治理论课教学的政策文件。中共中央、国务院、中宣部、教育部等中央机关和国家机关，往往会从社会主义建设事业合格的和可靠的接班人培养的战略高度，制定和颁发一些纲领性、政策性很强的重要文件，以指导各高校的人才培养工作。这些重要文件包括：

1998 年：《中共中央宣传部、教育部关于印发〈关于普通高等学校"两课"课程设置的规定及其实施工作的意见〉的通知》（教社科〔1998〕6 号）；

2004 年：《中共中央、国务院关于进一步加强和改进大学生思想政治教育的意见》（中发〔2004〕16 号）；

2005 年：《中共中央宣传部、教育部关于进一步加强和改进高等学校思想政治理论课的意见》（教社政〔2005〕5 号）；

2005 年：《〈中共中央宣传部、教育部关于进一步加强和改进高等学校思想政治理论课的意见〉实施方案》。［关于印发《〈中共中央宣传部、教育部关于进一步加强和改进高等学校思想政治理论课的意见〉实施方案》的通知》（教社政〔2005〕9号）的附件］；

2008年：《中共中央宣传部、教育部关于进一步加强高等学校思想政治理论课教师队伍建设的意见》（教社科〔2008〕5号）；

2010年：《中共中央宣传部、教育部关于高等学校研究生思想政治理论课课程设置调整的意见》（教社科〔2010〕2号）；

2010年：《教育部关于进一步加强和改进研究生思想政治教育的若干意见》（教思政〔2010〕11号）；

2012年：《全国大学生思想政治教育工作测评体系（试行）》［《中共中央宣传部、教育部关于印发〈全国大学生思想政治教育工作测评体系（试行）〉的通知》（教思政〔2012〕2号）的附件］；

2012年：《教育部办公厅关于研究生思想政治理论课新课程方案实施工作安排的通知》（教社科厅函〔2012〕3号）；

2013年：《中共中央办公厅关于培育和践行社会主义核心价值观的意见》（中办发〔2013〕24号）；

2014年：《教育部完善中华优秀传统文化教育指导纲要》（教社科〔2014〕3号）；等等。

又如，以广东省为例，广东省委、广东省人民政府、广东省教育工委、广东省教育厅等，也会从社会主义建设事业合格的和可靠的接班人培养的战略高度及执行上级文件的要求的角度出发，制定和颁发一些纲领性、政策性很强的重要文件，以指导各高校的人才培养工作。这些重要文件，如：

2005年：《中共广东省委、广东省人民政府关于进一步加强和改进大学生思想政治教育的实施意见》（粤发〔2005〕12号）；

2007年:《关于印发〈广东省高等学校(本科)思想政治理论课建设评估指标体系(修订)〉的通知》;

2009年:《广东省委宣传部、广东省教育工委、广东省教育厅关于进一步加强高等学校思想政治理论课教师队伍建设的实施意见》(粤教工委〔2009〕35号);等等。

作为校领导,以上文件应该是必读的。但遗憾的是,如果我们对艺术院校的校领导作一项随机调查,就会发现,有的校领导似乎没怎么读过有的文件。

第三,加强思想政治理论课教学的研究和举措要进入校领导的议事日程。《中共中央宣传部、教育部关于进一步加强和改进高等学校思想政治理论课的意见》(教社政〔2005〕5号)指出:"各级党委、政府要把加强和改进高等学校思想政治理论课教育教学作为一项重要工作摆上议事日程。"[①] 校领导应重视对加强和改进思想政治理论课教学的研究,对本校思想政治理论课教学的课程建设、队伍建设、经费投入、教学教改、学术研究、育人效果、困难与问题等方面的情况,应该做到胸中有数,根据上级文件的要求和本校的实际,制定出加强和改进思想政治理论课教学的具体政策和措施,从制度层面解决问题,提供制度保障。在2012年的《全国大学生思想政治教育工作测评体系(试行)》中,列出了"建立由学校主要负责人担任组长的大学生思想政治教育工作领导小组,每学期至少召开一次专门工作会"的评估项;以广东省为例,在《广东省高等学校(本科)思想政治理论课建设评估指标体系(修订)》中,列出了"每年召开1次以上校党委或行政会议,专题研究思想政治理论课教学工作,并能及时落实会议决议"的评估项,这些评估指标是有指导性的、强制性的。

---

① 教育部社会科学司. 普通高校思想政治理论课文献选编(1949—2008)[C]. 北京: 中国人民大学出版社, 2008: 217.

第四，校领导要亲临思想政治理论课教学的课堂和学生一线之中。只有亲临思想政治理论课教学的课堂和学生之中，才能了解和掌握第一手真实情况，在"对症下药"的问题中上，首先解决"对症"的问题。在2012年的《全国大学生思想政治教育工作测评体系（试行）》中，列出了"学校党政主要领导每年分别到堂听思想政治理论课≥4学时"的评估项；以广东省为例，在《广东省高等学校（本科）思想政治理论课建设评估指标体系（修订）》中，列出了"分管领导能定期听取思想政治理论课教学工作汇报，解决实际问题，每学期听课2次以上"的评估项，这些评估指标是有指导性的、强制性的。

思想政治理论课教学部的负责人，可依据以上文件，积极、主动地多向校领导汇报请示，多向校领导提供建议，还可把上级文件汇编成册，为校领导查阅文件提供方便，不要因为有上级文件就坐观等待。

（二）职能部门

与思想政治理论课教学直接相关的学校职能部门包括党委办公室、校长办公室、教务处、人事处、计财处、科研处、宣传部、组织部、学报、学生处、团委、后勤处等。在2012年的《全国大学生思想政治教育工作测评体系（试行）》中，列出了"学校有关部门有明确的大学生思想政治教育工作职责并完成相应任务"的评估要求。对于思想政治理论课教学的合力形成，职能部门很重要。

在有的艺术院校，对于思想政治理论课教学，即使是学校领导很关心，但有的中层职能部门的领导却不太关心，甚至有的中层职能部门的领导对思想政治理论课教学有偏见、有抵触情绪，出现了前面第四章论及的"两头热、中间冷"的局面。这些"中层职能部门的领导"，有时候是明的，就是不关心思想政治理论课教学；有时候是暗的，就是要打压思想政治理论课教学，他们欺上瞒下的做法，有时候校领导也未必知道。

那么，中层职能部门对思想政治理论课教学的保驾护航作用究竟表现在哪些方面呢？

1. 党办、院办

党办、院办是落实上级有关思想政治理论课教学精神和要求的主要牵头部门，在保障思想政治理论课教学方面作用巨大，其保驾护航的作用表现在：

第一，将上级有关思想政治理论课教学的文件及时提请主要校领导批示或列为党委会议、院长会议的议事议题，让领导知晓并做出决定。

第二，在校级层面做出有关思想政治理论课教学方面的决定之前，向思政部了解、咨询有关思想政治理论课教学的实际情况，或者在会议级别允许的情况下让思政部负责人列席会议，发表意见和建议。

第三，在阅文级别允许的情况下让思政部负责人阅读上级下发的有关思想政治理论教育教学的文件，维护思政部负责人的阅文权。

第四，牵头落实主要校领导关于思想政治理论课教学方面的批示或落实党委会议、院长会议关于思想政治理论课教学方面的决定。

2. 教务处

教务处是学校具体教学方案的参与制定者、组织实施者、执行监督者，在保障思想政治理论课教学方面，作用巨大，其保驾护航的作用表现在：

第一，不折不扣地执行校级层面所制定的思想政治理论课教学的总体目标和要求，对上级确定的思想政治理论课的必修课程，不随意删减课程，不随意压缩课时。对于校级层面制定的加强和改进思想政治理论课教学的保障政策和制度，不要打折式地执行。

第二，要防范和阻止任何单位和个人（包括教务处自身）任意冲挤思想政治理论课的课堂教学，不随意给学生开具假条。无论是学校开展艺术实践活动、举办音乐会、举办学术报告，还是开展其他教学活动，都应该尊重课表的安排。维护好了课表的权威性，也就维护好了思想政治理论课的课程地位和权威性，确需调课或停课时，事先应与思想政治理论课教学部及思想政治理论课任课教师沟通，打个招呼，对思想政治理论课任课教师有一个最起码的尊重态度。面对思想政治理论课，如果整个院系、整个年级或者许多学生集体请假时，要特别慎重，不可随意批假，要防止事先不沟通而当思想政治理论课教师到了课堂发现没有学生而向教务处询问时再作解释的情况出现。

第三，在排课方面，要防止思想政治理论课课堂教学人数无限扩大的不良倾向。《中共中央宣传部、教育部关于进一步加强高等学校思想政治理论课教师队伍建设的意见》（教社科〔2008〕5号）指出："要以中班教学（每班100名学生左右）为主体，组织开展教学活动。"以广东省为例，《广东省委宣传部、广东省教育工委、广东省教育厅关于进一步加强高等学校思想政治理论课教师队伍建设的实施意见》（粤教工委〔2009〕35号）规定："要以小班（60人以下）和中班（100人以下）教学为主体组织开展教学（含研究生阶段教育）。"但是，在实际的教学中，实际情况是：扩招后许多高校的师资队伍建设、教学场地建设并没有随着办学规模的扩大而成比例地扩大，因此客观上就出现了教师、教室都不够用的情况，有的高校为了完成教学任务，抑或是为了节约办学成本，在编制课堂教学班额时就把思想政治理论课的课堂编班编得特别大，人数特别多，多到150多人，甚至200多人。说实话，这种课堂，已经根本不能叫作课堂了，而只能叫它为大会堂。这时，想用一般的上课方法去教学，那是已经不可能了，而只能用做报告的方式去做报告，其教学效果必然大打折扣。这种情况，在很多高校都存在，在艺术院校也十分普遍和严重。针对这种班额人数过多的情况，以广东省为例，在《广东省高等学校（本科）思想政治理论课建设评估指标体系（修订）》中，列出了"思想政治理论课的课堂教学班与专业课班额一致"的评估项，是有指导性的。

第四，在课程建设方面，眼里不能只有艺术专业课而没有思想政治理论课，要抛开狭隘的课程观，要有全局性的课程胸怀和思维，春风"要"度玉门关，要关心思想政治理论课的建设。重点课程的建设、精品课程的建设等，都应关注到思想政治理论课。《中共中央宣传部、教育部关于进一步加强和改进高等学校思想政治理论课的意见》（教社政〔2005〕5号）指出："要把马克思主义学科作为重点学科、把思想政治理论课程作为重点课程加强建设。"① 以广东省为例，在《广东省高等学校（本科）思想政治理论课建设评估指标体系（修订）》中，列出了"思想政治理论课建设列入学校发展规划，作为学校重点课程（学科）建设并资金到位"的评估项，是有指导性的。

第五，在教研项目立项方面，也应关注到思想政治理论课教学教改在学校事业发展全局中和学生的健康成长、全面发展中的地位和作用，应珍惜思想政治理论课教师教学教改的热情，莫说是给思想政治理论课教学一些倾斜政策，但至少应给思想政治理论课教学一个公正的态度和公平的机会。据笔者通过连续参加的五届"全国艺术院校思想政治理论课教学研讨会"所了解的情况来看，在有的艺术院校，有五六年、七八年，甚至是建校以来，都没有一项省级的思想政治理论课教学教改项目。这是不是思想政治理论课教师懒惰，不申报呢？不是的，而是从来就不给思想政治理论课教改项目出校参评的机会。省级教改项目的申报都是限额申报的，比如省里规定"一般本科院校只允上报3

---

① 教育部社会科学司. 普通高校思想政治理论课文献选编（1949—2008）[C]. 北京：中国人民大学出版社，2008：217.

项",这样各校就必须首先进行校内的自评(即校评),然后再推荐3项上报到省里,思想政治理论课的教改项目在校评时就被"枪毙"了,根本出不了校。评选的标准就是:"只看身份,不看选题的意义,不看项目论书证的质量",即是艺术专业教师的项目就上,是思想政治理论课教学的项目就压。

第六,在教师评优、教学成果评奖方面,应该关注到思想政治理论课教师及其思想政治理论课教学教改的成果。在艺术院校,在教学名师、优秀教师、劳动模范的评选方面,思想政治理论课教师的情况非常糟糕,莫说是感受关怀,就连是最起码的平等参评权也没有得到保证。如果查阅一下有的艺术院校近十年来的评选结果就会发现,思想政治理论课教师评为省级或更高级别的教学名师、优秀教师、劳动模范的从来就没有过。又据笔者通过连续参加的五届"全国艺术院校思想政治理论课教学研讨会"所了解的情况来看,在有的艺术院校,教学成果评奖跟省级教改项目的申报一样,只看身份,五六年、七八年,甚至是建校以来,就没有一项省级的思想政治理论课教学的获奖成果,不管思想政治理论课的教学成果是否有意义、是否可能获得省里的教学成果奖,从来就不给思想政治理论课教学成果出校参评的机会。省级教学成果的申报也都是限额申报的,比如省里规定"一般本科院校只允上报3项",这样各校也就必须首先进行校内的自评(即校评),然后再推荐3项上报到省里,思想政治理论课的教学成果在校评时就被"枪毙"了,根本出不了校。

第七,在课时费的计算方面,应客观、公平、合理地对待思想政治理论课教师的劳动。据笔者通过连续参加的五届"全国艺术院校思想政治理论课教学研讨会"所了解的情况来看,在有的艺术院校,将思想政治理论课的课堂的标准人数设定为90人,如果少于这个标准人数时(即未达到标准人数的80%时),其课时费就要打折扣,降低一个档次发放。与此同时,其他课程课堂标准人数的设定值就要少很多,如"乐理"课、"合唱指挥"课设定的标准人数为75人,"音乐分析基础"课设定的标准人数为60人。这样做的结果就是抹平了班级人数不同的课堂之间劳动强度的差异。针对这一情况,思想政治理论课教师或者是敢怒不敢言;或者言了也没用,因为没有人会采纳你的合理化建议,教学积极性受到了挫伤。

另一方面,很多艺术院校思想政治理论课教师的配备往往又是严重不足的。以某艺术院校为例,按照《中共中央宣传部、教育部关于进一步加强高等学校思想政治理论课教师队伍建设的意见》(教社科〔2008〕5号)的要求,按1∶350～400的师生比,应配备9.4名专任教师,但实际只有专任教师4人。4人要完成9.4人的教学任务,这4人就必须加倍地、超工作量地去拼命工作。又由于加倍地、超工作量地拼命工作,这4人的课时费也就会相应地增加一些,而在将思想政治理论课的课堂基本人数设定为90人的状态下,这种增加也就只是比其他教学部门的教师稍多一些,比如说一个学期下来可能多2000～5000元,而绝不是成倍地增加。但即使是这样的增加,也遭到了一些人甚至是中层职能部门领导的不满,甚至是"嫉恨",说思想政治理论课教师拿的课时费太多了。思想政治理论课教师在加倍地、超工作量地拼命工作之后,还要背负"多拿了课时费"的骂名和嫉恨。既想让思想政治理论课教师为学校的发展承担超额的教学任务,又不想承认思想政治理论课教师为此而付出的超额劳动,这样做究竟是懒政,还是恶政,不得而知。

又据了解,近一两年来,在这一点上,由于各艺术院校校领导的关心,有的职能部门领导的同情,思想政治理论课教师的努力,情况正在发生变化,有的艺术院校已开始承认由于班级人数不同而引起的劳动强度不同的差异了,开始给思想政治理论课教师因班级人数的不同而确定不同的系数补助了,在90人的教学班里上一节课与在更多人的教学班里上一节课,课时费的计算不一样了,无疑这是一个进步。

第八，在教研活动和学术活动的开展方面，应把思想政治理论课的教研活动和学术活动纳入全校的教研活动和学术活动的规划、计划之中。据笔者通过连续参加的五届"全国艺术院校思想政治理论课教学研讨会"所了解的情况来看，在有的艺术院校，在全校的教研活动和学术活动的规划之中，就没有思想政治理论课的教研活动和学术活动。在连续五六年、七八年，甚至是更长的时间里，在学校的教研活动和学术活动的经费开支出栏中，都没有任何思想政治理论课教研活动和学术活动方面的经费支出记录。

3. 人事处

针对思想政治理论课教学，人事处的保驾护航作用表现在：

第一，严格执行上级规定，配足思想政治理论课教师。《中共中央宣传部、教育部关于进一步加强高等学校思想政治理论课教师队伍建设的意见》（教社科〔2008〕5号）指出："各高等学校要根据专任为主、专兼结合的原则，按照学生人数以及实际教学、科研和社会服务的需要，合理核定专任教师编制，配备足够数量和较高质量的思想政治理论课教师。本专科思想政治理论课专任教师要总体上按不低于师生1：350～400的比例配备。"面对这一规定，人事处在主观上是否愿意执行，至关重要。如果人事处没有热情、没有决心支持思想政治理论课教学部的师资队伍建设，那么思想政治理论课教学部在师资队伍建设的路上，就困难重重。

第二，在全校性的师资培养规划中，要有思想政治理论课专任教师的培养、培训计划。在2012年的《全国大学生思想政治教育工作测评体系（试行）》中，列出了"鼓励支持思想政治理论课专任教师攻读马克思主义理论相关学科博士、硕士学位"，"按照要求选送思想政治理论课专任教师和哲学社会科学课教学科研骨干参加全国和省（区、市）培训、研修，每学年至少安排1/4专任教师开展社会实践和学习考察活动"的评估项；以广东省为例，在《广东省高等学校（本科）思想政治理论课建设评估指标体系（修订）》中，列出了"有思想政治理论课教师队伍培养规划与措施"的评估项。这些评估项是有指导性的。

第三，在职称评审、年度考核、评奖评优方面，能够关注思想政治理论课教师。《中共中央、国务院关于进一步加强和改进大学生思想政治教育的意见》（中发〔2004〕16号）指出："建立专项评优奖励制度，定期评比表彰思想政治教育工作先进集体和个人，树立、宣传、推广一批先进典型。"①

《中共中央宣传部、教育部关于进一步加强和改进高等学校思想政治理论课的意见》（教社政〔2005〕5号）指出："各地及高等学校在职务聘任、科研立项、国内外学习进修和物质待遇等方面要充分考虑思想政治理论课教师工作的特点，在政策上予以扶持。"②

《中共中央宣传部、教育部关于进一步加强高等学校思想政治理论课教师队伍建设的意见》（教社科〔2008〕5号）指出："各高等学校要制定思想政治理论课教师工作考核的具体办法，健全考核体系"，"在教育系统各类教师表彰体系中，要对思想政治理论课教师的评比确定相应比例，进行统一表彰，增强教师的责任感和荣誉感。"

在2012年的《全国大学生思想政治教育工作测评体系（试行）》中，列出了"思想政治理论课专业技术职务高级岗位的比例不低于学校重点学科高级岗位设置的平均水平，且不得挪作他用"的评估要求。

据笔者通过连续参加的五届"全国艺术院校思想政治理论课教学研讨会"所了解的情况来看，许多艺术院校的思想政治

---

① 教育部社会科学司. 普通高校思想政治理论课文献选编（1949—2008）[C]. 北京：中国人民大学出版社，2008：208.

② 教育部社会科学司. 普通高校思想政治理论课文献选编（1949—2008）[C]. 北京：中国人民大学出版社，2008：217.

理论课教师在职称评审、年度考核评优等方面，总体的状态虽不太理想，但有的艺术院校还是给了思想政治理论课教师的平等参评权，即看重业绩，淡化身份，不管是艺术专业教师还是思想政治理论课教师，谁的业绩突出，就将优评给谁。在这样的评比中，思想政治理论课教师还是从人事方面感受到了一些温暖。

4. 计财处

针对思想政治理论课教学，计财处的保驾护航作用表现在：在经费投入方面，能够严格地执行上级有关文件的规定。这些规定，如：

《中共中央、国务院关于进一步加强和改进大学生思想政治教育的意见》（中发〔2004〕16号）规定："要加大大学生思想政治教育工作的经费投入，教育行政部门和学校要合理确定思想政治教育工作方面的经费投入科目，列入预算，确保各项工作顺利开展。"[1]

《中共中央宣传部、教育部关于进一步加强高等学校思想政治理论课教师队伍建设的意见》（教社科〔2008〕5号）指出："各地各高等学校要建立思想政治理论课教学专项经费，列入预算，并随着学校经费的增长逐年增加。"

以广东省为例，《中共广东省委、广东省人民政府关于进一步加强和改进大学生思想政治教育的实施意见》（粤发〔2005〕12号）指出："学校从收缴学费中按每生每年20元的标准提取专项经费用于思想政治理论课教学。"《广东省委宣传部、广东省教育工委、广东省教育厅关于进一步加强高等学校思想政治理论课教师队伍建设的实施意见》（粤教工委〔2009〕35号）规定："学校各有关部门要从有利于思想政治理论课建设出发完善制度和政策，在保证正常的行政事业经费的同时，从学生所缴学

---

[1] 教育部社会科学司. 普通高校思想政治理论课文献选编（1949—2008）[C]. 北京：中国人民大学出版社，2008：209.

费中按全日制在校生（含研究生）每生每年20元的标准提取思想政治理论课教学专项经费，并随着学校经费的增长逐年增加。"严格执行这些规定，就是对思想政治理论课教学的保驾护航。

据笔者通过连续参加的五届"全国艺术院校思想政治理论课教学研讨会"所了解的情况来看，在这一点上，似乎有点让人感到意外，较多的艺术院校在这方面似乎都感到满意或者比较满意，都感受到了一些温暖，有的艺术院校近年来就一直足额提取了这笔专项经费，以支持思想政治理论课的教学建设。

5. 科研处

针对思想政治理论课教学，科研处的保驾护航作用表现在：在科研课题的立项方面，能够关注到思想政治理论课教师所申报的项目。《中共中央宣传部、教育部关于进一步加强高等学校思想政治理论课教师队伍建设的意见》（教社科〔2008〕5号）指出："加强科研能力的培养。将思想政治理论课的课程建设、教材建设、教学方法改革、教师队伍建设、学科建设以及教学中重要理论和实际问题的研究等作为重要选题，列入国家教育科学研究和人文社会科学研究规划中，项目单列，单独评审，单独检查，推出一批高水平的思想政治理论教育教学研究成果。各地各高等学校要设立专门项目，开展科学研究，不断提高思想政治理论课教师的科研能力。"

据笔者通过连续参加的五届"全国艺术院校思想政治理论课教学研讨会"所了解的情况来看，在这一点上，情况要好一些。有的艺术院校的科研处近年来比较支持思想政治理论课教师的项目申报工作，统计显示，通过科研处而申报成功的省级思想政治理论课研究项目近年来有所增加。在笔者担任副主编的《梦之乐——第五届全国艺术院校思政教学研讨会论文集》一书中，充分地印证了这一点。

6. 宣传部

针对思想政治理论课教学，宣传部的保驾护航作用表现在：

研究思想政治理论课的校园教学环境，通过出台政策、校园文化建设、宣传思想政治理论课教学的成就和典型等方式，为思想政治理论课教学提供政策支持、舆论支持和情感支持。

第一，为加强和改进思想政治理论课教学提供政策支持。《中共中央宣传部、教育部关于进一步加强和改进高等学校思想政治理论课的意见》（教社政〔2005〕5号）指出："宣传部门、教育部门要把马克思主义学科作为重点学科、把思想政治理论课程作为重点课程加强建设，认真研究，及时解决思想政治理论课建设与发展中遇到的新情况新问题。组织部门、宣传部门、教育部门要把思想政治理论课教学质量作为高等学校党建和思想政治工作、教学工作评估的重要组成部分。要积极营造关心和支持思想政治理论课建设的良好社会氛围，对成绩突出的学校和教师予以表彰和奖励。"[1]

第二，把校园文化的建设与思想政治教育有机地结合起来。《中共中央、国务院关于进一步加强和改进大学生思想政治教育的意见》（中发〔2004〕16号）指出："校园文化具有重要的育人功能，要建设体现社会主义特点、时代特征和学校特色的校园文化，形成优良的校风、教风和学风。加强校报、校刊、校内广播电视和学校出版社的建设，加强哲学社会科学研讨会、报告会、讲座的管理，绝不给错误观点和言论提供传播渠道。坚决抵制各种有害文化和腐朽生活方式对大学生的侵蚀和影响。要全面加强校园网的建设，使网络成为弘扬主旋律、开展思想政治教育的重要手段。要利用校园网为大学生学习、生活提供服务，对大学生进行教育和引导，不断拓展大学生思想政治教育的渠道和空间。要建设好融思想性、知识性、趣味性、服务性于一体的主题教育网站或网页，积极开展生动活泼的网络思想政治教育活动，

---

[1] 教育部社会科学司．普通高校思想政治理论课文献选编（1949—2008）[C]．北京：中国人民大学出版社，2008：217．

形成网上网下思想政治教育的合力。加强网络思想政治教育队伍建设,形成网络思想政治教育工作体系,牢牢把握网络思想政治教育主动权。"①

第三,宣传思想政治理论课教学的成就和典型。《中共中央宣传部、教育部关于进一步加强高等学校思想政治理论课教师队伍建设的意见》(教社科〔2008〕5号)指出:"要及时发现、树立思想政治理论课教师先进典型,加大宣传、推广力度。"

宣传部拥有校报、校园网、广播、橱窗等宣传资源,如果它支持思想政治理论课教学的话,那么就可以为思想政治理论课教学做很多工作。但遗憾的是,只要打开各艺术院校的校园网,我们就会发现,几乎是看不到对思想政治理论课教学的宣传的。在有的艺术院校的校园网、校报、招生宣传中,是找不到"思想政治理论课教学部"这个机构的影子的。

7. 组织部

针对思想政治理论课教学,组织部的保驾护航作用表现在:把对思想政治理论教育教学的重视程度及其效果作为党政干部的考核标准之一;充分发挥学生党员在思想政治教育中的作用。

《中共中央宣传部、教育部关于进一步加强和改进高等学校思想政治理论课的意见》(教社政〔2005〕5号)指出:"组织部门、宣传部门、教育部门要把思想政治理论课教学质量作为高等学校党建和思想政治工作、教学工作评估的重要组成部分。要积极营造关心和支持思想政治理论课建设的良好社会氛围,对成绩突出的学校和教师予以表彰和奖励。"②

《中共中央、国务院关于进一步加强和改进大学生思想政治

---

① 教育部社会科学司. 普通高校思想政治理论课文献选编(1949—2008)[C]. 北京:中国人民大学出版社,2008:205-206.
② 教育部社会科学司. 普通高校思想政治理论课文献选编(1949—2008)[C]. 北京:中国人民大学出版社,2008:205-217.

第七章 合力保障论

教育的意见》(中发〔2004〕16号)指出:"对大学生党员要加强党员先进性教育,使他们严格要求自己,提高党性修养,充分发挥在大学生思想政治教育中的骨干带头作用和先锋模范作用。"①

在2012年的《全国大学生思想政治教育工作测评体系(试行)》中,列出了"对学校党政干部及共青团干部组织、协调、实施大学生思想政治教育工作有明确要求;每年对学校党政干部及共青团干部履行大学生思想政治教育工作相关职责有考核;对党政干部及共青团干部从事思想政治理论课、大学生党课团课等教学有具体管理措施"的评估项。

8. 学报

针对思想政治理论课教学,学报可以提供的支持和帮助在于:刊发一些反映思想政治理论课教学优秀成果的研究论文。事实上,学报也承载着育人、沟通和达成共识的功能,作为艺术院校的学报,刊发一些与艺术人才培养紧密相关的思想政治理论教育教学方面的论文,对于完善艺术院校学报自身的完整性,对于开展艺术专业教育与思想理论、人文素质教育之间的交流和沟通,对于达成全面育人共识、完善艺术院校人才培养思维,对于提升学校综合育人的能力、水平和毕业生的综合素质,对于丰富学校的学科思维,对于提升学校的凝聚力,都是非常有益的。例如,一些从思想政治理论教育教学角度出发的、关于艺术人才培养的文章,就有利于拓宽学校及艺术专业教师的人才培养视野、人才培养知识结构,从而克服单一的"唯艺"培养思维的缺陷。

至目前为止,据笔者搜索、统计的情况来看,已有少量的艺术类院校的学报,刊载了一些与艺术教育相关的思想政治理论课教育教学方面的论文,这令广大思想政治理论课教师已经感受到

---

① 教育部社会科学司. 普通高校思想政治理论课文献选编(1949—2008)[C]. 北京:中国人民大学出版社,2008:206.

了莫大的安慰和希望。但是，更多的是，一些与艺术教育相关的思想政治理论课教育教学方面的论文仍然被排除在艺术类院校的学报之外。

9. 学生处

针对思想政治理论课教学，学生处可以提供的支持和帮助在于：

第一，以关于加强和改进大学生思想政治教育的有关政策为依据，结合本校的思想政治理论课教学，在学风建设、校园文化建设、校园艺术节等活动中开展形式多样的思想政治教育活动。

第二，与思想政治理论课教学部合作，开展一些关于大学生思想状况的调查和教育活动。

第三，与思想政治理论课教学部合作，开展一些强化艺术生艺德修养、促进艺术生全面发展的活动。

第四，建立学生工作与思想政治理论课教学之间的沟通互动机制。在学生工作委员会中、学工例会中和学生评奖评优的过程中，可以吸收思想政治理论课教师参与，听取思想政治理论课教师关于学生的课堂表现、思想政治表现、学习状况等方面的情况通报，更全面、更细致地掌握学生的基本情况。

第五，严格控制学生的请假，以免为学生逃避思想政治理论课提供借口。

据笔者连续参加的五届"全国艺术院校思想政治理论课教学研讨会"的情况来看，大多数艺术院校的学生处与思政部的合作，是积极的、主动的、有效的、愉快的。

10. 团委

针对思想政治理论课教学，团委可以提供的支持和帮助在于：

第一，把思想政治教育工作放在突出的位置，把团的工作与思想政治教育工作紧密地结合起来。《中共中央、国务院关于进一步加强和改进大学生思想政治教育的意见》（中发〔2004〕16

号)指出:"共青团是党领导下的先进青年的群众组织,是党的助手和后备军,在大学生思想政治教育中具有重要作用。高等学校团组织要把加强大学生思想政治教育工作摆在突出位置","发挥共青团和学生组织作用,推进大学生思想政治教育","要把团干部作为思想政治教育工作队伍的重要组成部分","学生会、研究生会要自觉接受党的领导,在共青团指导下,针对大学生特点,开展生动有效的思想政治教育活动,把广大学生紧密团结在党的周围,在大学生思想政治教育中更好地发挥桥梁和纽带作用。"①

第二,结合本校的思想政治理论课教学,在学风建设、校园文化建设、校园艺术节、"三下乡"、青年志愿者服务等活动中开展形式多样的思想政治教育活动。

第三,建立团工作与思想政治理论课教学之间的沟通互动机制。在推优入党、评奖评优过程中,可以吸收思想政治理论课教师参与,听取思想政治理论课教师的意见,全面掌握学生的思想政治表现、课堂表现和学习状况。

第四,严格控制学生的请假,以免为学生逃避思想政治理论课提供借口。

据笔者通过连续参加的五届"全国艺术院校思想政治理论课教学研讨会"所了解的情况来看,大多数艺术院校的团委与思政部的合作,是积极的、主动的、有效的、愉快的。

11. 后勤处

针对思想政治理论课教学,后勤处的保驾护航作用表现在:为思想政治理论课教学提供必要的办公场地、办公设备并优化教学手段。《中共中央、国务院关于进一步加强和改进大学生思想政治教育的意见》(中发〔2004〕16 号)指出:"学校要为开展

---

① 教育部社会科学司. 普通高校思想政治理论课文献选编(1949—2008)[C]. 北京:中国人民大学出版社,2008:206-207.

大学生思想政治教育工作提供必要的场所与设备，不断改善条件，优化手段。"①

但是，据笔者通过连续参加的五届"全国艺术院校思想政治理论课教学研讨会"所了解的情况来看，较多艺术院校思想政治理论课教学部的办公地点、办公条件都很不理想。在全校来看，思想政治理论课教学部的办公地点最偏僻，办公条件最简陋。有的艺术院校，哪里最偏僻，就把思想政治理论课教学部的办公室往哪里塞，弄得学生交作业找遍了全校也找不到思想政治理论课教学部在学校的哪个旮旯里。

(三) 艺术专业教学院系

艺术专业教学院系，是学校教学工作重要的组织者、实施者，在思想政治理论课教学方面，他们的作用也非常重要，他们可以提供的支持和帮助表现在：

第一，不折不扣地执行校级层面所确定的思想政治理论课教学的总体目标和要求，对学校确定的思想政治理论课的必修课程，不随意删减课程，不随意压缩课时。

第二，要防范和阻止本教学院系任何人任意冲挤思想政治理论课的课堂教学。无论是开展艺术实践活动、举办音乐会、举办学术报告，还是开展其他教学活动，都应该尊重课表的安排，确需调课或停课时，事先应与思想政治理论课教学部及思想政治理论课任课教师沟通。面对思想政治理论课，如果整个院系、整个年级或者许多学生集体请假时，要特别慎重，不可随意批假，要防止事先不沟通而当思想政治理论课教师到了课堂发现没有学生而向教务处询问时再作解释的情况出现。

第三，配合思想政治理论课教师抓课堂管理，抓课堂学风，

---

① 教育部社会科学司．普通高校思想政治理论课文献选编（1949—2008）[C]．北京：中国人民大学出版社，2008：209．

严格控制学生的请假,以免为学生逃避思想政治理论课提供借口。

第四,要正确对待有的学生思想政治理论课不及格的现象,不能因为有的学生思想政治理论课不及格,而且在没有了解学生为什么不及格的原因时,就埋怨思想政治理论课教师,对思想政治理论课教师横加批评、无端指责,甚至是无端地、人为地制造学生与思想政治理论课教师之间的矛盾,引导、怂恿学生仇恨思想政治理论课教师。

第五,在活动开展、实践教学、毕业论文方面,可接受思想政治理论课教学部的建议,增加一些既与艺术教育有关又与思想政治理论课教学有关的活动,增加一些既与艺术教育有关又与思想政治理论课实践教学有关的项目,增加一些既与艺术教育有关又与思想政治理论课教学有关的论文选题。

据笔者所了解的情况来看,较多艺术院校的较多艺术专业教学院系,在对思想政治理论课教学的支持和帮助方面,态度不明朗、力度很不够甚至还有较大的阻力,集中表现在随意冲挤思想政治理论课的课堂教学;随意调走将要或者正在上思想政治理论课的学生;因思想政治理论课教师从严管理课堂从而暴露了所在系学风建设的不足,因而反对思想政治理论课教师从严管理课堂;因本系有学生思想政治理论课不及格,不加了解就对思想政治理论课教师横加指责等方面。

在与各职能部门、各艺术专业教学院系合作,共同营造思想政治理论课教育教学合力的过程中,思想政治理论课教学部的负责人及其教师,一方面应积极地主动地与各职能部门和艺术专业教学院系沟通并积极主动地为各职能部门和艺术专业教学院系提供上级有关加强和改进思想政治理论课教学方面的文件,另一方面应积极主动地配合各职能部门和各艺术专业教学院系为加强思想政治理论课教学而开展的各项工作,不要坐观等待,不要一味地埋怨,更不要一味地指责、赌气。

当然,思想政治理论课教学部也是学校培养计划和目标的参与制定者、实际执行者。在面对轻视和冲击思想政治理论课教学的言行时，除了反复与之沟通外，也不可一味地退缩，放弃原则，也还应理直气壮地坚持党的教育方针和政策，负起责任，建设好育人主阵地，把好思想政治理论课教育教学关，不能因为被边缘化而灰心丧气。思想政治理论课教师是课堂教学的组织者和实施者，必须履行好德育首位的育人责任。

三、和力出合力

从外因的角度看，在艺术院校，德艺双馨、全面发展艺术人才的造就来自学生之外各方面的供给和努力，施教主体给学生供给什么、怎么供给，十分重要。德艺双馨、全面发展的艺术毕业生就是各方面供给和努力的和，和力出合力。大体上说，这个合力主要来自三个方面，即学校层面的重视、各职能部门的重视、思政部的重视。

在高校扩招、低文化分进艺术院校、对艺术院校的思想政治理论课教学研究不足、对艺术生的学习基础和学习特征把握不足、对艺术院校思想政治理论课特色教学方法研究不足、重艺轻德重艺术轻全面发展、思想政治理论课教学边缘化、教学合力不强等状态下，艺术生就业更难就是应然的逻辑结论。

如果说大学生就业难，那么艺术生的就业则更难。通识知识面窄、通识能力较差，极大地制约了艺术生的就业能力和就业面。据中央电视台2007年的一项调查显示，2004年、2005年的艺术类本科毕业生就业率不足30%，70%的艺术毕业生为了生存而改行，成为中国知名明星的几率为0.003%。[①] 在改行过程中，艺术生通识知识面窄、通识能力较差的劣势就会更加明显。据2009年《社会蓝皮书》，艺术类大学生是就业率最低的几类

---

① 马国顺. 赶考路上的艺术生[N]. 甘肃日报，2011-01-04(7).

大学生之一。① 在2010届大学生的就业中，截至5月14日，北京地区高校毕业生就业率为38.6%，而就业率不到10%的大都集中在艺术类高校。② 据《2013艺术教育行业分析报告》数据，从2002年至2013年间全国艺术类考生增加近97万人，增长30多倍，与此同时，全国艺术类本科毕业生毕业半年后的就业率，明显低于全国平均水平。③ 据《中国教育报》2014年10月14日报道，教育部官方微信"微言教育"公布了2012年、2013年就业率较低的本科专业名单，共15个专业，其中表演、艺术设计学、播音与主持艺术、音乐表演四个专业榜上有名。该名单由教育部高等教育司整理并公布，同时公布的还有全国31个省份和新疆生产建设兵团的就业率较低的本科专业名单。北京公布的近两年就业率较低的本科专业共有10个，音乐学名列其中。天津公布的近两年就业率较低的本科专业共有8个，作曲与作曲技术理论名列其中。④ 广东省被亮红牌的专业有10个，表演、美术学、音乐表演名列其中。⑤

在中共中央、国务院、中宣部、教育部及各省反复发文要求进一步加强和改进大学生思想政治教育的今天，如果还不以强烈的责任心来高度重视对艺术院校思政治理论课教学的研究，那么，关于进一步加强和改进大学生思想政治教育的一系列政策文件就断然难以在艺术院校得到有效的贯彻执行，总有一天我们会彻底弱化甚至失去艺术院校大学生思想政治教育的这块阵地，艺

---

① 郭爱娣. 社科院解读社会热点　居民收入增速下降　大学生失业率12% [N]. 京华时报，2008-12-16（2）.
② 姜葳，解辰巽. 北京：毕业生可入伍当士官　艺术院校就业率低10% [N]. 北京晨报，2010-05-19.
③ 赵雪薇.《2013艺术教育行业分析报告》综述［EB/OL］.：中国网，2013-05-28：
④ 李凌. 教育部公布就业率较低本科专业名单　15个专业榜上有名 [N]. 中国教育报，2014-10-15（1）.
⑤ 徐静. 广东十专业就业亮红牌 [N]. 广州日报，2014-10-15（A3）.

术生片面发展、就业比一般大学更难的困境将进一步加剧。而相反，如果重视对艺术院校思想政治理论课教学的研究，加强对160多万在校艺术生的文化基础和个性特征的研究、加强对艺术院校思想政治理论课边缘化困境和对策的研究，加强对艺术院校思想政治理论课特色教学方法的研究，那么，高校的思想政治理论课教学才不会留下缺陷和遗憾，艺术院校的思想政治理论课教学才会有理直气壮的一天，艺术生才会有真正德艺双馨、全面发展的一天，家长们才会有对艺术教育真正感到欣慰和信赖的一天。

附录1

艺术院校思想政治理论教学论文年鉴（1915—2013）

1988—2004年

1. 王俊英. 音乐院校马克思主义理论课教学方法探索——改革传统讲授方法实行"网络式"教学 [J]. 音乐学习与研究, 1988（03）.

2. 魏鹏程. 浅谈音乐院校哲学课教学 [J]. 星海音乐学院学报, 1990（01）.

3. 李汉民. 少而精——艺术院校马列理论课和思想品德课教学改革的历史性选择 [J]. 星海音乐学院学报, 1994（Z2）.

4. 廖勇. 关于艺术院校"两课"教学的创新思考 [J]. 音乐探索. 四川音乐学院学报, 2002（03）.

5. 江红蕾. 艺术院校中的"两课"教育 [J]. 新美术, 2002（04）.

6. 梁淮平. 针对艺术院校学生特点提高"两课"教学质量 [J]. 南京医科大学学报（社会科学版）, 2002（04）.

7. 王素莲. 艺术院校"两课"改革管见 [J]. 当代戏剧, 2003（03）.

2005—2006年

8. 梁淮平. 艺术院校思想政治理论课实效性初探 [J]. 南京艺术学院学报（美术与设计版）, 2005（01）.

9. 吴晓春. 激发大学生理论学习的兴趣, 提高艺术院校思想政治理论课教学的实效性 [J]. 思想理论教育导刊, 2005

(06).

2007 年

10. 黄晓白. 热爱真知 倾注真情 领悟真谛——浅谈艺术院校实施思想政治理论课新课程方案 [J]. 思想教育研究, 2007 (04).

11. 王含光. 艺术院校"思政课"实践教学的特点 [J]. 艺海, 2007 (05).

12. 孙春波. 在艺术的琴弦上演奏"两课"教学改革之歌——艺术院校"两课"教学新模式的构建与实践 [J]. 现代教育论丛, 2007 (12).

2008 年

13. 杜明书. 增强艺术院校思想政治理论课教学实效性的几点思考 [J]. 时代文学（双月上半月）, 2008 (02).

14. 黄立本. 增强高校思想政治理论课实效性的策略浅论 [J]. 学校党建与思想教育（上半月）, 2008 (04).

15. 孟繁菊, 李大海. 高等艺术院校思想政治理论课艺术化教学探究 [J]. 沈阳农业大学学报（社会科学版）, 2008 (06).

16. 方仪. 艺术院校研究生政治理论课教学改革探索 [J]. 南京艺术学院学报（美术与设计版）, 2008 (06).

17. 李雪静. 提高艺术院校思想政治理论课教学实效性的思考 [J]. 思想理论教育导刊, 2008 (07).

18. 蒙莉, 雷金星. 艺术院校思想政治理论课情感教学探析 [J]. 科教文汇（中旬刊）, 2008 (08).

19. 李雪静. 艺术院校思想政治理论课教学与大学生思想政治工作 [J]. 艺术教育, 2008 (10).

2009 年

20. 陈平. 从音乐院校学生实际出发创新思想政治理论课教学 [J]. 湖南科技学院学报, 2009 (02).

21. 蒙莉. 关于艺术院校思想政治理论课情感教学的几点思

考[J]. 鸡西大学学报, 2009 (02).

22. 徐平华, 袁汪洋. 传承与创新——对借鉴中华传统文化创新艺术院校思政教学的探索[J]. 美术学报, 2009 (04).

23. 王含光. 艺术职业院校"思政课"实践教学的教学设计探索[J]. 艺海, 2009 (04).

24. 王君. 艺术院校"两课"教学创新初探[J]. 企业技术开发, 2009 (10).

25. 王志强. 浅析如何提高艺术院校"两课"教学的实效性[J]. 消费导刊, 2009 (16).

2010 年

26. 吴继金, 贾向红. 美术院校思想政治理论课教学中运用美术资源初探[J]. 湖北美术学院学报, 2010 (01).

27. 徐平华, 周国琴. 传承中华传统文化, 创新美术院校思想政治理论课教学[J]. 长沙铁道学院学报(社会科学版), 2010 (02).

28. 李卉. 对艺术类大学生思想政治理论课吸引力不足的思考[J]. 职业与教育, 2010 (05).

29. 陈文豪. 音乐院校思想政治理论课案例教学研究[J]. 忻州师范学院学报, 2010 (06).

30. 徐平华, 周国琴. 中华传统文化与美术院校思想政治理论课教学[J]. 思想政治教育研究, 2010 (06).

31. 武晓霞. 艺术院校思想政治理论课第二课堂探析[J]. 艺术教育, 2010 (11).

32. 本刊编辑部. 全国艺术院校马克思主义中国化研究暨思想政治理论课教学研讨会在中国戏曲学院举行[J]. 北京教育(德育), 2010 (12).

33. 陈伟. 关于艺术类高职院校思想政治课教学改革的一些思考[J]. 科技信息, 2010 (21).

34. 章立新. 艺术类院校思想政治理论课教学现状及对策思

考［J］．教育与职业，2010（26）．

35．王占霞．艺术院校思想政治理论课实践教学运作模式探析［J］．学校党建与思想教育，2010（29）．

36．石羽．艺术院校思想政治理论课实效性研究［D］．四川师范大学，2010．

37．王志强．艺术院校思想政治理论课教学存在的问题及对策研究［D］．山东师范大学，2010．

38．邓军，施涛．艺术类院校思想政治理论课教学研究［M］．桂林：广西师范大学出版社，2010．

2011 年

39．梁建明．建设富有艺术院校特色的思想政治理论课的探索与实践［J］．北京教育（德育），2011（01）．

40．陈文豪．音乐院校思政课案例教学理论与方法研究［J］．学理论，2011（03）．

41．陈平．以艺德教育为先导，提升学生的艺德修养［J］．星海音乐学院学报，2011（04）．

42．刘丹，梁保明．民办艺术类高职院校思想政治理论课教学的思考［J］．柳州职业技术学院学报，2011（06）．

43．梁维科．浅谈艺术院校思想政治理论课教学的现实困境与改革尝试［J］．长春理工大学学报，2011（06）．

44．张新岩．论艺术院校思想政治理论课教学的现状及对策［J］．吉林省教育学院学报（学科版），2011（09）．

45．聂晓，李春艳．浅论艺术类高职高专院校思想政治课实践教学体系的构建［J］．商业文化（上半月），2011（09）．

46．陈平．艺术院校思政课教学培养德艺双馨人才的思路［J］．湖南科技学院学报，2011（10）．

47．孟繁菊．制约高等艺术院校思想政治理论课教学效果的"瓶颈"表现［J］．辽宁经济，2011（10）．

48．阿牛曲哈莫．对提高艺术院校思想政治理论课教学实效性的思考［J］．教育探索，2011（12）．

49．方德芬．增强艺术院校思想政治理论课针对性和实效性的思考［J］．科技资讯，2011（22）．

50．李道霞．构筑艺术院校思政课魅力课堂的方法初探［J］．文教资料，2011（28）．

51．邓军，施涛．艺术院校思想政治理论课教学实践教学研究［M］．南宁：广西人民出版社，2011．

2012 年

52．蒋爽．制约艺术院校思想政治理论课教学"瓶颈"的原因分析及对策研究［J］．白城师范学院学报，2012（01）．

53．孟繁菊．思想政治理论课在艺术院校人才培养中的地位和作用［J］．辽宁行政学院学报，2012（01）．

54．苏久青．高等艺术院校思想政治理论课教学瓶颈分析［J］．长春师范学院学报，2012（02）．

55．宋玉静．艺术类院校思想政治理论课教学实效性研究［J］．辽宁教育行政学院学报，2012（02）．

56．孙利霞．艺术院校思想政治理论课教学方法的应用与反思［J］西南民族大学学报（人文社会科学版），2012（S2）．

57．徐慧，何婧文．依托艺术资源，提高思政课教学的实效性［J］．西南民族大学学报（社会科学版），2012（S2）．

58．阿牛曲哈莫．对艺术院校思想政治理论课实践教学运行模式的探讨［J］．四川省干部函授学院学报，2012（02）．

59．姜元杰，黄昆明．初探如何提高艺术类高校"两课"教学效果［J］．黑河学刊，2012（03）．

60．徐欢．高等艺术类院校思想政治理论课教学瓶颈产生原因分析［J］．赤峰学院学报（自然科学版），2012（04）．

61．何婧文．艺术院校思想政治理论课教学方法创新研究［J］．新课程（教育学术），2012（04）．

62．孟繁菊，苏久青，徐欢，蒋爽．影响艺术院校政治课效果的原因及对策［J］. 理论界，2012（06）.

63. 杨艳春. 论艺术院校思想政治理论课教学现状与对策［J］. 现代营销（学苑版），2012（10）.

64. 章燕. 艺术院校思想政治理论课实践教学初探［J］. 经济与社会发展，2012（10）.

65. 苏海生. 艺术院校思想政治理论课教学的激趣艺术［J］. 学理论，2012（14）.

66. 周国琴，徐平华. 艺术院校思想政治理论课"一体两翼"教学模式探析［J］. 学校党建与思想教育，2012（22）.

67. 陈平. 不同专业学生学习思政课的人文基础与学习效果之差异比较［A］. 见：巴图，邓军. 在艺术中升华的理论—全国艺术院校思想政治理论课教学研讨会论文集［C］. 北京：文化艺术出版社，2012.

68. 梁建明. 以创新精神建设具有戏曲特色的思想政治理论课［A］. 见：巴图，邓军. 在艺术中升华的理论——全国艺术院校思想政治理论课教学研讨会论文集［C］. 北京：文化艺术出版社，2012.

69. 王预震. 关于改进艺术院校思想政治理论课教学方法的几点思考［A］. 见：巴图，邓军. 在艺术中升华的理论——全国艺术院校思想政治理论课教学研讨会论文集［C］. 北京：文化艺术出版社，2012.

70. 奚爱民. 切近学生，联通艺术，构筑有特色、富实效的思政课教学平台——上海音乐学院思政课建设综述［A］. 见：巴图，邓军. 在艺术中升华的理论——全国艺术院校思想政治理论课教学研讨会论文集［C］. 北京：文化艺术出版社，2012.

71. 李松吉. 艺术院校思政课教学改革的实践与思考［A］. 见：巴图，邓军. 在艺术中升华的理论——全国艺术院校思想政治理论课教学研讨会论文集［C］. 北京：文化艺术出版社，2012.

72. 周丽娟. 因材施教，以学生为本是搞好艺术院校《中国近现代史纲要》课教学的前提和捷径［A］. 见：巴图，邓军. 在艺术中升华的理论——全国艺术院校思想政治理论课教学研讨会论文集［C］. 北京：文化艺术出版社，2012.

73. 梁建明. 实践教学在艺术院校思想政治理论课教学中的作用［A］. 见：巴图，邓军. 在艺术中升华的理论——全国艺术院校思想政治理论课教学研讨会论文集［C］. 北京：文化艺术出版社，2012.

74. 沈宝莲. 实现艺术院校思想政治理论课从教材体系向教学体系的转化——提高艺术类大学生德育实效性的必然选择［A］. 见：巴图，邓军. 在艺术中升华的理论——全国艺术院校思想政治理论课教学研讨会论文集［C］. 北京：文化艺术出版社，2012.

75. 李松吉. 艺术学院思想政治理论课教学实效性的探索［A］. 见：巴图，邓军. 在艺术中升华的理论——全国艺术院校思想政治理论课教学研讨会论文集［C］. 北京：文化艺术出版社，2012.

76. 蓝少丹. 艺术院校思政课和谐课堂氛围的营造［A］. 见：巴图，邓军. 在艺术中升华的理论——全国艺术院校思想政治理论课教学研讨会论文集［C］. 北京：文化艺术出版社，2012.

77. 冯凤举. 艺术院校思想政治理论课体验式教学实践与探索［A］. 见：巴图，邓军. 在艺术中升华的理论——全国艺术院校思想政治理论课教学研讨会论文集［C］. 北京：文化艺术出版社，2012.

78. 奚爱茗，包立峰. "声情"并茂，寓教于"乐"："红歌"唱响思政课——上海音乐学院思想政治理论课"演唱式体验教学"改革初探［A］. 见：巴图，邓军. 在艺术中升华的理论——全国艺术院校思想政治理论课教学研讨会论文集［C］.

北京：文化艺术出版社，2012.

79. 杨武. 浅谈艺术院校思想政治理论课教学的评价原则［A］. 见：巴图，邓军. 在艺术中升华的理论——全国艺术院校思想政治理论课教学研讨会论文集［C］. 北京：文化艺术出版社，2012.

80. 刘达丽. 艺术院校中的通识教育——以《中国近现代史纲要》课教学为例［A］. 见：巴图，邓军. 在艺术中升华的理论——全国艺术院校思想政治理论课教学研讨会论文集［C］. 北京：文化艺术出版社，2012.

81. 石红霞.《思想道德修养与法律基础》课实践教学形式研究——广西艺术学院为例［A］. 见：巴图，邓军. 在艺术中升华的理论——全国艺术院校思想政治理论课教学研讨会论文集［C］. 北京：文化艺术出版社，2012.

82. 巴图，邓军. 在艺术中升华的理论——全国艺术院校思想政治理论课教学研讨会论文集［M］. 北京：文化艺术出版社，2012.

83. 陈平，刘美红. 音乐院校思想政治理论课教学资料与案例选编［M］. 广州：中山大学出版社，2012.

2013 年

84. 张德琴. 艺术类院校开展思想政治理论课实践教学的探讨［J］. 思想理论教育导刊，2013（04）.

85. 王力明，陈艳，杨佳华. 高校思想政治理论教学改革探索——以专业艺术院校为例［J］. 现代教育管理，2013（04）.

86. 董波，李晓燕，覃世艳，刘立云. 艺术院校研究生思想政治理论课教学模式探析［J］. 音乐探索，2013（04）.

87. 苏海生. 艺术院校思想政治理论课从教材体系到教学体系的转化［J］. 中外企业家，2013（05）.

88. 张重艳，柳俪葳. 民办艺术类院校思想政治理论课程教学改革研究——以《中国近现代史纲要》为例［J］. 河北青年管理干部学院学报，2013（06）.

89. 赵晖. 艺术院校思想政治理论课教学方法研究［J］. 湖北科技学院学报，2013（07）.

90. 王军. 艺术院校思想政治理论课教学要增强"三性"——以"中国近现代史纲要"教学为例［J］. 山西高等学校社会科学学报，2013（08）.

91. 陈平，陈泽黎. 艺德资源的梳理及其在艺术院校大学生艺德培养中的运用［J］. 思想理论教育导刊，2013（10）.

92. 张津波. 高等艺术院校《思想道德修养与法律基础》课实践教学改革与探讨［J］. 安康学院学报，2013（10）.

93. 梁建明. 第四届全国艺术院校思想政治理论课教学研讨会综述［J］. 思想理论教育导刊，2013（11）.

94. 蒋兰，张凯波. 浅谈艺术类院校思想政治课程教学方式实效性策略［J］. 才智，2013（11）.

95. 王预震. 浅析艺术院校思想政治理论课教学方法存在的问题及对策［J］. 新课程（中旬），2013（12）.

96. 亢莹. 艺术院校思想政治理论课双主体互动式教学模式探究［J］. 学理论，2013（15）.

97. 梁建明. 艺术院校思想政治理论课教学实效性略探［J］. 学校党建与思想教育，2013（27）.

98. 余佳莹. 艺术院校思想政治课教学中问题及对策探析［J］. 学理论，2013（27）.

99. 郭彪，彭双印. 艺术院校学生隐性逃课特征、原因及对策分析［J］. 中国电力教育，2013（35）.

100. 施涛. 艺术类院校思想政治理论课实践教学指南［M］. 南宁：广西人民出版社，2013：

附录 2

艺术院校思想政治理论教育论文年鉴（1915—2013）

1985—1999 年

1. 李行楚. 艺术院校学生思想教育概论［M］. 能源出版，1985.
2. 李健葆，王良钧. 新形势下高等艺术院校思想政治教育的目标与要求［J］. 齐鲁艺苑，1988（4）.

2000—2002 年

3. 李开沛. 试析艺术类大学生思想道德素质及其培养［J］. 吉首大学学报（社会科学版），2000（02）.
4. 黄艳梅，张劲松，李纳璺. 艺术类大学生思想道德存在问题及教育策略［J］. 桂林电子工业学院学报，2002（02）.
5. 官汉蒙，苏山. 针对艺术院校特点做好思想政治工作［J］. 学校党建与思想教育，2002（23）.

2003 年

6. 于泽勇. 做好高校艺术类学生思想政治工作的思考［J］. 大连民族学院学报，2003（02）.
7. 蔡中涛，居学明. 试析艺术院校大学生的思想状况及教育引导［J］. 扬州大学学报（高教研究版），2003（04）.
8. 邓文清. 把握艺术院校学生特点做好思想政治工作［J］. 学校党建与思想教育，2003（10）.

2004 年

9. 刘丹，许洪范，李伟. 艺术类专业学生思想特点和教育管理对策分析［J］．长沙铁道学院学报（社会科学版），2004（01）．

10．李小培．艺术院校学生思想政治工作新探［J］．艺海，2004（01）．

11．宋溧俊．高校艺术类学生思想政治工作探微［J］．重庆邮电学院学报（社会科学版），2004（S1）．

12．计有勤，陈自豪．把握高职美术生思想特点，加强思想道德教育［J］．十堰职业技术学院学报，2004（02）．

13．张小敏．艺术院校学生思想现状与德育对策［J］．浙江教育学院学报，2004（03）．

14．李伟，许洪范．艺术类学生思想政治教育初探［J］．交通高教研究，2004（04）．

2005 年

15．韩克祥．浅谈艺术院校学生思想政治教育体系建设［J］．南京艺术学院学报（美术与设计版），2005（01）．

16．彭红．把握艺术院校大学生特点做好思想政治教育工作［J］．北京教育（高教版），2005（Z1）．

17．黄晓白．艺术院校思想政治工作存在的问题及对策［J］．南京艺术学院学报（美术与设计版），2005（01）．

18．闵光辉，王顺洪，蒋小中．艺术专业大学生思想政治教育的思考［J］．西南交通大学学报（社会科学版），2005（01）．

19．管斌．试论艺术院校加强学生艺德建设的理论与实践［J］．南京艺术学院学报（美术与设计版），2005（02）．

20．陈勇．加强和改进艺术院校大学生思想政治教育的对策思考［J］．西南农业大学学报（社会科学版），2005（02）．

21．张有平．当前艺术类大学生思想政治状况调查与分析［J］．泰安教育学院学报岱宗学刊，2005（03）．

22．胡云霞，张利民．对艺术院校学生思想道德素质教育的思考［J］．四川戏剧，2005（03）．

23. 李建华. 做好高校艺术类大学生思想政治工作的思考[J]. 兵团教育学院学报, 2005 (03).

24. 方仪. 艺术院校研究生思想政治教育亟待加强[J]. 学校党建与思想教育, 2005 (04).

25. 王长恩. 艺术类大学生思想道德素质状况解析——以江苏高校为例[J]. 南京师大学报（社会科学版）, 2005 (06).

26. 延凤宇. 关于艺术院校思想政治工作的思考[J]. 社会科学论坛, 2005 (11).

2006 年

27. 李瑜. 艺术类大学生思想特点和教育管理对策分析[J]. 湖南行政学院学报, 2006 (01).

28. 吴保华. 论加强艺术院校学生思想道德建设的有效途径[J]. 新疆艺术学院学报, 2006 (02).

29. 杨珍妮. 建立艺术院校大学生思想政治教育工作长效机制探析[J]. 美术学报, 2006 (03).

30. 杨洁. 浅谈艺术院校学生思想政治教育创新[J]. 思想政治教育研究, 2006 (06).

31. 赵国英. 高等艺术院校大学生思想道德教育的研究[J]. 文教资料, 2006 (32).

32. 周园, 田玲. 试论新时期艺术院校学生思想政治教育的挑战与对策[J]. 科技资讯, 2006 (34).

2007 年

33. 杜明书, 卢羚, 葛茂林. 论提高艺术院校德育有效性的方法和途径[J]. 中南民族大学学报（人文社会科学版）, 2007 (S1).

34. 魏晓亮. 关于加强艺术院校思想政治工作的思考[J]. 科教文汇（上旬刊）, 2007 (03).

35. 王亚婷, 高有宏. 对艺术类学生思想政治教育的几点思考[J]. 新西部（下半月）, 2007 (09).

36. 管斌. 论艺术院校学生的艺德教育 [D]. 南京师范大学, 2007.

37. 曾志东. 当前高校艺术类学生的道德困惑及对策研究 [D]. 湖南师范大学, 2007.

38. 徐海军. 艺术专业学生特点及思想政治教育工作对策 [D]. 东北师范大学, 2007.

2008 年

39. 籍之伟, 童启富. 坚持社会主义核心价值体系 推进艺术院校思想政治教育工作创新 [J]. 北京教育（德育）, 2008 (02).

40. 范均山. 关于加强艺术院校学生思想政治教育的思考 [J]. 湖南大众传媒职业技术学院学报, 2008 (04).

41. 周艳. 艺术高职院校学生思想政治教育管理问题和对策 [J]. 企业家天地下半月刊（理论版）, 2008 (06).

42. 陆庆军. 新时期高校艺术类专业学生思想教育与管理模式研究 [D]. 华东师范大学, 2008.

2009 年

43. 雷金星. 艺术院校大学生思想政治教育工作探析 [J]. 学理论, 2009 (02).

44. 李齐建. 传统艺德对艺术院校学生德育工作的意义和作用 [J]. 山西煤炭管理干部学院学报, 2009 (02).

45. 梁静. 艺术类大学生思想道德困境及德育对策探究 [J]. 大连教育学院学报, 2009 (02).

46. 侯旻翡, 谭钊. 论析艺术类大学生思想道德素质现状与培养路径 [J]. 社科纵横, 2009 (03).

47. 樊文平. 高等艺术院校学生思想政治理论教育实效性探析 [J]. 新疆艺术学院学报, 2009 (03).

48. 徐平华, 袁汪洋. 从普遍性到特殊性——试论高等艺术院校思想政治教育的原则方法 [J]. 湖北第二师范学院学报,

2009（03）.

49. 杨晓光. 高职院校艺术类学生的思想政治教育方法探析［J］. 科教文汇（下旬刊），2009（03）.

50. 张威. 新形势下艺术院校大学生思想政治教育的对策研究［J］. 中国电力教育，2009（05）.

51. 李雪蓉. 增强艺术院校思想政治教育实效性的思考与实践［J］. 中国校外教育，2009（S5）.

52. 谭钊，王丽荣. 刍议艺术院校学生个性特点与德育模式建构［J］. 福建论坛，2009（06）.

53. 李治. 艺术类大学生思想政治教育特点初探［J］. 学校党建与思想教育，2009（07）.

54. 李勃. 高校艺术生艺德教育的实施路径探析［J］. 艺术教育，2009（07）.

55. 张朝霞. 当艺术院校思想政治教育遭遇后现代主义［J］. 资治文摘（管理版），2009（07）.

56. 谭钊，王丽荣. 论美善融通视域的艺术院校德育策略［J］. 社科纵横，2009（08）.

57. 彭盈盈，李海鹰. 论高校艺术类学生思想政治工作建设［J］. 职业时空. 2009（10）.

58. 葛婷. 高师艺术院校学生思想政治教育的管理对策［J］. 中国校外教育，2009（12）.

59. 章立新. 论如何提高艺术院校大学生思想道德修养［J］. 世纪桥，2009（13）.

60. 胡南. 美术院校大学生思想政治工作研究［D］. 西南大学硕士论文，2009.

2010 年

61. 王占霞. 论艺术院校学生思想政治教育和谐体系的构建［J］. 浙江艺术职业学院学报，2010（01）.

62. 郑楠. 艺术院校思想政治教育工作面临的挑战及思路对

策 [J]. 新西部, 2010 (01).

63. 管斌. 艺术院校学生艺德养成探析 [J]. 江苏社会科学, 2010 (S1).

64. 陈诗淼. 对高职艺术设计专业学生思想政治工作的几点认识 [J]. 当代教育论坛（管理版）, 2010 (03).

65. 陈妍. 艺术类院校学生思想政治教育研究 [J]. 科技创新导报, 2010 (04).

66. 徐平华. 传统文化与艺术院校思想政治教育关系探析 [J]. 牡丹江大学学报, 2010 (05).

67. 黄琴. 把握艺术院校大学生特点做好思想政治教育工作 [J]. 当代教育论坛（教学研究）, 2010 (09).

68. 林丰. 动漫文化对艺术院校大学生思想政治教育工作的促进作用 [J]. 科教文汇（上旬刊）, 2010 (09).

69. 中国戏曲学院课题组. 艺术院校大学生思想政治教育的"五化"对策研究 [J]. 北京教育（高教）, 2010 (09).

70. 滕丕强. 高等艺术院校学生思想政治教育的理性思考 [J]. 科技信息, 2010 (09).

71. 聂席宾. 高等艺术职业院校思想政治教育工作探索 [J]. 科教导刊（上旬刊）, 2010 (09).

72. 王占霞. 艺术院校学生思想政治教育运行体系的构建 [J]. 学校党建与思想教育, 2010 (32).

73. 阴菲菲. 试论高等学校思想政治教育的美学维度——以高等艺术院校为中心 [J]. 学理论, 2010 (32).

74. 冯云. 吉林艺术学院大学生艺德现状初探 [J]. 吉林教育, 2010 (34).

75. 陈妍. 艺术类院校学生思想政治教育研究 [D]. 华东师范大学, 2010.

76. 郑海燕. 艺术院校学生思想政治教育对策研究 [D]. 河北师范大学, 2010.

77. 杨红. 高校艺术类学生思想政治教育的理论与实践[D]. 西南大学, 2010.

2011 年

78. 宋玉静. 艺术院校学生思想政治教育面临的挑战与对策[J]. 沈阳农业大学学报（社会科学版）, 2011 (01).

79. 韩春凌. 论艺术院校学生思想政治教育工作特征[J]. 沈阳师范大学学报（社会科学版）, 2011 (03).

80. 薛晓君. 对当前艺术类院校思想政治教育的创新途径和方法研究[J]. 科技探索, 2011 (03).

81. 苟爱萍. 对艺术院校学生思想政治教育工作的思考[J]. 出国与就业（就业版）, 2011 (05).

82. 王剑红. 高职院校艺术专业学生思想政治教育科学发展的思考[J]. 教育与职业, 2011 (06).

83. 周雪珍, 余倩. 先进文化引领艺术院校思想政治教育[J]. 四川戏剧, 2011 (06).

84. 管斌. 以"课"育德：艺术院校学生实施艺德教育的主体路径[J]. 艺术百家, 2011 (06).

85. 周凤琴, 郭小娟. 艺术类研究生思想政治教育调查报告——以在杭高校为例[J]. 大家, 2011 (08).

86. 于冬梅. 艺术院校学生艺德教育路径探索[D]. 东北师范大学, 2011.

87. 王麟. 艺术院校大学生思想政治教育研究[D]. 西南大学, 2011.

2012 年

88. 曲嘉. 新时期高师院校音乐专业学生特点及思想政治教育路径探究[J]. 焦作大学学报, 2012 (02).

89. 李蓉. 高职院校艺术类大学生思想政治教育实效性研究[J]. 长江大学学报（社会科学版）, 2012 (02).

90. 刘忠心. 践行"北京精神"加强艺术院校大学生思想

政治教育［J］. 北京教育（德育），2012（03）.

91. 钱晓萍. 红色经典影视在艺术类大学生艺德提升中的时代价值［J］. 当代电影，2012（04）.

92. 丁楠. 艺术院校90后大学生思想政治教育的初探［J］. 音乐生活，2012（04）.

93. 孙春波. 对艺术类院校大学生思想政治教育工作的认识与思考［J］. 高校辅导员，2012（05）.

94. 陈平. 高等艺术教育中通识教育的现状与未来［J］. 艺术教育，2012（06）.

95. 刘美红. 艺术院校大学生道德社会化的现状及对策［J］. 艺术科学，2012（06）.

96. 李科锋. 高职院校艺术类学生思想政治教育模式探索［J］. 湘潮（下半月），2012（06）.

97. 刘忠心. 用党的十八大精神引领艺术院校大学生思想政治教育工作科学发展［J］. 北京教育（德育），2012（12）.

98. 杨昕，秦丹. 高职院校艺术类大学生思想政治教育的思考［J］. 旅游纵览（下半月），2012（12）.

99. 孙佳宁. 浅谈艺术类院校思想政治教育工作现状及方法创新［J］. 改革与开放，2012（14）.

100. 袁汪洋. 艺术院校思想政治教育内容的三个层次［J］. 学校党建与思想教育，2012（24）.

101. 井昊. 谈谈当前戏曲院校大学生思想政治教育的困境与解决方法［A］. 见：巴图，邓军. 在艺术中升华的理论——全国艺术院校思想政治理论课教学研讨会论文集［C］. 北京：文化艺术出版社，2012.

102. 宋玉静. 注重人文关怀和心理疏导——艺术院校思想政治教育的新视角［A］. 见：巴图，邓军. 在艺术中升华的理论——全国艺术院校思想政治理论课教学研讨会论文集［C］. 北京：文化艺术出版社，2012.

103. 王莹. 高等艺术院校学生群体特点及思政工作对策研究［A］. 见：巴图, 邓军. 在艺术中升华的理论——全国艺术院校思想政治理论课教学研讨会论文集［C］. 北京：文化艺术出版社, 2012.

104. 沈宝莲. 构建全方位的德育模式——增强艺术类大学生德育时效性的有效选择［A］. 见：巴图, 邓军. 在艺术中升华的理论——全国艺术院校思想政治理论课教学研讨会论文集［C］. 北京：文化艺术出版社, 2012.

105. 曹芳. 论艺术类大学生德育工作的新视角［A］. 见：巴图, 邓军. 在艺术中升华的理论——全国艺术院校思想政治理论课教学研讨会论文集［C］. 北京：文化艺术出版社, 2012.

106. 刘忠心. 对艺术院校通识教育几个问题的思考［A］. 见：巴图, 邓军. 在艺术中升华的理论——全国艺术院校思想政治理论课教学研讨会论文集［C］. 北京：文化艺术出版社, 2012.

107. 潘伟. 浅议网络背景下艺术院校思想政治教育的新发展［A］. 见：巴图, 邓军. 在艺术中升华的理论——全国艺术院校思想政治理论课教学研讨会论文集［C］. 北京：文化艺术出版社, 2012.

108. 张德琴. 发挥思想政治理论课在艺术院校大学生心理健康教育中的作用［A］. 见：巴图, 邓军. 在艺术中升华的理论——全国艺术院校思想政治理论课教学研讨会论文集［C］. 北京：文化艺术出版社, 2012.

109. 何婧文. 依托文化资源促进艺术院校思想政治教育发展［A］. 见：巴图, 邓军. 在艺术中升华的理论——全国艺术院校思想政治理论课教学研讨会论文集［C］. 北京：文化艺术出版社, 2012.

110. 杨辉. 高职院校艺术专业学生德育现状及对策研究［D］. 江西农业大学硕士论文, 2012.

111. 孙彧倩. 构建高校艺术专业学生思想政治教育方法模式研究 [D]. 辽宁师范大学, 2012.

112. 陶思璇. 综合大学艺术类大学生思想政治教育研究 [D]. 辽宁大学, 2012.

113. 杨希. 我国艺术类大学生德育方法的有效性探析 [D]. 首都经济贸易大学, 2012.

114. 彭多丽. 论艺术类大学生的共同理想教育 [D]. 中南大学, 2012.

115. 吴倩. 高等美术院校大学生思想道德教育研究 [D]. 西南大学, 2012.

116. 朱晓昕. 高校艺术设计专业学生思想道德状况及改善对策研究 [D]. 辽宁师范大学, 2012.

2013 年

117. 佟尧. 艺术院校学生思想政治教育管理探析 [J]. 文学教育（中），2013（01）.

118. 王含光. 谈艺术院校学生艺德的培养 [J]. 艺海, 2013（03）.

119. 李建军, 陈平, 刘美红. 论中国近现代音乐资源在高校思想政治教育中的运用 [J]. 广东第二师范学院学报, 2013（04）.

120. 罗华林. 试论情感教育在高等艺术院校学生思想政治教育工作中的运用——基于马斯洛需求层次理论的分析视角 [J]. 传承, 2013（04）.

121. 潘伟. 浅析艺术类院校思想政治教育工作的着力点 [J]. 理论观察, 2013（04）.

122. 何淑念. 艺术院校学生思想政治教育工作探讨 [J]. 科教文汇（中旬刊），2013（04）.

123. 蒙莉. 关于提高艺术院校思想政治教育实效性的思考 [J]. 经济与社会发展, 2013（05）.

124. 刘运山. "90后"艺术类大学生的思想行为特点与思想政治教育［J］. 教书育人, 2013（06）.

125. 彭建辉. 加强艺术院校大学生思想政治教育研究［J］. 中华文化论坛, 2013（07）.

126. 罗晴, 罗御. 云端新网络模式对艺术院校思想政治教育的影响［J］. 乐山师范学院学报, 2013（07）.

127. 秦记洪. 高等艺术院校大学生体验式思想政治教育发展理路研究［J］. 广西社会科学, 2013（08）.

128. 任为. 音乐学院学生思想政治教育的现状研究［J］. 科教导刊（中旬刊）, 2013（08）.

129. 陈慧君. 优化高职艺术类院校思想政治理论教育的路径思考［J］. 文艺生活（艺术中国）, 2013（09）.

130. 陈平, 陈泽黎. 艺德资源的梳理及其在艺术院校大学生艺德培养中的运用［J］. 思想理论教育导刊, 2013（10）.

131. 丁楠. 艺术院校贯彻十八大精神加强思想政治教育策略研究［J］. 吉林广播电视大学学报, 2013（10）.

132. 黄建国. 红色剧目在艺术院校思想政治教育中的运用探析——以湖南艺术职业学院为例［J］. 艺海, 2013（12）.

133. 邢之美. 艺术院校思想政治教育工作的思考［J］. 长春教育学院学报, 2013（15）.

134. 董璐. 论新形势下高校艺术类学生思想政治教育方法的创新［J］. 时代教育, 2013（17）.

参考文献

1. 中共中央马克思恩格斯列宁斯大林著作编译局. 马克思恩格斯全集：第3卷[M]. 北京：人民出版社，1960.
2. 中共中央马克思恩格斯列宁斯大林著作编译局. 马克思恩格斯全集：第25卷[M]. 北京：人民出版社，1974.
3. 中共中央马克思恩格斯列宁斯大林著作编译局. 马克思恩格斯选集：第1卷[M]. 北京：人民出版社，1972.
4. 中共中央马克思恩格斯列宁斯大林著作编译局. 马克思恩格斯选集：第2卷[M]. 北京：人民出版社，1972.
5. 中共中央马克思恩格斯列宁斯大林著作编译局. 马克思恩格斯选集：第3卷[M]. 北京：人民出版社，1972.
6. 中共中央马克思恩格斯列宁斯大林著作编译局译. 剩余价值理论（《资本论》第四卷第三册）[M]. 北京：人民出版社，1975.
7. 中共中央文献研究室. 毛泽东文集：第1卷[M]. 北京：人民出版社，1999.
8. 中共中央文献研究室. 毛泽东文集：第7卷[M]. 北京：人民出版社，1999.
9. 中共中央文献编辑委员会. 毛泽东选集：第2卷[M]. 北京：人民出版社，1969.
10. 中共中央文献编辑委员会. 邓小平文选：第3卷[M]. 北京：人民出版社，1993.
11. 中华人民共和国教育大事记1949—1982[M]. 北京：教育科学出版社，1984.
12. 中华人民共和国国史全鉴：教育卷[M]. 北京：中央

文献出版社，2004.

13. 建国以来重要文献选编：第6卷［C］．北京：中央文献出版社，2011.

14. 教育部社会科学司．普通高校思想政治理论课文献选编（1949-2008）［C］．北京：中国人民大学出版社，2008.

15. 辞海编辑委员会．辞海（缩印本）［M］．上海：上海辞书出版社，1990.

16. 中国社会科学院语言研究所词典编辑室．现代汉语词典（第5版）［M］．北京：商务印书馆，2005.

17. 许嘉璐等．文白对照十三经（上）·礼记·乐记［M］．广州：广东教育出版社，1995.

18. 许嘉璐等．文白对照十三经（上）·礼记·学记［M］．广州：广东教育出版社，1995.

19. 许嘉璐等．文白对照十三经（上）·礼记·曲礼上［M］．广州：广东教育出版社，1995.

20. 许嘉璐等．文白对照十三经（上）·礼记·文王世子［M］．广州：广东教育出版社，1995.

21. 许嘉璐等．文白对照十三经（上）·礼记·礼器［M］．广州：广东教育出版社，1995.

22. 许嘉璐等．文白对照十三经（上）·孝经·广要道章［M］．广州：广东教育出版社，1995.

23. 许嘉璐等．文白对照十三经（下）·论语［M］．广州：广东教育出版社，1995.

24. 许嘉璐等．文白对照十三经（下）·孟子［M］．广州：广东教育出版社，1995.

25. 李小龙．墨子［M］．北京：中华书局，2011：104.

26. 陈平．中国主体性教育思想和方法史［M］．长沙：湖南人民出版，2004.

27. 罗丹，葛赛尔．罗丹艺术论［M］．北京：人民美术出版社，1978.

28．列斐伏尔．美术概论［M］．北京：朝花美术出版社，1957.

29．汪毓和．中国近现代音乐史：第三次修订版．［M］．北京：人民音乐出版社，2011.

30．王瑞荪．比较思想政治教育学［M］．北京：高等教育出版社，2001.

31．巴图，邓军．在艺术中升华的理论——全国艺术院校思想政治理论课教学研讨论文集［C］．北京：文化艺术出版社，2012.

32．巴图，杨新力．理论与艺术的交融——全国艺术院校思想政治理论课教学研讨会论文集（二）［C］．北京：中华工商联合出版社，2014.

33．陈平，黄俊强．梦之乐——第五届全国艺术院校思想政治理论课教学研讨会论文集［C］．广州：中山大学出版社，2014.

34．陈平，陈泽黎．艺德资源的梳理及其在艺术院校大学生艺德培养中的运用［J］．思想理论教育导刊，2013（10）.

35．陈平．不同专业学生学习思想政治理论课的人文基础与学习效果之差异比较［A］．见：巴图，邓军．在艺术中升华的理论——全国艺术院校思想政治理论课教学研讨会论文集．［C］．北京：文化艺术出版社，2012.

36．陈平．艺术院校思想政治理论课教学培养德艺双馨人才的思路［J］．湖南科技学院学报，2011（10）.

37．阙贵频．简论人的社会化及大学生社会化的内涵界定［J］．经济与社会发展，2007（09）.

38．邬锡鑫．论人的社会化与人的本质的教育［J］．贵州大学学报，1988（01）.

39．方卫平．浅谈艺术个性［J］．宁波师专学报（社会科学版），1981（02）.

40. 杨春时. 艺术个性与艺术的超越性［J］. 文艺评论，1986（03）.

41. 彭红. 把握艺术院校大学生特点做好思想政治教育工作［J］. 北京教育（高教版），2005（Z1）.

42. 谭钊，王丽荣. 刍议艺术院校学生个性特点与德育模式建构［J］. 福建论坛，2009（06）.

43. 黄琴. 把握艺术院校大学生特点做好思想政治教育工作［J］. 当代教育论坛（教学研究），2010（09）.

44. 臧瑞娟. 艺术类学生个性特点及教育策略［J］. 文学教育（中），2011（01）.

45. 陈泽黎. 论音乐资源的分类及其现实意义［J］. 岭南音乐，2012（03）.

46. 耿红梅. 音乐文化资源集成型数据库文献归集目标的设定［J］. 中国音乐（季刊），2012（03）.

47. 姚艺君. 数字化时代的传统音乐分类问题思考［J］. 中国音乐（季刊），2008（01）.

48. 靳婕. 世界民族音乐多媒体数据库的建设［J］. 中国音乐（季刊），2006（01）.

49. 耿红梅. 关于建设《中华传统音乐文化资源库》的探讨［J］. 中国音乐（季刊），2010（02）.

50. 耿红梅. 音乐文化资源集成型数据库文献归集目标的设定［J］. 中国音乐（季刊），2012（03）.

51. 单亚莉，张丽. 音乐文献信息资源共建共享的实现途径［J］. 图书情报研究，2011（02）.

52. 张怡美. 略论音乐艺术的社会功能［J］. 金陵职业大学学报，1998（11）.

53. 左志坚. 论仪式音乐功能的双重特性——以广西大板瑶"度身"仪式为例［J］. 歌海，2011（04）.

54. 吕云路. 音乐的社会功能［J］. 聊城大学学报（哲学社会科学版），2002（05）.

55. 张媛媛、李焱. 试论音乐审美教育的德育功能［J］. 山西广播电视大学学报，2009（05）.

56. 徐起飞. 论音乐的行为导向功能［J］. 大众文艺（理论），2008（12）.

57. 陈坤鹏. 试论音乐功能的三个层次及倾向性功能在音乐实践中的应用［J］. 艺术探索，1998（S1）.

58. 师小平. 论音乐的特殊功能［J］. 职业技术，2010（06）.

59. 钟三艳. 发挥音乐功能促进社会和谐［J］. 萍乡高等专科学校学报，2007（05）.

60. 石蕾. 音乐在构建和谐社会中的作用与功能［J］. 襄樊职业技术学院学报，2007（06）.

61. 陈浩，陆林. 基于音乐功能的旅游产品开发［J］. 资源开发与市场，2005（03）.

62. 李建军，陈平，刘美红. 论中国近现代音乐资源在高校思想政治教育中的运用［J］. 广东第二师范学院学报究，2013（04）.

63. 李艳红，刘雪松. 为音乐而音乐——读嵇康的《声无哀乐论》［J］. 北京社会科学，2013（04）.

64. 杨艳香. 声有哀乐：论音乐的"情感"——以嵇康《声无哀乐论》为例［J］. 安徽文学（下半月），2008（08）.

65. 邓双林. 论音乐美的纯粹性——对音乐本质的思考之三［J］. 北京科技大学学报（社会科学版），2003（03）.

66. 徐岱. 论艺术伦理的超道德性［J］. 伦理学研究，2007（03）.

67. 彭燕. 艺术的道德性何以可能——兼论艺术与道德的关联［J］. 泰安教育学院学报岱宗学刊，2008（04）.

68. 宋瑾. 从知声、知音到知乐 [J]. 福建艺术, 2005 (02).

69. 覃觅. 声、音、乐、响辨析 [J]. 广西师范大学学报 (哲学社会科学版), 2008 (05).

70. 郭晖. 美国隐性教育对我国思想政治教育的启示 [J]. 时代报告, 2011 (08下期).

71. 韩杰. 高校思想政治理论课中隐性教育资源的开发和利用 [J]. 吉林商业高等专科学校学报, 2006 (01).

72. 马雷. 大学生社会化思想教育的隐性模式 [J]. 高等建筑研究, 2002 (03).

73. 朱佳明. 大学校园物质形态的隐性思想政治教育 [J]. 安徽电气工程职业技术学院学报, 2005 (04).

74. 丛海燕, 何鹏, 李海兰, 翟静. 从精神形态构建大学教育中的隐性思想政治教育 [J]. 中国科技信息, 2005 (15).

75. 李锦红, 宋刚, 王青亚, 熊钰. 试论高校隐性思想政治教育的三种形态 [J]. 四川理工学院学报（社会科学版), 2006 (02).

76. 李海霞. 谈中学教学中隐性思想政治教育的必要性 [J]. 太原城市职业技术学院学报, 2006 (06).

77. 倪素香, 史姗姗. 全国思想政治教育前沿问题高端论坛综述 [J]. 思想理论教育导刊, 2015902).

78. 奚爱茗, 包立峰. "声情"并茂, 寓教于"乐": "红歌"唱响思政课——上海音乐学院思想政治理论课"演唱式体验教学"改革初探 [A]. 见: 巴图, 邓军. 在艺术中升华的理论——全国艺术院校思想政治理论课教学研讨会论文集 [C]. 北京: 文化艺术出版社, 2012.

79. 张红玲. "艺工融合"理念引领下的思想政治理论课因材施教的探讨——以北京服装学院为例 [A]. 见: 巴图, 杨新力. 理论与艺术的交融——全国艺术院校思想政治理论课教学研讨会论文集（二）[C]．北京：中华工商联合出版社，2014．

80．谢宝利，史晓眉，王凤侠，肖剑．浅析"寓教于乐"在音乐院校思想政治理论课课堂教学中的运用［A］．见：陈平，黄俊强．梦之乐——第五届全国艺术院校思想政治理论课教学研讨会论文集［C］．广州：中山大学出版社，2014．

81．凌靖波，徐平华．思想政治理论课"艺术作品教学法"探析［A］．见：陈平，黄俊强．梦之乐——第五届全国艺术院校思想政治理论课教学研讨会论文集［C］．广州：中山大学出版社，2014．

82．石羽．艺术院校思想政治理论课实效性研究——以某艺术院校为例［D］．成都：四川师范大学，2010．

83．付文娟．论音乐艺术的功能［D］．河北大学，2004．

84．2011年具有普通高等学历教育招生资格的高等学校名单［N］．中国教育报，2011-04-29（05）．

85．姜乃强，纪秀君．艺术教育：进口爆棚，出口冷清？［N］．中国教育报，2012-05-24（3）．

86．北京：毕业生可入伍当士官 艺术院校就业率低10%［N］．北京晨报，2010-05-19．

87．李凌．教育部公布就业率较低本科专业名单15个专业榜上有名［N］．中国教育报，2014-10-15（1）．

88．徐静．广东十专业就业亮红牌［N］．广州日报，2014-10-15（A3）．

89．颜婧．全国"假唱第一案"尘埃落定［N］．四川日报，2010-04-02（12）．

90．甘浩，刘洋，李超．35家娱乐场所被停业［N］．新京报，2010-05-14（A12）．

91．戎国强．李颖错了，法律错不得［N］．钱江晚报，2011-04-04（A16）．

92．方芳，杜丁．北京吸毒人群扩大大学生中90%来自艺术院校［N］.北京娱乐信报 2004 – 12 – 08.

93. 张太凌,张涛.满文军妻子因容留他人吸毒罪名成立获刑一年［N］.新京报,2009 – 08 – 03.

94. 徐永刚.歌坛再出吸毒丑闻,陈少华家中吸食冰毒被拘［N］.北京青年报,2010 – 06 – 20.

95. 李超.行为艺术涉性男子被劳教一年［N］.新京报,2011 – 05 – 09（A11）.

96. 李松,黄洁,杨愿.高晓松当庭忏悔拒绝律师罪轻辩护［N］.法制日报,2011 – 05 – 18（8）.

97. 裴晓兰.苏越诈骗案由无期改判 15 年［N］.京华时报,2012 – 10 – 13（10）.

98. 张雷,王巍,张婷婷.拘留期满 黄海波被收容教育［N］.法制晚报,2014 – 05 – 31（A13）.

99. 方芳,杜丁.北京天上人间内幕曝光：部分女孩来自艺校［N］.新京报,2010 – 05 – 14.

100. 张剑,周鑫.北电内停车引冲突一学生致死清洁工［N］.京华时报,2011 – 12 – 06（15）.

101. 李婧.北电男打死清洁工追踪：检察院认为证据不足再次要求补充侦查［N］.燕赵都市报,2012 – 07 – 30（8）.

102. 庾琳,李杨.两女生饮水中毒室友涉案被逮捕［N］.南国早报,2014 – 02 – 16（A7）.

103. 本报特别报道组.高校女教师贩毒给学生［N］.沈阳晚报,2014 – 12 – 19（2）.

104. 彭国宇.中国演出家协会主席指超女超男是对艺术的玷污［N］.华夏时报（京）,2006 – 04 – 21.

105. 彭国宇.全国政协常委称超女让年轻人受到毒害［N］.华夏时报,2006 – 04 – 24.

106. 彭国宇.文化部原部长刘忠德三批超女破坏教育［N］.华夏时报,2006 – 04 – 29.

参考文献

107. 陈蕙茹.《没有共产党就没有新中国》最早的听众是8名儿童团员［N］. 成都日报，2011-06-22（12）.

108. 陈斌，范典. 19岁中南大学学生制造超级手机病毒"XX神器"［N］. 潇湘晨报，2014-08-04.

109. 教育部办公厅关于做好2007年普通高等学校艺术类专业招生工作的通知［EB/OL］.：教育部-信息公开目录-高等教育，2006-12-04.

110. 叶朗. 北京大学艺术教育的传统［EB/OL］.：北京大学艺术学院-学院概况-发展历程，2006-04-15.

111. 教育部. 普通高等学校校数［EB/OL］.：中华人民共和国教育部网-数据统计-1998年教育统计数据-高等教育，2005-05-27.

112. 教育部. 普通高等学校基本情况［EB/OL］.：中华人民共和国教育部网-数据统计-1998年教育统计数据-高等教育，2005-05-27.

113. 教育部. 普通高等学校校数（1999）［EB/OL］.：中华人民共和国教育部网-数据统计-1999年教育统计数据-高等教育，1999-05-10.

114. 教育部. 一九九九年普通高等学校基本情况［EB/OL］.：中华人民共和国教育部网-数据统计-1999年教育统计数据-高等教育，1999-05-10.

115. 教育部. 2000年普通高等学校校数［EB/OL］.：中华人民共和国教育部网-数据统计-2000年教育统计数据-高等教育，2000-05-10.

116. 教育部. 2000年普通高等学校基本情况［EB/OL］.：中华人民共和国教育部网-数据统计-2000年教育统计数据-高等教育，2000-05-10.

117. 教育部. 2001年普通高等学校校数［EB/OL］.：中华人民共和国教育部网-数据统计-2001年教育统计数据-高等

教育，2001 – 05 – 10.

118. 教育部. 2001 年普通高等学校基本情况 [EB/OL].：中华人民共和国教育部网 – 数据统计 – 2001 年教育统计数据 – 高等教育，2001 – 05 – 10.

119. 教育部. 普通本、专科分学科学生数 [EB/OL].：中华人民共和国教育部网 – 数据统计 – 2004 年教育统计数据 – 高等教育，2007 – 03 – 15.

120. 教育部. 普通高等学校校数 [EB/OL].：中华人民共和国教育部网 – 数据统计 – 2005 年教育统计数据 – 高等教育，2007 – 10 – 08.

121. 教育部. 普通本、专科分学科学生数 [EB/OL].：中华人民共和国教育部网 – 数据统计 – 2005 年教育统计数据 – 高等教育，2007 – 10 – 09.

122. 教育部. 普通高等学校校数 [EB/OL].：中华人民共和国教育部网 – 数据统计 – 2006 年教育统计数据 – 高等教育，2007 – 10 – 09.

123. 教育部. 普通本、专科分学科学生数 [EB/OL].：中华人民共和国教育部网 – 数据统计 – 2006 年教育统计数据 – 高等教育，2007 – 10 – 09.

124. 教育部. 普通高等学校校数 [EB/OL].：中华人民共和国教育部网 – 数据统计 – 2007 年教育统计数据 – 高等教育，2009 – 08 – 04.

125. 教育部. 普通本、专科分学科学生数 [EB/OL].：中华人民共和国教育部网 – 数据统计 – 2007 年教育统计数据 – 高等教育，2009 – 08 – 05.

126. 教育部. 普通高等学校校数 [EB/OL].：中华人民共和国教育部网 – 数据统计 – 2008 年教育统计数据 – 高等教育，2009 – 12 – 24.

127. 教育部. 普通本、专科分学科学生数 [EB/OL].：中华人民共和国教育部网-数据统计-2008年教育统计数据-高等教育,2009-12-24.

128. 教育部. 普通高等学校校数[EB/OL].：中华人民共和国教育部网-数据统计-2009年教育统计数据-高等教育,2010-12-30.

129. 教育部. 普通本、专科分学科学生数[EB/OL].：中华人民共和国教育部网-数据统计-2009年教育统计数据-高等教育,2010-12-30.

130. 教育部. 普通本、专科分学科学生数[EB/OL].：中华人民共和国教育部网-数据统计-2010年教育统计数据-高等教育,2011-01-17.

131. 教育部. 普通本科分学科学生数[EB/OL].：中华人民共和国教育部网-数据统计-2011年教育统计数据-高等教育,2013-05-29.

132. 教育部. 普通专科分学科学生数[EB/OL].：中华人民共和国教育部网-数据统计-2011年教育统计数据-高等教育,2013-05-29.

133. 教育部. 普通本科分学科学生数[EB/OL].：中华人民共和国教育部网-数据统计-2012年教育统计数据-高等教育,2013-08-30.

134. 教育部. 普通专科分学科学生数[EB/OL].：中华人民共和国教育部网-数据统计-2012年教育统计数据-高等教育,2013-08-30.

135. 关于做好2014年普通高等学校艺术类专业招生工作的通知[EB/OL].：国家教育信息网-艺术高考-艺考政策,2013-10-25.

136. 候补英雄. "艳照门"给艺人敲响自律警钟[EB/OL].：中国新闻网,2008-02-10.

137. 杨明伟. 艳照门事件让我想到"德艺双馨"[EB/

OL］.：红网，2008－02－22.

138. 北京市第二中级人民法院. 歌手臧天朔因犯聚众斗殴罪一审被判刑六年［EB/OL］.：中国法院网刑事案件，2009－11－27.

139. 轩召强. 干露露母女骂人致综艺节目被停播［EB/OL］.：广电总局网，2012－11－28.

140. 辛闻. 李代沫因容留他人吸毒获刑九个月称不会上诉［EB/OL］.：中国网新闻中心要闻，2014－05－27.

141. 鲍文玉. 房祖名涉容留他人吸毒案开庭自愿认罪［EB/OL］.：中国新闻网—新闻中心—娱乐新闻，2015－01－09.

142. 鲁明. 歌手尹相杰非法持有毒品案上午开庭［EB/OL］.：新民晚报，2015－02－28（A15）.

143. 马广浩. 《今日说法》关注药家鑫案，媒体揭药家神秘面纱［EB/OL］.：西部网新闻频道，2010－12－16.

144. 张魏桔. 大陆女子赴台卖淫被查 神似范冰冰14天接客上百［EB/OL］.：光明网－光明教育－教育频道－校园内外，2014－09－05.

145. 黄维. "文艺界核心价值观"和《中国文艺工作者职业道德公约》发布［EB/OL］.：人民网－文化频道，2012－03－02.

146. 卢国强. "拒绝涉毒明星"北京市演艺机构签承诺书［EB/OL］.：新华网－新华网每日电讯，2014－08－14.

147. 彭国宇. 政协常委刘忠德三批超女指其破坏教育［EB/OL］.：人民网－文化－媒体联播，2006－04－30.

148. 常悦. 刘忠德批超女事件续：超女在推销一夜暴富观念［EB/OL］.：北方网－新闻中心－国内－各地纵览，2006－04－26.

149. 新华社. 胡锦涛在中共中央政治局第二十二次集体学习时强调顺应时代要求深化文化体制改革推动社会主义文化大发

展大繁荣［EB/OL］.：中华人民共和国人民政府网 - 领导活动，2010 - 07 - 23.

150. 中新社北京 10 月 15 日电. 习近平主持文艺工作座谈会强调文艺不能沾满铜臭［EB/OL］.：中国新闻网 - 首页 - 新闻中心 - 国内新闻，2014 - 10 - 15.

151. 广州好运."含着眼泪绣红旗"歌剧《红岩》的美化［EB/OL］.：中华网论坛 - 中华论坛，2008 - 12 - 08.

152. 第二单元管弦华章—民族交响之光［EB/OL］.：百度文库 - 教育专区 - 初中教育 - 其他课程 - 湘教版九年级音乐下册第二单元教案，2012 - 04 - 09.

153. 李亚红.《没有共产党就没有新中国》说实情唱真理的经典红歌［EB/OL］.：和讯网 - 新闻，2011 - 05 - 20.

154.《唱支山歌给党听》词作者亲述创作经历［EB/OL］.：Sina - 新闻中心 - 文化新闻，2008 - 04 - 01.

155.《十送红军》创作溯源：曲作者仅用一小时谱成［EB/OL］.：中国新闻网 - 新闻中心 - 社会新闻，2011 - 05 - 26.

156. KMYCBJWG. 巴金小说《团圆》与电影《英雄儿女》中的王成原型［EB/OL］.：KMYCBJWG 的博客，2012 - 02 - 28.

157. 金玉美太子. 根据巴金小说《团圆》改编的《英雄儿女》［EB/OL］.：金玉美太子的博客，2010 - 06 - 23.

158. 丰成全. 访著名笛子演奏家"扬鞭催马运粮忙"作者魏显忠［EB/OL］.：道客巴巴 - 培训资料，2012 - 09 - 29.

159. 赵雪薇.《2013 艺术教育行业分析报告》综述［EB/OL］.：中国网，2013 - 05 - 28.

160. 百度百科、360 百科、互动百科、iCIBA 汉语站、名人简历等网站网页资料。

后　　记

　　一种责任感、一种使命感，强逼着我、催促着我，必须写下这本书。

　　七年多前，一个偶然的原因，我来到了艺术院校，在艺术院校从事思想政治理论课教学工作。当我第一次走进课堂时，想象不到的课堂乱象呈现在我的面前。当时的我，已经从教20年，从未见过那样的乱象，太令人震惊了。八九十人的课堂，只来了二三十人。来了的这二三十人，都坐在哪里呢？几乎都坐在教室的最后几排和两个角落里，而靠近讲台的十几排座位则空空如也，那也使我平生第一次感觉到了师生之间的距离有多么遥远。似乎，他们就是不让我融入他们的群体之中，就是要让我成为格格不入的、孤独的一个人。面对这样的"下马威"，我该怎么办？也许这是第一次见面，他们还不了解我，所以也不好欢迎我，我心里这样想着。

　　于是，我决定还是开始讲课。大约已讲了好几分钟了，但是还是没人理我。上课时间已是上午的10点15分了，有的学生已开始津津有味地吃着早餐，不时还发出吃快餐面时的"嗖嗖"声；有的学生三三两两在有说有笑，旁若无人，声音比我的声音还大，如果这时有哪位老师想跟这些学美声、学民族、学流行演唱专业的学生比比声音的大小的话，那恐怕只会自愧不如；有的男生将手搭在女生的肩上，正在亲密耳语；有的学生在忙于进进出出，边走边打着电话；还有的学生背向黑板坐着，与后排的同学开始准备打扑克了……

后　　记

　　我跟学生们说："同学们，请安静下来好吗？开始上课了！"有几个学生抬头看了一下，用异样的眼神扫了我一眼，然后又忙自己该忙的事去了。经过三五次课的努力，我虽然已尽力地向学生们"讨好"，但情况依然没有什么好转。有个学生对我说："老师，我们已经很给你面子了，你的要求也别太高了，好不！你看，你的课我们还是来了这么多的人，有的课我们根本就不来。"我感觉到自己教学生涯中第一次彻底的失败，莫大的打击和自卑向我袭来，当回到办公室静静地坐下来的时候，真的，我好想哭。

　　时至今日，七年多的时间里，期间也曾多次想过退却和放弃，想过听之任之、得过且过；想过逃离这所学校；想过在校内换一个不上课的岗位，哪怕是去保卫处、图书馆、后勤处也行。但是，一种责任又在告诉我，绝对不能退却和放弃！

　　一想到这样的环境，一想到他们分不清 GDP 和 GPS 的含义、把《三字经》的开篇首句说成是"色即是空，空即是色"的情景，割心似的疼痛就即刻涌来。不行，坚决不能退却和放弃，我必须重建课堂，至少必须对家长负责！

　　也正因为此，我多年的研究重点——对诚信的研究——也被暂时搁置了，必须首先解决课堂的问题。这一转向，就是七年多。今天能够令自己稍微有点安慰的是，我终于可以将七年多的研究情况呈现出来了，把想说的话说了出来，这肯定也是一种解压和安慰，同时也想抛砖引玉，引来同行们对艺术院校思政课教学的关注。

　　如果说艺术院校思想政治理论课教学的昨天、今天是不太令人满意的，那么它太需要一个美好的明天了！

　　在本书的写作过程中，一些领导和同行专家、学者给予了大力的支持和鼓励，并提出了一些十分宝贵的写作和修改建议，尤其是华南师范大学马克思主义学院院长、教授、博士生导师陈金龙老师，还欣然为本书作序。在本书的出版过程中，也得到了中山大学出版社的大力支持，得到了责任编辑熊锡源博士的大力支持。

　　本书系省级教改项目《艺术院校思想政治理论课教学研究》的研究成果之一，感谢星海音乐学院为本研究立项，感谢所有给予本书写作和出版大量帮助的人！

陈　平

2015 年 7 月 3 日